JN064368

生協関係法令集

13訂版

2021年5月改訂

［もくじ］

消費生活協同組合法

（昭和二十三年法律第二百号）

※2021年4月1日時点で既改正・未施行の法令の条文は、P.413以降に掲載しています。

目次

第一章　総　則

（目的）

第一条　この法律は、国民の自発的な生活協同組織の発達を図り、もつて国民生活の安定と生活文化の向上を期することを目的とする。

（組合基準）

第二条　消費生活協同組合は、この法律に別段の定めのある場合のほか、次に掲げる要件を備えなければならない。

一　一定の地域又は職域による人と人との結合であること。

二　組合員の生活の文化的経済的改善向上を図ることのみを目的とすること。

三　組合員が任意に加入し、又は脱退することができること。

四　組合員の議決権及び選挙権は、出資口数にかかわらず、平等であること。

五　組合の剰余金を割り戻すときは、主として事業の利用分量により、これを行うこと。

六　組合の剰余金を出資額に応じて割り戻す場合には、その限度が定められていること。

2　消費生活協同組合及び消費生活協同組合連合会は、これを特定の政党のために利用してはならない。

（名称）

第三条　消費生活協同組合又は消費生活協同組合連合会は、その名称中に消費生活協同組合若しくは生活協同組合又は消費生活協同組合連合会若しくは生活協同組合連合会という文字を用いなければならない。

2　消費生活協同組合又は消費生活協同組合連合会でない者は、その名称中に、消費生活協同組合若しくは消費生活協同組合連合会であることを示す文字又はこれらと紛らわしい文字を用いてはならない。

3　消費生活協同組合又は消費生活協同組合連合会は、その名称を使用することを他人に許諾してはならない。

（法人格）

第四条　消費生活協同組合及び消費生活協同組合連合会（以下「組合」と総称する。）は、法人とする。

（区域）

第五条　組合は、都道府県の区域を越えて、これを設立することができない。ただし、職域による消費生活協同組合であつてやむを得ない事情のあるもの及び消費生活協同組合連合会（以下「連合会」という。）は、この限りでない。

2　前項の規定にかかわらず、地域による消費生活協同組合は、第十条第一項第一号の事業の実施のために必要がある場合その他厚生労働省令で定める場合に該当する場合には、主たる事務所の所在地の都府県及び当該都府県に隣接する都府県を区域として、これを設立することができる。ただし、当該消費生活協同組合が同号の事業と同号の事業以外の事業とを併せ行う場合であつて、当該隣接する都府県を区域として同号の事業を実施することが当該同号の事業以外の事業の実施に重大な影響を及ぼすおそれがある場合として厚生労働省令で定める場合に該当する場合は、この限りでない。

（住所）

第六条　組合の住所は、その主たる事務所の所在地にあるものとする。

（登記）

第七条　この法律の規定により登記しなければならない事項は、その登記の後でなければ、これをもつて第三者に対抗することができない。

（労働組合との関係）

第八条　この法律は、労働組合法（昭和二十四年法律第百七十四号）による労働組合が、自主的に第十条第一項に規定する事業を行うことを制限し、又はこれに不利益を与えるものではない。

第二章　事　業

（最大奉仕の原則）

第九条　組合は、その行う事業によつて、その組合員及び会員（以下「組合員」と総称する。）に最大の奉仕をすることを目的とし、営利を目的としてその事業を行つてはならない。

（事業の種類）

第十条　組合は、次の事業の全部又は一部を行うことができる。

一　組合員の生活に必要な物資を購入し、これに加工し若しくは加工しないで、又は生産して組合員に供給する事業

二　組合員の生活に有用な協同施設を設置し、組合員に利用させる事業（第六号及び第七号の事業を除く。）

三　組合員の生活の改善及び文化の向上を図る事業

四　組合員の生活の共済を図る事業

五　組合員及び組合従業員の組合事業に関する知識の向上を図る事業

六　組合員に対する医療に関する事業

七　高齢者、障害者等の福祉に関する事業であつて組合員に利用させるもの

八　前各号の事業に附帯する事業

2　前項第四号の事業（以下「共済を図る事業」という。）のうち、共済事業（組合員から共済掛金の支払を受け、共済事故の発生に関し、共済金を交付する事業であつて、共済金額その他の事項に照らして組合員の保護を確保することが必要なものとして厚生労働省令で定めるものをいう。以下同じ。）又は受託共済事業（共済事業を行つている組合からの委託契約に基づき共済事業の一部を受託して行う事業をいう。以下同じ。）を行う組合は、組合員のために、保険会社（保険業法（平成七年法律第百五号）第二条第二項に規定する保険会社をいう。）その他厚生労働大臣が指定するこれに準ずる者の業務の代理又は事務の代行（厚生労働省令で定めるものに限る。）の事業を行うことができる。

3　共済事業を行う消費生活協同組合であつてその収受する共済掛金の総額が政令で定める基準を超えるもの若しくはその交付する共済金額が政令で定める基準を超えるもの又は共済事業を行う連合会は、第一項の規定にかかわらず、共済事業、受託共済事業及び同項第五号の事業並びにこれらに附帯する事業並びに前項の事業のほか、他の事業を行うことができない。ただし、厚生労働省令で定めるところにより、行政庁の承認を受けたときは、この限りでない。

4　連合会は、第一項の事業のほか、会員たる組合の指導、連絡及び調整に関する事業を行うことができる。

（事業の機会均等）

第十一条　組合は、前条の事業を行うにあたつて、特別の理由がない限り、同種の事業を行う他の者と同等の便益を受けることを妨げられない。

（事業の利用）

第十二条　組合員は、その意に反して、組合の事業を利用することを強制されない。

2　定款に特に定めのある場合を除くほか、組合員と同一の世帯に属する者は、組合の事業の利用については、これを組合員とみなす。

3　組合は、組合員以外の者にその事業を利用させることができない。ただし、次に掲げる場合に該当する場合は、この限りでない。

一　組合がその組合員との間で自動車損害賠償保障法（昭和三十年法律第九十七号）第五条に規定する自動車損害賠償責任共済（以下「責任共済」という。）の契約を締結している場合において、その組合員が組合を脱退した場合その他組合員以外の者との間で責任共済の契約を継続することにつき正当な理由がある場合として厚生労働省令で定める場合

二　震災、風水害その他の災害が発生し、又は発生するおそれがあるときその他の緊急時において、一時

的に生活に必要な物品の供給が不足する地域で当該物品を供給する場合

三　国又は地方公共団体の委託を受けて行う事業を利用させる場合

四　特定の物品を供給する事業であつて、組合員以外の者にその事業を利用させることについて正当な理由があるものとして厚生労働省令で定める事業を利用させる場合

五　組合が所有する体育施設その他の施設であつて、組合員の利用に支障のない範囲内で一般公衆の利用に供することが適当である施設として厚生労働省令で定める施設に該当するものを利用させる場合

4　組合は、前項本文の規定にかかわらず、同項ただし書に規定する場合のほか、組合員以外の者にその事業（第十条第二項の事業を除き、同条第一項第一号から第五号までの事業にあつては、次の各号に掲げる場合に限る。）を利用させることができる。ただし、一事業年度における組合員以外の者の同条第一項各号の事業（第三号において同項第二号の事業に属する事業を厚生労働省令で定める場合にあつては、当該厚生労働省令で定める事業）ごとの利用分量の総額（前項ただし書の規定により当該事業を利用する組合員以外の者の利用分量の総額を除く。）の当該事業年度における組合員の当該同条第一項各号の事業（第三号において同項第二号の事業に属する事業を厚生労働省令で定める場合にあつては、当該厚生労働省令で定める事業）ごとの利用分量の総額に対する割合は、同項各号の事業（第三号において同項第二号の事業に属する事業を厚生労働省令で定める場合にあつては、当該厚生労働省令で定める事業）ごとに厚生労働省令で定める割合を超えてはならない。

一　職域による組合が、当該職域に係る者であつて厚生労働省令で定めるものに第十条第一項第一号の事業を利用させる場合

二　離島その他交通不便の地域において生活に必要な物品の円滑な供給に支障が生じている場合に当該物品を供給する場合であつて行政庁の許可を得た場合

三　前二号に掲げる場合のほか、組合員以外の者にその事業を利用させることが適当と認められる事業として厚生労働省令で定める事業を厚生労働省令で定めるところにより利用させる場合であつて行政庁の許可を得た場合

5　行政庁は、前項第二号又は第三号の許可の申請があつた場合において、組合がその組合員以外の者に物品の供給事業（物品を加工し、又は修理する事業を含む。次項において同じ。）を利用させることによつて中小小売商の事業活動に影響を及ぼし、その利益を著しく害するおそれがあると認めるときは、前項第二号

又は第三号の許可をしてはならない。

6　行政庁は、必要があると認めるときは、物品の供給事業を行う組合に対し、次の措置をとるべきことを命ずることができる。

一　第三項ただし書又は第四項の規定により組合員以外の者に物品の供給事業を利用させる場合を除き組合員以外の者には当該事業を利用させない旨を、物品の供給事業を行う場所に明示すること。

二　第三項ただし書又は第四項の規定により組合員以外の者に物品の供給事業を利用させる場合を除き、組合員であることが不明りようである者に対しては組合員である旨を示す証明書を提示しなければ、物品の供給事業を利用させないこと。

（共済契約）

第十二条の二　共済事業を行う組合は、他の組合その他政令で定める者以外の者に対して、その組合のために行う共済契約の締結の代理又は媒介の業務を委託してはならない。ただし、責任共済の契約及びこれに類する共済契約であつて厚生労働省令で定めるものの締結の代理又は媒介の業務については、この限りでない。

2　前項の政令で定める者は、共済契約者、被共済者、共済金額を受け取るべき者その他の関係者（以下「共済契約者等」という。）の保護に欠けるおそれが少ない場合として厚生労働省令で定める場合に該当する場合に限り、他の法律の規定にかかわらず、共済契約の締結の代理又は媒介の業務を行うことができる。

3　保険業法第二百八十三条の規定は共済事業を行う組合の役員及び使用人並びに当該共済事業を行う組合の共済代理店（組合の委託を受けて、当該組合のために共済契約の締結の代理又は媒介を行う者であつて、当該組合の役員又は使用人でないものをいう。以下同じ。）並びにその役員及び使用人が行う当該共済事業を行う組合の共済契約の募集について、第二百九十四条第三項の規定は共済契約の募集を行う共済事業を行う組合の役員及び使用人並びに当該共済事業を行う組合の共済代理店並びにその役員及び使用人について、同法第二百九十五条の規定は共済代理店について、同法第三百条（第一項ただし書を除く。）の規定は共済事業を行う組合及びその共済代理店（これらの者の役員及び使用人を含む。）について、同法第三百五条第一項、第三百六条及び第三百七条第一項（第三号に係る部分に限る。）の規定は共済代理店について、同法第三百九条の規定は共済事業を行う組合に対し共済契約の申込みをした者又は共済契約者が行う共済契約の申込みの撤回又は解除について、同法第三百十一条の規定はこの項において準用する同法第三百五条第一項の規定による立入り、質問又は検査をする職員について、それぞれ準用する。この場合において、同法第二百九十四条第三項第三号、第二百九十五条、第三百条第一項第七号及び第九号並びに第三百九条第一項第一号、第二項、第三項、第五項及び第六項中「内閣府令」とあるのは「厚生労働省令」と、同法第三百条第一項中「、保険募集又は自らが締結した若しくは保険募集を行った団体保険に係る保険契約に加入することを勧誘する行為その他の当該保険契約に加入させるための行為」とあるのは「又は共済契約の募集」と、「自らが締結した又は保険募集を行った団体保険に係る保険契約に加入することを勧誘する行為その他の当該保険契約に加入させるための行為に関しては第一号に掲げる行為（被保険者に対するものに限る。）に限り、次条に規定する特定保険契約」とあるのは「消費生活協同組合法第十二条の三第一項に規定する特定共済契約」と、「同号」とあるのは「第一号」と、「契約条項のうち保険契約者又は被保険者の判断に影響を及ぼすこととなる」とあるのは「契約条項のうち」と、同項第八号中「特定関係者（第百条の三（第二百七十二条の十三第二項において準用する場合を含む。第三百一条において同じ。）に規定する特定関係者及び第百九十四条に規定する特殊関係者のうち、当該保険会社等又は外国保険会社等を子会社とする保険持株会社及び少額短期保険持株会社（以下この条及び第三百一条の二において「保険持株会社等」という。）、当該保険持株会社等の子会社（保険会社等及び外国保険会社等を除く。）並びに保険業を行う者以外の者をいう。）」とあるのは「子会社等（消費生活協同組合法第五十三条の二第二項に規定する子会社等をいう。）」と、同条第二項中「第四条第二項各号、第百八十七条第三項各号又は第二百七十二条の二第二項各号に掲げる書類」とあるのは「定款又は消費生活協同組合法第二十六条の三第一項に規定する規約」と、同法第三百五条第一項及び第三百六条中「内閣総理大臣」とあるのは「行政庁」と、同法第三百七条第一項中「内閣総理大臣」とあるのは「行政庁」と、「次の各号のいずれかに該当するときは、第二百七十六条若しくは第二百八十六条の登録を取り消し、又は」とあるのは「第三号に該当するときは、」と、「業務の全部若しくは一部」とあるのは「共済契約の募集」と読み替えるものとするほか、必要な技術的読替えは、政令で定める。

【参考】第三項で準用する保険業法（読替え済み）

（所属保険会社等及び保険募集再委託者の賠償責任）

第二百八十三条　所属保険会社等は、保険募集人が保険募集について保険契約者に加えた損害を賠償する責任を負う。

2　前項の規定は、次に掲げる場合には、適用しない。

一　所属保険会社等の役員である保険募集人（生

命保険会社にあっては、当該役員の使用人である生命保険募集人を含む。）が行う保険募集については、所属保険会社等が当該役員の選任について相当の注意をし、かつ、これらの者の行う保険募集について保険契約者に加えた損害の発生の防止に努めたとき。

二　所属保険会社等の使用人である保険募集人（生命保険会社にあっては、当該使用人の使用人である生命保険募集人を含む。）が行う保険募集については、所属保険会社等が当該使用人（生命保険会社の使用人の使用人を除く。）の雇用について相当の注意をし、かつ、これらの者の行う保険募集について保険契約者に加えた損害の発生の防止に努めたとき。

三　所属保険会社等の委託に基づく特定保険募集人又はその役員若しくは使用人である保険募集人が行う保険募集については、所属保険会社等が当該特定保険募集人の委託をするについて相当の注意をし、かつ、これらの者の行う保険募集について保険契約者に加えた損害の発生の防止に努めたとき。

四　保険募集再委託者の再委託に基づく特定保険募集人又はその役員若しくは使用人である保険募集人（以下この条において「保険募集再受託者等」という。）が行う保険募集については、所属保険会社等が当該保険募集再受託者等に対する再委託の許諾を行うについて相当の注意をし、かつ、当該保険募集再受託者等の行う保険募集について保険契約者に加えた損害の発生の防止に努めたとき。

3　保険募集再委託者は、保険募集再受託者等が保険募集について保険契約者に加えた損害を賠償する責任を負う。ただし、当該保険募集再委託者が再委託をするについて相当の注意をし、かつ、当該保険募集再受託者等の行う保険募集について保険契約者に加えた損害の発生の防止に努めたときは、この限りでない。

4　第一項の規定は所属保険会社等から保険募集人に対する求償権の行使を妨げず、また、前項の規定は保険募集再委託者から保険募集再受託者等に対する求償権の行使を妨げない。

5　民法第七百二十四条（不法行為による損害賠償請求権の消滅時効）及び第七百二十四条の二（人の生命又は身体を害する不法行為による損害賠償請求権の消滅時効）の規定は、第一項及び第三項の請求権について準用する。

（情報の提供）

第二百九十四条　（第二項まで略）

3　保険募集人は、保険募集を行おうとするときは、あらかじめ、顧客に対し次に掲げる事項を明らかにしなければならない。
一　所属保険会社等の商号、名称又は氏名
二　自己が所属保険会社等の代理人として保険契約を締結するか、又は保険契約の締結を媒介するかの別
三　その他厚生労働省令で定める事項
4　（以下、略）
（自己契約の禁止）
第二百九十五条　損害保険代理店及び保険仲立人は、その主たる目的として、自己又は自己を雇用している者を保険契約者又は被保険者とする保険契約（保険仲立人にあっては、厚生労働省令で定めるものに限る。次項において「自己契約」という。）の保険募集を行ってはならない。
2　前項の規定の適用については、損害保険代理店又は保険仲立人が保険募集を行った自己契約に係る保険料の合計額として内閣府令で定めるところにより計算した額が、当該損害保険代理店又は保険仲立人が保険募集を行った保険契約に係る保険料の合計額として厚生労働省令で定めるところにより計算した額の百分の五十を超えることとなったときは、当該損害保険代理店又は保険仲立人は、自己契約の保険募集を行うことをその主たる目的としたものとみなす。
（保険契約の締結等に関する禁止行為）
第三百条　保険会社等若しくは外国保険会社等、これらの役員（保険募集人である者を除く。）、保険募集人又は保険仲立人若しくはその役員若しくは使用人は、保険契約の締結又は共済契約の募集に関して、次に掲げる行為（消費生活協同組合法第十二条の三第一項に規定する特定共済契約の締結又はその代理若しくは媒介に関しては第一号に規定する保険契約の契約条項のうち重要な事項を告げない行為及び第九号に掲げる行為を除く。）をしてはならない。（但し書き、略）
一　保険契約者又は被保険者に対して、虚偽のことを告げ、又は保険契約の契約条項のうち重要な事項を告げない行為
二　保険契約者又は被保険者が保険会社等又は外国保険会社等に対して重要な事項につき虚偽のことを告げることを勧める行為
三　保険契約者又は被保険者が保険会社等又は外国保険会社等に対して重要な事実を告げるのを妨げ、又は告げないことを勧める行為
四　保険契約者又は被保険者に対して、不利益となるべき事実を告げずに、既に成立している保

険契約を消滅させて新たな保険契約の申込みをさせ、又は新たな保険契約の申込みをさせて既に成立している保険契約を消滅させる行為

五　保険契約者又は被保険者に対して、保険料の割引、割戻しその他特別の利益の提供を約し、又は提供する行為

六　保険契約者若しくは被保険者又は不特定の者に対して、一の保険契約の契約内容につき他の保険契約の契約内容と比較した事項であって誤解させるおそれのあるものを告げ、又は表示する行為

七　保険契約者若しくは被保険者又は不特定の者に対して、将来における契約者配当又は社員に対する剰余金の分配その他将来における金額が不確実な事項として厚生労働省令で定めるものについて、断定的判断を示し、又は確実であると誤解させるおそれのあることを告げ、若しくは表示する行為

八　保険契約者又は被保険者に対して、当該保険契約者又は被保険者に当該保険会社等又は外国保険会社等の子会社等（消費生活協同組合法第五十三条の二第二項に規定する子会社等をいう。）が特別の利益の供与を約し、又は提供していることを知りながら、当該保険契約の申込みをさせる行為

九　前各号に定めるもののほか、保険契約者等の保護に欠けるおそれがあるものとして厚生労働省令で定める行為

2　前項第五号の規定は、保険会社等又は外国保険会社等が定款又は消費生活協同組合法第二十六条の三第一項に規定する規約に基づいて行う場合には、適用しない。

（立入検査等）

第三百五条　行政庁は、この法律の施行に必要な限度において、特定保険募集人又は保険仲立人に対し、その業務若しくは財産に関し参考となるべき報告若しくは資料の提出を命じ、又は当該職員に、当該特定保険募集人若しくは保険仲立人の事務所に立ち入らせ、その業務若しくは財産の状況若しくは帳簿書類その他の物件を検査させ、若しくは関係者に質問させることができる。

2　（以下、略）

（業務改善命令）

第三百六条　行政庁は、特定保険募集人又は保険仲立人の業務の運営に関し、保険契約者等の利益を害する事実があると認めるときは、保険契約者等の保護のため必要な限度において、当該特定保険募集人又は保険仲立人に対し、業務の運営の改善

に必要な措置をとるべきことを命ずることができる。

（登録の取消し等）

第三百七条　行政庁は、特定保険募集人又は保険仲立人が第三号に該当するときは、六月以内の期間を定めて共済契約の募集の停止を命ずることができる。

一・二　（略）

三　この法律又はこの法律に基づく行政庁の処分に違反したとき、その他保険募集に関し著しく不適当な行為をしたと認められるとき。

２　（以下、略）

（保険契約の申込みの撤回等）

第三百九条　保険会社等若しくは外国保険会社等に対し保険契約の申込みをした者又は保険契約者（以下この条において「申込者等」という。）は、次に掲げる場合を除き、書面によりその保険契約の申込みの撤回又は解除（以下この条において「申込みの撤回等」という。）を行うことができる。

一　申込者等が、厚生労働省令で定めるところにより、保険契約の申込みの撤回等に関する事項を記載した書面を交付された場合において、その交付をされた日と申込みをした日とのいずれか遅い日から起算して八日を経過したとき。

二　申込者等が、営業若しくは事業のために、又は営業若しくは事業として締結する保険契約として申込みをしたとき。

三　一般社団法人若しくは一般財団法人、特別の法律により設立された法人、法人でない社団若しくは財団で代表者若しくは管理人の定めのあるもの又は国若しくは地方公共団体が保険契約の申込みをしたとき。

四　当該保険契約の保険期間が一年以下であるとき。

五　当該保険契約が、法令により申込者等が加入を義務付けられているものであるとき。

六　申込者等が保険会社等、外国保険会社等、特定保険募集人又は保険仲立人の営業所、事務所その他の場所において保険契約の申込みをした場合その他の場合で、申込者等の保護に欠けるおそれがないと認められるものとして政令で定める場合

２　前項第一号の場合において、保険会社等又は外国保険会社等は、同号の規定による書面の交付に代えて、政令で定めるところにより、当該申込者等の承諾を得て、当該書面に記載すべき事項を電子情報処理組織を使用する方法その他の情報通信

の技術を利用する方法であって厚生労働省令で定めるものにより提供することができる。この場合において、当該保険会社等又は外国保険会社等は、当該書面を交付したものとみなす。

3　前項前段に規定する方法（厚生労働省令で定める方法を除く。）により第一項第一号の規定による書面の交付に代えて行われた当該書面に記載すべき事項の提供は、申込者等の使用に係る電子計算機に備えられたファイルへの記録がされた時に当該申込者等に到達したものとみなす。

4　保険契約の申込みの撤回等は、当該保険契約の申込みの撤回等に係る書面を発した時に、その効力を生ずる。

5　保険会社等又は外国保険会社等は、保険契約の申込みの撤回等があった場合には、申込者等に対し、その申込みの撤回等に伴う損害賠償又は違約金その他の金銭の支払を請求することができない。ただし、第一項の規定による保険契約の解除の場合における当該解除までの期間に相当する保険料として厚生労働省令で定める金額については、この限りでない。

6　保険会社等又は外国保険会社等は、保険契約の申込みの撤回等があった場合において、当該保険契約に関連して金銭を受領しているときは、申込者等に対し、速やかに、これを返還しなければならない。ただし、第一項の規定による保険契約に係る保険契約の解除の場合における当該保険契約に係る保険料の前払として受領した金銭のうち前項の厚生労働省令で定める金額については、この限りでない。

7　特定保険募集人その他の保険募集を行う者は、保険契約につき申込みの撤回等があった場合において、当該保険契約に関連して金銭を受領しているときは、申込者等に対し、速やかに、これを返還しなければならない。

8　保険仲立人その他の保険募集を行う者は、保険会社等又は外国保険会社等に保険契約の申込みの撤回等に伴い損害賠償その他の金銭を支払った場合において、当該支払に伴う損害賠償その他の金銭の支払を、申込みの撤回等をした者に対し、請求することができない。

9　保険契約の申込みの撤回等の当時、既に保険金の支払の事由が生じているときは、当該申込みの撤回等は、その効力を生じない。ただし、申込みの撤回等を行った者が、申込みの撤回等の当時、既に保険金の支払の事由の生じたことを知っているときは、この限りでない。

10　第一項及び第四項から前項までの規定に反する特約で申込者等に不利なものは、無効とする。

（検査職員の証票の携帯及び提示等）

第三百十一条　第百二十二条の二第四項、第百二十九条（第百七十九条第二項及び第二百七十一条第三項において準用する場合を含む。）、第二百一条（第二百十二条第六項及び第二百七十一条第三項において準用する場合を含む。）、第二百二十七条（第二百二十五条第五項及び第二百七十一条第三項において準用する場合を含む。）、第二百六十五条の四十六、第二百七十一条の九、第二百七十一条の十三（第二百七十二条の三十四第一項において準用する場合を含む。）、第二百七十一条の二十八（第二百七十二条の四十第二項において準用する場合を含む。）、第二百七十二条の二十三（第百七十九条第二項及び第二百七十一条第三項において準用する場合を含む。）、第三百五条又は第三百八条の二十一の規定による立入り、質問又は検査をする職員は、その身分を示す証票を携帯し、関係人の請求があったときは、これを提示しなければならない。

2　前項に規定する各規定による立入り、質問又は検査の権限は、犯罪捜査のために認められたものと解してはならない。

（特定共済契約）

第十二条の三　共済事業を行う組合は、特定共済契約（金利、通貨の価格、金融商品取引法（昭和二十三年法律第二十五号）第二条第十四項に規定する金融商品市場における相場その他の指標に係る変動により損失が生ずるおそれ（当該共済契約が締結されることにより利用者の支払うこととなる共済掛金の合計額が、当該共済契約が締結されることにより当該利用者の取得することとなる第五十条の五に規定する共済金等の合計額を上回ることとなるおそれをいう。）がある共済契約として厚生労働省令で定めるものをいう。次項において同じ。）の締結の代理又は媒介を共済代理店に委託してはならない。

2　金融商品取引法第三章第一節第五款（第三十四条の二第六項から第八項まで並びに第三十四条の三第五項及び第六項を除く。）、同章第二節第一款（第三十五条から第三十六条の四まで、第三十七条第一項第二号、第三十七条の二、第三十七条の三第一項第二号及び第六号並びに第三項、第三十七条の五から第三十七条の七まで、第三十八条第一号、第二号、第七号及び第八号、第三十八条の二、第三十九条第三項ただし書、第四項、第六項及び第七項並びに第四十条の二から第四十条の七までを除く。）及び第四十五条（第三号及び第四号を除く。）の規定は、共済事業を行う組合が行う特定共済契約の締結について準用する。この場合において、これらの規定中「金融商品取引契約」とあるのは「特定共済契約」と、「金融商品取引業」とあるのは「特定共済契約の締結の事業」と、これらの規定（同法第三十九条第三項本文の規定を除く。）中「内閣府令」とあるのは「厚生労働省令」と、これらの規定（同法第三十四条の規定を除く。）中「金融商品取引行為」とあるのは「特定共済契約の締結」と、同法第三十四条中「顧客を相手方とし、又は顧客のために金融商品取引行為（第二条第八項各号に掲げる行為をいう。以下同じ。）を行うことを内容とする契約」とあるのは「消費生活協同組合法第十二条の三第一項に規定する特定共済契約」と、同法第三十七条の三第一項中「次に掲げる事項」とあるのは「次に掲げる事項その他消費生活協同組合法第十二条の二第三項において準用する保険業法第三百条第一項第一号に規定する共済契約の契約条項のうち重要な事項」と、同法第三十九条第一項第一号中「有価証券の売買その他の取引（買戻価格があらかじめ定められている買戻条件付売買その他の政令で定める取引を除く。）又はデリバティブ取引（以下この条において「有価証券売買取引等」という。）」とあるのは「特定共済契約の締結」と、「有価証券又はデリバティブ取引（以下この条において「有価証券等」という。）」とあるのは「特定共済契約」と、「顧客（信託会社等（信託会社又は金融機関の信託業務の兼営等に関する法律第一条第一項の認可を受けた金融機関をいう。以下同じ。）が、信託契約に基づいて信託をする者の計算において、有価証券の売買又はデリバティブ取引を行う場合にあつては、当該信託をする者を含む。以下この条において同じ。）」とあるのは「利用者」と、「損失」とあるのは「損失（当該特定共済契約が締結されることにより利用者の支払う共済掛金の合計額が当該特定共済契約が締結されることにより当該利用者の取得する共済金等（消費生活協同組合法第五十条の五に規定する共済金等をいう。以下この号において同じ。）の合計額を上回る場合における当該共済掛金の合計額から当該共済金等の合計額を控除した金額をいう。以下この条において同じ。）」と、「補足するため」とあるのは「補足するため、当該特定共済契約によらないで」と、同項第二号中「有価証券売買取引等」とあるのは「特定共済契約の締結」と、「有価証券等」とあるのは「特定共済契約」と、「追加するため」とあるのは「追加するため、当該特定共済契約によらないで」と、同項第三号中「有価証券売買取引等」とあるのは「特定共済契約の締結」と、「有価証券等」とあるのは「特定共済契約」と、「追加するため、」とあるのは「追加するため、当該特定共済契約によらないで」と、同条第二項中「有価証券売買取引等」とあるのは「特定共済契約の締結」と、同条第三項中「原因となるものとして内閣府令で定めるもの」とあるのは「原因となるもの」と、同法第四十五条第二号中「第三十七条の二から第三十七条の六まで、第四十条の二第四項及び第四十三条の四」とあるのは「第三十七条の三（第一項各号に掲げる事項に係る部分に限り、同項第二号及び第六号並びに第三項を除く。）及び第三十七条の四」と読み替えるものとするほか、必要な技術的読替えは、政令で定める。

（貸付事業の運営に関する措置）

第十三条　共済を図る事業のうち、組合員に対し生活に必要な資金を貸し付ける事業（以下「貸付事業」という。）を行う組合は、この法律及び他の法律に定めるもののほか、厚生労働省令で定めるところにより、当該貸付事業の適正な運営の確保及び資金の貸付けを受ける組合員の利益の保護を図るために必要な措置であつて厚生労働省令で定めるものを講じなければならない。

（他の団体との関係）

第十三条の二　組合は、組合に関係がある事業を行うため必要であるときは、組合の目的及び他の法律の規定に反しない限り、他の法人又は団体に加入することができる。

第三章　組合員

（組合員の資格）

第十四条　消費生活協同組合の組合員たる資格を有する者は、次に掲げる者で定款で定めるものとする。ただし、法人は、組合員となることができない。

一　地域による組合にあつては、一定の地域内に住所を有する者

二　職域による組合にあつては、一定の職域内に勤務する者

2　地域による消費生活協同組合にあつては、定款の定めるところにより、前項第一号に掲げる者のほか、その区域内に勤務地を有する者でその組合の施設を利用することを適当とするものを組合員とすることができる。

3　職域による消費生活協同組合にあつては、定款の定めるところにより、第一項第二号に掲げる者のほか、次に掲げる者であつてその組合の施設を利用することを適当とするものを組合員とすることができる。

一　その付近に住所を有する者

二　当該職域内に勤務していた者

4　職域による消費生活協同組合のうち、大学その他の厚生労働省令で定める学校を職域とするものにあつて

は、定款の定めるところにより、第一項第二号及び前項各号に掲げる者のほか、当該学校の学生を組合員とすることができる。

5　連合会の会員たる資格を有する者は、次に掲げる者で定款で定めるものとする。

一　組合

二　他の法律により設立された協同組織体で、第二条第一項各号に掲げる要件を備え、かつ、組合の行う事業と同種の事業を行うことを目的とするもの

（加入の自由）

第十五条　組合は、その組合員の数を制限することができない。

2　組合員たる資格を有する者が組合に加入しようとするときは、組合は、正当な理由がないのに、その加入を拒み、又はその加入につき現在の組合員が加入の際に付されたよりも困難な条件を付してはならない。

（出資）

第十六条　組合員は、出資一口以上を有しなければならない。

2　組合員の出資一口の金額は、組合員たる資格を有する者が通常負担できる程度とし、かつ、均一でなければならない。

3　一組合員の有することのできる出資口数は、組合員の総出資口数の四分の一を超えてはならない。ただし、第十条第一項第一号から第四号まで、第六号及び第七号の事業のうちいずれかの事業を行う連合会の会員にあつては、この限りでない。

4　組合員は、出資金額の払込みについて相殺をもつて組合に対抗することができない。

5　組合員の責任は、その出資金額を限度とする。

（議決権及び選挙権）

第十七条　組合員は、その出資口数の多少にかかわらず、各々一個の議決権及び選挙権を有する。ただし、連合会については、会員たる消費生活協同組合の組合員数に基づいて、定款で別段の定めをすることができる。

2　組合員は、定款の定めるところにより、第三十八条第一項又は第二項の規定によりあらかじめ通知のあつた事項につき書面又は代理人をもつて、議決権又は選挙権を行うことができる。ただし、組合員又は組合員と同一の世帯に属する者でなければ代理人となることができない。

3　組合員は、定款の定めるところにより、前項の規定による書面をもつてする議決権又は選挙権の行使に代えて、議決権又は選挙権を電磁的方法（電子情報処理組織を使用する方法その他の情報通信の技術を利用する方法であつて厚生労働省令で定めるものをいう。第二十六条第三項第三号を除き、以下同じ。）により行

うことができる。

4　前二項の規定により議決権又は選挙権を行う者は、これを出席者とみなす。

5　代理人は、十人以上の組合員を代理することができない。

6　代理人は、代理権を証する書面を組合に提出しなければならない。この場合において、電磁的方法により議決権又は選挙権を行うことが定款で定められているときは、当該書面の提出に代えて、代理権を当該電磁的方法により証明することができる。

（過怠金）

第十八条　組合は、組合員が出資の払込みを怠つたときは、定款の定めるところにより、その者に対して過怠金を課することができる。

（自由脱退）

第十九条　組合員は、九十日前までに予告し、事業年度末において脱退することができる。

2　前項の予告期間は、定款でこれを延長することができる。ただし、その期間は、一年を超えてはならない。

（法定脱退）

第二十条　組合員は、次の事由によつて脱退する。

一　組合員たる資格の喪失

二　死亡又は解散

三　除名

2　除名は、次の各号のいずれかに該当する組合員につき、総会の議決によつてこれをすることができる。この場合において、組合は、その総会の会日から五日前までに、その組合員に対しその旨を通知し、かつ、総会において弁明する機会を与えなければならない。

一　長期間にわたつて組合の事業を利用しない組合員

二　出資の払込みその他組合に対する義務を怠つた組合員

三　その他定款で定める行為をした組合員

3　前項の除名は、除名した組合員にその旨を通知しなければ、これをもつてその組合員に対抗することができない。

（払戻請求権）

第二十一条　脱退した組合員は、定款の定めるところにより、その払込済出資額の全部又は一部の払戻しを請求することができる。

（脱退組合員の払込義務）

第二十二条　事業年度末において、組合の財産をもつてその債務を完済するに足りないときは、その組合は、定款の定めるところにより、その年度内に脱退した組合員に対して、未払込出資額の全部又は一部の払込みを請求することができる。

（時効）

第二十三条　前二条の規定による請求権は、脱退の時から二年間これを行わないときは、時効によつて消滅する。

（払戻しの停止）

第二十四条　脱退した組合員が組合に対する債務を完済するまでは、組合は、第二十一条の規定による払戻しを停止することができる。

（出資口数の減少）

第二十五条　組合員は、定款の定めるところにより、その出資口数を減少することができる。

2　前項の場合には、第十九条及び第二十一条から第二十三条までの規定を準用する。

（組合員名簿の作成、備置き及び閲覧等）

第二十五条の二　組合は、組合員名簿を作成し、各組合員について次に掲げる事項を記載し、又は記録しなければならない。

一　氏名又は名称及び住所

二　加入の年月日

三　出資口数及び金額並びにその払込みの年月日

2　組合は、組合員名簿をその主たる事務所に備え置かなければならない。

3　組合員及び組合の債権者は、組合に対して、その業務取扱時間内は、いつでも、次に掲げる請求をすることができる。この場合においては、組合は、正当な理由がないのにこれを拒んではならない。

一　組合員名簿が書面をもつて作成されているときは、当該書面の閲覧又は謄写の請求

二　組合員名簿が電磁的記録（電子的方式、磁気的方式その他人の知覚によつては認識することができない方式で作られる記録であつて、電子計算機による情報処理の用に供されるもので厚生労働省令で定めるものをいう。以下同じ。）をもつて作成されているときは、当該電磁的記録に記録された事項を厚生労働省令で定める方法により表示したものの閲覧又は謄写の請求

第四章　管　理

（定款）

第二十六条　組合の定款には、次の事項を記載し、又は記録しなければならない。

一　事業

二　名称

三　地域又は職域

四　事務所の所在地

五　組合員たる資格に関する規定

六　組合員の加入及び脱退に関する規定

七　出資一口の金額及びその払込みの方法並びに一組

合員の有することのできる出資口数の最高限度に関する規定
八　第一回払込みの金額
九　剰余金の処分及び損失の処理に関する規定
十　準備金の額及びその積立ての方法に関する規定
十一　組合員の権利義務に関する規定
十二　事業の執行に関する規定
十三　役員に関する規定
十四　総会に関する規定
十五　事業年度
十六　公告方法（組合が公告（この法律又は他の法律の規定により官報に掲載する方法によりしなければならないものとされているものを除く。）をする方法をいう。以下同じ。）
十七　共済事業を行うときは、その掛金及び共済金の最高限度
十八　存立の時期又は解散の事由を定めたときは、その時期又は事由
十九　現物出資をする者を定めたときは、その者の氏名、出資の目的たる財産及びその価格並びにこれに対して与える出資口数
2　行政庁は、模範定款例を定めることができる。
3　組合は、公告方法として、当該組合の事務所の店頭に掲示する方法のほか、次に掲げる方法のいずれかを定款で定めることができる。
一　官報に掲載する方法
二　時事に関する事項を掲載する日刊新聞紙に掲載する方法
三　電子公告（公告方法のうち、電磁的方法（会社法（平成十七年法律第八十六号）第二条第三十四号に規定する電磁的方法をいう。）により不特定多数の者が公告すべき内容である情報の提供を受けることができる状態に置く措置であつて同号に規定するものをとる方法をいう。以下同じ。）
4　組合が前項第三号に掲げる方法を公告方法とする旨を定款で定める場合には、その定款には、電子公告を公告方法とすることを定めれば足りる。この場合においては、事故その他やむを得ない事由によつて電子公告による公告をすることができない場合の公告方法として、同項第一号又は第二号に掲げる方法のいずれかを定めることができる。
5　組合が電子公告により公告をする場合には、次の各号に掲げる区分に応じ、それぞれ当該各号に定める日までの間、継続して電子公告による公告をしなければならない。
一　公告に定める期間内に異議を述べることができる旨の公告　当該期間を経過する日
二　前号に掲げる公告以外の公告　当該公告の開始後

一月を経過する日

6　組合が電子公告によりこの法律その他の法令の規定による公告をする場合については、会社法第九百四十条第三項、第九百四十一条、第九百四十六条、第九百四十七条、第九百五十一条第二項、第九百五十三条及び第九百五十五条の規定を準用する。この場合において、同法第九百四十条第三項中「前二項の規定にかかわらず、これら」とあるのは、「消費生活協同組合法第二十六条第五項の規定にかかわらず、同項」と読み替えるものとするほか、必要な技術的読替えは、政令で定める。

7　第一項に掲げる事項のほか、組合の定款には、この法律の規定により定款の定めがなければその効力を生じない事項及びその他の事項でこの法律に違反しないものを記載し、又は記録することができる。

【参考】第六項で準用する会社法（読替え済み）

（電子公告の公告期間等）

第九百四十条　（第二項まで略）

3　消費生活協同組合法第二十六条第五項の規定にかかわらず、同項の規定により電子公告による公告をしなければならない期間（以下この章において「公告期間」という。）中公告の中断（不特定多数の者が提供を受けることができる状態に置かれた情報がその状態に置かれないこととなったこと又はその情報がその状態に置かれた後改変されたことをいう。以下この項において同じ。）が生じた場合において、次のいずれにも該当するときは、その公告の中断は、当該公告の効力に影響を及ぼさない。

一　公告の中断が生ずることにつき会社が善意でかつ重大な過失がないこと又は会社に正当な事由があること。

二　公告の中断が生じた時間の合計が公告期間の十分の一を超えないこと。

三　会社が公告の中断が生じたことを知った後速やかにその旨、公告の中断が生じた時間及び公告の中断の内容を当該公告に付して公告したこと。

（電子公告調査）

第九百四十一条　この法律又は他の法律の規定による公告（第四百四十条第一項の規定による公告を除く。以下この節において同じ。）を電子公告によりしようとする会社は、公告期間中、当該公告の内容である情報が不特定多数の者が提供を受けることができる状態に置かれているかどうかについて、法務省令で定めるところにより、法務大臣の登録を受けた者（以下この節において「調査機関」という。）に対し、調査を行うことを求めなければならない。

（調査の義務等）

第九百四十六条　調査機関は、電子公告調査を行うことを求められたときは、正当な理由がある場合を除き、電子公告調査を行わなければならない。

2　調査機関は、公正に、かつ、法務省令で定める方法により電子公告調査を行わなければならない。

3　調査機関は、電子公告調査を行う場合には、法務省令で定めるところにより、電子公告調査を行うことを求めた者（以下この節において「調査委託者」という。）の商号その他の法務省令で定める事項を法務大臣に報告しなければならない。

4　調査機関は、電子公告調査の後遅滞なく、調査委託者に対して、法務省令で定めるところにより、当該電子公告調査の結果を通知しなければならない。

（電子公告調査を行うことができない場合）

第九百四十七条　調査機関は、次に掲げる者の電子公告による公告又はその者若しくはその理事等が電子公告による公告に関与した場合として法務省令で定める場合における当該公告については、電子公告調査を行うことができない。

一　当該調査機関

二　当該調査機関が株式会社である場合における親株式会社（当該調査機関を子会社とする株式会社をいう。）

三　理事等又は職員（過去二年間にそのいずれかであった者を含む。次号において同じ。）が当該調査機関の理事等に占める割合が二分の一を超える法人

四　理事等又は職員のうちに当該調査機関（法人であるものを除く。）又は当該調査機関の代表権を有する理事等が含まれている法人

（財務諸表等の備置き及び閲覧等）

第九百五十一条　（略）

2　調査委託者その他の利害関係人は、調査機関に対し、その業務時間内は、いつでも、次に掲げる請求をすることができる。ただし、第二号又は第四号に掲げる請求をするには、当該調査機関の定めた費用を支払わなければならない。

一　財務諸表等が書面をもって作成されているときは、当該書面の閲覧又は謄写の請求

二　前号の書面の謄本又は抄本の交付の請求

三　財務諸表等が電磁的記録をもって作成されているときは、当該電磁的記録に記録された事項を法務省令で定める方法により表示したものの閲覧又は謄写の請求

四　前号の電磁的記録に記録された事項を電磁的方法であって調査機関の定めたものにより提供することの請求又は当該事項を記載した書面の交付の請求

（改善命令）

第九百五十三条　法務大臣は、調査機関が第九百四十六条の規定に違反していると認めるときは、その調査機関に対し、電子公告調査を行うべきこと又は電子公告調査の方法その他の業務の方法の改善に関し必要な措置をとるべきことを命ずることができる。

（調査記録簿等の記載等）

第九百五十五条　調査機関は、法務省令で定めるところにより、調査記録又はこれに準ずるものとして法務省令で定めるもの（以下この条において「調査記録簿等」という。）を備え、電子公告調査に関し法務省令で定めるものを記載し、又は記録し、及び当該調査記録簿等を保存しなければならない。

2　調査委託者その他の利害関係人は、調査機関に対し、その業務時間内は、いつでも、当該調査機関が前項又は次条第二項の規定により保存している調査記録簿等（利害関係がある部分に限る。）について、次に掲げる請求をすることができる。ただし、当該請求をするには、当該調査機関の定めた費用を支払わなければならない。

一　調査記録簿等が書面をもって作成されているときは、当該書面の写しの交付の請求

二　調査記録簿等が電磁的記録をもって作成されているときは、当該電磁的記録に記録された事項を電磁的方法であって調査機関の定めたものにより提供することの請求又は当該事項を記載した書面の交付の請求

（規約）

第二十六条の二　会計又は業務の執行に関し、組合の運営上重要な事項は、定款で定めなければならない事項を除いて、規約で定めることができる。

（共済事業規約）

第二十六条の三　組合は、共済事業を行おうとするときは、規約で、共済事業の種類ごとに、その実施方法、共済契約並びに共済掛金及び責任準備金の額の算出方法に関して厚生労働省令で定める事項を定めなければならない。

2　組合が責任共済又は責任共済の契約によつて負う共済責任の再共済（以下「責任共済等」という。）の事業を行おうとする場合における前項の規定の適用については、同項中「共済事業の種類ごとに、その実施方

法、共済契約並びに共済掛金及び責任準備金」とあるのは、「その実施方法、共済契約及び共済掛金」とする。

（貸付事業規約）

第二十六条の四　組合は、貸付事業を行おうとするときは、規約で、その実施方法及び貸付けの契約に関して厚生労働省令で定める事項を定めなければならない。

（定款の備置き及び閲覧等）

第二十六条の五　組合は、定款及び規約（以下この条において「定款等」という。）をその各事務所に備え置かなければならない。

2　組合員及び組合の債権者は、組合に対して、その業務取扱時間内は、いつでも、次に掲げる請求をすることができる。この場合においては、組合は、正当な理由がないのにこれを拒んではならない。

一　定款等が書面をもつて作成されているときは、当該書面の閲覧又は謄写の請求

二　定款等が電磁的記録をもつて作成されているときは、当該電磁的記録に記録された事項を厚生労働省令で定める方法により表示したものの閲覧又は謄写の請求

3　定款等が電磁的記録をもつて作成されている場合であつて、各事務所（主たる事務所を除く。）における前項第二号に掲げる請求に応ずることを可能とするための措置として厚生労働省令で定めるものをとつている組合についての第一項の規定の適用については、同項中「各事務所」とあるのは、「主たる事務所」とする。

（役員の定数）

第二十七条　組合には役員として理事及び監事を置く。

2　理事の定数は、五人以上とし、監事の定数は、二人以上とする。

（役員の選挙）

第二十八条　役員は、定款の定めるところにより、総会においてこれを選挙する。ただし、組合設立当時の役員は、創立総会においてこれを選挙する。

2　理事は、組合員又は会員たる法人の役員でなければならない。ただし、組合設立当時の理事は、組合員になろうとする者又は会員になろうとする法人の役員でなければならない。

3　特別の理由があるときには、理事の定数の三分の一以内を限り、前項に該当しない者のうちから、これを選挙することができる。

4　その行う事業の規模が政令で定める基準を超える組合にあつては、監事のうち一人以上は、次に掲げる要件の全てに該当する者でなければならない。

一　当該組合の組合員又は当該組合の会員たる法人の役員若しくは使用人以外の者であること。

二　その就任の前五年間当該組合の理事若しくは使用人又はその子会社の取締役、会計参与（会計参与が法人であるときは、その職務を行うべき社員）若しくは執行役若しくは使用人でなかつたこと。

三　当該組合の理事又は重要な使用人の配偶者又は二親等内の親族以外の者であること。

5　前項第二号に規定する「子会社」とは、組合が総株主等の議決権（総株主又は総出資者の議決権（株式会社にあつては、株主総会において決議することができる事項の全部につき議決権を行使することができない株式についての議決権を除き、会社法第八百七十九条第三項の規定により議決権を有するものとみなされる株式についての議決権を含む。）をいう。第四章の三において同じ。）の過半数を有する会社をいう。この場合において、当該組合及びその一若しくは二以上の子会社又は当該組合の一若しくは二以上の子会社がその総株主等の議決権の百分の五十を超える議決権を有する他の会社は、当該組合の子会社とみなす。

6　第四項の組合は、監事の互選をもつて常勤の監事を定めなければならない。

7　役員の選挙は、無記名投票によつて行う。

8　投票は、一人（第十七条第一項ただし書の規定により選挙権につき定款で別段の定めをする連合会にあつては、選挙権一個）につき一票とする。

9　第一項の規定にかかわらず、役員は、定款の定めるところにより、総会（組合設立当時の役員は、創立総会）において選任することができる。

（役員の補充）

第二十九条　理事又は監事のうち、その定数の五分の一を超えるものが欠けたときは、三月以内にこれを補充しなければならない。

（組合と役員との関係）

第二十九条の二　組合と役員との関係は、委任に関する規定に従う。

（役員の資格等）

第二十九条の三　次に掲げる者は、役員となることができない。

一　法人

二　心身の故障のため職務を適正に執行することができない者として厚生労働省令で定めるもの

三　この法律、会社法若しくは一般社団法人及び一般財団法人に関する法律（平成十八年法律第四十八号）の規定に違反し、又は民事再生法（平成十一年法律第二百二十五号）第二百五十五条、第二百五十六条、第二百五十八条から第二百六十条まで若しくは第二百六十二条の罪若しくは破産法（平成十六年法律第七十五号）第二百六十五条、第二百六十六条、第二百六十八条から第二百七十二条まで若しくは第二百七十四条の罪を犯し、刑に処せられ、その執行を終わり、又はその執行を受けることがなくなつた日から二年を経過しない者

四　前号に規定する法律の規定以外の法令の規定に違反し、禁錮以上の刑に処せられ、その執行を終わるまで又はその執行を受けることがなくなるまでの者（刑の執行猶予中の者を除く。）

2　前項各号に掲げる者のほか、破産手続開始の決定を受けて復権を得ない者は、共済事業を行う組合の役員となることができない。

（役員の任期）

第三十条　理事の任期は、二年以内において定款で定める期間とする。

2　監事の任期は、四年以内において定款で定める期間とする。

3　設立当時の役員の任期は、前二項の規定にかかわらず、創立総会において定める期間とする。ただし、その期間は、一年を超えてはならない。

4　前三項の規定は、定款によつて、役員の任期を任期中に終了する事業年度のうち最終のものに係る決算に関する通常総会の終結の時まで伸長することを妨げない。

（役員に欠員を生じた場合の措置）

第三十条の二　この法律又は定款で定めた役員の員数が欠けた場合には、任期の満了又は辞任により退任した役員は、新たに選任された役員（次項の一時役員の職務を行うべき者を含む。）が就任するまで、なお役員としての権利義務を有する。

2　前項に規定する場合において、事務が遅滞することにより損害を生ずるおそれがあるときは、行政庁は、組合員その他の利害関係人の請求により又は職権で、一時役員の職務を行うべき者を選任することができる。

（役員の職務及び権限等）

第三十条の三　理事は、法令、定款及び規約並びに総会の決議を遵守し、組合のため忠実にその職務を行わなければならない。

2　監事は、理事の職務の執行を監査する。この場合において、監事は、厚生労働省令で定めるところにより、監査報告を作成しなければならない。

3　理事については会社法第三百五十七条第一項、同法第三百六十条第三項の規定により読み替えて適用する同条第一項並びに同法第三百六十一条第一項（第三号から第五号までを除く。）及び第四項の規定を、監事については同法第三百四十三条第一項及び第二項、第三百四十五条第一項から第三項まで、第三百八十一条（第一項を除く。）、第三百八十二条、第三百八十三条第一項本文、第二項及び第三項、第三百八十四条、第

三百八十五条、第三百八十六条第一項（第一号に係る部分に限る。）及び第二項（第一号及び第二号に係る部分に限る。）、第三百八十七条並びに第三百八十八条の規定をそれぞれ準用する。この場合において、同法第三百四十五条第一項及び第二項中「会計参与」とあるのは「監事」と、同法第三百六十一条第一項第六号中「金銭でないもの（当該株式会社の募集株式及び募集新株予約権を除く。）」とあるのは「金銭でないもの」と、同条第四項中「第一項各号」とあるのは「第一項（第三号から第五号までを除く。）」と、同法第三百八十二条中「取締役（取締役会設置会社にあっては、取締役会）」とあるのは「理事会」と、同法第三百八十四条中「法務省令」とあるのは「厚生労働省令」と、同法第三百八十八条中「監査役設置会社（監査役の監査の範囲を会計に関するものに限定する旨の定款の定めがある株式会社を含む。）」とあり、及び「監査役設置会社」とあるのは「組合」と読み替えるものとするほか、必要な技術的読替えは、政令で定める。

【参考】第三項において準用する会社法（読替え済み）

（監査役の選任に関する監査役の同意等）

第三百四十三条　取締役は、監査役がある場合において、監査役の選任に関する議案を株主総会に提出するには、監査役（監査役が二人以上ある場合にあっては、その過半数）の同意を得なければならない。

2　監査役は、取締役に対し、監査役の選任を株主総会の目的とすること又は監査役の選任に関する議案を株主総会に提出することを請求することができる。

3　（以下、略）

（会計参与等の選任等についての意見の陳述）

第三百四十五条　監事は、株主総会において、監事の選任若しくは解任又は辞任について意見を述べることができる。

2　監事を辞任した者は、辞任後最初に招集される株主総会に出席して、辞任した旨及びその理由を述べることができる。

3　取締役は、前項の者に対し、同項の株主総会を招集する旨及び第二百九十八条第一項第一号に掲げる事項を通知しなければならない。

4　（略）

（取締役の報告義務）

第三百五十七条　取締役は、株式会社に著しい損害を及ぼすおそれのある事実があることを発見したときは、直ちに、当該事実を株主（監査役設置会社にあっては、監査役）に報告しなければならない。

2　（以下、略）

（株主による取締役の行為の差止め）

第三百六十条　六箇月（これを下回る期間を定款で定めた場合にあっては、その期間）前から引き続き株式を有する株主は、取締役が株式会社の目的の範囲外の行為その他法令若しくは定款に違反する行為をし、又はこれらの行為をするおそれがある場合において、当該行為によって当該株式会社に回復することができない損害が生ずるおそれがあるときは、当該取締役に対し、当該行為をやめることを請求することができる。

2　（以下、略）

（取締役の報酬等）

第三百六十一条　取締役の報酬、賞与その他の職務執行の対価として株式会社から受ける財産上の利益（以下この章において「報酬等」という。）についての次に掲げる事項は、定款に当該事項を定めていないときは、株主総会の決議によって定める。

一　報酬等のうち額が確定しているものについては、その額

二　報酬等のうち額が確定していないものについては、その具体的な算定方法

三～五　（略）

六　報酬等のうち金銭でないものについては、その具体的な内容

2・3　（略）

4　第一項（第三号から第五号までは除く。）に掲げる事項を定め、又はこれを改定する議案を株主総会に提出した取締役は、当該株主総会において、当該事項を相当とする理由を説明しなければならない。

5　（以下、略）

（監査役の権限）

第三百八十一条　（略）

2　監査役は、いつでも、取締役及び会計参与並びに支配人その他の使用人に対して事業の報告を求め、又は監査役設置会社の業務及び財産の状況の調査をすることができる。

3　監査役は、その職務を行うため必要があるときは、監査役設置会社の子会社（消費生活協同組合法第二十八条第五項に規定する子会社をいい、共済事業（同法第十条第二項に規定する共済事業をいう。）を行う組合にあっては、同法第五十三条の二第二項に規定する子会社等をいう。以下同じ。）に対して事業の報告を求め、又はその子会社の業務及び財産の状況の調査をすることができる。

4　前項の子会社は、正当な理由があるときは、同項の報告又は調査を拒むことができる。

（取締役への報告義務）

第三百八十二条　監査役は、取締役が不正の行為をし、若しくは当該行為をするおそれがあると認めるとき、又は法令若しくは定款に違反する事実若しくは著しく不当な事実があると認めるときは、遅滞なく、その旨を理事会に報告しなければならない。

（取締役会への出席義務等）

第三百八十三条　監査役は、取締役会に出席し、必要があると認めるときは、意見を述べなければならない。（略）

2　監査役は、前条に規定する場合において、必要があると認めるときは、取締役（第三百六十六条第一項ただし書に規定する場合にあっては、招集権者）に対し、取締役会の招集を請求することができる。

3　前項の規定による請求があった日から五日以内に、その請求があった日から二週間以内の日を取締役会の日とする取締役会の招集の通知が発せられない場合は、その請求をした監査役は、取締役会を招集することができる。

4　（略）

（株主総会に対する報告義務）

第三百八十四条　監査役は、取締役が株主総会に提出しようとする議案、書類その他厚生労働省令で定めるものを調査しなければならない。この場合において、法令若しくは定款に違反し、又は著しく不当な事項があると認めるときは、その調査の結果を株主総会に報告しなければならない。

（監査役による取締役の行為の差止め）

第三百八十五条　監査役は、取締役が監査役設置会社の目的の範囲外の行為その他法令若しくは定款に違反する行為をし、又はこれらの行為をするおそれがある場合において、当該行為によって当該監査役設置会社に著しい損害が生ずるおそれがあるときは、当該取締役に対し、当該行為をやめることを請求することができる。

2　前項の場合において、裁判所が仮処分をもって同項の取締役に対し、その行為をやめることを命ずるときは、担保を立てさせないものとする。

（監査役設置会社と取締役との間の訴えにおける会社の代表等）

第三百八十六条　消費生活協同組合法第三十条の九第二項の規定にかかわらず、次の各号に掲げる場合には、当該各号の訴えについては、監査役が監査役設置会社を代表する。

一　監査役設置会社が取締役（取締役であった者を含む。以下この条において同じ。）に対し、又は取締役が監査役設置会社に対して訴えを提起する場合

二・三　（略）

2　消費生活協同組合法第三十条の九第二項の規定にかかわらず、次に掲げる場合には、監査役が監査役設置会社を代表する。

一　監査役設置会社が第八百四十七条第一項、第八百四十七条の二第一項若しくは第三項（同条第四項及び第五項において準用する場合を含む。）又は第八百四十七条の三第一項の規定による請求（取締役の責任を追及する訴えの提起の請求に限る。）を受ける場合

二　監査役設置会社が第八百四十九条第四項の訴訟告知（取締役の責任を追及する訴えに係るものに限る。）並びに第八百五十条第二項の規定による通知及び催告（取締役の責任を追及する訴えに係る訴訟における和解に関するものに限る。）を受ける場合

三　（以下、略）

（監査役の報酬等）

第三百八十七条　監査役の報酬等は、定款にその額を定めていないときは、株主総会の決議によって定める。

2　監査役が二人以上ある場合において、各監査役の報酬等について定款の定め又は株主総会の決議がないときは、当該報酬等は、前項の報酬等の範囲内において、監査役の協議によって定める。

3　監査役は、株主総会において、監査役の報酬等について意見を述べることができる。

（費用等の請求）

第三百八十八条　監査役がその職務の執行について組合に対して次に掲げる請求をしたときは、当該組合は、当該請求に係る費用又は債務が当該監査役の職務の執行に必要でないことを証明した場合を除き、これを拒むことができない。

一　費用の前払の請求

二　支出した費用及び支出の日以後におけるその利息の償還の請求

三　負担した債務の債権者に対する弁済（当該債務が弁済期にない場合にあっては、相当の担保の提供）の請求

（理事会の権限等）

第三十条の四　組合は、理事会を置かなければならない。

2　理事会は、すべての理事で組織する。

3　組合の業務の執行は、理事会が決する。

（理事会の決議）

第三十条の五　理事会の決議は、議決に加わることができる理事の過半数（これを上回る割合を定款で定めた場合にあつては、その割合以上）が出席し、その過半数（これを上回る割合を定款で定めた場合にあつては、その割合以上）をもつて行う。

2　前項の決議について特別の利害関係を有する理事は、議決に加わることができない。

3　理事会の議事については、厚生労働省令で定めるところにより、議事録を作成し、議事録が書面をもつて作成されているときは、出席した理事及び監事は、これに署名し、又は記名押印しなければならない。

4　前項の議事録が電磁的記録をもつて作成されている場合における当該電磁的記録に記録された事項については、厚生労働省令で定める署名又は記名押印に代わる措置をとらなければならない。

5　理事会の決議に参加した理事であつて第三項の議事録に異議をとどめないものは、その決議に賛成したものと推定する。

6　理事会の招集については、会社法第三百六十六条及び第三百六十八条の規定を準用する。この場合において、必要な技術的読替えは、政令で定める。

【参考】　第六項で準用する会社法（読替え済み）

（招集権者）

第三百六十六条　取締役会は、各取締役が招集する。ただし、取締役会を招集する取締役を定款又は取締役会で定めたときは、その取締役が招集する。

2　前項ただし書に規定する場合には、同項ただし書の規定により定められた取締役（以下この章において「招集権者」という。）以外の取締役は、招集権者に対し、取締役会の目的である事項を示して、取締役会の招集を請求することができる。

3　前項の規定による請求があった日から五日以内に、その請求があった日から二週間以内の日を取締役会の日とする取締役会の招集の通知が発せられない場合には、その請求をした取締役は、取締役会を招集することができる。

（招集手続）

第三百六十八条　取締役会を招集する者は、取締役会の日の一週間（これを下回る期間を定款で定めた場合にあっては、その期間）前までに、各取締役（監査役設置会社にあっては、各取締役及び各監査役）に対してその通知を発しなければならない。

2　前項の規定にかかわらず、取締役会は、取締役（監査役設置会社にあっては、取締役及び監査役）

の全員の同意があるときは、招集の手続を経ることなく開催することができる。

（理事会の決議の省略）

第三十条の六　組合は、理事が理事会の決議の目的である事項について提案をした場合において、当該提案につき理事（当該事項について議決に加わることができるものに限る。）の全員が書面又は電磁的記録により同意の意思表示をしたとき（監事が当該提案について異議を述べたときを除く。）は、当該提案を可決する旨の理事会の決議があつたものとみなす旨を定款で定めることができる。

（理事会の議事録）

第三十条の七　組合は、理事会の日（前条の規定により理事会の決議があつたものとみなされた日を含む。次項において同じ。）から十年間、第三十条の五第三項の議事録又は前条の意思表示を記載し、若しくは記録した書面若しくは電磁的記録（以下この条において「議事録等」という。）をその主たる事務所に備え置かなければならない。

2　組合は、理事会の日から五年間、議事録等の写しをその従たる事務所に備え置かなければならない。ただし、当該議事録等が電磁的記録をもつて作成されている場合であつて、従たる事務所における次項第二号に掲げる請求に応ずることを可能とするための措置として厚生労働省令で定めるものをとつているときは、この限りでない。

3　組合員は、組合に対して、その業務取扱時間内は、いつでも、次に掲げる請求をすることができる。この場合においては、組合は、正当な理由がないのにこれを拒んではならない。

一　議事録等が書面をもつて作成されているときは、当該書面又は当該書面の写しの閲覧又は謄写の請求

二　議事録等が電磁的記録をもつて作成されているときは、当該電磁的記録に記録された事項を厚生労働省令で定める方法により表示したものの閲覧又は謄写の請求

4　組合の債権者は、役員の責任を追及するため必要があるときは、裁判所の許可を得て、組合に対し、議事録等について前項各号に掲げる請求をすることができる。

5　裁判所は、前項の請求に係る閲覧又は謄写をすることにより、組合又はその子会社（第二十八条第五項に規定する子会社をいう。以下同じ。）に著しい損害を及ぼすおそれがあると認めるときは、前項の許可をすることができない。

6　第四項の許可については、会社法第八百六十八条第一項、第八百六十九条、第八百七十条第二項（第一号

に係る部分に限る。）、第八百七十条の二、第八百七十一条本文、第八百七十二条（第五号に係る部分に限る。）、第八百七十二条の二、第八百七十三条本文、第八百七十五条及び第八百七十六条の規定を準用する。この場合において、必要な技術的読替えは、政令で定める。

【参考】第六項で準用する会社法（読替え済み）

（非訟事件の管轄）

第八百六十八条　この法律の規定による非訟事件（次項から第六項までに規定する事件を除く。）は、会社の本店の所在地を管轄する地方裁判所の管轄に属する。

2　（略）

（疎明）

第八百六十九条　この法律の規定による許可の申立てをする場合には、その原因となる事実を疎明しなければならない。

（陳述の聴取）

第八百七十条　（略）

2　裁判所は、次の各号に掲げる裁判をする場合には、審問の期日を開いて、申立人及び当該各号に定める者の陳述を聴かなければならない。ただし、不適法又は理由がないことが明らかであるとして申立てを却下する裁判をするときは、この限りでない。

一　この法律の規定により株式会社が作成し、又は備え置いた書面又は電磁的記録についての閲覧等の許可の申立てについての裁判　当該株式会社

二　（以下、略）

（申立書の写しの送付等）

第八百七十条の二　裁判所は、前条第二項各号に掲げる裁判の申立てがあったときは、当該各号に定める者に対し、申立書の写しを送付しなければならない。

2　前項の規定により申立書の写しを送付することができない場合には、裁判長は、相当の期間を定め、その期間内に不備を補正すべきことを命じなければならない。申立書の写しの送付に必要な費用を予納しない場合も、同様とする。

3　前項の場合において、申立人が不備を補正しないときは、裁判長は、命令で、申立書を却下しなければならない。

4　前項の命令に対しては、即時抗告をすることができる。

5　裁判所は、第一項の申立てがあった場合において、当該申立てについての裁判をするときは、相当の猶予期間を置いて、審理を終結する日を定

め、申立人及び前条第二項各号に定める者に告知しなければならない。ただし、これらの者が立ち会うことができる期日においては、直ちに審理を終結する旨を宣言することができる。

6　裁判所は、前項の規定により審理を終結したときは、裁判をする日を定め、これを同項の者に告知しなければならない。

7　裁判所は、第一項の申立てが不適法であるとき、又は申立てに理由がないことが明らかなときは、同項及び前二項の規定にかかわらず、直ちに申立てを却下することができる。

8　前項の規定は、前条第二項各号に掲げる裁判の申立てがあった裁判所が民事訴訟費用等に関する法律（昭和四十六年法律第四十号）の規定に従い当該各号に定める者に対する期日の呼出しに必要な費用の予納を相当の期間を定めて申立人に命じた場合において、その予納がないときについて準用する。

（理由の付記）

第八百七十一条　この法律の規定による非訟事件についての裁判には、理由を付さなければならない。（略）

（即時抗告）

第八百七十二条　次の各号に掲げる裁判に対しては、当該各号に定める者に限り、即時抗告をすることができる。

一～四　（略）

五　第八百七十条第二項各号に掲げる裁判　申立人及び当該各号に定める者

（抗告状の写しの送付等）

第八百七十二条の二　裁判所は、第八百七十条第二項各号に掲げる裁判に対する即時抗告があったときは、申立人及び当該各号に定める者（抗告人を除く。）に対し、抗告状の写しを送付しなければならない。この場合においては、第八百七十条の二第二項及び第三項の規定を準用する。

2　第八百七十条の二第五項から第八項までの規定は、前項の即時抗告があった場合について準用する。

（原裁判の執行停止）

第八百七十三条　第八百七十二条の即時抗告は、執行停止の効力を有する。（略）

（非訟事件手続法の規定の適用除外）

第八百七十五条　この法律の規定による非訟事件については、非訟事件手続法第四十条及び第五十七条第二項第二号の規定は、適用しない。

（最高裁判所規則）

第八百七十六条　この法律に定めるもののほか、この法律の規定による非訟事件の手続に関し必要な事項は、最高裁判所規則で定める。

（理事会への報告の省略）

第三十条の八　理事又は監事が理事及び監事の全員に対して理事会に報告すべき事項を通知したときは、当該事項を理事会へ報告することを要しない。

（代表理事）

第三十条の九　理事会は、理事の中から組合を代表する理事（以下この章において「代表理事」という。）を選定しなければならない。

2　代表理事は、組合の業務に関する一切の裁判上又は裁判外の行為をする権限を有する。

3　前項の権限に加えた制限は、善意の第三者に対抗することができない。

4　代表理事は、定款又は総会の決議によつて禁止されていないときに限り、特定の行為の代理を他人に委任することができる。

5　代表理事については、第三十条の二並びに会社法第三百五十条及び第三百五十四条の規定を準用する。

【参考】第五項で準用する会社法（読替え済み）

（代表者の行為についての損害賠償責任）

第三百五十条　株式会社は、代表取締役その他の代表者がその職務を行うについて第三者に加えた損害を賠償する責任を負う。

（表見代表取締役）

第三百五十四条　株式会社は、代表取締役以外の取締役に社長、副社長その他株式会社を代表する権限を有するものと認められる名称を付した場合には、当該取締役がした行為について、善意の第三者に対してその責任を負う。

（役員の兼職禁止）

第三十一条　監事は、理事又は組合の使用人と兼ねてはならない。

（理事の自己契約等）

第三十一条の二　理事は、次に掲げる場合には、理事会において、当該取引につき重要な事実を開示し、その承認を受けなければならない。

一　理事が自己又は第三者のために組合と取引をしようとするとき。

二　組合が理事の債務を保証することその他理事以外の者との間において組合と当該理事との利益が相反する取引をしようとするとき。

2　民法（明治二十九年法律第八十九号）第百八条の規定は、前項の承認を受けた同項各号の取引については、適用しない。

3　第一項各号の取引をした理事は、当該取引後、遅滞なく、当該取引についての重要な事実を理事会に報告しなければならない。

（役員の組合に対する損害賠償責任）

第三十一条の三　役員は、その任務を怠つたときは、組合に対し、これによつて生じた損害を賠償する責任を負う。

2　前項の任務を怠つてされた行為が理事会の決議に基づき行われたときは、その決議に賛成した理事は、その行為をしたものとみなす。

3　第一項の責任は、総組合員の同意がなければ、免除することができない。

4　前項の規定にかかわらず、第一項の責任は、当該役員が職務を行うにつき善意でかつ重大な過失がないときは、賠償の責任を負う額から当該役員がその在職中に組合から職務執行の対価として受け、又は受けるべき財産上の利益の一年間当たりの額に相当する額として厚生労働省令で定める方法により算定される額に、次の各号に掲げる役員の区分に応じ、当該各号に定める数を乗じて得た額を控除して得た額を限度として、総会の決議によつて免除することができる。

一　代表理事　六

二　代表理事以外の理事　四

三　監事　二

5　前項の場合には、理事は、同項の総会において次に掲げる事項を開示しなければならない。

一　責任の原因となつた事実及び賠償の責任を負う額

二　前項の規定により免除することができる額の限度及びその算定の根拠

三　責任を免除すべき理由及び免除額

6　理事は、第一項の責任の免除（理事の責任の免除に限る。）に関する議案を総会に提出するには、各監事の同意を得なければならない。

7　第四項の決議があつた場合において、組合が当該決議後に同項の役員に対し退職慰労金その他の厚生労働省令で定める財産上の利益を与えるときは、総会の承認を受けなければならない。

（役員の第三者に対する損害賠償責任）

第三十一条の四　役員がその職務を行うについて悪意又は重大な過失があつたときは、当該役員は、これによつて第三者に生じた損害を賠償する責任を負う。

2　次の各号に掲げる者が、当該各号に定める行為をしたときも、前項と同様とする。ただし、その者が当該行為をすることについて注意を怠らなかつたことを証明したときは、この限りでない。

一　理事　次に掲げる行為

イ　第三十一条の九第一項及び第二項の規定により作成すべきものに記載し、又は記録すべき重要な事項についての虚偽の記載又は記録

ロ　虚偽の登記

ハ　虚偽の公告

二　監事　監査報告に記載し、又は記録すべき重要な事項についての虚偽の記載又は記録

（役員の連帯責任）

第三十一条の五　役員が組合又は第三者に生じた損害を賠償する責任を負う場合において、他の役員も当該損害を賠償する責任を負うときは、これらの者は、連帯債務者とする。

（補償契約）

第三十一条の六　組合が、役員に対して次に掲げる費用等の全部又は一部を当該組合が補償することを約する契約（以下この条において「補償契約」という。）の内容の決定をするには、理事会の決議によらなければならない。

一　当該役員が、その職務の執行に関し、法令の規定に違反したことが疑われ、又は責任の追及に係る請求を受けたことに対処するために支出する費用

二　当該役員が、その職務の執行に関し、第三者に生じた損害を賠償する責任を負う場合における次に掲げる損失

イ　当該損害を当該役員が賠償することにより生ずる損失

ロ　当該損害の賠償に関する紛争について当事者間に和解が成立したときは、当該役員が当該和解に基づく金銭を支払うことにより生ずる損失

2　組合は、補償契約を締結している場合であつても、当該補償契約に基づき、次に掲げる費用等を補償することができない。

一　前項第一号に掲げる費用のうち通常要する費用の額を超える部分

二　当該組合が前項第二号の損害を賠償するとすれば当該役員が当該組合に対して第三十一条の三第一項の責任を負う場合には、同号に掲げる損失のうち当該責任に係る部分

三　役員がその職務を行うにつき悪意又は重大な過失があつたことにより前項第二号の責任を負う場合には、同号に掲げる損失の全部

3　補償契約に基づき第一項第一号に掲げる費用を補償した組合が、当該役員が自己若しくは第三者の不正な利益を図り、又は当該組合に損害を加える目的で同号の職務を執行したことを知つたときは、当該役員に対し、補償した金額に相当する金銭を返還することを請求することができる。

4　補償契約に基づく補償をした理事は、遅滞なく、当該補償についての重要な事実を理事会に報告しなければならない。

5　第三十一条の二第一項及び第三項の規定は、組合と

理事との間の補償契約については、適用しない。

6　民法第百八条の規定は、第一項の決議によつてその内容が定められた前項の補償契約の締結については、適用しない。

（役員のために締結される保険契約）

第三十一条の七　組合が、保険者との間で締結する保険契約のうち役員がその職務の執行に関し責任を負うこと又は当該責任の追及に係る請求を受けることによつて生ずることのある損害を保険者が塡補することを約するものであつて、役員を被保険者とするもの（当該保険契約を締結することにより被保険者である役員の職務の執行の適正性が著しく損なわれるおそれがないものとして厚生労働省令で定めるものを除く。第三項ただし書において「役員賠償責任保険契約」という。）の内容の決定をするには、理事会の決議によらなければならない。

2　第三十一条の二第一項及び第三項の規定は、組合が保険者との間で締結する保険契約のうち役員がその職務の執行に関し責任を負うこと又は当該責任の追及に係る請求を受けることによつて生ずることのある損害を保険者が塡補することを約するものであつて、理事を被保険者とするものの締結については、適用しない。

3　民法第百八条の規定は、前項の保険契約の締結については、適用しない。ただし、当該契約が役員賠償責任保険契約である場合には、第一項の決議によつてその内容が定められたときに限る。

（役員の責任を追及する訴え）

第三十一条の八　役員の責任を追及する訴えについては、会社法第七編第二章第二節（第八百四十七条第二項、第八百四十七条の二、第八百四十七条の三、第八百四十九条第二項、第三項第二号及び第三号並びに第六項から第十一項まで、第八百四十九条の二各号、第八百五十一条並びに第八百五十三条第一項第二号及び第三号を除く。）の規定を準用する。この場合において、同法第八百四十七条第一項及び第四項中「法務省令」とあるのは「厚生労働省令」と、同法第八百四十九条の二中「次の各号に掲げる株式会社の区分に応じ、当該各号に定める者」とあるのは「各監事」と、同法第八百五十条第四項中「第五十五条、第百二条の二第二項、第百三条第三項、第百二十条第五項、第二百十三条の二第二項、第二百八十六条の二第二項、第四百二十四条（第四百八十六条第四項において準用する場合を含む。）、第四百六十二条第三項（同項ただし書に規定する分配可能額を超えない部分について負う義務に係る部分に限る。）、第四百六十四条第二項及び第四百六十五条第二項」とあるのは「消費生活協同組合法第三十一条の三第三項」と読み替えるものとするほか、必要な技術的読替えは、政令で定める。

【参考】第三十一条の八で準用する会社法（読替え済み）

（株主による責任追及等の訴え）

第八百四十七条　六箇月（これを下回る期間を定款で定めた場合にあっては、その期間）前から引き続き株式を有する株主（第百八十九条第二項の定款の定めによりその権利を行使することができない単元未満株主を除く。）は、株式会社に対し、書面その他の厚生労働省令で定める方法により、発起人、設立時取締役、設立時監査役、役員等（第四百二十三条第一項に規定する役員等をいう。）若しくは清算人（以下この節において「発起人等」という。）の責任を追及する訴え、第百二条の二第一項、第二百十二条第一項若しくは第二百八十五条第一項の規定による支払を求める訴え、第百二十条第三項の利益の返還を求める訴え又は第二百十三条の二第一項若しくは第二百八十六条の二第一項の規定による支払若しくは給付を求める訴え（以下この節において「責任追及等の訴え」という。）の提起を請求することができる。ただし、責任追及等の訴えが当該株主若しくは第三者の不正な利益を図り又は当該株式会社に損害を加えることを目的とする場合は、この限りでない。

2　（略）

3　株式会社が第一項の規定による請求の日から六十日以内に責任追及等の訴えを提起しないときは、当該請求をした株主は、株式会社のために、責任追及等の訴えを提起することができる。

4　株式会社は、第一項の規定による請求の日から六十日以内に責任追及等の訴えを提起しない場合において、当該請求をした株主又は同項の発起人等から請求を受けたときは、当該請求をした者に対し、遅滞なく、責任追及等の訴えを提起しない理由を書面その他の厚生労働省令で定める方法により通知しなければならない。

5　第一項及び第三項の規定にかかわらず、同項の期間の経過により株式会社に回復することができない損害が生ずるおそれがある場合には、第一項の株主は、株式会社のために、直ちに責任追及等の訴えを提起することができる。ただし、同項ただし書に規定する場合は、この限りでない。

（責任追及等の訴えに係る訴訟費用等）

第八百四十七条の四　第八百四十七条第三項若しくは第五項、第八百四十七条の二第六項若しくは第八項又は前条第七項若しくは第九項の責任追及等の訴えは、訴訟の目的の価額の算定については、財産権上の請求でない請求に係る訴えとみなす。

2　株主等（株主、適格旧株主又は最終完全親会社等の株主をいう。以下この節において同じ。）が責任追及等の訴えを提起したときは、裁判所は、被告の申立てにより、当該株主等に対し、相当の担保を立てるべきことを命ずることができる。

3　被告が前項の申立てをするには、責任追及等の訴えの提起が悪意によるものであることを疎明しなければならない。

（訴えの管轄）

第八百四十八条　責任追及等の訴えは、株式会社又は株式交換等完全子会社（以下この節において「株式会社等」という。）の本店の所在地を管轄する地方裁判所の管轄に専属する。

（訴訟参加）

第八百四十九条　株主等又は株式会社等は、共同訴訟人として、又は当事者の一方を補助するため、責任追及等の訴え（適格旧株主にあっては第八百四十七条の二第一項各号に掲げる行為の効力が生じた時までにその原因となった事実が生じた責任又は義務に係るものに限り、最終完全親会社等の株主にあっては特定責任追及の訴えに限る。）に係る訴訟に参加することができる。ただし、不当に訴訟手続を遅延させることとなるとき、又は裁判所に対し過大な事務負担を及ぼすこととなるときは、この限りでない。

2　（略）

3　株式会社等、株式交換等完全親会社又は最終完全親会社等が、当該株式会社等、当該株式交換等完全親会社の株式交換等完全子会社又は当該最終完全親会社等の完全子会社等である株式会社の取締役（監査等委員及び監査委員を除く。）、執行役及び清算人並びにこれらの者であった者を補助するため、責任追及等の訴えに係る訴訟に参加するには、次の各号に掲げる株式会社の区分に応じ、当該各号に定める者の同意を得なければならない。

一　監査役設置会社　監査役（監査役が二人以上ある場合にあっては、各監査役）

二・三　（略）

4　株主等は、責任追及等の訴えを提起したときは、遅滞なく、当該株式会社等に対し、訴訟告知をしなければならない。

5　株式会社等は、責任追及等の訴えを提起したとき、又は前項の訴訟告知を受けたときは、遅滞なく、その旨を公告し、又は株主に通知しなければならない。

6　（以下、略）

（和解）

第八百四十九条の二　株式会社等が、当該株式会社等の取締役（監査等委員及び監査委員を除く。）、執行役及び清算人並びにこれらの者であった者の責任を追及する訴えに係る訴訟における和解をするには、各監事の同意を得なければならない。

一～三　（略）

第八百五十条　民事訴訟法第二百六十七条の規定は、株式会社等が責任追及等の訴えに係る訴訟における和解の当事者でない場合には、当該訴訟における訴訟の目的については、適用しない。ただし、当該株式会社等の承認がある場合は、この限りでない。

2　前項に規定する場合において、裁判所は、株式会社等に対し、和解の内容を通知し、かつ、当該和解に異議があるときは二週間以内に異議を述べるべき旨を催告しなければならない。

3　株式会社等が前項の期間内に書面により異議を述べなかったときは、同項の規定による通知の内容で株主等が和解をすることを承認したものとみなす。

4　消費生活協同組合法第三十一条の三第三項の規定は、責任追及等の訴えに係る訴訟における和解をする場合には、適用しない。

（費用等の請求）

第八百五十二条　責任追及等の訴えを提起した株主等が勝訴（一部勝訴を含む。）した場合において、当該責任追及等の訴えに係る訴訟に関し、必要な費用（訴訟費用を除く。）を支出したとき又は弁護士若しくは弁護士法人に報酬を支払うべきときは、当該株式会社等に対し、その費用の額の範囲内又はその報酬額の範囲内で相当と認められる額の支払を請求することができる。

2　責任追及等の訴えを提起した株主等が敗訴した場合であっても、悪意があったときを除き、当該株主等は、当該株式会社等に対し、これによって生じた損害を賠償する義務を負わない。

3　前二項の規定は、第八百四十九条第一項の規定により同項の訴訟に参加した株主等について準用する。

（再審の訴え）

第八百五十三条　責任追及等の訴えが提起された場合において、原告及び被告が共謀して責任追及等の訴えに係る訴訟の目的である株式会社等の権利を害する目的をもって判決をさせたときは、次の各号に掲げる者は、当該各号に定める訴えに係る確定した終局判決に対し、再審の訴えをもって、不服を申し立てることができる。

一　株主又は株式会社等　責任追及等の訴え

二・三（略）

2　前条の規定は、前項の再審の訴えについて準用する。

（決算関係書類等の作成等）

第三十一条の九　組合は、厚生労働省令で定めるところにより、その成立の日における貸借対照表を作成しなければならない。

2　組合は、厚生労働省令で定めるところにより、各事業年度に係る決算関係書類（貸借対照表、損益計算書及び剰余金処分案又は損失処理案をいう。以下同じ。）及び事業報告書並びにこれらの附属明細書を作成しなければならない。

3　決算関係書類及び事業報告書並びにこれらの附属明細書は、電磁的記録をもつて作成することができる。

4　組合は、決算関係書類を作成した時から十年間、当該決算関係書類及びその附属明細書を保存しなければならない。

5　第二項の決算関係書類及び事業報告書並びにこれらの附属明細書は、厚生労働省令で定めるところにより、監事の監査を受けなければならない。

6　前項の規定により監事の監査を受けた決算関係書類及び事業報告書並びにこれらの附属明細書（次条第一項の適用がある場合にあつては、同項の監査を受けたもの）は、理事会の承認を受けなければならない。

7　理事は、通常総会の招集の通知に際して、厚生労働省令で定めるところにより、組合員に対し、前項の承認を受けた決算関係書類及び事業報告書（監査報告及び次条第一項の適用がある場合にあつては、会計監査報告を含む。）を提供しなければならない。

8　理事は、監事の意見を記載した書面又はこれに記載すべき事項を記録した電磁的記録を添付して決算関係書類及び事業報告書を通常総会に提出し、又は提供し、その承認を求めなければならない。

9　組合は、各事業年度に係る決算関係書類等（決算関係書類及び事業報告書並びにこれらの附属明細書（監査報告及び次条第一項の適用がある場合にあつては、会計監査報告を含む。）をいう。以下この条において同じ。）を、通常総会の会日の二週間前の日から五年間、その主たる事務所に備え置かなければならない。

10　組合は、決算関係書類等の写しを、通常総会の会日の二週間前の日から三年間、その従たる事務所に備え置かなければならない。ただし、決算関係書類等が電磁的記録で作成されている場合であつて、従たる事務所における次項第三号及び第四号に掲げる請求に応ずることを可能とするための措置として厚生労働省令で定めるものをとつているときは、この限りでない。

11　組合員及び組合の債権者は、組合に対して、その業務取扱時間内は、いつでも、次に掲げる請求をすることができる。この場合においては、組合は、正当な理由がないのにこれを拒んではならない。
一　決算関係書類等が書面をもつて作成されているときは、当該書面又は当該書面の写しの閲覧の請求
二　前号の書面の謄本又は抄本の交付の請求
三　決算関係書類等が電磁的記録をもつて作成されているときは、当該電磁的記録に記録された事項を厚生労働省令で定める方法により表示したものの閲覧の請求
四　前号の電磁的記録に記録された事項を電磁的方法であつて組合の定めたものにより提供することの請求又はその事項を記載した書面の交付の請求
12　組合員及び組合の債権者は、前項第二号又は第四号に掲げる請求をするには、組合の定めた費用を支払わなければならない。

第三十一条の十　共済事業を行う消費生活協同組合であつてその事業の規模が政令で定める基準を超えるもの又は共済事業を行う連合会は、決算関係書類及びその附属明細書について、監事の監査のほか、厚生労働省令で定めるところにより、会計監査人の監査を受けなければならない。
2　前項に規定する会計監査人の監査を要する組合については、会社法第四百三十九条及び第四百四十四条（第三項を除く。）の規定を準用する。この場合において、同法第四百三十九条並びに第四百四十四条第一項、第四項及び第六項中「法務省令」とあるのは「厚生労働省令」と、同条第一項中「その子会社」とあるのは「その子会社等（消費生活協同組合法第五十三条の二第二項に規定する子会社等をいう。）」と、「作成することができる」とあるのは「作成しなければならない」と読み替えるものとするほか、必要な技術的読替えは、政令で定める。
3　会計監査人については、第二十九条の二並びに会社法第三百三十七条、第三百三十八条第一項及び第二項、第三百三十九条、第三百四十条第一項から第三項まで、第三百四十四条第一項及び第二項、第三百四十五条第一項から第三項まで、第三百九十六条第一項から第五項まで、第三百九十七条第一項及び第二項、第三百九十八条第一項及び第二項並びに第三百九十九条第一項の規定を準用する。この場合において、同法第三百四十五条第一項及び第二項中「会計参与」とあるのは「会計監査人」と、同法第三百九十六条第一項及び第二項第二号中「法務省令」とあるのは「厚生労働省令」と読み替えるものとするほか、必要な技術的読替えは、政令で定める。
4　会計監査人の責任については、第三十一条の三から第三十一条の五まで、第三十一条の六第一項から第三

項まで及び第三十一条の七第一項の規定を準用する。この場合において、第三十一条の三第四項第三号及び第三十一条の四第二項第二号中「監事」とあるのは「監事又は会計監査人」と、同号中「監査報告」とあるのは「監査報告又は会計監査報告」と、第三十一条の五並びに第三十一条の六第一項及び第二項中「役員」とあるのは「役員又は会計監査人」と、同条第三項中「役員が」とあるのは「役員若しくは会計監査人が」と、「役員に」とあるのは「役員又は会計監査人に」と、第三十一条の七第一項中「役員が」とあるのは「役員又は会計監査人が」と、「役員を」とあるのは「役員又は会計監査人を」と、「役員の」とあるのは「役員又は会計監査人の」と読み替えるものとするほか、必要な技術的読替えは、政令で定める。

5　会計監査人の責任を追及する訴えについては、第三十一条の六の規定を準用する。この場合において、必要な技術的読替えは、政令で定める。

【参考】第二項で準用する会社法(読替え済み)

(会計監査人設置会社の特則)

第四百三十九条　会計監査人設置会社については、消費生活協同組合法第三十一条の七第六項の承認を受けた決算関係書類(同条第二項に規定する決算関係書類をいう。)が法令及び定款に従い株式会社の財産及び損益の状況を正しく表示しているものとして厚生労働省令で定める要件に該当する場合には、同条第八項の規定は、適用しない。この場合においては、取締役は、当該決算関係書類の内容を定時株主総会に報告しなければならない。

第四百四十四条　会計監査人設置会社は、厚生労働省令で定めるところにより、各事業年度に係る連結決算関係書類(当該会計監査人設置会社及びその子会社等(消費生活協同組合法第五十三条の二第二項に規定する子会社等をいう。)から成る集団の財産及び損益の状況を示すために必要かつ適当なものとして厚生労働省令で定めるものをいう。以下同じ。)を作成しなければならない。

2　連結決算関係書類は、電磁的記録をもって作成することができる。

3　(略)

4　連結決算関係書類は、厚生労働省令で定めるところにより、監査役(監査等委員会設置会社にあっては監査等委員会、指名委員会等設置会社にあっては監査委員会)及び会計監査人の監査を受けなければならない。

5　会計監査人設置会社が取締役会設置会社である場合には、前項の監査を受けた連結決算関係書類は、取締役会の承認を受けなければならない。

6　会計監査人設置会社が取締役会設置会社である場合には、取締役は、定時株主総会の招集の通知に際して、厚生労働省令で定めるところにより、株主に対し、前項の承認を受けた連結決算関係書類を提供しなければならない。

7　次の各号に掲げる会計監査人設置会社においては、取締役は、当該各号に定める連結決算関係書類を定時株主総会に提出し、又は提供しなければならない。この場合においては、当該各号に定める連結決算関係書類の内容及び第四項の監査の結果を定時株主総会に報告しなければならない。

一　取締役会設置会社である会計監査人設置会社　第五項の承認を受けた連結決算関係書類

二　（略）

【参考】第三項で準用する会社法（読替え済み）

（選任）

第三百二十九条　役員（取締役、会計参与及び監査役をいう。以下この節、第三百七十一条第四項及び第三百九十四条第三項において同じ。）及び会計監査人は、株主総会の決議によって選任する。

2　（以下、略）

（会計監査人の資格等）

第三百三十七条　会計監査人は、公認会計士又は監査法人でなければならない。

2　会計監査人に選任された監査法人は、その社員の中から会計監査人の職務を行うべき者を選定し、これを株式会社に通知しなければならない。この場合においては、次項第二号に掲げる者を選定することはできない。

3　次に掲げる者は、会計監査人となることができない。

一　公認会計士法の規定により、決算関係書類（消費生活協同組合法第三十一条の七第二項に規定する決算関係書類をいう。第三百九十六条第一項において同じ。）について監査をすることができない者

二　株式会社の子会社等（消費生活協同組合法第五十三条の二第二項に規定する子会社等をいう。以下同じ。）若しくはその取締役、会計参与、監査役若しくは執行役から公認会計士若しくは監査法人の業務以外の業務により継続的な報酬を受けている者又はその配偶者

三　監査法人でその社員の半数以上が前号に掲げる者であるもの

（会計監査人の任期）

第三百三十八条　会計監査人の任期は、選任後一年以内に終了する事業年度のうち最終のものに関する定時株主総会の終結の時までとする。

2　会計監査人は、前項の定時株主総会において別段の決議がされなかったときは、当該定時株主総会において再任されたものとみなす。

3　（略）

（解任）

第三百三十九条　役員及び会計監査人は、いつでも、株主総会の決議によって解任することができる。

2　前項の規定により解任された者は、その解任について正当な理由がある場合を除き、株式会社に対し、解任によって生じた損害の賠償を請求することができる。

（監査役等による会計監査人の解任）

第三百四十条　監査役は、会計監査人が次のいずれかに該当するときは、その会計監査人を解任することができる。

一　職務上の義務に違反し、又は職務を怠ったとき。

二　会計監査人としてふさわしくない非行があったとき。

三　心身の故障のため、職務の執行に支障があり、又はこれに堪えないとき。

2　前項の規定による解任は、監査役が二人以上ある場合には、監査役の全員の同意によって行わなければならない。

3　第一項の規定により会計監査人を解任したときは、監査役（監査役が二人以上ある場合にあっては、監査役の互選によって定めた監査役）は、その旨及び解任の理由を解任後最初に招集される株主総会に報告しなければならない。

4　（以下、略）

（会計監査人の選任等に関する議案の内容の決定）

第三百四十四条　監査役設置会社においては、株主総会に提出する会計監査人の選任及び解任並びに会計監査人を再任しないことに関する議案の内容は、監査役が決定する。

2　監査役が二人以上ある場合における前項の規定の適用については、同項中「監査役が」とあるのは、「監査役の過半数をもって」とする。

3　（略）

（会計参与等の選任等についての意見の陳述）

第三百四十五条　会計監査人の選任若しくは解任又は辞任について、会計監査人は、株主総会において意見を述べることができる。

2　会計監査人を辞任した者は、辞任後最初に招集される株主総会に出席して、辞任した旨及びその理由を述べることができる。

3　取締役は、前項の者に対し、同項の株主総会を招集する旨及び第二百九十八条第一項第一号に掲げる事項を通知しなければならない。
4　（以下、略）
（会計監査人の権限等）
第三百九十六条　会計監査人は、消費生活協同組合法第三十一条の八第一項の規定及び同条第二項において準用する第四百四十四条第一項の規定により、株式会社の決算関係書類及び連結決算関係書類（当該組合及びその子会社等から成る集団の財産及び損益の状況を示すために必要かつ適当なものとして厚生労働省令で定めるものをいう。）を監査する。この場合において、会計監査人は、厚生労働省令で定めるところにより、会計監査報告を作成しなければならない。
2　会計監査人は、いつでも、次に掲げるものの閲覧及び謄写をし、又は取締役及び会計参与並びに支配人その他の使用人に対し、会計に関する報告を求めることができる。
一　会計帳簿又はこれに関する資料が書面をもって作成されているときは、当該書面
二　会計帳簿又はこれに関する資料が電磁的記録をもって作成されているときは、当該電磁的記録に記録された事項を厚生労働省令で定める方法により表示したもの
3　会計監査人は、その職務を行うため必要があるときは、会計監査人設置会社の子会社等に対して会計に関する報告を求め、又は会計監査人設置会社若しくはその子会社等の業務及び財産の状況の調査をすることができる。
4　前項の子会社等は、正当な理由があるときは、同項の報告又は調査を拒むことができる。
5　会計監査人は、その職務を行うに当たっては、次のいずれかに該当する者を使用してはならない。
一　第三百三十七条第三項第一号又は第二号に掲げる者
二　会計監査人設置会社又はその子会社等の取締役、会計参与、監査役若しくは執行役又は支配人その他の使用人である者
三　会計監査人設置会社又はその子会社等から公認会計士又は監査法人の業務以外の業務により継続的な報酬を受けている者
6　（略）
（監査役に対する報告）
第三百九十七条　会計監査人は、その職務を行うに際して取締役の職務の執行に関し不正の行為又は法令若しくは定款に違反する重大な事実があることを発見したときは、遅滞なく、これを監査役に

報告しなければならない。

2　監査役は、その職務を行うため必要があるときは、会計監査人に対し、その監査に関する報告を求めることができる。

3　（以下、略）

（定時株主総会における会計監査人の意見の陳述）

第三百九十八条　第三百九十六条第一項に規定する書類が法令又は定款に適合するかどうかについて会計監査人が監査役と意見を異にするときは、会計監査人（会計監査人が監査法人である場合にあっては、その職務を行うべき社員。次項において同じ。）は、定時株主総会に出席して意見を述べることができる。

2　定時株主総会において会計監査人の出席を求める決議があったときは、会計監査人は、定時株主総会に出席して意見を述べなければならない。

3　（以下、略）

（会計監査人の報酬等の決定に関する監査役の関与）

第三百九十九条　取締役は、会計監査人又は一時会計監査人の職務を行うべき者の報酬等を定める場合には、監査役（監査役が二人以上ある場合にあっては、その過半数）の同意を得なければならない。

2　（以下、略）

第三十一条の十一　会計監査人が欠けた場合又は定款で定めた会計監査人の員数が欠けた場合において、遅滞なく会計監査人が選任されないときは、監事は、一時会計監査人の職務を行うべき者を選任しなければならない。

2　前項の一時会計監査人の職務を行うべき者については、会社法第三百三十七条及び第三百四十条第一項から第三項までの規定を準用する。

【参考】第二項で準用する会社法（読替え済み）

（会計監査人の資格等）

第三百三十七条　会計監査人は、公認会計士又は監査法人でなければならない。

2　会計監査人に選任された監査法人は、その社員の中から会計監査人の職務を行うべき者を選定し、これを株式会社に通知しなければならない。この場合においては、次項第二号に掲げる者を選定することはできない。

3　次に掲げる者は、会計監査人となることができない。

一　公認会計士法の規定により、第四百三十五条第二項に規定する計算書類について監査をすることができない者

二　株式会社の子会社若しくはその取締役、会計参与、監査役若しくは執行役から公認会計士若

しくは監査法人の業務以外の業務により継続的な報酬を受けている者又はその配偶者

三　監査法人でその社員の半数以上が前号に掲げる者であるもの

（監査役等による会計監査人の解任）

第三百四十条　監査役は、会計監査人が次のいずれかに該当するときは、その会計監査人を解任することができる。

一　職務上の義務に違反し、又は職務を怠ったとき。

二　会計監査人としてふさわしくない非行があったとき。

三　心身の故障のため、職務の執行に支障があり、又はこれに堪えないとき。

2　前項の規定による解任は、監査役が二人以上ある場合には、監査役の全員の同意によって行わなければならない。

3　第一項の規定により会計監査人を解任したときは、監査役（監査役が二人以上ある場合にあっては、監査役の互選によって定めた監査役）は、その旨及び解任の理由を解任後最初に招集される株主総会に報告しなければならない。

4　（以下、略）

（会計帳簿等の作成等）

第三十二条　組合は、厚生労働省令で定めるところにより、適時に、正確な会計帳簿を作成しなければならない。

2　組合は、会計帳簿の閉鎖の時から十年間、その会計帳簿及びその事業に関する重要な資料を保存しなければならない。

3　組合員は、総組合員の百分の三（これを下回る割合を定款で定めた場合にあつては、その割合）以上の同意を得て、組合に対して、その業務取扱時間内は、いつでも、次に掲げる請求をすることができる。この場合においては、組合は、正当な理由がないのにこれを拒んではならない。

一　会計帳簿又はこれに関する資料が書面をもつて作成されているときは、当該書面の閲覧又は謄写の請求

二　会計帳簿又はこれに関する資料が電磁的記録をもつて作成されているときは、当該電磁的記録に記録された事項を厚生労働省令で定める方法により表示したものの閲覧又は謄写の請求

（役員の解任）

第三十三条　組合員は、総組合員の五分の一（これを下回る割合を定款で定めた場合にあつては、その割合）以上の連署をもつて、役員の解任を請求することがで

きるものとし、その請求につき総会において出席者の過半数の同意があつたときは、その請求に係る役員は、その職を失う。

2　前項の規定による解任の請求は、解任の理由を記載した書面を組合に提出してしなければならない。

3　第一項の規定による解任の請求があつた場合には、理事は、その請求を総会の議に付し、かつ、総会の会日から十日前までに、その請求に係る役員に前項の規定による書面を送付し、かつ、総会において弁明する機会を与えなければならない。

4　前項の場合については、第三十五条第二項及び第三十六条第二項の規定を準用する。この場合において、第三十五条第二項中「組合員が総組合員の五分の一（これを下回る割合を定款で定めた場合にあつては、その割合）以上の同意を得て、会議の目的たる事項及び招集の理由を記載した書面を理事会に提出して総会の招集を請求したとき」とあるのは「第三十三条第一項の規定による役員の解任の請求があつた場合」と、第三十六条第二項中「理事の職務を行う者がないとき、又は前条第二項の請求があつた場合において、」とあるのは「第三十三条第一項の規定による役員の解任の請求があつた場合において、理事の職務を行う者がないとき又は」と読み替えるものとする。

（総会の招集）

第三十四条　通常総会は、定款の定めるところにより、毎事業年度一回招集しなければならない。

第三十五条　臨時総会は、必要があるときは、定款の定めるところにより、いつでも招集することができる。

2　組合員が総組合員の五分の一（これを下回る割合を定款で定めた場合にあつては、その割合）以上の同意を得て、会議の目的たる事項及び招集の理由を記載した書面を理事会に提出して総会の招集を請求したときは、理事会は、その請求のあつた日から二十日以内に臨時総会を招集すべきことを決しなければならない。

3　前項の場合において、電磁的方法により議決権又は選挙権を行うことが定款で定められているときは、当該書面の提出に代えて、当該書面に記載すべき事項及び理由を当該電磁的方法により提供することができる。この場合において、当該組合員は、当該書面を提出したものとみなす。

4　前項前段の電磁的方法（厚生労働省令で定める方法を除く。）により行われた当該書面に記載すべき事項及び理由の提供は、理事会の使用に係る電子計算機に備えられたファイルへの記録がされた時に当該理事会に到達したものとみなす。

第三十六条　総会は、この法律に別段の定めがある場合を除き、理事が招集する。

2　理事の職務を行う者がないとき、又は前条第二項の請求があつた場合において、理事が正当な理由がないのに総会招集の手続をしないときは、監事は、総会を招集しなければならない。

（総会招集の手続）

第三十七条　理事（理事以外が総会を招集する場合にあつては、その者。次条において「総会招集者」という。）は、総会を招集する場合には、次に掲げる事項を定めなければならない。

一　総会の日時及び場所

二　総会の目的である事項があるときは、当該事項

三　前二号に掲げるもののほか、厚生労働省令で定める事項

2　前項各号に掲げる事項の決定は、前条第二項（第三十三条第四項において準用する場合を含む。）又は第四十七条の二第四項の規定により監事が総会を招集するときを除き、理事会の決議によらなければならない。

第三十八条　総会を招集するには、総会招集者は、その総会の会日の十日前までに、組合員に対して書面をもつてその通知を発しなければならない。

2　総会招集者は、前項の書面による通知の発出に代えて、厚生労働省令で定めるところにより、組合員の承諾を得て、電磁的方法により通知を発することができる。この場合において、当該総会招集者は、同項の書面による通知を発したものとみなす。

3　前二項の通知には、前条第一項各号に掲げる事項を記載し、又は記録しなければならない。

（通知又は催告）

第三十九条　組合の組合員に対してする通知又は催告は、組合員名簿に記載し、又は記録したその者の住所に、その者が別に通知又は催告を受ける場所又は連絡先を組合に通知したときは、その場所又は連絡先にあてて発すれば足りる。

2　前項の通知又は催告は、通常到達すべき時に到達したものとみなす。

（総会の議決事項）

第四十条　次の事項は、総会の議決を経なければならない。

一　定款の変更

二　規約の設定、変更及び廃止

三　組合の解散及び合併

四　毎事業年度の事業計画の設定及び変更

五　収支予算

六　出資一口の金額の減少

七　事業報告書並びに決算関係書類その他組合の財産及び損益の状況を示すために必要かつ適当なものとして厚生労働省令で定めるもの

八　組合員の除名及び役員の解任

九　連合会への加入又は脱退
十　その他定款で定める事項

2　総会においては、第三十八条第一項又は第二項の規定により、あらかじめ通知した事項についてのみ議決をすることができる。ただし、定款に別段の定めがあるときは、この限りでない。

3　規約の変更のうち、軽微な事項その他の厚生労働省令で定める事項に係るものについては、第一項の規定にかかわらず、定款で、総会の議決を経ることを要しないものとすることができる。この場合においては、総会の議決を経ることを要しない事項の範囲及び当該変更の内容の組合員に対する通知、公告その他の周知の方法を定款で定めなければならない。

4　定款の変更（厚生労働省令で定める事項に係るものを除く。）は、行政庁の認可を受けなければ、その効力を生じない。

5　第二十六条の三第一項に規定する規約の設定、変更又は廃止は、行政庁の認可を受けなければ、その効力を生じない。

6　第二十六条の四に規定する規約の設定、変更又は廃止は、行政庁の認可を受けなければ、その効力を生じない。

7　共済事業に係る第四項及び第五項の認可並びに貸付事業に係る第四項及び前項の認可については第五十八条の規定を、これらの事業以外の事業に係る第四項の認可については同条及び第五十九条の規定を準用する。

8　組合は、第四項の厚生労働省令で定める事項に係る定款の変更をしたときは、遅滞なくその旨を行政庁に届け出なければならない。

（総会の通常議決方法）

第四十一条　総会の議事は、この法律又は定款若しくは規約に特別の定めのある場合を除いて、出席者の議決権の過半数でこれを決し、可否同数のときは、議長の決するところによる。

2　議長は、総会において、そのつど、これを選任する。

3　議長は、組合員として総会の議決に加わる権利を有しない。

（総会の特別議決方法）

第四十二条　次の事項は、総組合員の半数以上が出席し、その議決権の三分の二以上の多数による議決を必要とする。

一　定款の変更
二　組合の解散及び合併
三　組合員の除名
四　事業の全部の譲渡、第五十条の二第一項の規定による共済事業の全部の譲渡及び同条第二項の規定に

よる共済契約の全部の移転

五　第三十一条の三第四項（第三十一条の十第四項において準用する場合を含む。）の規定による責任の免除

（役員の説明義務）

第四十三条　役員は、総会において、組合員から特定の事項について説明を求められた場合には、当該事項について必要な説明をしなければならない。ただし、当該事項が総会の目的である事項に関しないものである場合、その説明をすることにより組合員の共同の利益を著しく害する場合その他正当な理由がある場合として厚生労働省令で定める場合は、この限りでない。

（延期又は続行の決議）

第四十四条　総会においてその延期又は続行について決議があつた場合には、第三十七条及び第三十八条の規定は、適用しない。

（総会の議事録）

第四十五条　総会の議事については、厚生労働省令で定めるところにより、議事録を作成しなければならない。

2　組合は、総会の会日から十年間、前項の議事録をその主たる事務所に備え置かなければならない。

3　組合は、総会の会日から五年間、第一項の議事録の写しをその従たる事務所に備え置かなければならない。ただし、当該議事録が電磁的記録をもつて作成されている場合であつて、従たる事務所における次項第二号に掲げる請求に応ずることを可能とするための措置として厚生労働省令で定めるものをとつているときは、この限りでない。

4　組合員及び組合の債権者は、組合に対して、その業務取扱時間内は、いつでも、次に掲げる請求をすることができる。この場合においては、組合は、正当な理由がないのにこれを拒んではならない。

一　第一項の議事録が書面をもつて作成されているときは、当該書面又は当該書面の写しの閲覧又は謄写の請求

二　第一項の議事録が電磁的記録をもつて作成されているときは、当該電磁的記録に記録された事項を厚生労働省令で定める方法により表示したものの閲覧又は謄写の請求

（総会の決議の不存在若しくは無効の確認又は取消しの訴え）

第四十六条　総会の決議の不存在若しくは無効の確認又は取消しの訴えについては、会社法第八百三十条、第八百三十一条、第八百三十四条（第十六号及び第十七号に係る部分に限る。）、第八百三十五条第一項、第八百三十六条第一項及び第三項、第八百三十七条、第八百三十八条並びに第八百四十六条の規定を準用する。

この場合において、同法第八百三十一条第一項中「株主等（当該各号の株主総会等が創立総会又は種類創立総会である場合にあっては、株主等、設立時株主、設立時取締役又は設立時監査役）」とあるのは、「組合員、理事、監事又は清算人」と読み替えるものとするほか、必要な技術的読替えは、政令で定める。

【参考】第四十六条で準用する会社法（読替え済み）

（株主総会等の決議の不存在又は無効の確認の訴え）

第八百三十条　株主総会若しくは種類株主総会又は創立総会若しくは種類創立総会（以下この節及び第九百三十七条第一項第一号トにおいて「株主総会等」という。）の決議については、決議が存在しないことの確認を、訴えをもって請求することができる。

2　株主総会等の決議については、決議の内容が法令に違反することを理由として、決議が無効であることの確認を、訴えをもって請求することができる。

（株主総会等の決議の取消しの訴え）

第八百三十一条　次の各号に掲げる場合には、組合員、理事、監事又は清算人は、株主総会等の決議の日から三箇月以内に、訴えをもって当該決議の取消しを請求することができる。当該決議の取消しにより株主（当該決議が創立総会の決議である場合にあっては、設立時株主）又は取締役（監査等委員会設置会社にあっては、監査等委員である取締役又はそれ以外の取締役。以下この項において同じ。）、監査役若しくは清算人（当該決議が株主総会又は種類株主総会の決議である場合にあっては第三百四十六条第一項（第四百七十九条第四項において準用する場合を含む。）の規定により取締役、監査役又は清算人としての権利義務を有する者を含み、当該決議が創立総会又は種類創立総会の決議である場合にあっては設立時取締役（設立しようとする株式会社が監査等委員会設置会社である場合にあっては、設立時監査等委員である設立時取締役又はそれ以外の設立時取締役）又は設立時監査役を含む。）となる者も、同様とする。

一　株主総会等の招集の手続又は決議の方法が法令若しくは定款に違反し、又は著しく不公正なとき。

二　株主総会等の決議の内容が定款に違反するとき。

三　株主総会等の決議について特別の利害関係を有する者が議決権を行使したことによって、著しく不当な決議がされたとき。

2　前項の訴えの提起があった場合において、株主総会等の招集の手続又は決議の方法が法令又は定款に違反するときであつても、裁判所は、その違反する事実が重大でなく、かつ、決議に影響を及ぼさないものであると認めるときは、同項の規定による請求を棄却することができる。

(被告)

第八百三十四条 次の各号に掲げる訴え(以下この節において「会社の組織に関する訴え」と総称する。)については、当該各号に定める者を被告とする。

一〜十五 (略)

十六 株主総会等の決議が存在しないこと又は株主総会等の決議の内容が法令に違反することを理由として当該決議が無効であることの確認の訴え 当該株式会社

十七 株主総会等の決議の取消しの訴え 当該株式会社

十八 (以下、略)

(訴えの管轄及び移送)

第八百三十五条 会社の組織に関する訴えは、被告となる会社の本店の所在地を管轄する地方裁判所の管轄に専属する。

2 (以下、略)

(担保提供命令)

第八百三十六条 会社の組織に関する訴えであつて、株主又は設立時株主が提起することができるものについては、裁判所は、被告の申立てにより、当該会社の組織に関する訴えを提起した株主又は設立時株主に対し、相当の担保を立てるべきことを命ずることができる。ただし、当該株主が取締役、監査役、執行役若しくは清算人であるとき、又は当該設立時株主が設立時取締役若しくは設立時監査役であるときは、この限りでない。

2 (略)

3 被告は、第一項(前項において準用する場合を含む。)の申立てをするには、原告の訴えの提起が悪意によるものであることを疎明しなければならない。

(弁論等の必要的併合)

第八百三十七条 同一の請求を目的とする会社の組織に関する訴えに係る訴訟が数個同時に係属するときは、その弁論及び裁判は、併合してしなければならない。

(認容判決の効力が及ぶ者の範囲)

第八百三十八条 会社の組織に関する訴えに係る請求を認容する確定判決は、第三者に対してもその効力を有する。

(原告が敗訴した場合の損害賠償責任)

第八百四十六条　会社の組織に関する訴えを提起した原告が敗訴した場合において、原告に悪意又は重大な過失があったときは、原告は、被告に対し、連帯して損害を賠償する責任を負う。

（総代会）

第四十七条　五百人以上の組合員を有する組合は、定款の定めるところにより、総会に代わるべき総代会を設けることができる。

2　総代は、定款の定めるところにより、組合員のうちからこれを選挙する。

3　総代の定数は、その選挙の時における組合員の総数の十分の一（組合員の総数が千人を超える組合にあつては、百人）以上でなければならない。

4　総代の選挙については、第二十八条第七項及び第八項の規定を準用する。

5　総代の任期は、三年以内において定款で定める期間とする。

6　総代会には、総会に関する規定を準用する。この場合において、第十七条第二項ただし書中「組合員又は組合員と同一の世帯に属する者」とあるのは「組合員」と、同条第五項中「十人」とあるのは「三人」と読み替えるものとする。

7　総代会においては、前項の規定にかかわらず、総代の選挙をすることができない。

第四十七条の二　総代会において組合の解散又は合併の議決があつたときは、理事は、当該議決の日から十日以内に、組合員に当該議決の内容を通知しなければならない。

2　組合員が総組合員の五分の一（これを下回る割合を定款で定めた場合にあつては、その割合）以上の同意を得て、会議の目的である事項及び招集の理由を記載した書面を理事会に提出して、総会の招集を請求したときは、理事会は、その請求のあつた日から三週間以内に総会を招集すべきことを決しなければならない。この場合において、書面の提出は、前項の通知に係る事項についての総代会の議決の日から一月以内にしなければならない。

3　前項の規定による書面の提出については、第三十五条第三項及び第四項の規定を準用する。

4　第二項の請求の日から二週間以内に理事が正当な理由がないのに総会招集の手続をしないときは、監事は、総会を招集しなければならない。

5　第二項又は前項の総会において第一項の通知に係る事項を承認しなかつた場合には、当該事項についての総代会の議決は、その効力を失う。

（家族の発言権）

第四十八条　消費生活協同組合の組合員と同一の世帯に

属する者は、定款の定めるところにより、総会に出席し発言することができる。ただし、第十七条第二項の規定による場合を除くほか、議決権及び選挙権を有しない。

（出資一口の金額の減少の手続）

第四十九条　組合は、出資一口の金額の減少を議決したときは、その議決の日から二週間以内に財産目録及び貸借対照表を作成し、かつ、これらをその主たる事務所に備え置かなければならない。

2　組合員及び組合の債権者は、組合に対して、その業務取扱時間内は、いつでも、次に掲げる請求をすることができる。この場合においては、組合は、正当な理由がないのにこれを拒んではならない。

一　前項の財産目録及び貸借対照表が書面をもつて作成されているときは、当該書面の閲覧の請求

二　前項の財産目録及び貸借対照表が電磁的記録をもつて作成されているときは、当該電磁的記録に記録された事項を厚生労働省令で定める方法により表示したものの閲覧の請求

3　組合は、第一項の期間内に、債権者に対して、次に掲げる事項を官報に公告し、かつ、知れている債権者（政令で定めるものを除く。）には、各別にこれを催告しなければならない。

一　出資一口の金額の減少の内容

二　債権者が一定の期間内に異議を述べることができる旨

4　前項第二号の一定の期間は、一月を下つてはならない。

5　第三項の規定にかかわらず、組合が同項の規定による公告を、官報のほか、第二十六条第三項の規定による定款の定めに従い、同項第二号又は第三号のいずれかに掲げる公告方法によりするときは、第三項の規定による各別の催告は、することを要しない。

第四十九条の二　債権者が前条第三項第二号の一定の期間内に異議を述べなかつたときは、出資一口の金額の減少を承認したものとみなす。

2　債権者が異議を述べたときは、組合は、弁済し、若しくは相当の担保を供し、又はその債権者に弁済を受けさせることを目的として、信託会社等（信託会社（信託業法（平成十六年法律第百五十四号）第二条第二項に規定する信託会社をいう。）及び信託業務を営む金融機関（金融機関の信託業務の兼営等に関する法律（昭和十八年法律第四十三号）第一条第一項の認可を受けた金融機関をいう。）をいう。）に相当の財産を信託しなければならない。ただし、出資一口の金額の減少をしてもその債権者を害するおそれがないときは、この限りでない。

（出資一口の金額の減少の無効の訴え）

第五十条 組合の出資一口の金額の減少の無効の訴えについては、会社法第八百二十八条第一項（第五号に係る部分に限る。）及び第二項（第五号に係る部分に限る。）、第八百三十四条（第五号に係る部分に限る。）、第八百三十五条第一項、第八百三十六条から第八百三十九条まで並びに第八百四十六条の規定を準用する。この場合において、必要な技術的読替えは、政令で定める。

【参考】第五十条で準用する会社法（読替え済み）

（会社の組織に関する行為の無効の訴え）

第八百二十八条　次の各号に掲げる行為の無効は、当該各号に定める期間に、訴えをもってのみ主張することができる。

一～四　（略）

五　株式会社における資本金の額の減少　資本金の額の減少の効力が生じた日から六箇月以内

六　（第十二号まで略）

2　次の各号に掲げる行為の無効の訴えは、当該各号に定める者に限り、提起することができる。

一～四　（略）

五　前項第五号に掲げる行為　当該株式会社の株主等、破産管財人又は資本金の額の減少について承認をしなかった債権者

六　（以下、略）

（被告）

第八百三十四条　次の各号に掲げる訴え（以下この節において「会社の組織に関する訴え」と総称する。）については、当該各号に定める者を被告とする。

一～四　（略）

五　株式会社における資本金の額の減少の無効の訴え　当該株式会社

六　（以下、略）

（訴えの管轄及び移送）

第八百三十五条　会社の組織に関する訴えは、被告となる会社の本店の所在地を管轄する地方裁判所の管轄に専属する。

2　（以下、略）

（担保提供命令）

第八百三十六条　会社の組織に関する訴えであって、株主又は設立時株主が提起することができるものについては、裁判所は、被告の申立てにより、当該会社の組織に関する訴えを提起した株主又は設立時株主に対し、相当の担保を立てるべきことを命ずることができる。ただし、当該株主が取締役、監査役、執行役若しくは清算人であるとき、又は当該設立時株主が設立時取締役若しくは設立時監査役であるときは、この限りでない。

２　前項の規定は、会社の組織に関する訴えであって、債権者又は株式交付に際して株式交付親会社に株式交付子会社の株式若しくは新株予約権等を譲り渡した者が提起することができるものについて準用する。

３　被告は、第一項（前項において準用する場合を含む。）の申立てをするには、原告の訴えの提起が悪意によるものであることを疎明しなければならない。

（弁論等の必要的併合）

第八百三十七条　同一の請求を目的とする会社の組織に関する訴えに係る訴訟が数個同時に係属するときは、その弁論及び裁判は、併合してしなければならない。

（認容判決の効力が及ぶ者の範囲）

第八百三十八条　会社の組織に関する訴えに係る請求を認容する確定判決は、第三者に対してもその効力を有する。

（無効又は取消しの判決の効力）

第八百三十九条　会社の組織に関する訴え（第八百三十四条第一号から第十二号の二まで、第十八号及び第十九号に掲げる訴えに限る。）に係る請求を認容する判決が確定したときは、当該判決において無効とされ、又は取り消された行為（当該行為によって会社が設立された場合にあっては当該設立を含み、当該行為に際して株式又は新株予約権が交付された場合にあっては当該株式又は新株予約権を含む。）は、将来に向かってその効力を失う。

（原告が敗訴した場合の損害賠償責任）

第八百四十六条　会社の組織に関する訴えを提起した原告が敗訴した場合において、原告に悪意又は重大な過失があったときは、原告は、被告に対し、連帯して損害を賠償する責任を負う。

（共済事業の譲渡等）

第五十条の二　共済事業を行う組合が共済事業（この事業に附帯する事業を含む。以下この条において同じ。）の全部又は一部を譲渡するには、総会の議決によらなければならない。

２　共済事業を行う組合は、総会の議決により契約をもつて責任準備金の算出の基礎が同じである共済契約の全部を包括して、共済事業を行う他の組合に移転することができる。

３　共済事業を行う組合は、前項に規定する共済契約を移転する契約をもつて共済事業に係る財産を移転することを定めることができる。

４　第一項に規定する共済事業の全部又は一部の譲渡及

び前項に規定する共済事業に係る財産の移転については、第四十九条から前条までの規定を準用する。

5　第一項の規定により組合がその共済事業の全部若しくは一部を譲渡したとき、又は第二項の規定により組合がその共済事業に係る共済契約の全部を包括して移転したときは、遅滞なく、その旨を行政庁に届け出なければならない。

(区分経理)

第五十条の三　共済事業を行う組合は、共済事業に係る経理とその他の経理とを区分しなければならない。

2　共済事業のうち責任共済等の事業を行う組合は、当該事業に係る経理とその他の経理とを区分しなければならない。

3　第十条第一項第六号又は第七号の事業のうち、病院又は診療所を営む事業、介護保険法(平成九年法律第百二十三号)第四十一条第一項に規定する指定居宅サービス事業者の指定を受けて実施する事業その他の厚生労働省令で定める事業を行う組合は、当該事業(当該事業から生じた利益をその財源に充てることが適当な事業であつて厚生労働省令で定めるものを併せ行う場合には、当該併せ行う事業を含む。第五十一条の二において「医療福祉等事業」という。)に係る経理とその他の経理とを区分しなければならない。

(共済事業に係る経理の他の経理への資金運用等の禁止)

第五十条の四　組合は、共済事業に係る経理からそれ以外の事業に係る経理へ資金を運用し、又は共済事業に係る経理に属する資産を担保に供してそれ以外の事業に係る経理に属する資金を調達してはならない。ただし、行政庁の承認を受けた場合は、この限りでない。

(健全性の基準)

第五十条の五　行政庁は、共済事業を行う消費生活協同組合であつてその組合員の総数が政令で定める基準を超えるもの又は共済事業を行う連合会の共済事業の健全な運営に資するため、次に掲げる額を用いて、当該組合の経営の健全性を判断するための基準として共済金、返戻金その他の給付金(以下「共済金等」という。)の支払能力の充実の状況が適当であるかどうかの基準その他の基準を定めることができる。

一　出資の総額、準備金の額その他の厚生労働省令で定めるものの額を用いて厚生労働省令で定めるところにより計算した額

二　共済契約に係る共済事故の発生その他の理由により発生し得る危険であつて通常の予測を超えるものに対応する額として厚生労働省令で定めるところにより計算した額

(共済事業の健全かつ適切な運営の確保)

第五十条の六　共済事業を行う組合は、この法律及び他の法律に定めるもののほか、厚生労働省令で定めると

ころにより、その共済事業に係る重要な事項の利用者への説明、その共済事業に関して取得した利用者に関する情報の適正な取扱い、その共済事業を第三者に委託する場合における当該共済事業の的確な遂行その他の共済事業の健全かつ適切な運営を確保するための措置を講じなければならない。

（責任準備金）

第五十条の七　共済事業を行う組合は、毎事業年度末において、その事業の種類ごとに、共済契約に基づく将来における債務の履行に備えるため、厚生労働省令で定めるところにより、責任準備金を積み立てなければならない。

（支払備金）

第五十条の八　共済事業を行う組合は、毎事業年度末において、共済金等で、共済契約に基づいて支払義務が発生したものその他これに準ずるものとして厚生労働省令で定めるものがある場合であつて、共済金等の支出として計上していないものがあるときは、厚生労働省令で定めるところにより、支払備金を積み立てなければならない。

（価格変動準備金）

第五十条の九　共済事業を行う組合は、毎事業年度末において、その所有する資産で第五十条の三第一項の規定により共済事業に係るものとして区分された経理に属するもののうちに、価格変動による損失が生じ得るものとして厚生労働省令で定める資産（次項において「特定資産」という。）があるときは、厚生労働省令で定めるところにより、価格変動準備金を積み立てなければならない。ただし、その全部又は一部の金額について積立てをしないことについて行政庁の認可を受けた場合における当該認可を受けた金額については、この限りでない。

2　前項の価格変動準備金は、特定資産の売買等による損失（売買、評価換え及び外国為替相場の変動による損失並びに償還損をいう。）の額が特定資産の売買等による利益（売買、評価換え及び外国為替相場の変動による利益並びに償還益をいう。）の額を超える場合においてその差額のてん補に充てる場合を除いては、取り崩してはならない。ただし、行政庁の認可を受けたときは、この限りでない。

（契約者割戻し）

第五十条の十　共済事業を行う組合は、契約者割戻し（共済契約者に対し、共済掛金及び共済掛金として収受する金銭を運用することによつて得られる収益のうち、共済金等の支払、事業費の支出その他の費用に充てられないものの全部又は一部を分配することを第二十六条の三第一項の規約で定めている場合において、その分配をいう。以下同じ。）を行う場合は、公正かつ衡平な分配をするための基準として厚生労働省令で定める基準に従い、行わなければならない。
2　契約者割戻しに充てるための準備金の積立てその他契約者割戻しに関し必要な事項は、厚生労働省令で定める。

（共済計理人の選任等）

第五十条の十一　共済事業を行う組合（厚生労働省令で定める要件に該当する組合を除く。）は、理事会において共済計理人を選任し、共済掛金の算出方法その他の事項に係る共済の数理に関する事項として厚生労働省令で定めるものに関与させなければならない。
2　共済計理人は、共済の数理に関して必要な知識及び経験を有する者として厚生労働省令で定める要件に該当する者でなければならない。

第五十条の十二　共済計理人は、毎事業年度末において、次に掲げる事項について、厚生労働省令で定めるところにより確認し、その結果を記載した意見書を理事会に提出しなければならない。
一　厚生労働省令で定める共済契約に係る責任準備金が健全な共済の数理に基づいて積み立てられているかどうか。
二　契約者割戻しが公正かつ衡平に行われているかどうか。
三　その他厚生労働省令で定める事項
2　共済計理人は、前項の意見書を理事会に提出したときは、遅滞なく、その写しを行政庁に提出しなければならない。
3　行政庁は、共済計理人に対し、前項の意見書の写しについて説明を求め、その他その職務に属する事項について意見を求めることができる。
4　前三項に定めるもののほか、第一項の意見書に関し必要な事項は、厚生労働省令で定める。

第五十条の十三　行政庁は、共済計理人が、この法律又はこの法律に基づいてする行政庁の処分に違反したときは、当該組合に対し、その解任を命ずることができる。

（資産運用の方法等）

第五十条の十四　共済事業を行う組合は、その資産のうち第五十条の三第一項の規定により共済事業に係るものとして区分された経理に属するものを厚生労働省令で定める方法及び割合以外の方法及び割合で運用してはならない。ただし、行政庁の承認を受けたときは、この限りでない。

（貸付事業を行う組合の純資産額）

第五十一条　貸付事業を行う組合（職域による消費生活協同組合であつてその組合員の総数が政令で定める基準を超えないものを除く。）の純資産額は、当該貸付事業を適正に実施するため必要かつ適当なものとして政令で定める金額以上でなければならない。
2　前項の政令で定める金額は、五千万円を下回つてはならない。
3　第一項の純資産額は、厚生労働省令で定めるところにより計算するものとする。

(医療福祉等事業に関する積立金)

第五十一条の二　組合は、医療福祉等事業に関し、毎事業年度、損益計算において利益を生じたときは、前事業年度から繰り越した損失をうめ、なお残余があるときは、その残余の額は、積立金として整理しなければならない。
2　前項の積立金は、医療福祉等事業の費用に充てる場合を除いては、取り崩してはならない。

(会計の原則)

第五十一条の三　組合の会計は、一般に公正妥当と認められる会計の慣行に従うものとする。

(剰余金の積立て等)

第五十一条の四　組合は、定款で定める額に達するまでは、毎事業年度の剰余金の十分の一(共済事業を行う組合にあつては、五分の一)以上を準備金として積み立てなければならない。
2　前項の定款で定める準備金の額は、出資総額の二分の一(共済事業を行う組合にあつては、出資総額)を下つてはならない。
3　第一項の準備金は、損失のてん補に充てる場合を除いてこれを取り崩してはならない。
4　組合は、毎事業年度の剰余金の二十分の一以上を翌事業年度に繰り越さなければならない。
5　前項の規定により繰り越した剰余金は、第十条第一項第五号の事業の費用に充てるものとする。ただし、その剰余金の全部又は一部を、組合員が相互の協力の下に地域において行う子育て支援、家事に係る援助その他の活動であつて組合員の生活の改善及び文化の向上に資するものを助成する事業の費用に充てることを妨げない。

(剰余金の割戻し)

第五十二条　組合は、損失をてん補し、前条に定める金額を控除した後でなければ剰余金を割り戻してはならない。
2　剰余金の割戻しは、定款の定めるところにより、組合員の組合事業の利用分量又は払い込んだ出資額に応ずるほか、これを行つてはならない。
3　組合が組合員の利用分量に応じて剰余金の割戻しを行うときは、事業別にその率を定めることができる。
4　組合が払い込んだ出資額に応じて剰余金の割戻しを行うときは、年一割を超えてはならない。

(剰余金の払込充当)

第五十三条　組合は、組合員が期日の到来した出資の払込みを終えるまで、その組合員に割り戻すべき剰余金をその払込みに充てることができる。

（業務及び財産の状況に関する説明書類の縦覧等）

第五十三条の二　共済事業を行う組合は、毎事業年度、業務及び財産の状況に関する事項として厚生労働省令で定めるものを記載した説明書類を作成し、当該組合の事務所（主として共済事業以外の事業の用に供される事務所その他の厚生労働省令で定める事務所を除く。以下この条において同じ。）に備え置き、公衆の縦覧に供しなければならない。

2　前項の組合が子会社その他当該組合と厚生労働省令で定める特殊の関係にある者（以下「子会社等」という。）を有する場合には、当該組合は、毎事業年度、同項の説明書類のほか、当該組合及び当該子会社等の業務及び財産の状況に関する事項として厚生労働省令で定めるものを当該組合及び当該子会社等につき連結して記載した説明書類を作成し、当該組合の事務所に備え置き、公衆の縦覧に供しなければならない。

3　前二項に規定する説明書類は、電磁的記録をもつて作成することができる。

4　第一項又は第二項に規定する説明書類が電磁的記録をもつて作成されているときは、組合の事務所において、当該電磁的記録に記録された情報を電磁的方法により不特定多数の者が提供を受けることができる状態に置く措置として厚生労働省令で定めるものをとることができる。この場合においては、これらの規定に規定する説明書類を、これらの規定により備え置き、公衆の縦覧に供したものとみなす。

5　前各項に定めるもののほか、第一項又は第二項の説明書類を公衆の縦覧に供する期間その他これらの規定の適用に関し必要な事項は、厚生労働省令で定める。

6　第一項の組合は、同項又は第二項に規定する事項のほか、共済事業の利用者が当該組合及び当該子会社等の業務及び財産の状況を知るために参考となるべき事項の開示に努めなければならない。

（財務基準）

第五十三条の三　第五十条の三から前条までに定めるもののほか、組合がその財務を適正に処理するために必要な事項は、厚生労働省令で定める。

第四章の二　共済契約に係る契約条件の変更

（契約条件の変更の申出）

第五十三条の四　共済事業を行う組合は、その業務又は財産の状況に照らしてその共済事業の継続が困難となる蓋然性がある場合には、行政庁に対し、当該組合に係る共済契約（変更対象外契約を除く。）について共済金額の削減その他の契約条項の変更（以下この章に

おいて「契約条件の変更」という。）を行う旨の申出をすることができる。

2　前項の組合は、同項の申出をする場合には、契約条件の変更を行わなければ共済事業の継続が困難となる蓋然性があり、共済契約者等の保護のため契約条件の変更がやむを得ない旨及びその理由を、書面をもつて示さなければならない。

3　行政庁は、第一項の申出に理由があると認めるときは、その申出を承認するものとする。

4　第一項に規定する「変更対象外契約」とは、契約条件の変更の基準となる日において既に共済事故が発生している共済契約（当該共済事故に係る共済金の支払により消滅することとなるものに限る。）その他の政令で定める共済契約をいう。

（業務の停止等）

第五十三条の五　行政庁は、前条第三項の規定による承認をした場合において、共済契約者等の保護のため必要があると認めるときは、当該組合に対し、期間を定めて、共済契約の解約に係る業務の停止その他必要な措置を命ずることができる。

（契約条件の変更の限度）

第五十三条の六　契約条件の変更は、契約条件の変更の基準となる日までに積み立てるべき責任準備金に対応する共済契約に係る権利に影響を及ぼすものであつてはならない。

2　契約条件の変更によつて変更される共済金等の計算の基礎となる予定利率については、共済契約者等の保護の見地から共済事業を行う組合の資産の運用の状況その他の事情を勘案して政令で定める率を下回つてはならない。

（契約条件の変更の議決）

第五十三条の七　共済事業を行う組合は、契約条件の変更を行おうとするときは、第五十三条の四第三項の規定による承認を得た後、契約条件の変更につき、総会の議決を経なければならない。

2　前項の議決には、第四十二条の規定を準用する。

3　第一項の議決を行う場合には、同項の組合は、第三十八条第一項又は第二項の通知において、会議の目的たる事項のほか、契約条件の変更がやむを得ない理由、契約条件の変更の内容、契約条件の変更後の業務及び財産の状況の予測、共済契約者等以外の債権者に対する債務の取扱いに関する事項、経営責任に関する事項その他の厚生労働省令で定める事項を示さなければならない。

4　第一項の議決を行う場合において、契約条件の変更に係る共済契約に関する契約者割戻しその他の金銭の支払に関する方針があるときは、前項の通知において、その内容を示さなければならない。

5　前項の方針については、その内容を定款に記載し、又は記録しなければならない。

（契約条件の変更における総会の特別議決等に関する特例）

第五十三条の八　前条第一項の議決又はこれとともに行う第四十二条第一号、第二号若しくは第四号に掲げる事項に係る議決は、同条（前条第二項において準用する場合を含む。）の規定にかかわらず、出席した組合員の議決権の三分の二以上に当たる多数をもつて、仮にすることができる。

2　前項の規定により仮にした議決（以下この条において「仮議決」という。）があつた場合においては、組合員に対し、当該仮議決の趣旨を通知し、当該仮議決の日から一月以内に再度の総会を招集しなければならない。

3　前項の総会において第一項に規定する多数をもつて仮議決を承認した場合には、当該承認のあつた時に、当該仮議決をした事項に係る議決があつたものとみなす。

（契約条件の変更に係る書面の備置き等）

第五十三条の九　共済事業を行う組合は、第五十三条の七第一項の議決を行うべき日の二週間前から第五十三条の十四第一項の規定による公告の日まで、契約条件の変更がやむを得ない理由、契約条件の変更の内容、契約条件の変更後の業務及び財産の状況の予測、共済契約者等以外の債権者に対する債務の取扱いに関する事項、経営責任に関する事項その他の厚生労働省令で定める事項並びに第五十三条の七第四項の方針がある場合にあつてはその方針を記載し、又は記録した書面又は電磁的記録をその各事務所に備え置かなければならない。

2　組合員及び共済契約者は、組合に対して、その業務取扱時間内は、いつでも、次に掲げる請求をすることができる。ただし、第二号又は第四号に掲げる請求をするには、当該組合の定めた費用を支払わなければならない。

一　前項の書面の閲覧の請求

二　前項の書面の謄本又は抄本の交付の請求

三　前項の電磁的記録に記録された事項を厚生労働省令で定める方法により表示したものの閲覧の請求

四　前項の電磁的記録に記録された事項を電磁的方法であつて組合の定めたものにより提供することの請求又はその事項を記載した書面の交付の請求

（共済調査人）

第五十三条の十　行政庁は、第五十三条の四第三項の規定による承認をした場合において、必要があると認めるときは、共済調査人を選任し、共済調査人をして、契約条件の変更の内容その他の事項を調査させることができる。

2　前項の場合においては、行政庁は、共済調査人が調査すべき事項及び行政庁に対して調査の結果の報告をすべき期限を定めなければならない。

3　行政庁は、共済調査人が調査を適切に行つていないと認めるときは、共済調査人を解任することができる。

4　共済調査人については、民事再生法第六十条及び第六十一条第一項の規定を準用する。この場合において、同項中「裁判所」とあるのは、「行政庁」と読み替えるものとする。

5　前項において準用する民事再生法第六十一条第一項に規定する費用及び報酬は、第五十三条の四第三項の規定による承認に係る組合（次条第一項及び第九十八条の七において「被調査組合」という。）の負担とする。

【参考】第四項で準用する民事再生法（読替え済み）

（監督委員の注意義務）

第六十条　監督委員は、善良な管理者の注意をもつて、その職務を行わなければならない。

2　監督委員が前項の注意を怠つたときは、その監督委員は、利害関係人に対し、連帯して損害を賠償する責めに任ずる。

（監督委員の報酬等）

第六十一条　監督委員は、費用の前払及び行政庁が定める報酬を受けることができる。

2　（以下、略）

（共済調査人の調査等）

第五十三条の十一　共済調査人は、被調査組合の役員及び使用人並びにこれらの者であつた者に対し、被調査組合の業務及び財産の状況（これらの者であつた者については、その者が当該被調査組合の業務に従事していた期間内に知ることのできた事項に係るものに限る。）につき報告を求め、又は被調査組合の帳簿、書類その他の物件を検査することができる。

2　共済調査人は、その職務を行うため必要があるときは、官庁、公共団体その他の者に照会し、又は協力を求めることができる。

（共済調査人の秘密保持義務）

第五十三条の十二　共済調査人は、その職務上知ることのできた秘密を漏らしてはならない。共済調査人がその職を退いた後も、同様とする。

2　共済調査人が法人であるときは、共済調査人の職務に従事するその役員及び職員は、その職務上知ることのできた秘密を漏らしてはならない。その役員又は職員が共済調査人の職務に従事しなくなつた後においても、同様とする。

（契約条件の変更に係る承認）

第五十三条の十三　共済事業を行う組合は、第五十三条の七第一項の議決があつた場合（第五十三条の八第三項の規定により第五十三条の七第一項の議決があつたものとみなされる場合を含む。）には、遅滞なく、当該議決に係る契約条件の変更について、行政庁の承認を求めなければならない。

2　行政庁は、当該組合において共済事業の継続のために必要な措置が講じられた場合であつて、かつ、第五十三条の七第一項の議決に係る契約条件の変更が当該組合の共済事業の継続のために必要なものであり、共済契約者等の保護の見地から適当であると認められる場合でなければ、前項の承認をしてはならない。

（契約条件の変更の通知及び異議申立て等）

第五十三条の十四　共済事業を行う組合は、前条第一項の承認があつた場合には、当該承認があつた日から二週間以内に、第五十三条の七第一項の議決に係る契約条件の変更の主要な内容を公告するとともに、契約条件の変更に係る共済契約者（以下この条において「変更対象契約者」という。）に対し、同項の議決に係る契約条件の変更の内容を、書面をもつて、通知しなければならない。

2　前項の場合においては、契約条件の変更がやむを得ない理由を示す書類、契約条件の変更後の業務及び財産の状況の予測を示す書類、共済契約者等以外の債権者に対する債務の取扱いに関する事項を示す書類、経営責任に関する事項を示す書類その他の厚生労働省令で定める書類並びに第五十三条の七第四項の方針がある場合にあつてはその方針の内容を示す書類を添付し、変更対象契約者で異議がある者は、一定の期間内に異議を述べるべき旨を、前項の書面に付記しなければならない。

3　前項の期間は、一月を下つてはならない。

4　第二項の期間内に異議を述べた変更対象契約者の数が変更対象契約者の総数の十分の一を超え、かつ、当該異議を述べた変更対象契約者の共済契約に係る債権の額に相当する金額として厚生労働省令で定める金額が変更対象契約者の当該金額の総額の十分の一を超えるときは、契約条件の変更をしてはならない。

5　第二項の期間内に異議を述べた変更対象契約者の数又はその者の前項の厚生労働省令で定める金額が、同項に定める割合を超えないときは、当該変更対象契約者全員が当該契約条件の変更を承認したものとみなす。

（契約条件の変更の公告等）

第五十三条の十五　共済事業を行う組合は、契約条件の変更後、遅滞なく、契約条件の変更をしたことその他の厚生労働省令で定める事項を公告しなければならない。契約条件の変更をしないこととなつたときも、同様とする。

2　前項の組合は、契約条件の変更後三月以内に、当該契約条件の変更に係る共済契約者に対し、当該契約条件の変更後の共済契約者の権利及び義務の内容を通知しなければならない。

第四章の三　子会社等

（共済事業兼業組合の子会社の範囲等）

第五十三条の十六　共済事業を行う消費生活協同組合（第十条第三項の規定により同項の他の事業を行うことができないものとされた消費生活協同組合を除く。以下この条及び次条において「共済事業兼業組合」という。）は、次に掲げる業務を専ら営む国内の会社（第一号に掲げる業務を営む会社にあつては、主として当該共済事業兼業組合の行う事業のためにその業務を営んでいるものに限る。次項において「子会社対象会社」という。）を除き、共済事業に相当する事業を行い、又は共済事業若しくは共済事業に相当する事業に従属し、付随し、若しくは関連する業務を営む会社を子会社としてはならない。

一　共済事業兼業組合の行う共済事業に従属する業務として厚生労働省令で定めるもの（第三項及び次条第一項において「共済兼業従属業務」という。）

二　共済事業兼業組合の行う共済事業に付随し、又は関連する業務として厚生労働省令で定めるもの（次条第一項において「共済兼業関連業務」という。）

2　前項の規定は、子会社対象会社以外の会社が、共済事業兼業組合又はその子会社の担保権の実行による株式又は持分の取得その他の厚生労働省令で定める事由により当該共済事業兼業組合の子会社となる場合には、適用しない。ただし、当該共済事業兼業組合は、その子会社となつた会社が当該事由の生じた日から一年を経過する日までに子会社でなくなるよう、所要の措置を講じなければならない。

3　第一項の場合において、会社が主として共済事業兼業組合の行う事業のために共済兼業従属業務を営んでいるかどうかの基準は、厚生労働大臣が定める。

第五十三条の十七　共済事業兼業組合又はその子会社は、特定会社（共済事業に相当する事業を行い、又は共済事業若しくは共済事業に相当する事業に従属し、付随し、若しくは関連する業務を営む会社をいう。以下この条において同じ。）である国内の会社（共済兼業従属業務又は共済兼業関連業務を専ら営む会社を除く。以下この条において同じ。）の議決権については、合算して、その基準議決権数（当該特定会社である国内の会社の総株主等の議決権に百分の十を乗じて得た議決権の数をいう。以下この条において同じ。）を超える議決権を取得し、又は保有してはならない。

2　前項の規定は、共済事業兼業組合又はその子会社が、担保権の実行による株式又は持分の取得その他の厚生労働省令で定める事由により、特定会社である国内の会社の議決権をその基準議決権数を超えて取得し、又は保有することとなる場合には、適用しない。ただし、当該共済事業兼業組合又はその子会社は、合算してその基準議決権数を超えて取得し、又は保有することとなつた部分の議決権については、当該共済事業兼業組合があらかじめ行政庁の承認を受けた場合を除き、その取得し、又は保有することとなつた日から一年を超えてこれを保有してはならない。

3　前項ただし書の場合において、行政庁がする同項の承認の対象には、共済事業兼業組合又はその子会社が特定会社である国内の会社の議決権を合算してその総株主等の議決権の百分の五十を超えて取得し、又は保有することとなつた議決権のうち当該百分の五十を超える部分の議決権は含まれないものとし、行政庁が当該承認をするときは、当該共済事業兼業組合又はその子会社が合算してその基準議決権数を超えて取得し、又は保有することとなつた議決権のうちその基準議決権数を超える部分の議決権を速やかに処分することを条件としなければならない。

4　共済事業兼業組合又はその子会社は、次の各号に掲げる場合には、第一項の規定にかかわらず、当該各号に定める日に有することとなる特定会社である国内の会社の議決権がその基準議決権数を超える場合であつても、当該各号に定める日以後、当該議決権をその基準議決権数を超えて保有することができる。ただし、行政庁は、当該共済事業兼業組合又はその子会社が、次の各号に掲げる場合に特定会社である国内の会社の議決権を合算してその総株主等の議決権の百分の五十を超えて有することとなるときは、当該各号に規定する認可をしてはならない。

一　当該共済事業兼業組合が第六十九条第一項の認可を受けて合併をしたとき（当該共済事業兼業組合が存続する場合に限る。）　その合併の効力が生じた日

二　第六十九条第一項の認可を受けて当該共済事業兼業組合が合併により設立されたとき　その設立された日

5　行政庁は、前項各号に規定する認可をするときは、当該各号に定める日に共済事業兼業組合又はその子会社が合算してその基準議決権数を超えて有することとなる特定会社である国内の会社の議決権のうちその基準議決権数を超える部分の議決権を、当該各号に定める日から五年を経過する日までに当該行政庁が定める基準に従つて処分することを条件としなければならない。

6　共済事業兼業組合又はその子会社が、特定会社である国内の会社の議決権を合算してその基準議決権数を超えて有することとなつた場合には、その超える部分の議決権は、当該共済事業兼業組合が取得し、又は保有するものとみなす。

7　前各項の場合において、共済事業兼業組合又はその子会社が取得し、又は保有する議決権には、金銭又は有価証券の信託に係る信託財産として所有する株式又は持分に係る議決権（委託者又は受益者が行使し、又はその行使について当該組合若しくはその子会社に指図を行うことができるものに限る。）その他厚生労働省令で定める議決権を含まないものとし、信託財産である株式又は持分に係る議決権で、当該組合又はその子会社が委託者若しくは受益者として行使し、又はその行使について指図を行うことができるもの（厚生労働省令で定める議決権を除く。）及び社債、株式等の振替に関する法律（平成十三年法律第七十五号）第百四十七条第一項又は第百四十八条第一項の規定により発行者に対抗することができない株式に係る議決権を含むものとする。

（共済事業専業組合の子会社の範囲等）

第五十三条の十八　第十条第三項の規定により同項の他の事業を行うことができないものとされた共済事業を行う組合（以下この条及び次条において「共済事業専業組合」という。）は、次に掲げる会社（次項において「子会社対象会社」という。）以外の会社を子会社としてはならない。

一　次に掲げる業務を専ら営む会社（イに掲げる業務を営む会社にあつては、主として当該共済事業専業組合の行う事業のためにその業務を営んでいるものに限る。）

イ　共済事業専業組合の行う事業に従属する業務として厚生労働省令で定めるもの（第三項及び次条第一項において「共済専業従属業務」という。）

ロ　共済事業専業組合の行う事業に付随し、又は関連する業務として厚生労働省令で定めるもの（次条第一項において「共済専業関連業務」という。）

二　前号に掲げる会社のみを子会社とする持株会社（私的独占の禁止及び公正取引の確保に関する法律（昭和二十二年法律第五十四号）第九条第四項第一号に規定する持株会社をいう。）で厚生労働省令で定めるもの（当該持株会社になることを予定している会社を含む。）

2　前項の規定は、子会社対象会社以外の会社が、共済事業専業組合又はその子会社の担保権の実行による株式又は持分の取得その他の厚生労働省令で定める事由により当該共済事業専業組合の子会社となる場合には、適用しない。ただし、当該共済事業専業組合は、その子会社となつた会社が当該事由の生じた日から一年を経過する日までに子会社でなくなるよう、所要の措置を講じなければならない。

3　第一項第一号の場合において、会社が主として共済事業専業組合の行う事業のために共済専業従属業務を営んでいるかどうかの基準は、厚生労働大臣が定める。

第五十三条の十九　共済事業専業組合又はその子会社は、国内の会社（共済専業従属業務又は共済専業関連業務を専ら営む会社及び前条第一項第二号に掲げる会社を除く。以下この項において同じ。）の議決権については、合算して、その基準議決権数（当該国内の会社の総株主等の議決権に百分の十を乗じて得た議決権の数をいう。）を超える議決権を取得し、又は保有してはならない。

2　第五十三条の十七第二項から第七項までの規定は、共済事業専業組合について準用する。この場合において、同条第二項中「前項」とあるのは「第五十三条の十九第一項」と、「特定会社である国内の会社の議決権をその基準議決権数」とあるのは「国内の会社（同項に規定する国内の会社をいう。以下この条において同じ。）の議決権をその基準議決権数（同項に規定する基準議決権数をいう。以下この条において同じ。）」と、同条第三項中「特定会社である国内の会社」とあるのは「国内の会社」と、同条第四項中「第一項の規定」とあるのは「第五十三条の十九第一項の規定」と、「特定会社である国内の会社」とあるのは「国内の会社」と、同条第五項及び第六項中「特定会社である国内の会社」とあるのは「国内の会社」と、同条第七項中「前各項」とあるのは「第五十三条の十九第一項及び同条第二項において読み替えて準用する第五十三条の十七第二項から前項まで」と読み替えるものとする。

第五章　設　立

（設立者）

第五十四条　消費生活協同組合を設立するにはその組合員になろうとする者二十人以上が、連合会を設立するには二以上の組合が発起人となり、設立趣意書、定款案、事業計画書及び発起人名簿を作成し、賛成者を募らなければならない。

（共済事業を行う組合の出資の総額）

第五十四条の二　共済事業を行う消費生活協同組合であつてその組合員の総数が政令で定める基準を超えるもの又は共済事業を行う連合会の出資の総額は、厚生労働省令で定める区分に応じ、厚生労働省令で定める額以上でなければならない。

2　前項の厚生労働省令で定める額は、消費生活協同組合の出資の総額にあつては一億円、連合会の出資の総額にあつては十億円を、それぞれ下回つてはならない。

（創立総会の招集）

第五十五条　発起人は、経営をしていくのに適当と思われる人数の賛成者ができたとき、又は発起人のみを会員とする連合会を設立しようとするときは、定款案を会議の日時及び場所とともに公告し、創立総会を開かなければならない。

2　前項の賛成者の数は、消費生活協同組合にあつては、少なくとも三百人を必要とする。ただし、特別の理由があるときは、この限りでない。

3　第一項の公告は、会日の少なくとも二週間前までにしなければならない。

（創立総会の議事）

第五十六条　創立総会では、定款及び事業計画を議決し、理事及び監事を選挙し、その他設立に必要な事項を決定しなければならない。

2　創立総会の議事は、組合員たる資格を有する者で、その会日までに発起人に対し、設立の同意を申し出たものの半数以上が出席し、その議決権の三分の二以上でこれを決する。

3　創立総会においてその延期又は続行の決議があつた場合には、前条第一項の規定による公告をすることを要しない。

4　創立総会の議事については、厚生労働省令で定めるところにより、議事録を作成しなければならない。

5　創立総会については、第十七条並びに第四十一条第二項及び第三項の規定を準用する。

第五十六条の二　創立総会の決議の不存在若しくは無効の確認又は取消しの訴えについては、会社法第八百三十条、第八百三十一条、第八百三十四条（第十六号及び第十七号に係る部分に限る。）、第八百三十五条第一項、第八百三十六条第一項及び第三項、第八百三十七条、第八百三十八条並びに第八百四十六条の規定を準用する。この場合において、必要な技術的読替えは、政令で定める。

【参考】第五十六条の二で準用する会社法（読替え済み）

（株主総会等の決議の不存在又は無効の確認の訴え）

第八百三十条　株主総会若しくは種類株主総会又は創立総会若しくは種類創立総会（以下この節及び第九百三十七条第一項第一号トにおいて「株主総会等」という。）の決議については、決議が存在しないことの確認を、訴えをもって請求することができる。

2　株主総会等の決議については、決議の内容が法令に違反することを理由として、決議が無効であることの確認を、訴えをもって請求することができる。

（株主総会等の決議の取消しの訴え）

第八百三十一条　次の各号に掲げる場合には、株主等（当該各号の株主総会等が創立総会又は種類創立総会である場合にあっては、株主等、設立時株主、設立時取締役又は設立時監査役）は、株主総会等の決議の日から三箇月以内に、訴えをもって当該決議の取消しを請求することができる。当該決議の取消しにより株主（当該決議が創立総会の決議である場合にあっては、設立時株主）又は取締役（監査等委員会設置会社にあっては、監査等委員である取締役又はそれ以外の取締役。以下この項において同じ。）、監査役若しくは清算人（当該決議が株主総会又は種類株主総会の決議である場合にあっては第三百四十六条第一項（第四百七十九条第四項において準用する場合を含む。）の規定により取締役、監査役又は清算人としての権利義務を有する者を含み、当該決議が創立総会又は種類創立総会の決議である場合にあっては設立時取締役（設立しようとする株式会社が監査等委員会設置会社である場合にあっては、設立時監査等委員である設立時取締役又はそれ以外の設立時取締役）又は設立時監査役を含む。）となる者も、同様とする。

一　株主総会等の招集の手続又は決議の方法が法令若しくは定款に違反し、又は著しく不公正なとき。

二　株主総会等の決議の内容が定款に違反するとき。

三　株主総会等の決議について特別の利害関係を有する者が議決権を行使したことによって、著しく不当な決議がされたとき。

2　前項の訴えの提起があった場合において、株主総会等の招集の手続又は決議の方法が法令又は定款に違反するときであっても、裁判所は、その違反する事実が重大でなく、かつ、決議に影響を及ぼさないものであると認めるときは、同項の規定による請求を棄却することができる。

（被告）

第八百三十四条　次の各号に掲げる訴え（以下この節において「会社の組織に関する訴え」と総称する。）については、当該各号に定める者を被告とする。

一～十五　（略）

十六　株主総会等の決議が存在しないこと又は株主総会等の決議の内容が法令に違反することを理由として当該決議が無効であることの確認の

訴え　当該株式会社

十七　株主総会等の決議の取消しの訴え　当該株式会社

十八　（以下、略）

（訴えの管轄及び移送）

第八百三十五条　会社の組織に関する訴えは、被告となる会社の本店の所在地を管轄する地方裁判所の管轄に専属する。

2　（以下、略）

（担保提供命令）

第八百三十六条　会社の組織に関する訴えであって、株主又は設立時株主が提起することができるものについては、裁判所は、被告の申立てにより、当該会社の組織に関する訴えを提起した株主又は設立時株主に対し、相当の担保を立てるべきことを命ずることができる。ただし、当該株主が取締役、監査役、執行役若しくは清算人であるとき、又は当該設立時株主が設立時取締役若しくは設立時監査役であるときは、この限りでない。

2　（略）

3　被告は、第一項（前項において準用する場合を含む。）の申立てをするには、原告の訴えの提起が悪意によるものであることを疎明しなければならない。

（弁論等の必要的併合）

第八百三十七条　同一の請求を目的とする会社の組織に関する訴えに係る訴訟が数個同時に係属するときは、その弁論及び裁判は、併合してしなければならない。

（認容判決の効力が及ぶ者の範囲）

第八百三十八条　会社の組織に関する訴えに係る請求を認容する確定判決は、第三者に対してもその効力を有する。

（原告が敗訴した場合の損害賠償責任）

第八百四十六条　会社の組織に関する訴えを提起した原告が敗訴した場合において、原告に悪意又は重大な過失があったときは、原告は、被告に対し、連帯して損害を賠償する責任を負う。

（設立認可の申請）

第五十七条　発起人は、創立総会終了の後遅滞なく、設立趣意書、定款、事業計画書、創立総会議事録の謄本及び役員名簿を行政庁に提出して、設立の認可を申請しなければならない。

2　発起人は、行政庁の要求があるときは、組合の設立に関する報告書を提出しなければならない。

（設立の認可）

第五十八条　行政庁は、前条第一項の申請があつたときは、その組合が第二条第一項各号に掲げる要件を欠く場合、設立の手続又は定款若しくは事業計画の内容が法令又は法令に基づいてする行政庁の処分に違反する場合及びその組合が事業を行うに必要な経営的基礎を欠く等その事業の目的を達成することが著しく困難であると認められる場合を除いては、その設立を認可しなければならない。

（認可の期間）

第五十九条　第五十七条第一項の申請があつたときは、行政庁は、申請書を受理した日から二月以内に、発起人に対し、認可又は不認可の通知を発しなければならない。

2　行政庁が前項の期間内に同項の通知を発しなかつたときは、その期間満了の日に、第五十七条第一項の認可があつたものとみなす。この場合には、発起人は、行政庁に対し、認可に関する証明書の交付を請求することができる。

3　行政庁が設立認可の申請に関し発起人に報告を求め、又は第三者に照会を発した場合には、前項の期間は、その報告又は回答のあつた日から、これを起算する。この場合において、第三者に照会を発したときは、行政庁は、第一項の期間内に、発起人に対しその旨の通知を発しなければならない。

4　行政庁が不認可の決定をするときは、その理由を通知書に記載しなければならない。

5　発起人が不認可の取消しを求める訴えを提起した場合において、裁判所がその取消しの判決をしたときは、その判決確定の日に第五十七条第一項の申請書が受理されたものとみなして、第一項から第三項までの規定を適用する。

（認可の失効）

第五十九条の二　第五十七条第一項の認可は、認可のあつた日から六月以内に主たる事務所の所在地において設立の登記の申請がなされないときは、その効力を失う。

（事務引継）

第六十条　第五十七条第一項の認可があつたときは、発起人は遅滞なく、その事務を理事に引き継がなければならない。

2　理事は、前項の規定による引継ぎを受けたときは、遅滞なく、組合員に出資の第一回の払込みをさせなければならない。

3　現物出資者は、第一回の払込みの期日に出資の目的たる財産の全部を給付しなければならない。ただし、登記登録その他の権利の設定又は移転をもつて第三者に対抗するための必要な行為は、組合成立の後にこれをすることを妨げない。

（成立の時期）

第六十一条　組合は、主たる事務所の所在地において、設立の登記をすることによつて成立する。

（設立の無効の訴え）

第六十一条の二　組合の設立の無効の訴えについては、会社法第八百二十八条第一項（第一号に係る部分に限る。）及び第二項（第一号に係る部分に限る。）、第八百三十四条（第一号に係る部分に限る。）、第八百三十五条第一項、第八百三十六条第一項及び第三項、第八百三十七条から第八百三十九条まで並びに第八百四十六条の規定を準用する。

【参考】第六十一条の二で準用する会社法（読替え済み）

（会社の組織に関する行為の無効の訴え）

第八百二十八条　次の各号に掲げる行為の無効は、当該各号に定める期間に、訴えをもってのみ主張することができる。

一　会社の設立　会社の成立の日から二年以内

二　（第十二号まで略）

2　次の各号に掲げる行為の無効の訴えは、当該各号に定める者に限り、提起することができる。

一　前項第一号に掲げる行為　設立する株式会社の株主等（株主、取締役又は清算人（監査役設置会社にあっては株主、取締役、監査役又は清算人、指名委員会等設置会社にあっては株主、取締役、執行役又は清算人）をいう。以下この節において同じ。）又は設立する持分会社の社員等（社員又は清算人をいう。以下この項において同じ。）

二　（以下、略）

（被告）

第八百三十四条　次の各号に掲げる訴え（以下この節において「会社の組織に関する訴え」と総称する。）については、当該各号に定める者を被告とする。

一　会社の設立の無効の訴え　設立する会社

二　（以下、略）

（訴えの管轄及び移送）

第八百三十五条　会社の組織に関する訴えは、被告となる会社の本店の所在地を管轄する地方裁判所の管轄に専属する。

2　（以下、略）

（担保提供命令）

第八百三十六条　会社の組織に関する訴えであって、株主又は設立時株主が提起することができるものについては、裁判所は、被告の申立てにより、当該会社の組織に関する訴えを提起した株主又は設立時株主に対し、相当の担保を立てるべきことを命ずることができる。ただし、当該株主が取締役、監査役、執行役若しくは清算人であるとき、又は当該設立時株主が設立時取締役若しくは設立時監査役であるときは、この限りでない。

2 （略）

3 被告は、第一項（前項において準用する場合を含む。）の申立てをするには、原告の訴えの提起が悪意によるものであることを疎明しなければならない。

（弁論等の必要的併合）

第八百三十七条 同一の請求を目的とする会社の組織に関する訴えに係る訴訟が数個同時に係属するときは、その弁論及び裁判は、併合してしなければならない。

（認容判決の効力が及ぶ者の範囲）

第八百三十八条 会社の組織に関する訴えに係る請求を認容する確定判決は、第三者に対してもその効力を有する。

（無効又は取消しの判決の効力）

第八百三十九条 会社の組織に関する訴え（第八百三十四条第一号から第十二号の二まで、第十八号及び第十九号に掲げる訴えに限る。）に係る請求を認容する判決が確定したときは、当該判決において無効とされ、又は取り消された行為（当該行為によって会社が設立された場合にあっては当該設立を含み、当該行為に際して株式又は新株予約権が交付された場合にあっては当該株式又は新株予約権を含む。）は、将来に向かってその効力を失う。

（原告が敗訴した場合の損害賠償責任）

第八百四十六条 会社の組織に関する訴えを提起した原告が敗訴した場合において、原告に悪意又は重大な過失があったときは、原告は、被告に対し、連帯して損害を賠償する責任を負う。

第六章　解散及び清算

（解散の事由）

第六十二条 組合は、次の事由によつて解散する。

一 総会の議決

二 定款に定めた存立時期の満了又は解散事由の発生

三 目的たる事業の成功の不能

四 組合の合併

五 組合についての破産手続開始の決定

六 第九十五条第三項の規定による解散の命令

2 前項第一号又は第三号に掲げる事由による解散は、行政庁の認可を受けなければ、その効力を生じない。

3 前項の場合には、共済事業又は貸付事業を行う組合にあつては第五十七条第二項及び第五十八条の規定を、その他の組合にあつては第五十七条第二項、第五十八条及び第五十九条の規定を準用する。

（解散組合の継続）

第六十三条　存立時期の満了によつて解散した場合には、組合員の三分の二以上の同意を得て組合を継続することができる。ただし、存立時期満了の日より一月以内に認可を申請しなければならない。

2　前項の継続に同意しない組合員は、組合継続の時において脱退したものとみなす。

3　第一項の場合には、第五十八条及び第五十九条の規定を準用する。

（組合員の減少による解散）

第六十四条　第六十二条第一項の事由によるほか、消費生活協同組合は、組合員（第十四条第二項から第四項までの規定による組合員を除く。）が二十人未満になつたことによつて、連合会は、会員が一人になつたこと又は第十四条第五項第二号の規定による会員のみになつたことによつて解散する。

2　組合は、前項の規定により解散したときは、遅滞なくその旨を行政庁に届け出なければならない。

（合併契約）

第六十五条　組合は、他の組合と合併をすることができる。この場合においては、合併をする組合は、合併契約を締結しなければならない。

（吸収合併）

第六十六条　組合が吸収合併（組合が他の組合とする合併であつて、合併により消滅する組合の権利義務の全部を合併後存続する組合に承継させるものをいう。以下この章及び次章において同じ。）をする場合には、吸収合併契約において、次に掲げる事項を定めなければならない。

一　吸収合併後存続する組合（以下この章及び次章において「吸収合併存続組合」という。）及び吸収合併により消滅する組合（以下この章及び次章において「吸収合併消滅組合」という。）の名称及び住所

二　吸収合併存続組合の地域又は職域及び出資一口の金額

三　吸収合併消滅組合の組合員に対する出資の割当てに関する事項

四　吸収合併消滅組合の組合員に対して支払をする金額を定めたときは、その定め

五　吸収合併がその効力を生ずべき日（以下この章において「効力発生日」という。）

六　その他厚生労働省令で定める事項

（新設合併）

第六十七条　二以上の組合が新設合併（二以上の組合がする合併であつて、合併により消滅する組合の権利義務の全部を合併により設立する組合に承継させるものをいう。以下この章及び次章において同じ。）をする

場合には、新設合併契約において、次に掲げる事項を定めなければならない。
一　新設合併により消滅する組合（以下この章及び次章において「新設合併消滅組合」という。）の名称及び住所
二　新設合併により設立する組合（以下この章及び次章において「新設合併設立組合」という。）の事業、名称、地域又は職域、主たる事務所の所在地及び出資一口の金額
三　新設合併消滅組合の組合員に対する出資の割当てに関する事項
四　新設合併消滅組合の組合員に対して支払をする金額を定めたときは、その定め
五　その他厚生労働省令で定める事項

（吸収合併消滅組合の手続）

第六十八条　吸収合併消滅組合は、次に掲げる日のいずれか早い日から吸収合併の効力が生ずる日までの間、吸収合併契約の内容その他厚生労働省令で定める事項を記載し、又は記録した書面又は電磁的記録をその主たる事務所に備え置かなければならない。
一　第三項の総会の会日の二週間前の日
二　第五項において準用する第四十九条第三項の規定による公告の日又は第五項において準用する同条第三項の規定による催告の日のいずれか早い日

2　吸収合併消滅組合の組合員及び債権者は、当該吸収合併消滅組合に対して、その業務取扱時間内は、いつでも、次に掲げる請求をすることができる。ただし、第二号又は第四号に掲げる請求をするには、当該吸収合併消滅組合の定めた費用を支払わなければならない。
一　前項の書面の閲覧の請求
二　前項の書面の謄本又は抄本の交付の請求
三　前項の電磁的記録に記録された事項を厚生労働省令で定める方法により表示したものの閲覧の請求
四　前項の電磁的記録に記録された事項を電磁的方法であつて厚生労働省令で定めるものにより提供することの請求又はその事項を記載した書面の交付の請求

3　吸収合併消滅組合は、効力発生日の前日までに、総会の決議によつて、合併契約の承認を受けなければならない。

4　吸収合併が法令又は定款に違反する場合において、吸収合併消滅組合の組合員が不利益を受けるおそれがあるときは、吸収合併消滅組合の組合員は、吸収合併消滅組合に対し、当該吸収合併をやめることを請求することができる。

5　吸収合併消滅組合については、第四十九条及び第四十九条の二の規定を準用する。

6　吸収合併消滅組合は、吸収合併存続組合との合意により、効力発生日を変更することができる。
7　前項の場合には、吸収合併消滅組合は、変更前の効力発生日（変更後の効力発生日が変更前の効力発生日前の日である場合にあつては、当該変更後の効力発生日）の前日までに、変更後の効力発生日を公告しなければならない。
8　第六項の規定により効力発生日を変更したときは、変更後の効力発生日を効力発生日とみなして、この条、次条及び第七十条の規定を適用する。

（吸収合併存続組合の手続）

第六十八条の二　吸収合併存続組合は、次に掲げる日のいずれか早い日から吸収合併の効力が生じた日後六月を経過する日までの間、吸収合併契約の内容その他厚生労働省令で定める事項を記載し、又は記録した書面又は電磁的記録をその主たる事務所に備え置かなければならない。

一　吸収合併契約について総会の決議によつてその承認を受けなければならないときは、当該総会の会日の二週間前の日
二　第五項の規定による公告又は通知の日のいずれか早い日
三　第七項において準用する第四十九条第三項の規定による公告の日又は第七項において準用する同条第三項の規定による催告の日のいずれか早い日

2　吸収合併存続組合の組合員及び債権者は、当該吸収合併存続組合に対して、その業務取扱時間内は、いつでも、次に掲げる請求をすることができる。ただし、第二号又は第四号に掲げる請求をするには、当該吸収合併存続組合の定めた費用を支払わなければならない。

一　前項の書面の閲覧の請求
二　前項の書面の謄本又は抄本の交付の請求
三　前項の電磁的記録に記録された事項を厚生労働省令で定める方法により表示したものの閲覧の請求
四　前項の電磁的記録に記録された事項を電磁的方法であつて吸収合併存続組合の定めたものにより提供することの請求又はその事項を記載した書面の交付の請求

3　吸収合併存続組合は、効力発生日の前日までに、総会の決議によつて、吸収合併契約の承認を受けなければならない。ただし、吸収合併消滅組合の総組合員の数が吸収合併存続組合の総組合員の数の五分の一を超えない場合であつて、かつ、吸収合併消滅組合の最終の貸借対照表により現存する総資産額が吸収合併存続組合の最終の貸借対照表により現存する総資産額の五分の一を超えない場合の合併については、この限りでない。

4　吸収合併存続組合が前項ただし書の規定により総会の決議を経ないで合併をする場合において、吸収合併存続組合の総組合員の六分の一以上の組合員が次項の規定による公告又は通知の日から二週間以内に合併に反対する旨を吸収合併存続組合に対し通知したときは、効力発生日の前日までに、総会の決議によつて、吸収合併契約の承認を受けなければならない。

5　吸収合併存続組合が第三項ただし書の規定により総会の決議を経ないで合併をする場合には、吸収合併存続組合は、効力発生日の二十日前までに、合併をする旨並びに吸収合併消滅組合の名称及び住所を公告し、又は組合員に通知しなければならない。

6　吸収合併が法令又は定款に違反する場合において、吸収合併存続組合の組合員が不利益を受けるおそれがあるときは、吸収合併存続組合の組合員は、吸収合併存続組合に対し、当該吸収合併をやめることを請求することができる。ただし、第三項ただし書の規定により総会の決議を経ないで合併をする場合（第四項の規定による通知があつた場合を除く。）は、この限りでない。

7　吸収合併存続組合については、第四十九条及び第四十九条の二の規定を準用する。

8　吸収合併存続組合は、吸収合併の効力が生じた日後遅滞なく、吸収合併により吸収合併存続組合が承継した吸収合併消滅組合の権利義務その他の吸収合併に関する事項として厚生労働省令で定める事項を記載し、又は記録した書面又は電磁的記録を作成しなければならない。

9　吸収合併存続組合は、吸収合併の効力が生じた日から六月間、前項の書面又は電磁的記録をその主たる事務所に備え置かなければならない。

10　吸収合併存続組合の組合員及び債権者は、当該吸収合併存続組合に対して、その業務取扱時間内は、いつでも、次に掲げる請求をすることができる。ただし、第二号又は第四号に掲げる請求をするには、当該吸収合併存続組合の定めた費用を支払わなければならない。

一　第八項の書面の閲覧の請求

二　第八項の書面の謄本又は抄本の交付の請求

三　第八項の電磁的記録に記録された事項を厚生労働省令で定める方法により表示したものの閲覧の請求

四　第八項の電磁的記録に記録された事項を電磁的方法であつて吸収合併存続組合の定めたものにより提供することの請求又はその事項を記載した書面の交付の請求

（新設合併消滅組合の手続）

第六十八条の三　新設合併消滅組合は、次に掲げる日のいずれか早い日から新設合併設立組合の成立の日までの間、新設合併契約の内容その他厚生労働省令で定める事項を記載し、又は記録した書面又は電磁的記録をその主たる事務所に備え置かなければならない。
一　第三項の総会の会日の二週間前の日
二　第五項において準用する第四十九条第三項の規定による公告の日又は第五項において準用する同条第三項の規定による催告の日のいずれか早い日
2　新設合併消滅組合の組合員及び債権者は、当該新設合併消滅組合に対して、その業務取扱時間内は、いつでも、次に掲げる請求をすることができる。ただし、第二号又は第四号に掲げる請求をするには、当該新設合併消滅組合の定めた費用を支払わなければならない。
一　前項の書面の閲覧の請求
二　前項の書面の謄本又は抄本の交付の請求
三　前項の電磁的記録に記録された事項を厚生労働省令で定める方法により表示したものの閲覧の請求
四　前項の電磁的記録に記録された事項を電磁的方法であつて新設合併消滅組合の定めたものにより提供することの請求又はその事項を記載した書面の交付の請求
3　新設合併消滅組合は、総会の決議によつて、新設合併契約の承認を受けなければならない。
4　新設合併が法令又は定款に違反する場合において、新設合併消滅組合の組合員が不利益を受けるおそれがあるときは、新設合併消滅組合の組合員は、新設合併消滅組合に対し、当該新設合併をやめることを請求することができる。
5　新設合併消滅組合については、第四十九条及び第四十九条の二の規定を準用する。

（新設合併設立組合の手続等）

第六十八条の四　前章（第六十一条を除く。）の規定は、新設合併設立組合の設立については、適用しない。
2　合併によつて組合を設立するには、各組合の総会において組合員又は会員たる組合の役員のうちから選任した設立委員が共同して定款を作成し、役員を選任し、その他設立に必要な行為をしなければならない。
3　前項の規定による設立委員の選任については、第四十二条の規定を準用する。
4　第二項の規定による役員は、合併しようとする組合の組合員又は会員たる組合の役員のうちから、これを選任しなければならない。
5　第二項の規定による役員の選任については、第二十八条第三項、第四項及び第六項の規定を準用する。
6　新設合併設立組合は、成立の日後遅滞なく、新設合併により新設合併設立組合が承継した新設合併消滅組合の権利義務その他の新設合併に関する事項として厚生労働省令で定める事項を記載し、又は記録した書面又は電磁的記録を作成しなければならない。

7　新設合併設立組合は、成立の日から六月間、前項の書面又は電磁的記録をその主たる事務所に備え置かなければならない。

8　新設合併設立組合の組合員及び債権者は、当該新設合併設立組合に対して、その業務取扱時間内は、いつでも、次に掲げる請求をすることができる。ただし、第二号又は第四号に掲げる請求をするには、当該新設合併設立組合の定めた費用を支払わなければならない。

一　第六項の書面の閲覧の請求

二　第六項の書面の謄本又は抄本の交付の請求

三　第六項の電磁的記録に記録された事項を厚生労働省令で定める方法により表示したものの閲覧の請求

四　第六項の電磁的記録に記録された事項を電磁的方法であつて新設合併設立組合の定めたものにより提供することの請求又はその事項を記載した書面の交付の請求

（合併の認可）

第六十九条　組合の合併については、行政庁の認可を受けなければ、その効力を生じない。

2　前項の認可については、共済事業又は貸付事業を行う組合にあつては第五十七条第二項及び第五十八条の規定を、その他の組合にあつては第五十七条第二項、第五十八条及び第五十九条の規定を準用する。

（合併の効果）

第七十条　吸収合併存続組合は、効力発生日又は前条第一項の行政庁の認可を受けた日のいずれか遅い日に、吸収合併消滅組合の権利義務（その組合がその行う事業に関し、行政庁の許可、認可その他の処分に基づいて有する権利義務を含む。次項において同じ。）を承継する。

2　新設合併設立組合は、その成立の日に、新設合併消滅組合の権利義務を承継する。

（合併の無効の訴え）

第七十一条　組合の合併の無効の訴えについては、会社法第八百二十八条第一項（第七号及び第八号に係る部分に限る。）及び第二項（第七号及び第八号に係る部分に限る。）、第八百三十四条（第七号及び第八号に係る部分に限る。）、第八百三十五条第一項、第八百三十六条から第八百三十九条まで、第八百四十三条（第一項第三号及び第四号並びに第二項ただし書を除く。）並びに第八百四十六条の規定を、この条において準用する同法第八百四十三条第四項の申立てについては、同法第八百六十八条第六項、第八百七十条第二項（第六号に係る部分に限る。）、第八百七十条の二、第八百七十一条本文、第八百七十二条（第五号に係る部分に限る。）、第八百七十二条の二、第八百七十三条本文、

第八百七十五条及び第八百七十六条の規定を準用する。この場合において、必要な技術的読替えは、政令で定める。

【参考】第七十一条で準用する会社法（読替え済み）

（会社の組織に関する行為の無効の訴え）

第八百二十八条　次の各号に掲げる行為の無効は、当該各号に定める期間に、訴えをもってのみ主張することができる。

一～六　（略）

七　会社の吸収合併　吸収合併の効力が生じた日から六箇月以内

八　会社の新設合併　新設合併の効力が生じた日から六箇月以内

九　（第十二号まで略）

2　次の各号に掲げる行為の無効の訴えは、当該各号に定める者に限り、提起することができる。

一～六　（略）

七　前項第七号に掲げる行為　当該行為の効力が生じた日において吸収合併をする会社の株主等若しくは社員等であった者又は吸収合併後存続する会社の株主等、社員等、破産管財人若しくは吸収合併について承認をしなかった債権者

八　前項第八号に掲げる行為　当該行為の効力が生じた日において新設合併をする会社の株主等若しくは社員等であった者又は新設合併により設立する会社の株主等、社員等、破産管財人若しくは新設合併について承認をしなかった債権者

九　（以下、略）

（被告）

第八百三十四条　次の各号に掲げる訴え（以下この節において「会社の組織に関する訴え」と総称する。）については、当該各号に定める者を被告とする。

一～六　（略）

七　会社の吸収合併の無効の訴え　吸収合併後存続する会社

八　会社の新設合併の無効の訴え　新設合併により設立する会社

九　（以下、略）

（訴えの管轄及び移送）

第八百三十五条　会社の組織に関する訴えは、被告となる会社の本店の所在地を管轄する地方裁判所の管轄に専属する。

2　（以下、略）

（担保提供命令）

第八百三十六条　会社の組織に関する訴えであって、株主又は設立時株主が提起することができる

ものについては、裁判所は、被告の申立てにより、当該会社の組織に関する訴えを提起した株主又は設立時株主に対し、相当の担保を立てるべきことを命ずることができる。ただし、当該株主が取締役、監査役、執行役若しくは清算人であるとき、又は当該設立時株主が設立時取締役若しくは設立時監査役であるときは、この限りでない。

2　前項の規定は、会社の組織に関する訴えであって、債権者又は株式交付に際して株式交付親会社に株式交付子会社の株式若しくは新株予約権等を譲り渡した者が提起することができるものについて準用する。

3　被告は、第一項（前項において準用する場合を含む。）の申立てをするには、原告の訴えの提起が悪意によるものであることを疎明しなければならない。

（弁論等の必要的併合）

第八百三十七条　同一の請求を目的とする会社の組織に関する訴えに係る訴訟が数個同時に係属するときは、その弁論及び裁判は、併合してしなければならない。

（認容判決の効力が及ぶ者の範囲）

第八百三十八条　会社の組織に関する訴えに係る請求を認容する確定判決は、第三者に対してもその効力を有する。

（無効又は取消しの判決の効力）

第八百三十九条　会社の組織に関する訴え（第八百三十四条第一号から第十二号の二まで、第十八号及び第十九号に掲げる訴えに限る。）に係る請求を認容する判決が確定したときは、当該判決において無効とされ、又は取り消された行為（当該行為によって会社が設立された場合にあっては当該設立を含み、当該行為に際して株式又は新株予約権が交付された場合にあっては当該株式又は新株予約権を含む。）は、将来に向かってその効力を失う。

（合併又は会社分割の無効判決の効力）

第八百四十三条　次の各号に掲げる行為の無効の訴えに係る請求を認容する判決が確定したときは、当該行為をした会社は、当該行為の効力が生じた日後に当該各号に定める会社が負担した債務について、連帯して弁済する責任を負う。

一　会社の吸収合併　吸収合併後存続する会社

二　会社の新設合併　新設合併により設立する会社

三・四　（略）

2　前項に規定する場合には、同項各号に掲げる行為の効力が生じた日後に当該各号に定める会社が

取得した財産は、当該行為をした会社の共有に属する。（略）

3　第一項及び前項本文に規定する場合には、各会社の第一項の債務の負担部分及び前項本文の財産の共有持分は、各会社の協議によって定める。

4　各会社の第一項の債務の負担部分又は第二項本文の財産の共有持分について、前項の協議が調わないときは、裁判所は、各会社の申立てにより、第一項各号に掲げる行為の効力が生じた時における各会社の財産の額その他一切の事情を考慮して、これを定める。

（原告が敗訴した場合の損害賠償責任）

第八百四十六条　会社の組織に関する訴えを提起した原告が敗訴した場合において、原告に悪意又は重大な過失があったときは、原告は、被告に対し、連帯して損害を賠償する責任を負う。

【参考】第七十一条で準用する第八百四十三条第四項の申立てに係る会社法の準用（読替え済み）

（非訟事件の管轄）

第八百六十八条　（第五項まで、略）

6　第八百四十三条第四項の申立てに係る事件は、同条第一項各号に掲げる行為の無効の訴えの第一審の受訴裁判所の管轄に属する。

（陳述の聴取）

第八百七十条　（略）

2　裁判所は、次の各号に掲げる裁判をする場合には、審問の期日を開いて、申立人及び当該各号に定める者の陳述を聴かなければならない。ただし、不適法又は理由がないことが明らかであるとして申立てを却下する裁判をするときは、この限りでない。

一～五　（略）

六　第八百四十三条第四項の申立てについての裁判　同項に規定する行為をした会社

（申立書の写しの送付等）

第八百七十条の二　裁判所は、前条第二項各号に掲げる裁判の申立てがあったときは、当該各号に定める者に対し、申立書の写しを送付しなければならない。

2　前項の規定により申立書の写しを送付することができない場合には、裁判長は、相当の期間を定め、その期間内に不備を補正すべきことを命じなければならない。申立書の写しの送付に必要な費用を予納しない場合も、同様とする。

3　前項の場合において、申立人が不備を補正しないときは、裁判長は、命令で、申立書を却下しなければならない。

4　前項の命令に対しては、即時抗告をすることができる。
5　裁判所は、第一項の申立てがあった場合において、当該申立てについての裁判をするときは、相当の猶予期間を置いて、審理を終結する日を定め、申立人及び前条第二項各号に定める者に告知しなければならない。ただし、これらの者が立ち会うことができる期日においては、直ちに審理を終結する旨を宣言することができる。
6　裁判所は、前項の規定により審理を終結したときは、裁判をする日を定め、これを同項の者に告知しなければならない。
7　裁判所は、第一項の申立てが不適法であるとき、又は申立てに理由がないことが明らかなときは、同項及び前二項の規定にかかわらず、直ちに申立てを却下することができる。
8　前項の規定は、前条第二項各号に掲げる裁判の申立てがあった裁判所が民事訴訟費用等に関する法律（昭和四十六年法律第四十号）の規定に従い当該各号に定める者に対する期日の呼出しに必要な費用の予納を相当の期間を定めて申立人に命じた場合において、その予納がないときについて準用する。

（理由の付記）

第八百七十一条　この法律の規定による非訟事件についての裁判には、理由を付さなければならない。（略）

（即時抗告）

第八百七十二条　次の各号に掲げる裁判に対しては、当該各号に定める者に限り、即時抗告をすることができる。
一～四　（略）
五　第八百七十条第二項各号に掲げる裁判　申立人及び当該各号に定める者

（抗告状の写しの送付等）

第八百七十二条の二　裁判所は、第八百七十条第二項各号に掲げる裁判に対する即時抗告があったときは、申立人及び当該各号に定める者（抗告人を除く。）に対し、抗告状の写しを送付しなければならない。この場合においては、第八百七十条の二第二項及び第三項の規定を準用する。
2　第八百七十条の二第五項から第八項までの規定は、前項の即時抗告があった場合について準用する。

（原裁判の執行停止）

第八百七十三条　第八百七十二条の即時抗告は、執行停止の効力を有する。（略）

（非訟事件手続法の規定の適用除外）

第八百七十五条　この法律の規定による非訟事件に

ついては、非訟事件手続法第四十条及び第五十七条第二項第二号の規定は、適用しない。

（最高裁判所規則）

第八百七十六条　この法律に定めるもののほか、この法律の規定による非訟事件の手続に関し必要な事項は、最高裁判所規則で定める。

（清算人）

第七十二条　組合が解散したときは、合併及び破産手続開始の決定による解散の場合を除いては、理事が、その清算人となる。ただし、総会において他人を選任したときは、この限りでない。

（会社法等の準用）

第七十三条　組合の解散及び清算については、会社法第四百七十五条（第三号を除く。）、第四百七十六条、第四百七十八条第二項及び第四項、第四百七十九条第一項及び第二項（各号列記以外の部分に限る。）、第四百八十一条、第四百八十三条第四項及び第五項、第四百八十四条、第四百八十五条、第四百八十九条第四項及び第五項、第四百九十二条第一項から第三項まで、第四百九十九条から第五百三条まで、第五百七条、第八百六十八条第一項、第八百六十九条、第八百七十条第一項（第一号及び第二号に係る部分に限る。）、第八百七十一条、第八百七十二条（第四号に係る部分に限る。）、第八百七十四条（第一号及び第四号に係る部分に限る。）、第八百七十五条並びに第八百七十六条の規定を、組合の清算人については、第二十九条の二、第二十九条の三、第三十条の二、第三十条の三第一項及び第二項、第三十条の四から第三十一条の二まで（第三十条の七第二項を除く。）、第三十一条の三第一項から第三項まで、第三十一条の四第一項及び第二項（第一号に係る部分に限る。）、第三十一条の五、第三十一条の九（第一項及び第十項を除く。）、第三十五条第二項から第四項まで、第三十六条、第三十七条第二項、第四十三条並びに第四十五条第二項から第四項まで並びに同法第三百五十七条第一項、同法第三百六十条第三項の規定により読み替えて適用する同条第一項並びに同法第三百六十一条第一項（第三号から第五号までを除く。）及び第四項、第三百八十一条第二項、第三百八十二条、第三百八十三条第一項本文、第二項及び第三項、第三百八十四条、第三百八十五条、第三百八十六条第一項（第一号に係る部分に限る。）及び第二項（第一号及び第二号に係る部分に限る。）並びに第五百八条の規定を、組合の清算人の責任を追及する訴えについては、同法第七編第二章第二節（第八百四十七条第二項、第八百四十七条の二、第八百四十七条の三、第八百四十九条第二項、第三項第二号及び第三号並びに第六項から第十一項まで、第八百四十九条の二各号、第八百五十一条並びに第八百五十三条第一項第二号及び第三号を除く。）の規定を準用する。この場合において、第三十一条の九第二項中「貸借対照表、損益計算書及び剰余金処分案又は損失処理案」とあるのは「貸借対照表」と、「事業報告書」とあるのは「事務報告書」と、同条第三項及び第五項から第八項までの規定中「事業報告書」とあるのは「事務報告書」と、同条第九項中「事業報告書」とあるのは「事務報告書」と、「二週間」とあるのは「一週間」と、「五年間」とあるのは「清算結了の登記の時までの間」と、同法第三百六十一条第一項第六号中「金銭でないもの（当該株式会社の募集株式及び募集新株予約権を除く。）」とあるのは「金銭でないもの」と、同条第四項中「第一項各号」とあるのは「第一項（第三号から第五号までを除く。）」と、同法第三百八十二条中「取締役（取締役会設置会社にあっては、取締役会）」とあるのは「清算人会」と、同法第三百八十四条中「法務省令」とあるのは「厚生労働省令」と、同法第四百七十五条第一号中「第四百七十一条第四号」とあるのは「消費生活協同組合法第六十二条第一項第四号」と、同法第四百七十八条第二項中「前項」とあるのは「消費生活協同組合法第七十二条」と、同法第四百七十九条第二項各号列記以外の部分中「次に掲げる株主」とあるのは「総組合員の五分の一（これを下回る割合を定款で定めた場合にあっては、その割合）以上の同意を得た組合員」と、同法第四百八十三条第四項中「第四百七十八条第一項第一号」とあるのは「消費生活協同組合法第七十二条」と、同法第四百九十二条第一項中「法務省令」とあるのは「厚生労働省令」と、同法第四百九十九条第一項中「官報に公告し」とあるのは「公告し」と、同法第五百七条第一項並びに第八百四十七条第一項及び第四項中「法務省令」とあるのは「厚生労働省令」と、同法第八百四十九条の二中「次の各号に掲げる株式会社の区分に応じ、当該各号に定める者」とあるのは「各監事」と、同法第八百五十条第四項中「第五十五条、第百二条の二第二項、第百三条第三項、第百二十条第五項、第二百十三条の二第二項、第二百八十六条の二第二項、第四百二十四条（第四百八十六条第四項において準用する場合を含む。）、第四百六十二条第三項（同項ただし書に規定する分配可能額を超えない部分について負う義務に係る部分に限る。）、第四百六十四条第二項及び第四百六十五条第二項」とあるのは「消費生活協同組合法第七十三条において準用する同法第三十一条の三第三項」と読み替えるものとするほか、必要な技術的読替えは、政令で定める。

【参考】第七十三条で準用する会社法（組合の解散及び清算）（読替え済み）

（清算の開始原因）

第四百七十五条　株式会社は、次に掲げる場合には、この章の定めるところにより、清算をしなければならない。

一　解散した場合（消費生活協同組合法第六十二条第一項第四号に掲げる事由によって解散した場合及び破産手続開始の決定により解散した場合であって当該破産手続が終了していない場合を除く。）

二　設立の無効の訴えに係る請求を認容する判決が確定した場合

三　（略）

（清算株式会社の能力）

第四百七十六条　前条の規定により清算をする株式会社（以下「清算株式会社」という。）は、清算の目的の範囲内において、清算が結了するまではなお存続するものとみなす。

（清算人の就任）

第四百七十八条　（略）

2　消費生活協同組合法第七十二条の規定により清算人となる者がないときは、裁判所は、利害関係人の申立てにより、清算人を選任する。

3　（略）

4　消費生活協同組合法第七十二条の規定及び同法第七十三条において準用する第二項の規定にかかわらず、第四百七十五条第二号に掲げる場合に該当することとなった清算株式会社については、裁判所は、利害関係人の申立てにより、清算人を選任する。

5　（以下、略）

（清算人の解任）

第四百七十九条　清算人（前条第二項及び第四項の規定により裁判所が選任したものを除く。）は、いつでも、株主総会の決議によって解任することができる。

2　重要な事由があるときは、裁判所は、総組合員の五分の一（これを下回る割合を定款で定めた場合にあつては、その割合）以上の同意を得た組合員の申立てにより、清算人を解任することができる。

一・二　（略）

3　（以下、略）

（清算人の職務）

第四百八十一条　清算人は、次に掲げる職務を行う。

一　現務の結了

二　債権の取立て及び債務の弁済

三　残余財産の分配

（清算株式会社の代表）
第四百八十三条　（第三項まで略）
4　消費生活協同組合法第七十二条の規定により取締役が清算人となる場合においては、代表取締役を定めていたときは、当該代表取締役が代表清算人となる。
5　裁判所は、第四百七十八条第二項及び第四項の規定により清算人を選任する場合には、その清算人の中から代表清算人を定めることができる。
6　（略）
（清算株式会社についての破産手続の開始）
第四百八十四条　清算株式会社の財産がその債務を完済するのに足りないことが明らかになったときは、清算人は、直ちに破産手続開始の申立てをしなければならない。
2　清算人は、清算株式会社が破産手続開始の決定を受けた場合において、破産管財人にその事務を引き継いだときは、その任務を終了したものとする。
3　前項に規定する場合において、清算株式会社が既に債権者に支払い、又は株主に分配したものがあるときは、破産管財人は、これを取り戻すことができる。
（裁判所の選任する清算人の報酬）
第四百八十五条　裁判所は、第四百七十八条第二項及び第四項の規定により清算人を選任した場合には、清算株式会社が当該清算人に対して支払う報酬の額を定めることができる。
（清算人会の権限等）
第四百八十九条　（第三項まで略）
4　清算人会は、その選定した代表清算人及び第四百八十三条第四項の規定により代表清算人となった者を解職することができる。
5　第四百八十三条第五項の規定により裁判所が代表清算人を定めたときは、清算人会は、代表清算人を選定し、又は解職することができない。
6　（以下、略）
（財産目録等の作成等）
第四百九十二条　清算人は、その就任後遅滞なく、清算株式会社の財産の現況を調査し、厚生労働省令で定めるところにより、第四百七十五条第一号及び第二号に掲げる場合に該当することとなった日における財産目録及び貸借対照表（以下この条及び次条において「財産目録等」という。）を作成しなければならない。
2　清算人会設置会社においては、財産目録等は、清算人会の承認を受けなければならない。
3　清算人は、財産目録等（前項の規定の適用がある場合にあっては、同項の承認を受けたもの）を株主総会に提出し、又は提供し、その承認を受けなければならない。

4　（略）

（債権者に対する公告等）

第四百九十九条　清算株式会社は、第四百七十五条第一号及び第二号に掲げる場合に該当することとなった後、遅滞なく、当該清算株式会社の債権者に対し、一定の期間内にその債権を申し出るべき旨を公告し、かつ、知れている債権者には、各別にこれを催告しなければならない。ただし、当該期間は、二箇月を下ることができない。

2　前項の規定による公告には、当該債権者が当該期間内に申出をしないときは清算から除斥される旨を付記しなければならない。

（債務の弁済の制限）

第五百条　清算株式会社は、前条第一項の期間内は、債務の弁済をすることができない。この場合において、清算株式会社は、その債務の不履行によって生じた責任を免れることができない。

2　前項の規定にかかわらず、清算株式会社は、前条第一項の期間内であっても、裁判所の許可を得て、少額の債権、清算株式会社の財産につき存する担保権によって担保される債権その他これを弁済しても他の債権者を害するおそれがない債権に係る債務について、その弁済をすることができる。この場合において、当該許可の申立ては、清算人が二人以上あるときは、その全員の同意によってしなければならない。

（条件付債権等に係る債務の弁済）

第五百一条　清算株式会社は、条件付債権、存続期間が不確定な債権その他その額が不確定な債権に係る債務を弁済することができる。この場合においては、これらの債権を評価させるため、裁判所に対し、鑑定人の選任の申立てをしなければならない。

2　前項の場合には、清算株式会社は、同項の鑑定人の評価に従い同項の債権に係る債務を弁済しなければならない。

3　第一項の鑑定人の選任の手続に関する費用は、清算株式会社の負担とする。当該鑑定人による鑑定のための呼出し及び質問に関する費用についても、同様とする。

（債務の弁済前における残余財産の分配の制限）

第五百二条　清算株式会社は、当該清算株式会社の債務を弁済した後でなければ、その財産を株主に分配することができない。ただし、その存否又は額について争いのある債権に係る債務についてその弁済をするために必要と認められる財産を留保した場合は、この限りでない。

（清算からの除斥）

第五百三条　清算株式会社の債権者（知れている債権者を除く。）であって第四百九十九条第一項の期間内にその債権の申出をしなかったものは、清算から除斥される。

2　前項の規定により清算から除斥された債権者は、分配がされていない残余財産に対してのみ、弁済を請求することができる。

3　清算株式会社の残余財産を株主の一部に分配した場合には、当該株主の受けた分配と同一の割合の分配を当該株主以外の株主に対してするために必要な財産は、前項の残余財産から控除する。

第五百七条　清算株式会社は、清算事務が終了したときは、遅滞なく、厚生労働省令で定めるところにより、決算報告を作成しなければならない。

2　清算人会設置会社においては、決算報告は、清算人会の承認を受けなければならない。

3　清算人は、決算報告（前項の規定の適用がある場合にあっては、同項の承認を受けたもの）を株主総会に提出し、又は提供し、その承認を受けなければならない。

4　前項の承認があったときは、任務を怠ったことによる清算人の損害賠償の責任は、免除されたものとみなす。ただし、清算人の職務の執行に関し不正の行為があったときは、この限りでない。

（非訟事件の管轄）

第八百六十八条　この法律の規定による非訟事件（次項から第六項までに規定する事件を除く。）は、会社の本店の所在地を管轄する地方裁判所の管轄に属する。

2　（以下、略）

（疎明）

第八百六十九条　この法律の規定による許可の申立てをする場合には、その原因となる事実を疎明しなければならない。

（陳述の聴取）

第八百七十条　裁判所は、この法律の規定（第二編第九章第二節を除く。）による非訟事件についての裁判のうち、次の各号に掲げる裁判をする場合には、当該各号に定める者の陳述を聴かなければならない。ただし、不適法又は理由がないことが明らかであるとして申立てを却下する裁判をするときは、この限りでない。

一　第三百四十六条第二項、第三百五十一条第二項若しくは第四百一条第三項（第四百三条第三項及び第四百二十条第三項において準用する場合を含む。）の規定により選任された一時取締役（監査等委員会設置会社にあっては、監査等委員である取締役又はそれ以外の取締役）、会計参与、監査役、代表取締役、委員（指名委員会、監査委員会又は報酬委員会の委員をいう。第八百七十四条第一号において同じ。）、執行役若しくは代表執行役の職務を行うべき者、清算人、第四百七十九条第四項において準用する第三百四十六条第二項若しくは第四百八十三条第六項において準用する第三百五十一条第二項の規定により選任された一時清算人若しくは代表清算人の職務を行うべき者、検査役又は第八百二十五条第二項（第八百二十七条第二項において準用する場合を含む。）の管理人の報酬の額の決定　当該会社（八百二十七条第二項において準用する第八百二十五条第二項の管理人の報酬の額の決定にあっては、当該外国会社）及び報酬を受ける者

二　清算人、社債管理者又は社債管理補助者の解任についての裁判　当該清算人、社債管理者又は社債管理補助者

三（以下、略）

（理由の付記）

第八百七十一条　この法律の規定による非訟事件についての裁判には、理由を付さなければならない。ただし、次に掲げる裁判については、この限りでない。

一　第八百七十条第一項第一号に掲げる裁判

二　第八百七十四条第一号及び第四号に掲げる裁判

（即時抗告）

第八百七十二条　次の各号に掲げる裁判に対しては、当該各号に定める者に限り、即時抗告をすることができる。

一（第三号まで略）

四　第八百七十条第一項第一号及び第二号に掲げる裁判　申立人及び当該各号に定める者（同項第一号に掲げる裁判にあっては、同号に定める者）

五（略）

（不服申立ての制限）

第八百七十四条　次に掲げる裁判に対しては、不服を申し立てることができない。

一　第八百七十条第一項第一号に規定する一時取締役、会計参与、監査役、代表取締役、委員、執行役若しくは代表執行役の職務を行うべき者、清算人、代表清算人、清算持分会社を代表する清算人、同号に規定する一時清算人若しく

は代表清算人の職務を行うべき者、検査役、第五百一条第一項（第八百二十二条第三項において準用する場合を含む。）若しくは第六百六十二条第一項の鑑定人、第五百八条第二項（第八百二十二条第三項において準用する場合を含む。）若しくは第六百七十二条第三項の帳簿資料の保存をする者、社債管理者若しくは社債管理補助者の特別代理人又は第七百十四条第三項（第七百十四条の七において準用する場合を含む。）の事務を承継する社債管理者若しくは社債管理補助者の選任又は選定の裁判

二・三（略）

四　この法律の規定による許可の申立てを認容する裁判（第八百七十条第一項第九号及び第二項第一号に掲げる裁判を除く。）

（非訟事件手続法の規定の適用除外）

第八百七十五条　この法律の規定による非訟事件については、非訟事件手続法第四十条及び第五十七条第二項第二号の規定は、適用しない。

（最高裁判所規則）

第八百七十六条　この法律に定めるもののほか、この法律の規定による非訟事件の手続に関し必要な事項は、最高裁判所規則で定める。

（取締役の報告義務）

第三百五十七条　取締役は、株式会社に著しい損害を及ぼすおそれのある事実があることを発見したときは、直ちに、当該事実を株主（監査役設置会社にあっては、監査役）に報告しなければならない。

2（以下、略）

（株主による取締役の行為の差止め）

第三百六十条　六箇月（これを下回る期間を定款で定めた場合にあっては、その期間）前から引き続き株式を有する株主は、取締役が株式会社の目的の範囲外の行為その他法令若しくは定款に違反する行為をし、又はこれらの行為をするおそれがある場合において、当該行為によって当該株式会社に回復することができない損害が生ずるおそれがあるときは、当該取締役に対し、当該行為をやめることを請求することができる。

2（以下、略）

（取締役の報酬等）

第三百六十一条　取締役の報酬、賞与その他の職務執行の対価として株式会社から受ける財産上の利益（以下この章において「報酬等」という。）についての次に掲げる事項は、定款に当該事項を定めていないときは、株主総会の決議によって定める。

一　報酬等のうち額が確定しているものについては、その額
二　報酬等のうち額が確定していないものについては、その具体的な算定方法
三～五　（略）
六　報酬等のうち金銭でないものについては、その具体的な内容
2・3　（略）
4　第一項（第三号から第五号までは除く。）に掲げる事項を定め、又はこれを改定する議案を株主総会に提出した取締役は、当該株主総会において、当該事項を相当とする理由を説明しなければならない。
5　（以下、略）

（監査役の権限）

第三百八十一条　（略）

2　監査役は、いつでも、取締役及び会計参与並びに支配人その他の使用人に対して事業の報告を求め、又は監査役設置会社の業務及び財産の状況の調査をすることができる。
3　（以下、略）

（取締役への報告義務）

第三百八十二条　監査役は、取締役が不正の行為をし、若しくは当該行為をするおそれがあると認めるとき、又は法令若しくは定款に違反する事実若しくは著しく不当な事実があると認めるときは、遅滞なく、その旨を清算人会に報告しなければならない。

（取締役会への出席義務等）

第三百八十三条　監査役は、取締役会に出席し、必要があると認めるときは、意見を述べなければならない。（略）
2　監査役は、前条に規定する場合において、必要があると認めるときは、取締役（第三百六十六条第一項ただし書に規定する場合にあっては、招集権者）に対し、取締役会の招集を請求することができる。
3　前項の規定による請求があった日から五日以内に、その請求があった日から二週間以内の日を取締役会の日とする取締役会の招集の通知が発せられない場合は、その請求をした監査役は、取締役会を招集することができる。
4　（略）

（株主総会に対する報告義務）

第三百八十四条　監査役は、取締役が株主総会に提出しようとする議案、書類その他厚生労働省令で定めるものを調査しなければならない。この場合において、法令若しくは定款に違反し、又は著し

く不当な事項があると認めるときは、その調査の結果を株主総会に報告しなければならない。

（監査役による取締役の行為の差止め）

第三百八十五条　監査役は、取締役が監査役設置会社の目的の範囲外の行為その他法令若しくは定款に違反する行為をし、又はこれらの行為をするおそれがある場合において、当該行為によって当該監査役設置会社に著しい損害が生ずるおそれがあるときは、当該取締役に対し、当該行為をやめることを請求することができる。

2　前項の場合において、裁判所が仮処分をもって同項の取締役に対し、その行為をやめることを命ずるときは、担保を立てさせないものとする。

（監査役設置会社と取締役との間の訴えにおける会社の代表等）

第三百八十六条　消費生活協同組合法第七十三条において準用する同法第三十条の九第二項の規定にかかわらず、次の各号に掲げる場合には、当該各号の訴えについては、監査役が監査役設置会社を代表する。

一　監査役設置会社が取締役（取締役であった者を含む。以下この条において同じ。）に対し、又は取締役が監査役設置会社に対して訴えを提起する場合

二・三　（略）

2　消費生活協同組合法第七十三条において準用する同法第三十条の九第二項の規定にかかわらず、次に掲げる場合には、監査役が監査役設置会社を代表する。

一　監査役設置会社が第八百四十七条第一項、第八百四十七条の二第一項若しくは第三項（同条第四項及び第五項において準用する場合を含む。）又は第八百四十七条の三第一項の規定による請求（取締役の責任を追及する訴えの提起の請求に限る。）を受ける場合

二　監査役設置会社が第八百四十九条第四項の訴訟告知（取締役の責任を追及する訴えに係るものに限る。）並びに第八百五十条第二項の規定による通知及び催告（取締役の責任を追及する訴えに係る訴訟における和解に関するものに限る。）を受ける場合

三　（以下、略）

第五百八条　清算人は、清算株式会社の本店の所在地における清算結了の登記の時から十年間、清算株式会社の帳簿並びにその事業及び清算に関する重要な資料（以下この条において「帳簿資料」という。）を保存しなければならない。

2　裁判所は、利害関係人の申立てにより、前項の

清算人に代わって帳簿資料を保存する者を選任することができる。この場合においては、同項の規定は、適用しない。

3　前項の規定により選任された者は、清算株式会社の本店の所在地における清算結了の登記の時から十年間、帳簿資料を保存しなければならない。

4　第二項の規定による選任の手続に関する費用は、清算株式会社の負担とする。

【参考】第七十三条で準用する消費生活協同組合法及び会社法（組合の清算人の責任を追及する訴え）（読替え済み）

（株主による責任追及等の訴え）

第八百四十七条　六箇月（これを下回る期間を定款で定めた場合にあっては、その期間）前から引き続き株式を有する株主（第百八十九条第二項の定款の定めによりその権利を行使することができない単元未満株主を除く。）は、株式会社に対し、書面その他の厚生労働省令で定める方法により、発起人、設立時取締役、設立時監査役、役員等（第四百二十三条第一項に規定する役員等をいう。）若しくは清算人（以下この節において「発起人等」という。）の責任を追及する訴え、第百二条の二第一項、第二百十二条第一項若しくは第二百八十五条第一項の規定による支払を求める訴え、第百二十条第三項の利益の返還を求める訴え又は第二百十三条の二第一項若しくは第二百八十六条の二第一項の規定による支払若しくは給付を求める訴え（以下この節において「責任追及等の訴え」という。）の提起を請求することができる。ただし、責任追及等の訴えが当該株主若しくは第三者の不正な利益を図り又は当該株式会社に損害を加えることを目的とする場合は、この限りでない。

2　（略）

3　株式会社が第一項の規定による請求の日から六十日以内に責任追及等の訴えを提起しないときは、当該請求をした株主は、株式会社のために、責任追及等の訴えを提起することができる。

4　株式会社は、第一項の規定による請求の日から六十日以内に責任追及等の訴えを提起しない場合において、当該請求をした株主又は同項の発起人等から請求を受けたときは、当該請求をした者に対し、遅滞なく、責任追及等の訴えを提起しない理由を書面その他の厚生労働省令で定める方法により通知しなければならない。

5　第一項及び第三項の規定にかかわらず、同項の期間の経過により株式会社に回復することができない損害が生ずるおそれがある場合には、第一項の株主は、株式会社のために、直ちに責任追及等の訴えを提起することができる。ただし、同項ただし書に規定する場合は、この限りでない。

（責任追及等の訴えに係る訴訟費用等）

第八百四十七条の四　第八百四十七条第三項若しくは第五項、第八百四十七条の二第六項若しくは第八項又は前条第七項若しくは第九項の責任追及等の訴えは、訴訟の目的の価額の算定については、財産権上の請求でない請求に係る訴えとみなす。

2　株主等（株主、適格旧株主又は最終完全親会社等の株主をいう。以下この節において同じ。）が責任追及等の訴えを提起したときは、裁判所は、被告の申立てにより、当該株主等に対し、相当の担保を立てるべきことを命ずることができる。

3　被告が前項の申立てをするには、責任追及等の訴えの提起が悪意によるものであることを疎明しなければならない。

（訴えの管轄）

第八百四十八条　責任追及等の訴えは、株式会社又は株式交換等完全子会社（以下この節において「株式会社等」という。）の本店の所在地を管轄する地方裁判所の管轄に専属する。

（訴訟参加）

第八百四十九条　株主等又は株式会社等は、共同訴訟人として、又は当事者の一方を補助するため、責任追及等の訴え（適格旧株主にあっては第八百四十七条の二第一項各号に掲げる行為の効力が生じた時までにその原因となった事実が生じた責任又は義務に係るものに限り、最終完全親会社等の株主にあっては特定責任追及の訴えに限る。）に係る訴訟に参加することができる。ただし、不当に訴訟手続を遅延させることとなるとき、又は裁判所に対し過大な事務負担を及ぼすこととなるときは、この限りでない。

2　（略）

3　株式会社等、株式交換等完全親会社又は最終完全親会社等が、当該株式会社等、当該株式交換等完全親会社の株式交換等完全子会社又は当該最終完全親会社等の完全子会社等である株式会社の取締役（監査等委員及び監査委員を除く。）、執行役及び清算人並びにこれらの者であった者を補助するため、責任追及等の訴えに係る訴訟に参加するには、次の各号に掲げる株式会社の区分に応じ、当該各号に定める者の同意を得なければならない。

一　監査役設置会社　監査役（監査役が二人以上ある場合にあっては、各監査役）

二・三　（略）

4　株主等は、責任追及等の訴えを提起したときは、遅滞なく、当該株式会社等に対し、訴訟告知をしなければならない。

5　株式会社等は、責任追及等の訴えを提起したとき、又は前項の訴訟告知を受けたときは、遅滞なく、その旨を公告し、又は株主に通知しなければならない。

6　（以下、略）

（和解）

第八百四十九条の二　株式会社等が、当該株式会社等の取締役（監査等委員及び監査委員を除く。）、執行役及び清算人並びにこれらの者であった者の責任を追及する訴えに係る訴訟における和解をするには、各監事の同意を得なければならない。

一〜三　（略）

第八百五十条　民事訴訟法第二百六十七条の規定は、株式会社等が責任追及等の訴えに係る訴訟における和解の当事者でない場合には、当該訴訟における訴訟の目的については、適用しない。ただし、当該株式会社等の承認がある場合は、この限りでない。

2　前項に規定する場合において、裁判所は、株式会社等に対し、和解の内容を通知し、かつ、当該和解に異議があるときは二週間以内に異議を述べるべき旨を催告しなければならない。

3　株式会社等が前項の期間内に書面により異議を述べなかったときは、同項の規定による通知の内容で株主等が和解をすることを承認したものとみなす。

4　消費生活協同組合法第七十三条において準用する同法第三十一条の三第三項の規定は、責任追及等の訴えに係る訴訟における和解をする場合には、適用しない。

（費用等の請求）

第八百五十二条　責任追及等の訴えを提起した株主等が勝訴（一部勝訴を含む。）した場合において、当該責任追及等の訴えに係る訴訟に関し、必要な費用（訴訟費用を除く。）を支出したとき又は弁護士若しくは弁護士法人に報酬を支払うべきときは、当該株式会社等に対し、その費用の額の範囲内又はその報酬額の範囲内で相当と認められる額の支払を請求することができる。

2　責任追及等の訴えを提起した株主等が敗訴した場合であっても、悪意があったときを除き、当該株主等は、当該株式会社等に対し、これによって生じた損害を賠償する義務を負わない。

3　前二項の規定は、第八百四十九条第一項の規定により同項の訴訟に参加した株主等について準用する。

（再審の訴え）

第八百五十三条　責任追及等の訴えが提起された場合において、原告及び被告が共謀して責任追及等の訴えに係る訴訟の目的である株式会社等の権利を害する目的をもって判決をさせたときは、次の各号に掲げる者は、当該各号に定める訴えに係る確定した終局判決に対し、再審の訴えをもって、不服を申し立てることができる。

一　株主又は株式会社等　責任追及等の訴え

二・三　（略）

2　前条の規定は、前項の再審の訴えについて準用する。

第七章　登　記

（設立の登記）

第七十四条　組合の設立の登記は、その主たる事務所の所在地において、出資の第一回の払込みがあつた日から二週間以内にしなければならない。

2　前項の登記においては、次に掲げる事項を登記しなければならない。

一　第二十六条第一項第一号から第三号までに掲げる事項

二　事務所の所在場所

三　出資一口の金額及びその払込みの方法並びに出資の総口数及び払い込んだ出資の総額

四　存立時期を定めたときは、その時期

五　代表権を有する者の氏名、住所及び資格

六　公告方法

七　第二十六条第三項の定款の定めが電子公告を公告方法とする旨のものであるときは、次に掲げる事項

イ　電子公告により公告すべき内容である情報について不特定多数の者がその提供を受けるために必要な事項であつて会社法第九百十一条第三項第二十八号イに規定するもの

ロ　第二十六条第四項後段の規定による定款の定めがあるときは、その定め

（変更の登記）

第七十五条　組合において前条第二項各号に掲げる事項に変更が生じたときは、二週間以内に、その主たる事務所の所在地において、変更の登記をしなければならない。

2　前条第二項第三号に掲げる事項中出資の総口数及び払い込んだ出資の総額の変更の登記は、前項の規定にかかわらず、主たる事務所の所在地において、毎事業年度末日現在により、事業年度終了後四週間以内にこれをすることができる。

（他の登記所の管轄区域内への主たる事務所の移転の登記）
第七十六条　組合がその主たる事務所を他の登記所の管轄区域内に移転したときは、二週間以内に、旧所在地においては移転の登記をし、新所在地においては第七十四条第二項各号に掲げる事項を登記しなければならない。

（職務執行停止の仮処分等の登記）
第七十七条　組合を代表する理事の職務の執行を停止し、若しくはその職務を代行する者を選任する仮処分命令又はその仮処分命令を変更し、若しくは取り消す決定がされたときは、その主たる事務所の所在地において、その登記をしなければならない。

（吸収合併の登記）
第七十八条　組合が吸収合併をしたときは、その効力が生じた日から二週間以内に、その主たる事務所の所在地において、吸収合併消滅組合については解散の登記をし、吸収合併存続組合については変更の登記をしなければならない。

（新設合併の登記）
第七十八条の二　二以上の組合が新設合併をする場合には、次に掲げる日のいずれか遅い日から二週間以内に、その主たる事務所の所在地において、新設合併消滅組合については解散の登記をし、新設合併設立組合については設立の登記をしなければならない。

一　第六十八条の三第三項の総会の決議の日
二　第六十八条の三第五項において準用する第四十九条及び第四十九条の二の規定による手続が終了した日
三　新設合併消滅組合が合意により定めた日
四　第六十九条第一項の認可を受けた日

（解散の登記）
第七十九条　第六十二条第一項（第四号から第六号までを除く。）の規定により組合が解散したときは、二週間以内に、その主たる事務所の所在地において、解散の登記をしなければならない。

（清算結了の登記）
第八十条　清算が結了したときは、第七十三条において準用する会社法第五百七条第三項の承認の日から二週間以内に、その主たる事務所の所在地において、清算結了の登記をしなければならない。

（従たる事務所の所在地における登記）
第八十一条　次の各号に掲げる場合（当該各号に規定する従たる事務所が主たる事務所の所在地を管轄する登記所の管轄区域内にある場合を除く。）には、当該各号に定める期間内に、当該従たる事務所の所在地において、従たる事務所の所在地における登記をしなければならない。

一　組合の設立に際して従たる事務所を設けた場合

（次号に掲げる場合を除く。）　主たる事務所の所在地における設立の登記をした日から二週間以内

二　新設合併設立組合が合併に際して従たる事務所を設けた場合　第七十八条の二に規定する日から三週間以内

三　組合の成立後に従たる事務所を設けた場合　従たる事務所を設けた日から三週間以内

2　従たる事務所の所在地における登記においては、次に掲げる事項を登記しなければならない。ただし、従たる事務所の所在地を管轄する登記所の管轄区域内に新たに従たる事務所を設けたときは、第三号に掲げる事項を登記すれば足りる。

一　名称

二　主たる事務所の所在場所

三　従たる事務所（その所在地を管轄する登記所の管轄区域内にあるものに限る。）の所在場所

3　前項各号に掲げる事項に変更が生じたときは、三週間以内に、当該従たる事務所の所在地において、変更の登記をしなければならない。

（他の登記所の管轄区域内への従たる事務所の移転の登記）

第八十二条　組合がその従たる事務所を他の登記所の管轄区域内に移転したときは、旧所在地（主たる事務所の所在地を管轄する登記所の管轄区域内にある場合を除く。）においては三週間以内に移転の登記をし、新所在地（主たる事務所の所在地を管轄する登記所の管轄区域内にある場合を除く。以下この条において同じ。）においては四週間以内に前条第二項各号に掲げる事項を登記しなければならない。ただし、従たる事務所の所在地を管轄する登記所の管轄区域内に新たに従たる事務所を移転したときは、新所在地においては、同項第三号に掲げる事項を登記すれば足りる。

（従たる事務所における変更の登記等）

第八十三条　第七十八条、第七十八条の二及び第八十条に規定する場合には、これらの規定に規定する日から三週間以内に、従たる事務所の所在地においても、これらの規定に規定する登記をしなければならない。ただし、吸収合併存続組合についての変更の登記は、第八十一条第二項各号に掲げる事項に変更が生じた場合に限り、するものとする。

（登記簿）

第八十四条　各登記所に、消費生活協同組合登記簿及び消費生活協同組合連合会登記簿を備える。

（設立の登記の申請）

第八十五条　設立の登記は、組合を代表すべき者の申請によつてする。

2　設立の登記の申請書には、定款並びに出資の総口数及び出資第一回の払込みのあつたことを証する書面並びに組合を代表すべき者の資格を証する書面を添付し

なければならない。

（変更の登記の申請）

第八十六条　第七十四条第二項各号に掲げる事項の変更の登記の申請書には、当該事項の変更を証する書面を添付しなければならない。

2　出資一口の金額の減少による変更の登記の申請書には、前項に規定する書面のほか、第四十九条第三項の規定による公告及び催告（同条第五項の規定により公告を官報のほか第二十六条第三項の規定による定款の定めに従い同項第二号又は第三号に掲げる公告方法によつてした組合にあつては、これらの方法による公告）をしたこと並びに異議を述べた債権者があるときは、その債権者に対し弁済し若しくは相当の担保を供し若しくはその債権者に弁済を受けさせることを目的として相当の財産を信託したこと又は当該出資一口の金額の減少をしてもその債権者を害するおそれがないことを証する書面を添付しなければならない。

（吸収合併による変更の登記の申請）

第八十七条　吸収合併による変更の登記の申請書には、第七十四条第二項各号に掲げる事項の変更を証する書面のほか、次に掲げる書面を添付しなければならない。

一　第六十八条第五項及び第六十八条の二第七項において準用する第四十九条第三項の規定による公告及び催告（第六十八条第五項及び第六十八条の二第七項において準用する第四十九条第五項の規定により公告を官報のほか第二十六条第三項の規定による定款の定めに従い同項第二号又は第三号に掲げる公告方法によつてした組合にあつては、これらの方法による公告）をしたこと並びに異議を述べた債権者があるときは、その債権者に対し弁済し若しくは相当の担保を供し若しくはその債権者に弁済を受けさせることを目的として相当の財産を信託したこと又は当該吸収合併をしてもその債権者を害するおそれがないことを証する書面

二　吸収合併消滅組合（当該登記所の管轄区域内に主たる事務所があるものを除く。）の登記事項証明書

（新設合併による設立の登記の申請）

第八十八条　新設合併による設立の登記の申請書には、第八十五条第二項に規定する書面のほか、次に掲げる書面を添付しなければならない。

一　第六十八条の三第三項の規定による新設合併契約の承認があつたことを証する書面

二　第六十八条の三第五項において準用する第四十九条第三項の規定による公告及び催告（第六十八条の三第五項において準用する第四十九条第五項の規定により公告を官報のほか第二十六条第三項の規定による定款の定めに従い同項第二号又は第三号に掲げ

る公告方法によつてした組合にあつては、これらの方法による公告）をしたこと並びに異議を述べた債権者があるときは、その債権者に対し弁済し若しくは相当の担保を供し若しくはその債権者に弁済を受けさせることを目的として相当の財産を信託したこと又は当該新設合併をしてもその債権者を害するおそれがないことを証する書面

三　新設合併消滅組合（当該登記所の管轄区域内に主たる事務所があるものを除く。）の登記事項証明書

（解散の登記の申請）

第八十九条　第七十九条の規定による解散の登記の申請書には、解散の事由を証する書面を添付しなければならない。

2　行政庁が組合の解散を命じた場合における解散の登記は、その行政庁の嘱託によつてこれをする。

（清算結了の登記の申請）

第八十九条の二　清算結了の登記の申請書には、第七十三条において準用する会社法第五百七条第三項の規定による決算報告書の承認があつたことを証する書面を添付しなければならない。

（登記の嘱託）

第九十条　組合の総会又は創立総会の決議の不存在若しくは無効の確認又は取消しの訴えに係る請求を認容する判決が確定した場合については、会社法第九百三十七条第一項（第一号トに係る部分に限る。）の規定を準用する。この場合において、必要な技術的読替えは、政令で定める。

2　組合の出資一口の金額の減少の無効の訴えに係る請求を認容する判決が確定した場合については、会社法第九百三十七条第一項（第一号ニに係る部分に限る。）の規定を準用する。この場合において、必要な技術的読替えは、政令で定める。

3　組合の設立の無効の訴えに係る請求を認容する判決が確定した場合については、会社法第九百三十七条第一項（第一号イに係る部分に限る。）の規定を準用する。この場合において、必要な技術的読替えは、政令で定める。

4　組合の合併の無効の訴えに係る請求を認容する判決が確定した場合については、会社法第九百三十七条第三項（第二号及び第三号に係る部分に限る。）及び第四項の規定を準用する。この場合において、必要な技術的読替えは、政令で定める。

【参考】第九十条第一項から第四項で準用する会社法

（裁判による登記の嘱託）（読替え済み）

第九百三十七条　次に掲げる場合には、裁判所書記官は、職権で、遅滞なく、会社の本店（第一号トに規定する場合であって当該決議によって消費生

活協同組合法第八十一条第二項各号に掲げる事項についての登記がされているときにあっては、本店及び当該登記に係る支店）の所在地を管轄する登記所にその登記を嘱託しなければならない。

一　次に掲げる訴えに係る請求を認容する判決が確定したとき。

イ　会社の設立の無効の訴え

ロ・ハ　（略）

二　株式会社における資本金の額の減少の無効の訴え

ホ・ヘ　（略）

ト　株主総会等の決議した事項についての登記があった場合における次に掲げる訴え

(1)　株主総会等の決議が存在しないこと又は株主総会等の決議の内容が法令に違反することを理由として当該決議が無効であることの確認の訴え

(2)　株主総会等の決議の取消しの訴え

チ　（以下、略）

2　（略）

3　次の各号に掲げる訴えに係る請求を認容する判決が確定した場合には、裁判所書記官は、職権で、遅滞なく、各会社の本店の所在地を管轄する登記所に当該各号に定める登記を嘱託しなければならない。

一　（略）

二　会社の吸収合併の無効の訴え　吸収合併後存続する会社についての変更の登記及び吸収合併により消滅する会社についての回復の登記

三　会社の新設合併の無効の訴え　新設合併により設立する会社についての解散の登記及び新設合併により消滅する会社についての回復の登記

四　（以下、略）

4　前項に規定する場合において、同項第二号及び第三号に掲げる訴えに係る請求の目的に係る合併により消費生活協同組合法第八十一条第二項各号に掲げる事項についての登記がされているときは、各会社の支店の所在地を管轄する登記所にも前項第二号及び第三号に定める登記を嘱託しなければならない。

（登記の期間）

第九十一条　登記すべき事項のうち行政庁の認可を要するものの登記の期間については、その認可書の到達した日から起算する。ただし、第五十九条第二項及び第五項（第六十二条第三項において準用する場合を含む。）の場合には、認可に関する証明書の到達した日から起算する。

（商業登記法の準用）

第九十二条　組合の登記については、商業登記法（昭和三十八年法律第百二十五号）第一条の三から第五条まで、第七条から第十五条まで、第十七条から第十九条の三まで、第二十一条から第二十三条の二まで、第二十四条（第十四号及び第十五号を除く。）、第二十五条から第二十七条まで、第四十八条から第五十三条まで、第七十一条第一項及び第三項、第七十九条、第八十二条、第八十三条並びに第百三十二条から第百四十八条までの規定を準用する。この場合において、同法第二十五条中「訴え」とあるのは「訴え又は行政庁に対する請求」と、同条第三項中「その本店の所在地を管轄する地方裁判所」とあるのは「訴えについてはその主たる事務所の所在地を管轄する地方裁判所に、行政庁に対する請求については当該行政庁」と、同法第四十八条第二項中「会社法第九百三十条第二項各号」とあるのは「消費生活協同組合法第八十一条第二項各号」と、同法第七十一条第三項ただし書中「会社法第四百七十八条第一項第一号の規定により清算株式会社の清算人となつたもの（同法第四百八十三条第四項に規定する場合にあつては、同項の規定により清算株式会社の代表清算人となつたもの）」とあるのは「消費生活協同組合法第七十二条本文の規定による清算人」と、同法第百四十六条の二中「商業登記法（」とあるのは「消費生活協同組合法（昭和二十三年法律第二百号）第九十二条において準用する商業登記法（」と、「商業登記法第百四十五条」とあるのは「消費生活協同組合法第九十二条において準用する商業登記法第百四十五条」と読み替えるものとする。

【参考】第九十二条で準用する商業登記法（読替え済み）

（登記所）

第一条の三　登記の事務は、当事者の営業所の所在地を管轄する法務局若しくは地方法務局若しくはこれらの支局又はこれらの出張所（以下単に「登記所」という。）がつかさどる。

（事務の委任）

第二条　法務大臣は、一の登記所の管轄に属する事務を他の登記所に委任することができる。

（事務の停止）

第三条　法務大臣は、登記所においてその事務を停止しなければならない事由が生じたときは、期間を定めて、その停止を命ずることができる。

（登記官）

第四条　登記所における事務は、登記官（登記所に勤務する法務事務官のうちから、法務局又は地方法務局の長が指定する者をいう。以下同じ。）が取り扱う。

（登記官の除斥）

第五条　登記官又はその配偶者若しくは四親等内の親族（配偶者又は四親等内の親族であつた者を含む。以下この条において同じ。）が登記の申請人であるときは、当該登記官は、当該登記をすることができない。登記官又はその配偶者若しくは四親等内の親族が申請人を代表して申請するときも、同様とする。

（会社法人等番号）

第七条　登記簿には、法務省令で定めるところにより、会社法人等番号（特定の会社、外国会社その他の商人を識別するための番号をいう。第十九条の三において同じ。）を記録する。

（登記簿等の持出禁止）

第七条の二　登記簿及びその附属書類（第十七条第四項に規定する電磁的記録（電子的方式、磁気的方式その他人の知覚によつては認識することができない方式で作られる記録であつて、電子計算機による情報処理の用に供されるものをいう。以下同じ。）及び第十九条の二に規定する登記の申請書に添付すべき電磁的記録（以下「第十九条の二に規定する電磁的記録」という。）を含む。以下この条、第九条、第十一条の二、第百四十条及び第百四十一条において同じ。）は、事変を避けるためにする場合を除き、登記所外に持ち出してはならない。ただし、登記簿の附属書類については、裁判所の命令又は嘱託があつたときは、この限りでない。

（登記簿の滅失と回復）

第八条　登記簿の全部又は一部が滅失したときは、法務大臣は、一定の期間を定めて、登記の回復に必要な処分を命ずることができる。

（登記簿等の滅失防止）

第九条　登記簿又はその附属書類が滅失するおそれがあるときは、法務大臣は、必要な処分を命ずることができる。

（登記事項証明書の交付等）

第十条　何人も、手数料を納付して、登記簿に記録されている事項を証明した書面（以下「登記事項証明書」という。）の交付を請求することができる。

2　前項の交付の請求は、法務省令で定める場合を除き、他の登記所の登記官に対してもすることができる。

3　登記事項証明書の記載事項は、法務省令で定める。

（登記事項の概要を記載した書面の交付）

第十一条　何人も、手数料を納付して、登記簿に記録されている事項の概要を記載した書面の交付を請求することができる。

（附属書類の閲覧）

第十一条の二　登記簿の附属書類の閲覧について利害関係を有する者は、手数料を納付して、その閲覧を請求することができる。この場合において、第十七条第四項に規定する電磁的記録又は第十九条の二に規定する電磁的記録に記録された情報の閲覧は、その情報の内容を法務省令で定める方法により表示したものを閲覧する方法により行う。

（印鑑証明）

第十二条　次に掲げる者でその印鑑を登記所に提出した者は、手数料を納付して、その印鑑の証明書の交付を請求することができる。

一　第十七条第二項の規定により登記の申請書に押印すべき者（委任による代理人によつて登記の申請をする場合には、委任をした者又はその代表者）

二　支配人

三　破産法（平成十六年法律第七十五号）の規定により会社につき選任された破産管財人又は保全管理人

四　民事再生法（平成十一年法律第二百二十五号）の規定により会社につき選任された管財人又は保全管理人

五　会社更生法（平成十四年法律第百五十四号）の規定により選任された管財人又は保全管理人

六　外国倒産処理手続の承認援助に関する法律（平成十二年法律第百二十九号）の規定により会社につき選任された承認管財人又は保全管理人

２　第十条第二項の規定は、前項の証明書に準用する。

（電磁的記録の作成者を示す措置の確認に必要な事項等の証明）

第十二条の二　前条第一項各号に掲げる者（以下この条において「被証明者」という。）は、この条に規定するところにより次の事項（第二号の期間については、法務省令で定めるものに限る。）の証明を請求することができる。ただし、代表権の制限その他の事項でこの項の規定による証明に適しないものとして法務省令で定めるものがあるときは、この限りでない。

一　電磁的記録に記録することができる情報が被証明者の作成に係るものであることを示すために講ずる措置であつて、当該情報が他の情報に改変されているかどうかを確認することができる等被証明者の作成に係るものであることを確実に示すことができるものとして法務省令で定

めるものについて、当該被証明者が当該措置を講じたものであることを確認するために必要な事項

二　この項及び第三項の規定により証明した事項について、第八項の規定による証明の請求をすることができる期間

2　前項の規定による証明の請求は、同項各号の事項を明らかにしてしなければならない。

3　第一項の規定により証明を請求した被証明者は、併せて、自己に係る登記事項であつて法務省令で定めるものの証明を請求することができる。

4　第一項の規定により証明を請求する被証明者は、政令で定める場合を除くほか、手数料を納付しなければならない。

5　第一項及び第三項の規定による証明は、法務大臣の指定する登記所の登記官がする。ただし、これらの規定による証明の請求は、当事者の営業所(会社にあつては、本店)の所在地を管轄する登記所を経由してしなければならない。

6　前項の指定は、告示してしなければならない。

7　第一項の規定により証明を請求した被証明者は、同項第二号の期間中において同項第一号の事項が当該被証明者が同号の措置を講じたものであることを確認するために必要な事項でなくなつたときは、第五項本文の登記所に対し、同項ただし書の登記所を経由して、その旨を届け出ることができる。

8　何人でも、第五項本文の登記所に対し、次の事項の証明を請求することができる。

一　第一項及び第三項の規定により証明した事項の変更(法務省令で定める軽微な変更を除く。)の有無

二　第一項第二号の期間の経過の有無

三　前項の届出の有無及び届出があつたときはその年月日

四　前三号に準ずる事項として法務省令で定めるもの

9　第一項及び第三項の規定による証明並びに前項の規定による証明及び証明の請求は、法務省令で定めるところにより、登記官が使用する電子計算機と請求をする者が使用する電子計算機とを接続する電気通信回線を通じて送信する方法その他の方法によつて行うものとする。

(手数料)

第十三条　第十条から前条までの手数料の額は、物価の状況、登記事項証明書の交付等に要する実費その他一切の事情を考慮して、政令で定める。

2　第十条から前条までの手数料の納付は、収入印

紙をもつてしなければならない。

（当事者申請主義）

第十四条　登記は、法令に別段の定めがある場合を除くほか、当事者の申請又は官庁の嘱託がなければ、することができない。

（嘱託による登記）

第十五条　第五条、第十七条から第十九条の二まで、第二十一条、第二十二条、第二十三条の二、第二十四条、第四十八条から第五十条まで（第九十五条、第百十一条及び第百十八条において準用する場合を含む。）、第五十一条第一項及び第二項、第五十二条、第七十八条第一項及び第三項、第八十二条第二項及び第三項、第八十三条、第八十七条第一項及び第二項、第八十八条、第九十一条第一項及び第二項、第九十二条、第百三十二条並びに第百三十四条の規定は、官庁の嘱託による登記の手続について準用する。

（登記申請の方式）

第十七条　登記の申請は、書面でしなければならない。

2　申請書には、次の事項を記載し、申請人又はその代表者（当該代表者が法人である場合にあつては、その職務を行うべき者）若しくは代理人が記名押印しなければならない。

一　申請人の氏名及び住所、申請人が会社であるときは、その商号及び本店並びに代表者の氏名又は名称及び住所（当該代表者が法人である場合にあつては、その職務を行うべき者の氏名及び住所を含む。）

二　代理人によつて申請するときは、その氏名及び住所

三　登記の事由

四　登記すべき事項

五　登記すべき事項につき官庁の許可を要するときは、許可書の到達した年月日

六　登録免許税の額及びこれにつき課税標準の金額があるときは、その金額

七　年月日

八　登記所の表示

3　会社の支店の所在地においてする登記の申請書には、その支店をも記載しなければならない。

4　第二項第四号に掲げる事項又は前項の規定により申請書に記載すべき事項を記録した電磁的記録が法務省令で定める方法により提供されたときは、前二項の規定にかかわらず、申請書には、当該電磁的記録に記録された事項を記載することを要しない。

（申請書の添付書面）

第十八条　代理人によつて登記を申請するには、申請書（前条第四項に規定する電磁的記録を含む。以下同じ。）にその権限を証する書面を添付しなければならない。

第十九条　官庁の許可を要する事項の登記を申請するには、申請書に官庁の許可書又はその認証がある謄本を添附しなければならない。

（申請書に添付すべき電磁的記録）

第十九条の二　登記の申請書に添付すべき定款、議事録若しくは最終の貸借対照表が電磁的記録で作られているとき、又は登記の申請書に添付すべき書面につきその作成に代えて電磁的記録の作成がされているときは、当該電磁的記録に記録された情報の内容を記録した電磁的記録（法務省令で定めるものに限る。）を当該申請書に添付しなければならない。

（添付書面の特例）

第十九条の三　この法律の規定により登記の申請書に添付しなければならないとされている登記事項証明書は、申請書に会社法人等番号を記載した場合その他の法務省令で定める場合には、添付することを要しない。

（受付）

第二十一条　登記官は、登記の申請書を受け取つたときは、受付帳に登記の種類、申請人の氏名、会社が申請人であるときはその商号、受付の年月日及び受付番号を記載し、申請書に受付の年月日及び受付番号を記載しなければならない。

2　情報通信技術を活用した行政の推進等に関する法律（平成十四年法律第百五十一号）第六条第一項の規定により同項に規定する電子情報処理組織を使用してする登記の申請については、前項の規定中申請書への記載に関する部分は、適用しない。

3　登記官は、二以上の登記の申請書を同時に受け取つた場合又は二以上の登記の申請書についてこれを受け取つた時の前後が明らかでない場合には、受付帳にその旨を記載しなければならない。

（受領証）

第二十二条　登記官は、登記の申請書その他の書面（第十九条の二に規定する電磁的記録を含む。）を受け取つた場合において、申請人の請求があつたときは、受領証を交付しなければならない。

（登記の順序）

第二十三条　登記官は、受附番号の順序に従つて登記をしなければならない。

（登記官による本人確認）

第二十三条の二　登記官は、登記の申請があつた場合において、申請人となるべき者以外の者が申請していると疑うに足りる相当な理由があると認めるときは、次条の規定により当該申請を却下すべき場合を除き、申請人又はその代表者若しくは代理人に対し、出頭を求め、質問をし、又は文書の提示その他必要な情報の提供を求める方法により、当該申請人の申請の権限の有無を調査しなければならない。

2　登記官は、前項に規定する申請人又はその代表者若しくは代理人が遠隔の地に居住しているとき、その他相当と認めるときは、他の登記所の登記官に同項の調査を嘱託することができる。

（申請の却下）

第二十四条　登記官は、次の各号のいずれかに掲げる事由がある場合には、理由を付した決定で、登記の申請を却下しなければならない。ただし、当該申請の不備が補正することができるものである場合において、登記官が定めた相当の期間内に、申請人がこれを補正したときは、この限りでない。

一　申請に係る当事者の営業所の所在地が当該申請を受けた登記所の管轄に属しないとき。

二　申請が登記すべき事項以外の事項の登記を目的とするとき。

三　申請に係る登記がその登記所において既に登記されているとき。

四　申請の権限を有しない者の申請によるとき、又は申請の権限を有する者であることの証明がないとき。

五　第二十一条第三項に規定する場合において、当該申請に係る登記をすることにより同項の登記の申請書のうち他の申請書に係る登記をすることができなくなるとき。

六　申請書がこの法律に基づく命令又はその他の法令の規定により定められた方式に適合しないとき。

七　申請書に必要な書面（第十九条の二に規定する電磁的記録を含む。）を添付しないとき。

八　申請書又はその添付書面（第十九条の二に規定する電磁的記録を含む。以下同じ。）の記載又は記録が申請書の添付書面又は登記簿の記載又は記録と合致しないとき。

九　登記すべき事項につき無効又は取消しの原因があるとき。

十　申請につき経由すべき登記所を経由しないとき。

十一　同時にすべき他の登記の申請を同時にしないとき。

十二　申請が第二十七条の規定により登記することができない商号の登記を目的とするとき。
十三　申請が法令の規定により使用を禁止された商号の登記を目的とするとき。
十四　（以下、略）

（提訴期間経過後の登記）

第二十五条　登記すべき事項につき訴え又は行政庁に対する請求をもつてのみ主張することができる無効又は取消しの原因がある場合において、その訴え又は行政庁に対する請求がその提起期間内に提起されなかつたときは、前条第九号の規定は、適用しない。

2　前項の場合の登記の申請書には、同項の訴え又は行政庁に対する請求がその提起期間内に提起されなかつたことを証する書面及び登記すべき事項の存在を証する書面を添附しなければならない。この場合には、第十八条の書面を除き、他の書面の添附を要しない。

3　会社は、訴えについてはその主たる事務所の所在地を管轄する地方裁判所に、行政庁に対する請求については当該行政庁に、第一項の訴え又は行政庁に対する請求がその提起期間内に提起されなかつたことを証する書面の交付を請求することができる。

（行政区画等の変更）

第二十六条　行政区画、郡、区、市町村内の町若しくは字又はそれらの名称の変更があつたときは、その変更による登記があつたものとみなす。

（同一の所在場所における同一の商号の登記の禁止）

第二十七条　商号の登記は、その商号が他人の既に登記した商号と同一であり、かつ、その営業所（会社にあつては、本店。以下この条において同じ。）の所在場所が当該他人の商号の登記に係る営業所の所在場所と同一であるときは、することができない。

（支店所在地における登記）

第四十八条　本店及び支店の所在地において登記すべき事項について支店の所在地においてする登記の申請書には、本店の所在地においてした登記を証する書面を添付しなければならない。この場合においては、他の書面の添付を要しない。

2　支店の所在地において消費生活協同組合法第八十一条第二項各号に掲げる事項を登記する場合には、会社成立の年月日並びに支店を設置し又は移転した旨及びその年月日をも登記しなければならない。

第四十九条　法務大臣の指定する登記所の管轄区域内に本店を有する会社が本店及び支店の所在地に

おいて登記すべき事項について支店の所在地においてする登記の申請は、その支店が法務大臣の指定する他の登記所の管轄区域内にあるときは、本店の所在地を管轄する登記所を経由してすることができる。

2　前項の指定は、告示してしなければならない。

3　第一項の規定による登記の申請と本店の所在地における登記の申請とは、同時にしなければならない。

4　申請書の添付書面に関する規定は、第一項の規定による登記の申請については、適用しない。

5　第一項の規定により登記を申請する者は、手数料を納付しなければならない。

6　前項の手数料の額は、物価の状況、次条第二項及び第三項の規定による通知に要する実費その他一切の事情を考慮して、政令で定める。

7　第十三条第二項の規定は、第五項の規定による手数料の納付に準用する。

第五十条　本店の所在地を管轄する登記所においては、前条第一項の登記の申請について第二十四条各号のいずれかに掲げる事由があるときは、その申請を却下しなければならない。前条第五項の手数料を納付しないときも、同様とする。

2　本店の所在地を管轄する登記所においては、前条第一項の場合において、本店の所在地において登記すべき事項を登記したときは、遅滞なく、同項の登記の申請があつた旨を支店の所在地を管轄する登記所に通知しなければならない。ただし、前項の規定によりその申請を却下したときは、この限りでない。

3　前項本文の場合において、前条第一項の登記の申請が設立の登記の申請であるときは、本店の所在地を管轄する登記所においては、会社成立の年月日をも通知しなければならない。

4　前二項の規定による通知があつたときは、当該支店の所在地を管轄する登記所の登記官が前条第一項の登記の申請書を受け取つたものとみなして、第二十一条の規定を適用する。

（本店移転の登記）

第五十一条　本店を他の登記所の管轄区域内に移転した場合の新所在地における登記の申請は、旧所在地を管轄する登記所を経由してしなければならない。

2　前項の登記の申請と旧所在地における登記の申請とは、同時にしなければならない。

3　第一項の登記の申請書には、第十八条の書面を除き、他の書面の添付を要しない。

第五十二条　旧所在地を管轄する登記所において

は、前条第二項の登記の申請のいずれかにつき第二十四条各号のいずれかに掲げる事由があるときは、これらの申請を共に却下しなければならない。

2　旧所在地を管轄する登記所においては、前項の場合を除き、遅滞なく、前条第一項の登記の申請書及びその添付書面並びに同項の印鑑を新所在地を管轄する登記所に送付しなければならない。

3　新所在地を管轄する登記所においては、前項の申請書の送付を受けた場合において、前条第一項の登記をしたとき、又はその登記の申請を却下したときは、遅滞なく、その旨を旧所在地を管轄する登記所に通知しなければならない。

4　旧所在地を管轄する登記所においては、前項の規定により登記をした旨の通知を受けるまでは、登記をすることができない。

5　新所在地を管轄する登記所において前条第一項の登記の申請を却下したときは、旧所在地における登記の申請は、却下されたものとみなす。

第五十三条　新所在地における登記においては、会社成立の年月日並びに本店を移転した旨及びその年月日をも登記しなければならない。

（解散の登記）

第七十一条　解散の登記において登記すべき事項は、解散の旨並びにその事由及び年月日とする。

2　（略）

3　代表清算人の申請に係る解散の登記の申請書には、その資格を証する書面を添付しなければならない。ただし、当該代表清算人が消費生活協同組合法第七十二条本文の規定による清算人であるときは、この限りでない。

（合併の登記）

第七十九条　吸収合併による変更の登記又は新設合併による設立の登記においては、合併をした旨並びに吸収合併により消滅する会社（以下「吸収合併消滅会社」という。）又は新設合併により消滅する会社（以下「新設合併消滅会社」という。）の商号及び本店をも登記しなければならない。

第八十二条　合併による解散の登記の申請については、吸収合併後存続する会社（以下「吸収合併存続会社」という。）又は新設合併により設立する会社（以下「新設合併設立会社」という。）を代表すべき者が吸収合併消滅会社又は新設合併消滅会社を代表する。

2　本店の所在地における前項の登記の申請は、当該登記所の管轄区域内に吸収合併存続会社又は新設合併設立会社の本店がないときは、その本店の所在地を管轄する登記所を経由してしなければならない。

3　本店の所在地における第一項の登記の申請と第八十条又は前条の登記の申請とは、同時にしなければならない。

4　申請書の添付書面に関する規定は、本店の所在地における第一項の登記の申請については、適用しない。

第八十三条　吸収合併存続会社又は新設合併設立会社の本店の所在地を管轄する登記所においては、前条第三項の登記の申請のいずれかにつき第二十四条各号のいずれかに掲げる事由があるときは、これらの申請を共に却下しなければならない。

2　吸収合併存続会社又は新設合併設立会社の本店の所在地を管轄する登記所においては、前条第二項の場合において、吸収合併による変更の登記又は新設合併による設立の登記をしたときは、遅滞なく、その登記の日を同項の登記の申請書に記載し、これを吸収合併消滅会社又は新設合併消滅会社の本店の所在地を管轄する登記所に送付しなければならない。

(更正)

第百三十二条　登記に錯誤又は遺漏があるときは、当事者は、その登記の更正を申請することができる。

2　更正の申請書には、錯誤又は遺漏があることを証する書面を添付しなければならない。ただし、氏名又は住所の更正については、この限りでない。

第百三十三条　登記官は、登記に錯誤又は遺漏があることを発見したときは、遅滞なく、登記をした者にその旨を通知しなければならない。ただし、その錯誤又は遺漏が登記官の過誤によるものであるときは、この限りでない。

2　前項ただし書の場合においては、登記官は、遅滞なく、監督法務局又は地方法務局の長の許可を得て、登記の更正をしなければならない。

(抹消の申請)

第百三十四条　登記が次の各号のいずれかに該当するときは、当事者は、その登記の抹消を申請することができる。

一　第二十四条第一号から第三号まで又は第五号に掲げる事由があること。

二　登記された事項につき無効の原因があること。ただし、訴えをもつてのみその無効を主張することができる場合を除く。

2　第百三十二条第二項の規定は、前項第二号の場合に準用する。

(職権抹消)

第百三十五条　登記官は、登記が前条第一項各号のいずれかに該当することを発見したときは、登記をした者に、一月をこえない一定の期間内に書面で異議を述べないときは登記を抹消すべき旨を通知しなければならない。

2　登記官は、登記をした者の住所又は居所が知れないときは、前項の通知に代え官報で公告しなければならない。

3　登記官は、官報のほか相当と認める新聞紙に同一の公告を掲載することができる。

第百三十六条　登記官は、異議を述べた者があるときは、その異議につき決定をしなければならない。

第百三十七条　登記官は、異議を述べた者がないとき、又は異議を却下したときは、登記を抹消しなければならない。

第百三十八条　前三条の規定は、本店及び支店の所在地において登記すべき事項の登記については、本店の所在地においてした登記にのみ適用する。ただし、支店の所在地における登記のみにつき抹消の事由があるときは、この限りでない。

2　前項本文の場合において、登記を抹消したときは、登記官は、遅滞なく、その旨を支店の所在地の登記所に通知しなければならない。

3　前項の通知を受けたときは、登記官は、遅滞なく、登記を抹消しなければならない。

（行政手続法の適用除外）

第百三十九条　登記官の処分については、行政手続法（平成五年法律第八十八号）第二章及び第三章の規定は、適用しない。

（行政機関の保有する情報の公開に関する法律の適用除外）

第百四十条　登記簿及びその附属書類については、行政機関の保有する情報の公開に関する法律（平成十一年法律第四十二号）の規定は、適用しない。

（行政機関の保有する個人情報の保護に関する法律の適用除外）

第百四十一条　登記簿及びその附属書類に記録されている保有個人情報（行政機関の保有する個人情報の保護に関する法律（平成十五年法律第五十八号）第二条第五項に規定する保有個人情報をいう。）については、同法第四章の規定は、適用しない。

（審査請求）

第百四十二条　登記官の処分に不服がある者又は登記官の不作為に係る処分を申請した者は、当該登記官を監督する法務局又は地方法務局の長に審査請求をすることができる。

第百四十三条　審査請求は、登記官を経由してしなければならない。

（審査請求事件の処理）

第百四十四条　登記官は、処分についての審査請求を理由があると認め、又は審査請求に係る不作為に係る処分をすべきものと認めるときは、相当の処分をしなければならない。

第百四十五条　登記官は、前条に規定する場合を除き、審査請求の日から三日内に、意見を付して事件を第百四十二条の法務局又は地方法務局の長に送付しなければならない。この場合において、当該法務局又は地方法務局の長は、当該意見を行政不服審査法（平成二十六年法律第六十八号）第十一条第二項に規定する審理員に送付するものとする。

第百四十六条　第百四十二条の法務局又は地方法務局の長は、処分についての審査請求を理由があると認め、又は審査請求に係る不作為に係る処分をすべきものと認めるときは、登記官に相当の処分を命じ、その旨を審査請求人のほか登記上の利害関係人に通知しなければならない。

2　第百四十二条の法務局又は地方法務局の長は、審査請求に係る不作為に係る処分についての申請を却下すべきものと認めるときは、登記官に当該申請を却下する処分を命じなければならない。

第百四十六条の二　第百四十二条の審査請求に関する行政不服審査法の規定の適用については、同法第二十九条第五項中「処分庁等」とあるのは「審査庁」と、「弁明書の提出」とあるのは「商業登記法（昭和三十八年法律第百二十五号）第百四十五条に規定する意見の送付」と、同法第三十条第一項中「弁明書」とあるのは「商業登記法第百四十五条の意見」とする。

（行政不服審査法の適用除外）

第百四十七条　行政不服審査法第十三条、第十五条第六項、第十八条、第二十一条、第二十五条第二項から第七項まで、第二十九条第一項から第四項まで、第三十一条、第三十七条、第四十五条第三項、第四十六条、第四十七条、第四十九条第三項（審査請求に係る不作為が違法又は不当である旨の宣言に係る部分を除く。）から第五項まで及び第五十二条の規定は、第百四十二条の審査請求については、適用しない。

（省令への委任）

第百四十八条　この法律に定めるもののほか、登記簿の調製、登記申請書の様式及び添付書面その他この法律の施行に関し必要な事項は、法務省令で定める。

第八章　監　督

（決算関係書類等の提出）

第九十二条の二　組合は、毎事業年度、事業年度の終了後三月以内に、決算関係書類及び事業報告書並びにこれらの附属明細書を行政庁に提出しなければならない。

2　第三十一条の十第一項の規定により会計監査人の監査を要する組合が子会社等を有する場合には、当該組合は、毎事業年度、前項の書類のほか、当該組合及び当該子会社等の業務及び財産の状況を連結して記載した書類を作成し、行政庁に提出しなければならない。

3　前二項の書類の記載事項その他必要な事項は、厚生労働省令で定める。

（行政庁による報告の徴収）

第九十三条　行政庁は、組合に法令、法令に基づいてする行政庁の処分、定款若しくは規約を守らせるために必要があると認めるとき、又は組合の会計経理が著しく適正でないと認めるときは、組合からその業務又は会計の状況に関し報告を徴することができる。

第九十三条の二　行政庁は、組合に関する行政を適正に処理するために、組合から、毎年一回を限り（共済を図る事業を行う組合にあつては、必要に応じ）、その組合員、役員、使用人、事業の分量その他組合の一般的状況に関して必要な報告を徴することができる。

第九十三条の三　行政庁は、共済事業を行う組合の業務の健全かつ適切な運営を確保し、共済契約者等の保護を図るため必要があると認めるときは、当該組合に対し、その業務又は会計の状況に関し報告又は資料の提出を求めることができる。

2　行政庁は、共済事業を行う組合の業務の健全かつ適切な運営を確保し、共済契約者等の保護を図るため特に必要があると認めるときは、その必要の限度において、当該組合の子会社等又は当該組合から業務の委託を受けた者に対し、当該組合の業務又は会計の状況に関し参考となるべき報告又は資料の提出を求めることができる。

3　組合の子会社等又は当該組合から業務の委託を受けた者は、正当な理由があるときは、前項の規定による報告又は資料の提出を拒むことができる。

（行政庁による検査）

第九十四条　組合員が、総組合員の十分の一以上の同意を得て、組合の業務又は会計が法令、法令に基づいてする行政庁の処分、定款又は規約に違反する疑いがあることを理由として、検査を請求したときは、行政庁は、その組合の業務又は会計の状況を検査しなければならない。

2　行政庁は、組合に法令、法令に基づいてする行政庁の処分、定款若しくは規約を守らせるために必要があると認めるとき、又は組合の会計経理が著しく適正でないと認めるときは、いつでも、その組合の業務又は会計の状況を検査することができる。

3　行政庁は、共済事業を行う組合の業務の健全かつ適切な運営を確保し、共済契約者等の保護を図るため必要があると認めるときは、いつでも、当該組合の業務又は会計の状況を検査することができる。

4　行政庁は、責任共済等の事業を行う組合の業務又は会計の状況につき、毎年一回を常例として検査をしなければならない。

5　行政庁は、前各項の規定により共済事業を行う組合の業務又は会計の状況を検査する場合において特に必要があると認めるときは、その必要の限度において、当該組合の子会社等又は当該組合から業務の委託を受けた者の業務又は会計の状況を検査することができる。

6　前条第三項の規定は、前項の規定による子会社等又は当該組合から業務の委託を受けた者の検査について準用する。

7　第一項から第五項までの規定による検査をする職員は、その身分を示す証明書を携帯し、関係人の請求があつたときは、これを提示しなければならない。

8　第一項から第五項までの規定による検査の権限は、犯罪捜査のために認められたものと解してはならない。

（共済事業等に係る監督上の処分）

第九十四条の二　行政庁は、共済事業を行う組合の業務若しくは財産の状況に照らして、又は事情の変更により、共済事業を行う組合の業務の健全かつ適切な運営を確保し、共済契約者等の保護を図るため必要があると認めるときは、当該組合に対し、その必要の限度において、定款若しくは規約に定めた事項の変更又は業務執行の方法の変更を命ずることができる。

2　行政庁は、共済事業を行う組合の業務若しくは財産又は共済事業を行う組合及びその子会社等の財産の状況に照らして、当該組合の業務の健全かつ適切な運営を確保し、共済契約者等の保護を図るため必要があると認めるときは、当該組合に対し、措置を講ずべき事項及び期限を示して、経営の健全性を確保するための改善計画の提出を求め、若しくは提出された改善計画の変更を命じ、又はその必要の限度において、期限を付して当該組合の業務の全部若しくは一部の停止を命じ、若しくは財産の供託を命じ、若しくは財産の処分を禁止し、若しくは制限し、その他監督上必要な命令をすることができる。

3　前項の規定による命令（改善計画の提出を求めることを含む。）であつて、共済事業を行う組合の共済金等の支払能力の充実の状況によつて必要があると認めるときにするものは、これらの組合の共済金等の支払能力の充実の状況に係る区分に応じ厚生労働省令で定めるものでなければならない。

4　行政庁は、共済事業を行う組合の財産の状況が著しく悪化し、共済事業を継続することが共済契約者等の保護の見地から適当でないと認めるときは、当該組合の第四十条第五項の認可を取り消すことができる。

5　行政庁は、共済を図る事業を行う組合が法令若しくは法令に基づいてする行政庁の処分若しくは定款若しくは規約に定めた事項のうち特に重要なものに違反したとき、又は公益を害する行為をしたときは、当該組合の業務の全部若しくは一部の停止若しくは役員の解任を命じ、又は第四十条第五項若しくは第六項の認可を取り消すことができる。

（法令等の違反に対する処分）

第九十五条　行政庁は、第九十三条の規定により報告を徴し、又は第九十四条の規定による検査を行つた場合において、当該組合が、次の各号のいずれかに該当すると認めるときは、当該組合に対し、期間を定めて、必要な措置を採るべき旨を命ずることができる。

一　その業務又は会計が法令、法令に基づいてする行政庁の処分又は定款若しくは規約に違反していること。

二　正当な理由がなくて一年以上その事業を休止し、又は正当な理由がなくてその成立後一年以内にその事業を開始しないこと。

三　第一号に掲げるもののほか、その会計経理が著しく適正でないこと。

2　組合が前項の命令に従わないときは、行政庁は、当該組合に対し、その役員の解任を命じ、又は期間を定めて事業の全部若しくは一部の停止を命ずることができる。

3　行政庁は、組合の業務若しくは会計が法令若しくは法令に基づいてする行政庁の処分に違反し、又は組合が第一項第二号に掲げる事由に該当する場合において、同項の命令をしたにもかかわらず、組合がこれに従わないときは、その組合の解散を命ずることができる。

（聴聞の方法の特例）

第九十五条の二　前条第三項の規定による処分に係る行政手続法（平成五年法律第八十八号）第十五条第一項の通知は、聴聞の期日の二週間前までにしなければならない。

2　前項の聴聞の主宰者は、行政手続法第十七条第一項の規定により当該処分に係る利害関係人が当該聴聞に関する手続に参加することを求めたときは、これを許可しなければならない。

（行政庁による取消し）

第九十六条　組合員が総組合員の十分の一以上の同意を得て、総会の招集手続、議決の方法又は選挙が法令、法令に基づいてする行政庁の処分又は定款に違反することを理由として、その議決又は選挙若しくは当選決定の日から一月以内に、その議決又は選挙若しくは当選の取消しを請求した場合において、行政庁は、その違反の事実があると認めるときは、その議決又は選挙若しくは当選を取り消すことができる。

2　前項の規定による処分については、行政手続法第三章（第十二条及び第十四条を除く。）の規定は、適用しない。

（行政庁への届出）

第九十六条の二　共済事業を行う組合は、次の各号のいずれかに該当するときは、厚生労働省令で定めるところにより、その旨を行政庁に届け出なければならない。

一　共済代理店の設置又は廃止をしようとするとき。

二　共済計理人を選任したとき、又は共済計理人が退任したとき。

三　子会社等を新たに有することとなつたとき。

四　子会社等が子会社等でなくなつたとき。

五　第五十三条の二第一項又は第二項の規定により説明書類の縦覧を開始したとき。

六　その他厚生労働省令で定める場合に該当するとき。

（厚生労働省令への委任）

第九十六条の三　この法律に定めるもののほか、この法律の規定による認可、許可又は承認に関する申請の手続、書類の提出の手続その他この法律を実施するため必要な事項は、厚生労働省令で定める。

（所管行政庁）

第九十七条　この法律中「行政庁」とあるのは、地域又は職域が地方厚生局の管轄区域を超える組合については厚生労働大臣、その他の組合については主たる事務所の所在地を管轄する都道府県知事とする。

（都道府県が処理する事務）

第九十七条の二　この法律に規定する厚生労働大臣の権限に属する事務の一部は、政令で定めるところにより、都道府県知事が行うこととすることができる。

（権限の委任）

第九十七条の三　この法律に規定する厚生労働大臣の権限は、厚生労働省令で定めるところにより、地方厚生局長に委任することができる。

2　前項の規定により地方厚生局長に委任された権限は、厚生労働省令で定めるところにより、地方厚生支局長に委任することができる。

第九章　罰則

第九十八条　組合の役員がいかなる名義をもつてするを問わず、投機取引のために組合の財産を処分したときは、三年以下の懲役又は百万円以下の罰金（共済事業を行う組合の役員にあつては、三年以下の懲役又は三百万円以下の罰金）に処する。

2　前項の罪を犯した者には、情状により、懲役及び罰金を併科することができる。

3　第一項の規定は、刑法（明治四十年法律第四十五号）に正条がある場合には、適用しない。

第九十八条の二　第十二条の三第二項において準用する金融商品取引法（以下「準用金融商品取引法」という。）第三十九条第一項の規定に違反した者は、三年以下の懲役若しくは三百万円以下の罰金に処し、又はこれを併科する。

第九十八条の三　第五十三条の二第一項若しくは第二項の規定に違反してこれらの規定に規定する書類を公衆の縦覧に供せず、若しくは同条第四項の規定に違反して当該規定に規定する電磁的記録に記録された情報を電磁的方法により不特定多数の者が提供を受けることができる状態に置く措置として厚生労働省令で定めるものをとらず、又はこれらの規定に違反して、これらの書類若しくは電磁的記録に記載し、若しくは記録すべき事項を記載せず、若しくは記録せず、若しくは虚偽の記載をして公衆の縦覧に供し、若しくは虚偽の記録をした情報を電磁的方法により不特定多数の者が提供を受けることができる状態に置く措置をとつた者は、一年以下の懲役又は三百万円以下の罰金に処する。

第九十八条の四　準用金融商品取引法第三十九条第二項の規定に違反した者は、一年以下の懲役若しくは百万円以下の罰金に処し、又はこれを併科する。

第九十八条の五　前条の場合において、犯人又は情を知つた第三者が受けた財産上の利益は、没収する。その全部又は一部を没収することができないときは、その価額を追徴する。

2　金融商品取引法第二百九条の二及び第二百九条の三第二項の規定は、前項の規定による没収について準用する。この場合において、同法第二百九条の二第一項中「第百九十八条の二第一項又は第二百条の二」とあるのは「消費生活協同組合法第九十八条の五第一項」と、「この条、次条第一項及び第二百九条の四第一項」とあるのは「この項」と、「次項及び次条第一項」とあるのは「次項」と、同条第二項中「混和財産（第二百条の二の規定に係る不法財産が混和したものに限る。」」とあるのは「混和財産」と、同法第二百九条の三第二項中「第百九十八条の二第一項又は第二百条の二」とあるのは「消費生活協同組合法第九十八条の五第一項」と読み替えるものとする。

第九十八条の六 第十二条の二第三項において準用する保険業法第三百条第一項（ただし書を除く。）の規定に違反して、同項第一号から第三号までに掲げる行為をした者は、一年以下の懲役若しくは百万円以下の罰金に処し、又はこれを併科する。

第九十八条の七 被調査組合の役員若しくは使用人又はこれらの者であつた者が第五十三条の十一第一項の規定による報告をせず、若しくは虚偽の報告をし、又は同項の規定による検査を拒み、妨げ、若しくは忌避したときは、一年以下の懲役又は五十万円以下の罰金に処する。

第九十八条の八 第五十三条の十二の規定に違反した者は、一年以下の懲役又は五十万円以下の罰金に処する。

第九十八条の九 次の各号のいずれかに該当する者は、六月以下の懲役若しくは五十万円以下の罰金に処し、又はこれを併科する。

一　準用金融商品取引法第三十七条第一項（同項第二号を除く。）に規定する事項を表示せず、又は虚偽の表示をした者

二　準用金融商品取引法第三十七条第二項の規定に違反した者

三　準用金融商品取引法第三十七条の三第一項（同項第二号及び第六号を除く。）の規定に違反して、書面を交付せず、若しくは同項に規定する事項を記載しない書面若しくは虚偽の記載をした書面を交付した者又は同条第二項において準用する金融商品取引法第三十四条の二第四項に規定する方法により当該事項を欠いた提供若しくは虚偽の事項の提供をした者

四　準用金融商品取引法第三十七条の四第一項の規定による書面を交付せず、若しくは虚偽の記載をした書面を交付した者又は同条第二項において準用する金融商品取引法第三十四条の二第四項に規定する方法により虚偽の事項の提供をした者

第九十九条 組合が第九十五条第二項の停止命令に違反して事業を行つたときは、その組合及び理事を五十万円以下の罰金に処する。

2　第九十三条若しくは第九十三条の三の規定による報告若しくは資料の提出をせず、若しくは虚偽の報告若しくは資料の提出をし、又は第九十四条の規定による検査を拒み、妨げ、若しくは忌避した者は、三十万円以下の罰金（共済事業を行う組合若しくはその子会社等又は共済代理店に係る報告若しくは資料の提出又は

検査にあつては、一年以下の懲役又は三百万円以下の罰金）に処する。

第九十九条の二　第二十六条第六項において準用する会社法第九百五十五条第一項の規定に違反して、調査記録簿等（同項に規定する調査記録簿等をいう。以下この条において同じ。）に同項に規定する電子公告調査に関し法務省令で定めるものを記載せず、若しくは記録せず、若しくは虚偽の記載若しくは記録をし、又は同項の規定に違反して調査記録簿等を保存しなかつた者は、三十万円以下の罰金に処する。

第九十九条の三　法人（法人でない団体で代表者又は管理人の定めのあるものを含む。以下この項において同じ。）の代表者又は法人若しくは人の代理人、使用人その他の従業者が、その法人又は人の業務に関し、次の各号に掲げる規定の違反行為をしたときは、行為者を罰するほか、その法人に対して当該各号に定める罰金刑を、その人に対して各本条の罰金刑を科する。

一　第九十八条の二　三億円以下の罰金刑

二　第九十八条の三　二億円以下の罰金刑

三　第九十九条第二項　三十万円以下の罰金刑（共済事業を行う組合若しくはその子会社等又は共済代理店にあつては、二億円以下の罰金刑）

四　第九十八条の四　一億円以下の罰金刑

五　第九十八条の六、第九十八条の九又は前条　各本条の罰金刑

2　前項の規定により法人でない団体を処罰する場合には、その代表者又は管理人がその訴訟行為につきその団体を代表するほか、法人を被告人又は被疑者とする場合の刑事訴訟に関する法律の規定を準用する。

第九十九条の四　次の各号のいずれかに該当する者は、百万円以下の過料に処する。

一　第二十六条第六項において準用する会社法第九百四十六条第三項の規定に違反して、報告をせず、又は虚偽の報告をした者

二　正当な理由がないのに、第二十六条第六項において準用する会社法第九百五十一条第二項各号又は第九百五十五条第二項各号に掲げる請求を拒んだ者

第百条　次に掲げる場合には、組合の理事若しくは監事、清算人又は会計監査人は、二十万円以下の過料に処する。

一　この法律の規定に基づいて組合が行うことができる事業以外の事業を行つたとき。

二　第十二条第三項の規定に違反したとき。

三　第十五条の規定に違反したとき。

四　第二十条第二項又は第三十三条第三項の規定に違反したとき。

五　第二十五条の二第二項、第二十六条の五第一項、第三十条の七第一項若しくは第二項、第三十一条の

九第九項（第七十三条において準用する場合を含む。）若しくは第十項、第四十五条第二項若しくは第三項、第四十九条第一項（第五十条の二第四項、第六十八条第五項、第六十八条の二第七項及び第六十八条の三第五項において準用する場合を含む。）、第五十三条の九第一項、第六十八条第一項、第六十八条の二第一項若しくは第九項、第六十八条の三第一項又は第六十八条の四第七項の規定に違反して、書類若しくは電磁的記録を備え置かず、その書類若しくは電磁的記録に記載し、若しくは記録すべき事項を記載せず、若しくは記録せず、又は虚偽の記載若しくは記録をしたとき。

六　第二十五条の二第三項、第二十六条の五第二項、第三十条の七第三項、第三十一条の九第十一項、第三十二条第三項、第四十五条第四項、第四十九条第二項、第五十三条の九第二項、第六十八条第二項、第六十八条の二第二項、第六十八条の三第二項又は第六十八条の四第八項の規定に違反して、正当な理由がないのに、書類若しくは電磁的記録に記録された事項を厚生労働省令で定める方法により表示したものの閲覧若しくは謄写又は書類の謄本若しくは抄本の交付、電磁的記録に記録された事項を電磁的方法により提供すること若しくはその事項を記載した書面の交付を拒んだとき。

七　第二十六条第六項において準用する会社法第九百四十一条の規定に違反して、同条の調査を求めなかつたとき。

八　第二十六条の三第一項、第二十六条の四、第五十条の三、第五十条の四、第五十条の七から第五十条の九まで又は第五十条の十四の規定に違反したとき。

九　第二十八条第四項の規定に違反して、同項に規定する者に該当する者を監事に選任しなかつたとき。

十　第二十八条第六項に規定する常勤の監事を定める手続をしなかつたとき。

十一　第二十九条の規定に違反したとき。

十二　第三十条の三第三項において準用する会社法第三百四十三条第二項の規定による請求があつた場合において、その請求に係る事項を総会の目的とせず、又はその請求に係る議案を総会に提出しなかつたとき。

十三　第三十条の三第三項において準用する会社法第三百八十一条第二項若しくは第三百八十四条の規定又は第七十三条において準用する同法第三百八十一条第二項、第三百八十四条若しくは第四百九十二条第一項の規定による調査を妨げたとき。

十四　第三十条の五第三項、第三十一条の九第一項、第三十二条第一項、第四十五条第一項若しくは第五十六条第四項の規定又は第七十三条において準用する会社法第四百九十二条第一項若しくは第五百七条第一項に掲げる書類に記載すべき事項を記載せず、又は不正の記載をしたとき。
十五　第三十一条（第七十三条において準用する場合を含む。）の規定に違反したとき。
十六　第三十一条の二第一項（第七十三条において準用する場合を含む。）又は第三十一条の三第五項の規定による開示をすることを怠つたとき。
十七　第三十一条の二第三項（第七十三条において準用する場合を含む。）又は第三十一条の六第四項の規定に違反して、理事会に報告せず、又は虚偽の報告をしたとき。
十八　第三十一条の十第三項又は第三十一条の十一第二項において準用する会社法第三百四十条第三項の規定により報告するに当たり、総会に対し、虚偽の申述を行い、又は事実を隠蔽したとき。
十九　第三十一条の十第三項において準用する会社法第三百九十六条第二項の規定に違反して、正当な理由がないのに、書面又は電磁的記録に記録された事項を厚生労働省令で定める方法により表示したものの閲覧又は謄写を拒んだとき。
二十　第三十一条の十第三項において準用する会社法第三百九十八条第二項の規定により意見を述べるに当たり、通常総会に対し、虚偽の申述を行い、又は事実を隠蔽したとき。
二十一　第三十一条の十一第一項の規定に違反したとき。
二十二　第三十四条の規定、第三十五条第二項若しくは第三十六条第二項（これらの規定を第三十三条第四項及び第七十三条において準用する場合を含む。）の規定又は第四十七条の二第二項若しくは第四項の規定に違反したとき。
二十三　第四十条第八項、第六十四条第二項又は第九十六条の二の規定に違反して、届出をせず、又は虚偽の届出をしたとき。
二十四　第四十三条（第七十三条において準用する場合を含む。）の規定に違反して、正当な理由がないのに、説明をしなかつたとき。
二十五　第四十七条の二第一項、第五十三条の八第二項、第五十三条の十四第一項又は第五十三条の十五第二項の規定に違反して、通知することを怠り、又は不正の通知をしたとき。
二十六　第四十九条又は第四十九条の二第二項（これらの規定を第五十条の二第四項、第六十八条第五項、第六十八条の二第七項及び第六十八条の三第五項において準用する場合を含む。）の規定に違反して、出資一口の金額を減少し、共済事業の全部若しくは一部を譲渡し、共済事業に係る財産を移転し、又は合併したとき。

二十七　第四十九条第三項（第五十条の二第四項、第六十八条第五項、第六十八条の二第七項及び第六十八条の三第五項において準用する場合を含む。）、第五十三条の十四第一項若しくは第五十三条の十五第一項の規定又は第七十三条において準用する会社法第四百九十九条第一項の規定による公告を怠り、又は不正の公告をしたとき。

二十八　第五十条の十一第一項の規定に違反して、共済計理人の選任手続をせず、又は同条第二項の厚生労働省令で定める要件に該当する者でない者を共済計理人に選任したとき。

二十九　第五十条の十三、第五十三条の五又は第九十四条の二第一項若しくは第二項の規定による命令（改善計画の提出を求めることを含む。）に違反したとき。

三十　第五十一条の四又は第五十二条の規定に違反したとき。

三十一　第五十三条の八第二項の規定に違反して、総会を招集しなかつたとき。

三十二　第五十三条の十四第二項の規定による付記をせず、又は虚偽の付記をしたとき。

三十三　第五十三条の十四第三項の規定に違反したとき。

三十四　第五十三条の十六第一項の規定に違反して、同項に規定する子会社対象会社以外の第五十三条の十七第一項に規定する特定会社を子会社としたとき。

三十五　第五十三条の十七第一項若しくは第二項ただし書（第五十三条の十九第二項において準用する場合を含む。）又は第五十三条の十九第一項の規定に違反したとき。

三十六　第五十三条の十七第三項又は第五項（これらの規定を第五十三条の十九第二項において準用する場合を含む。）の規定により付した条件に違反したとき。

三十七　第五十三条の十八第一項の規定に違反して、同項に規定する子会社対象会社以外の会社を子会社としたとき。

三十八　第七十三条において準用する会社法第四百八十四条第一項の規定に違反して、破産手続開始の申立てを怠つたとき。

三十九　清算の結了を遅延させる目的で、第七十三条において準用する会社法第四百九十九条第一項の期間を不当に定めたとき。

四十　第七十三条において準用する会社法第五百条第一項の規定に違反して、債務の弁済をしたとき。

四十一　第七十三条において準用する会社法第五百二条の規定に違反して、組合の財産を分配したとき。
四十二　第九十二条の二第一項又は第二項の規定に違反して、書類を提出せず、又は虚偽の書類提出したとき。
四十三　第九十三条の二の規定による報告をせず、又は虚偽の報告をしたとき。
四十四　この法律の規定による登記をすることを怠つたとき。

2　共済調査人が、第五十三条の十第二項の期限までに調査の結果の報告をしないときも、前項と同様とする。

3　会社法第九百七十六条に規定する者が、第三十条の三第三項において準用する同法第三百八十一条第三項の規定による調査を妨げたときも、第一項と同様とする。

第百条の二　組合の理事であつて第十二条第六項の規定による命令に違反した者は、二十万円以下の過料に処する。

第百条の三　共済代理店が、第十二条の二第三項において準用する保険業法第三百五条第一項の規定による報告若しくは資料の提出をせず、若しくは虚偽の報告若しくは資料の提出をし、若しくは質問に対して答弁をせず、若しくは虚偽の答弁をし、若しくは同項の規定による検査を拒み、妨げ、若しくは忌避し、又は第十二条の二第三項において準用する同法第三百六条若しくは第三百七条第一項の規定による命令に違反したときは、二十万円以下の過料に処する。

第百一条　第三条第二項の規定に違反した者は、これを十万円以下の過料に処する。

第十章　没収に関する手続等の特例

（第三者の財産の没収手続等）

第百一条の二　第九十八条の五第一項の規定により没収すべき財産である債権等（不動産及び動産以外の財産をいう。次条及び第百一条の四において同じ。）が被告人以外の者（以下この条において「第三者」という。）に帰属する場合において、当該第三者が被告事件の手続への参加を許されていないときは、没収の裁判をすることができない。

2　第九十八条の五第一項の規定により、地上権、抵当権その他の第三者の権利がその上に存在する財産を没収しようとする場合において、当該第三者が被告事件の手続への参加を許されていないときも、前項と同様とする。

3　金融商品取引法第二百九条の四第三項から第五項までの規定は、地上権、抵当権その他の第三者の権利がその上に存在する財産を没収する場合において、第九十八条の五第二項において準用する同法第二百九条の三第二項の規定により当該権利を存続させるべきときについて準用する。この場合において、同法第二百九条の四第三項及び第四項中「前条第二項」とあるのは、「消費生活協同組合法第九十八条の五第二項において準用する前条第二項」と読み替えるものとする。

4　第一項及び第二項に規定する財産の没収に関する手続については、この法律に特別の定めがあるもののほか、刑事事件における第三者所有物の没収手続に関する応急措置法（昭和三十八年法律第百三十八号）の規定を準用する。

（没収された債権等の処分等）

第百一条の三　金融商品取引法第二百九条の五第一項の規定は第九十八条の四の罪に関し没収された債権等について、同法第二百九条の五第二項の規定は第九十八条の四の罪に関し没収すべき債権の没収の裁判が確定したときについて、同法第二百九条の六の規定は権利の移転について登記又は登録を要する財産を第九十八条の四の罪に関し没収する裁判に基づき権利の移転の登記又は登録を関係機関に嘱託する場合について、それぞれ準用する。

（刑事補償の特例）

第百一条の四　第九十八条の四の罪に関し没収すべき債権等の没収の執行に対する刑事補償法（昭和二十五年法律第一号）による補償の内容については、同法第四条第六項の規定を準用する。

附　則（略）

消費生活協同組合法施行令

（平成十九年十二月十四日政令第三百七十三号）

内閣は、消費生活協同組合法（昭和二十三年法律第二百号）第十条第三項、第十二条の二第一項、第十二条の三第二項、第二十八条第四項、第三十条の三第三項、第三十一条の八第一項、第二項及び第三項、第四十九条第三項（同法第五十条の二第四項、第六十八条第四項、第六十八条の二第六項及び第六十八条の三第四項において準用する場合を含む。）、第五十条の五、第五十一条第一項、第五十三条の四第四項、第五十三条の六第二項、第五十四条の二第一項、第七十三条並びに第九十条第一項及び第四項、同法第十二条の二第三項において準用する保険業法（平成七年法律第百五号）第三百九条第一項第六号及び第二項並びに消費生活協同組合法第十二条の三第二項において準用する金融商品取引法（昭和二十三年法律第二十五号）第三十四条の二第四項（同法第三十四条の四第三項、第三十七条の三第二項及び第三十七条の四第二項において準用する場合を含む。）、第三十四条の三第三項（同法第三十四条の四第四項において準用する場合を含む。）及び第三十七条第一項第三号の規定に基づき、この政令を制定する。

（兼業の制限の対象となる共済事業を行う消費生活協同組合の範囲に係る基準）

第一条　共済掛金の総額に係る消費生活協同組合法（以下「法」という。）第十条第三項の政令で定める基準は、当該事業年度の前々事業年度の年間収受共済掛金総額（一事業年度において収受した共済掛金又は収受すべきことの確定した共済掛金（当該共済掛金のうちに払い戻したもの又は払い戻すべきものがある場合には、その金額を控除した金額）その他厚生労働省令で定めるものの合計額から当該事業年度において支払った解約返戻金又は支払うべきことの確定した解約返戻金の合計額を控除した額をいう。以下この項において同じ。）及び前事業年度の年間収受共済掛金総額がそれぞれ十億円であることとする。

2　共済金額に係る法第十条第三項の政令で定める基準は、一の被共済者当たりの共済金額が百万円であることとする。

（共済契約の締結の代理又は媒介の業務の委託を受ける者）

第二条　法第十二条の二第一項の政令で定める者は、労働金庫（共済契約の締結の代理又は媒介の業務を委託する組合（法第四条に規定する組合をいう。以下同じ。）が会員となっているものに限る。）とする。

（共済契約の申込みの撤回等ができない場合）

第三条　法第十二条の二第三項において準用する保険業法第三百九条第一項第六号に規定する政令で定める場合は、次に掲げる場合とする。

一　申込者等（共済事業（法第十条第二項に規定する共済事業をいう。以下同じ。）を行う組合に対し共済契約の申込みをした者又は共済契約者をいう。以下同じ。）が、共済事業を行う組合又は共済代理店（法第十二条の二第三項に規定する共済代理店をいう。以下この条において同じ。）に対し、あらかじめ日を通知してその営業所、事務所その他これらに準ずる場所（以下この号及び次号において「営業所等」という。）を訪問し、かつ、当該通知し、又は訪問した際に自己の訪問が共済契約の申込みをするためのものであることを明らかにした上で、当該営業所等において当該共済契約の申込みをした場合

二　申込者等が、自ら指定した場所（共済事業を行う組合又は共済代理店の営業所等及び当該申込者等の居宅を除く。）において共済契約の申込みをすることを請求した場合において、当該共済契約の申込みをしたとき。

三　申込者等が、郵便その他の厚生労働省令で定める方法により共済契約の申込みをした場合

四　申込者等が、共済契約に係る共済掛金又はこれに相当する金銭の払込みを共済事業を行う組合又は共

済代理店の預金又は貯金の口座への振込みにより行った場合（当該共済契約の相手方である共済事業を行う組合若しくは当該共済契約に係る共済募集を行った共済代理店又はこれらの役員若しくは使用人に依頼して行った場合を除く。）

五　申込者等が、共済事業を行う組合の指定する医師による被共済者の診査をその成立の条件とする共済契約の申込みをした場合において、当該診査が終了したとき。

六　当該共済契約が、勤労者財産形成促進法（昭和四十六年法律第九十二号）第六条に規定する勤労者財産形成貯蓄契約、勤労者財産形成年金貯蓄契約又は勤労者財産形成住宅貯蓄契約であるとき。

七　当該共済契約が、金銭消費貸借契約、賃貸借契約その他の契約に係る債務の履行を担保するための共済契約であるとき。

八　当該共済契約が、既に締結されている共済契約（以下この号において「既契約」という。）の更改（共済金額その他の給付の内容又は共済期間の変更に係るものに限る。）若しくは更新に係るもの又は既契約の共済金額、共済期間その他の内容の変更に係るものであるとき。

（共済契約の申込みの撤回等に係る情報通信の技術を利用する方法）

第四条　共済事業を行う組合は、法第十二条の二第三項において準用する保険業法第三百九条第二項の規定により同項に規定する事項を提供しようとするときは、厚生労働省令で定めるところにより、あらかじめ、当該申込者等に対し、その用いる同項前段に規定する方法（以下この条において「電磁的方法」という。）の種類及び内容を示し、書面又は電磁的方法による承諾を得なければならない。

2　前項の規定による承諾を得た共済事業を行う組合は、当該申込者等から書面又は電磁的方法により電磁的方法による提供を受けない旨の申出があったときは、当該申込者等に対し、法第十二条の二第三項において準用する保険業法第三百九条第二項に規定する事項の提供を電磁的方法によってしてはならない。ただし、当該申込者等が再び前項の規定による承諾をした場合は、この限りでない。

（特定共済契約の相手方に対する情報通信の技術を利用する方法による提供の承諾等）

第五条　共済事業を行う組合は、法第十二条の三第二項において準用する金融商品取引法（以下「準用金融商品取引法」という。）第三十四条の二第四項（準用金融商品取引法第三十四条の三第十二項（準用金融商品取引法第三十四条の四第六項において準用する場合を含む。）、第三十四条の四第三項、第三十七条の三第二項及び第三十七条の四第二項において準用する場合を含む。以下この条において同じ。）の規定により準用金融商品取引法第三十四条の二第四項に規定する事項を提供しようとするときは、厚生労働省令で定めるところにより、あらかじめ、当該事項を提供する相手方に対し、その用いる同項前段に規定する方法（以下この条において「電磁的方法」という。）の種類及び内容を示し、書面又は電磁的方法による承諾を得なければならない。

2　前項の規定による承諾を得た共済事業を行う組合は、当該相手方から書面又は電磁的方法により電磁的方法による提供を受けない旨の申出があったときは、当該相手方に対し、準用金融商品取引法第三十四条の二第四項に規定する事項の提供を電磁的方法によってしてはならない。ただし、当該相手方が再び前項の規定による承諾をした場合は、この限りでない。

（特定共済契約の相手方からの情報通信の技術を利用する方法による同意の取得の承諾等）

第六条　共済事業を行う組合は、準用金融商品取引法第三十四条の二第十二項（準用金融商品取引法第三十四条の三第三項（準用金融商品取引法第三十四条の四第六項において準用する場合を含む。）において準用する場合を含む。以下この条において同じ。）の規定により準用金融商品取引法第三十四条の二第十二項に規定する同意を得ようとするときは、厚生労働省令で定めるところにより、あらかじめ、当該同意を得ようとする相手方に対し、その用いる同項前段に規定する方法（以下この条において「電磁的方法」という。）の種類及び内容を示し、書面又は電磁的方法による承諾を得なければならない。

2　前項の規定による承諾を得た共済事業を行う組合は、当該相手方から書面又は電磁的方法により電磁的方法による同意を行わない旨の申出があったときは、当該相手方に対し、準用金融商品取引法第三十四条の二第十二項に規定する同意の取得を電磁的方法によってしてはならない。ただし、当該相手方が再び前項の規定による承諾をした場合は、この限りでない。

（特定共済契約に関して利用者の判断に影響を及ぼす重要事項）

第七条　準用金融商品取引法第三十七条第一項第三号に規定する政令で定めるものは、次に掲げるものとする。

一　特定共済契約（法第十二条の三第一項に規定する特定共済契約をいう。次号において同じ。）に関して利用者が支払うべき手数料、報酬その他の対価に関する事項であって厚生労働省令で定めるもの

二　利用者が行う特定共済契約の締結について金利、通貨の価格、金融商品取引法第二条第十四項に規定する金融商品市場における相場その他の指標に係る

変動を直接の原因として損失（当該特定共済契約が締結されることにより利用者の支払う共済掛金の合計額が当該特定共済契約が締結されることにより当該利用者の取得する共済金等（法第五十条の五に規定する共済金等をいう。以下この号において同じ。）の合計額を上回る場合における当該共済掛金の合計額から当該共済金等の合計額を控除した金額をいう。以下この号において同じ。）が生ずることとなるおそれがある場合にあっては、次に掲げる事項

イ　当該指標

ロ　当該指標に係る変動により損失が生ずるおそれがある旨及びその理由

三　前二号に掲げる事項に準ずるものとして厚生労働省令で定める事項

（特定共済契約の締結について準用する金融商品取引法の規定の読替え）

第八条　法第十二条の三第二項の規定により金融商品取引法第三十四条、第三十七条第一項第一号及び第三十七条の三第一項第一号の規定を準用する場合においては、同法第三十四条中「同条第三十一項第四号」とあるのは「第二条第三十一項第四号」と、同法第三十七条第一項第一号及び第三十七条の三第一項第一号中「商号、名称又は氏名」とあるのは「名称」と読み替えるものとする。

（組合員等以外の者からの監事の選任を要する組合の範囲）

第九条　法第二十八条第四項の政令で定める基準は、最終の貸借対照表（法第三十一条の十第二項において準用する会社法（平成十七年法律第八十六号）第四百三十九条前段に規定する場合にあっては、同項において準用する同条の規定により通常総会に報告された貸借対照表をいい、組合の成立後最初の通常総会までの間においては、法第三十一条の九第一項の貸借対照表をいう。第十一条において同じ。）の負債の部に計上した額の合計額が二百億円であることとする。

（役員の職務及び権限について準用する会社法の規定の読替え）

第十条　法第三十条の三第三項の規定により組合の役員の職務及び権限について会社法の規定を準用する場合におけるこれらの規定に係る技術的読替えは、次の表のとおりとする。

読み替える会社法の規定	読み替えられる字句	読み替える字句
第三百八十一条第三項	子会社に	子会社（消費生活協同組合法第二十八条第五項に

		規定する子会社をいい、共済事業（同法第十条第二項に規定する共済事業をいう。）を行う組合にあっては、同法第五十三条の二第二項に規定する子会社等をいう。以下同じ。）に
第三百八十六条第一項	第三百四十九条第四項、第三百五十三条及び第三百六十四条	消費生活協同組合法第三十条の九第二項
第三百八十六条第二項	第三百四十九条第四項	消費生活協同組合法第三十条の九第二項

（会計監査人の監査を要する共済事業を行う消費生活協同組合の範囲）

第十一条　法第三十一条の十第一項の政令で定める基準は、最終の貸借対照表の負債の部に計上した額の合計額が二百億円であることとする。

（会計監査人の監査を要する組合等について準用する会社法の規定の読替え）

第十二条　法第三十一条の十第二項の規定により会計監査人の監査を要する組合について会社法の規定を準用する場合におけるこれらの規定に係る技術的読替えは、次の表のとおりとする。

読み替える会社法の規定	読み替えられる字句	読み替える字句
第四百三十九条	第四百三十六条第三項	消費生活協同組合法第三十一条の九第六項
	計算書類が	決算関係書類（同条第二項に規定する決算関係書類をいう。）が
	前条第二項	同条第八項
	計算書類の	決算関係書類の
第四百四十四条第一項、第二項、第四項	連結計算書類	連結決算関係書類

から第六項まで及び第七項（第二号を除く。）		
第四百四十四条第一項	企業集団	集団

2　法第三十一条の十第三項の規定により会計監査人について会社法の規定を準用する場合におけるこれらの規定に係る技術的読替えは、次の表のとおりとする。

読み替える会社法の規定	読み替えられる字句	読み替える字句
第三百三十七条第三項第一号	第四百三十五条第二項に規定する計算書類	決算関係書類（消費生活協同組合法第三十一条の九第二項に規定する決算関係書類をいう。第三百九十六条第一項において同じ。）
第三百三十七条第三項第二号	子会社	子会社等（消費生活協同組合法第五十三条の二第二項に規定する子会社等をいう。以下同じ。）
第三百九十六条第一項	次章の定めるところ	消費生活協同組合法第三十一条の十第一項の規定及び同条第二項において準用する第四百四十四条第一項の規定
	計算書類及びその附属明細書、臨時計算書類並びに連結計算書類	決算関係書類及び連結決算関係書類（当該組合及びその子会社等から成る集団の財産及び損益の状況を示すために必要かつ適当なものとして厚生労働省令で定めるものをいう。）
第三百九十六条第三項、第四項並びに第五項第二号及び第三号	子会社	子会社等

（出資一口の金額の減少等の場合に各別に異議の催告をすることを要しない債権者）

第十三条　法第四十九条第三項（法第五十条の二第四項、第六十八条第五項、第六十八条の二第七項及び第六十八条の三第五項において準用する場合を含む。）の政令で定める債権者は、共済契約に係る債権者とする。

（健全性の基準の対象となる共済事業を行う消費生活協同組合の範囲に係る基準）

第十四条　法第五十条の五の政令で定める基準は、事業年度の開始の時における組合員の総数が千人であることとする。

（組合が貸付事業を適正に実施するために必要な純資産額等）

第十五条　法第五十一条第一項の政令で定める基準は、事業年度の開始の時における組合員の総数が千人であることとする。

2　法第五十一条第一項の政令で定める金額は、五千万円とする。

（変更対象外契約の範囲）

第十六条　法第五十三条の四第四項の政令で定める共済契約は、次に掲げる共済契約とする。

一　契約条件の変更の基準となる日（次号において「基準日」という。）において既に共済事故が発生している共済契約（当該共済事故に係る共済金の支払により消滅することとなるものに限る。）

二　基準日において既に共済期間が終了している共済契約（基準日において共済期間の中途で解約その他の共済契約の終了の事由が発生しているものを含み、前号に掲げるものを除く。）

（契約条件の変更の限度）

第十七条　法第五十三条の六第二項の政令で定める率は、年百分の三とする。

（共済事業を行う組合の出資の総額）

第十八条　法第五十四条の二第一項の政令で定める基準は、事業年度の開始の時における組合員の総数が千人であることとする。

（組合の解散及び清算等について準用する会社法の規定の読替え）

第十九条　法第七十三条の規定により組合の解散及び清算について会社法の規定を準用する場合におけるこれらの規定に係る技術的読替えは、次の表のとおりとする。

読み替える会社法の規定	読み替えられる字句	読み替える字句
第四百七十	第一項及び第二	消費生活協同組合法第

八条第四項	項	七十二条の規定及び同法第七十三条において準用する第二項
	第四百七十五条第二号又は第三号	第四百七十五条第二号
第四百七十九条第一項	前条第二項から第四項まで	前条第二項及び第四項
第四百八十三条第五項及び第四百八十五条	第四百七十八条第二項から第四項まで	第四百七十八条第二項及び第四項
第四百九十二条第一項	清算人（清算人会設置会社にあっては、第四百八十九条第七項各号に掲げる清算人）	清算人
第四百九十二条第一項及び第四百九十九条第一項	第四百七十五条各号	第四百七十五条第一号及び第二号
第八百七十一条第二号	第八百七十四条各号	第八百七十四条第一号及び第四号
第八百七十二条第四号	第八百七十条第一項各号	第八百七十条第一項第一号及び第二号
	同項第一号、第三号及び第四号	同項第一号
	、当該各号	、同号

2　法第七十三条の規定により組合の清算人について会社法の規定を準用する場合におけるこれらの規定に係る技術的読替えは、次の表のとおりとする。

読み替える会社法の規定	読み替えられる字句	読み替える字句
第三百八十六	第三百四十九条	消費生活協同組合法

条第一項	第四項、第三百五十三条及び第三百六十四条	第七十三条において準用する同法第三十条の九第二項
第三百八十六条第二項	第三百四十九条第四項	消費生活協同組合法第七十三条において準用する同法第三十条の九第二項
第五百八条第一項	清算人（清算人会設置会社にあっては、第四百八十九条第七項各号に掲げる清算人）	清算人

（組合の総会又は創立総会の決議の不存在若しくは無効の確認又は取消しの訴えに係る請求を認容する判決が確定した場合について準用する会社法の規定の読替え）

第二十条　法第九十条第一項の規定により組合の総会又は創立総会の決議の不存在若しくは無効の確認又は取消しの訴えに係る請求を認容する判決が確定した場合について会社法第九百三十七条第一項（第一号トに係る部分に限る。）の規定を準用する場合においては、同項中「第九百三十条第二項各号」とあるのは、「消費生活協同組合法第八十一条第二項各号」と読み替えるものとする。

（組合の合併の無効の訴えに係る請求を認容する判決が確定した場合について準用する会社法の規定の読替え）

第二十一条　法第九十条第四項の規定により組合の合併の無効の訴えに係る請求を認容する判決が確定した場合について会社法第九百三十七条第四項の規定を準用する場合においては、同項中「同項各号」とあるのは「同項第二号及び第三号」と、「組織変更、合併又は会社分割」とあるのは「合併」と、「第九百三十条第二項各号」とあるのは「消費生活協同組合法第八十一条第二項各号」と、「前項各号」とあるのは「前項第二号及び第三号」と読み替えるものとする。

附　則（略）

消費生活協同組合法施行規則

（昭和二十三年九月三十日大蔵省・法務庁・厚生省・農林省令第一号）

目次

第一章　通　則

（申請書）

第一条　消費生活協同組合及び消費生活協同組合連合会（以下「組合」と総称する。）が、消費生活協同組合法（昭和二十三年法律第二百号。以下「法」という。）の規定により認可又は許可を受けようとするときは、申請書を提出しなければならない。

（区域を越えて設立することができる場合）

第一条の二　法第五条第二項本文に規定する厚生労働省令で定める場合は、当該消費生活協同組合が、次の第一号及び第二号に掲げる事業を併せ行う場合とする。ただし、当該消費生活協同組合がこれらの事業と法第十条第二項に規定する共済事業（以下「共済事業」という。）とを併せ行う場合は、この限りでない。

一　第五十一条第十二項第一号に掲げる者の経済生活の再生を図る事業（次のイ及びロに掲げる方法により行うものに限り、隣接都府県等（当該消費生活協同組合の主たる事務所の所在地の都府県に隣接する都府県又は当該隣接する都府県の区域内の市町村をいう。次号において同じ。）において行うものにあつては、当該隣接都府県等の協力を得るとともに、同項第一号に掲げる者の債務の整理が確実に行われるための態勢を整備した上で行うものに限る。）

イ　第五十一条第一項第三十号に掲げる措置を講ずること。

ロ　第五十一条第九項第二号に掲げる契約を締結すること。

二　第五十一条第十二項第二号に掲げる者の経済生活の再生を図る事業（次のイ及びロに掲げる方法により行うものに限り、隣接都府県等において行うものにあつては、当該隣接都府県等の協力を得て行うものに限る。）

イ　第五十一条第一項第三十号に掲げる措置を講ずること。

ロ　第五十一条第九項第七号に掲げる契約を締結すること。

（区域を越えて設立できない場合）

第二条　法第五条第二項ただし書に規定する厚生労働省令で定める場合は、当該消費生活協同組合が共済事業を行う場合とする。

第二章　事　業

（共済事業）

第三条　法第十条第二項に規定する組合員（法第九条に規定する組合員をいう。以下同じ。）の保護を確保することが必要なものとして厚生労働省令で定めるものは、一の被共済者当たりの共済金額が十万円を超える共済契約の締結を行う事業とする。

(保険会社の業務の代理又は事務の代行)

第四条　法第十条第二項に規定する厚生労働省令で定める業務の代理又は事務の代行は、次に掲げるものとする。

一　保険募集（保険業法（平成七年法律第百五号）第二条第二十六項に規定する保険募集をいう。以下同じ。）

二　前号の業務に関連する電子計算機に関する事務（電子計算機を使用することにより機能するシステムの設計若しくは保守又はプログラムの設計、作成若しくは保守を行う業務を含む。）であつて、共済事業又は受託共済事業（法第十条第二項に規定する受託共済事業をいう。以下同じ。）を行う組合が保険会社（保険業法第二条第二項に規定する保険会社をいう。以下同じ。）の委託を受けて行うもの

(他の事業を行う場合の行政庁の承認)

第五条　法第十条第三項ただし書に規定する承認（消費生活協同組合の行う共済事業が、共済事業を行う他の組合との契約により連帯して共済契約による共済責任を負担し、かつ、当該共済責任について負担部分を有しない場合に限る。）を受けようとするときは、申請書に次に掲げる書類を添えて行政庁に提出しなければならない。

一　承認申請に係る事業の内容を記載した書面

二　承認申請に係る事業に係る三事業年度の事業計画書

三　承認申請に係る事業に係る三事業年度の収支予算書

四　承認申請を行う組合の共済事業に係る共済事業規約

五　その他参考となるべき事項を記載した書類

(員外利用の正当な理由)

第六条　法第十二条第三項第一号に規定する厚生労働省令で定める正当な理由がある場合は、組合が自動車損害賠償保障法（昭和三十年法律第九十七号）第五条に規定する自動車損害賠償責任共済の契約（以下「責任共済契約」という。）を締結している場合であつて、次の各号のいずれかに該当する場合とする。ただし、当該責任共済契約の残存期間に限る。

一　責任共済契約又は責任共済契約が締結されている自動車が当該組合の組合員でない者に相続された場合

二　責任共済契約の契約者の名義が当該組合の組合員でない者の名義に変更された場合

三　責任共済契約が締結されている自動車が当該組合

の組合員でない者に譲渡された場合
四　法第十九条第一項又は第二十条第一項の規定により組合員が脱退した場合
五　法第五十条の二第一項の規定により責任共済等（法第二十六条の三第二項に規定する責任共済等をいう。以下同じ。）の事業（この事業に附帯する事業を含む。）の全部若しくは一部が譲渡された場合又は法第五十条の二第二項の規定により責任共済等の共済契約の全部が包括して他の組合に移転された場合

（組合員以外の者に特定の物品を供給することのできる事業）

第七条　法第十二条第三項第四号に規定する厚生労働省令で定める事業は、次に掲げる事業とする。
一　酒税法（昭和二十八年法律第六号）第二条第一項に規定する酒類を供給する事業
二　たばこ事業法（昭和五十九年法律第六十八号）第二条第三号に規定する製造たばこを供給する事業
三　ガス又は水道水を供給する事業

（組合員以外の者に利用させることのできる施設）

第八条　法第十二条第三項第五号に規定する厚生労働省令で定める施設は、次に掲げる施設とする。
一　体育施設
二　教養文化施設

（利用分量割合）

第九条　法第十二条第四項に規定する厚生労働省令で定める割合は、次の各号に掲げる事業の区分に応じ、当該各号に定める割合とする。
一　法第十条第一項第一号の事業　百分の二十
二　法第十条第一項第六号の事業　百分の百
三　法第十条第一項第七号の事業　百分の百
2　第十一条第二号及び第三号に定める事業における組合員以外の者の利用割合は、次の各号に掲げる事業の区分に応じ、当該各号に定める割合とする。
一　第十一条第二号の事業（二以上の種類の協同施設を利用させる事業を行う場合にあつては、それぞれの事業ごと）　百分の二十
二　第十一条第三号の事業　百分の百

（職域による組合が法第十条第一項第一号の事業を利用させることのできる組合員以外の者）

第十条　法第十二条第四項第一号に規定する厚生労働省令で定めるものは、組合の職域の母体となる法人（法人でない団体で代表者又は管理人の定めのあるものを含む。）とする。

（組合員以外の者に事業を利用させることのできる場合）

第十一条　法第十二条第四項第三号に規定する厚生労働省令で定める事業は次の各号に掲げる事業とし、同号に規定する厚生労働省令で定めるところにより利用さ

せる場合は当該事業の区分に応じ、当該各号に定める場合（組合員による利用分量と組合員以外の者による利用分量とを区別することができる場合に限る。）とする。

一　物品を供給する事業　次に掲げる場合

イ　学校その他の教育文化施設又は病院、保育所その他の医療施設若しくは社会福祉施設を設置する者が当該施設の利用者に対し必要な便宜を供与する場合において、当該設置する者に対し当該便宜の供与に必要な物品を供給する場合

ロ　職域による組合が、職務その他これに準ずる理由により当該職域を訪問した者に対し物品を供給する場合

ハ　他の組合に物品を供給する場合

ニ　組合の存する地域の交流を目的とする催しを実施する場合

ホ　震災、風水害その他の災害が発生し、又は発生するおそれがある場合において、一時的に生活に必要な物品の供給が不足する地域以外で避難者に対し、必要と認められる期間物品を供給する場合

ヘ　組合が注文に応じて物品を自宅その他の場所に配送する方法により事業を利用することを希望する者に対し、一月以内の期間を定めて、試行的に当該物品を供給する場合

ト　社会福祉法（昭和二十六年法律第四十五号）第四条に規定する地域住民等により構成された地域の課題の解決を図る取組を行う組織が、貧困その他の事由により生活を営む上で困難を有する者に対し必要な便宜を供与する場合において、当該組織に対し当該便宜の供与に必要な物品を供給する場合

二　組合員の生活に有用な協同施設をなし、組合員に利用させる事業（次号に掲げる事業を除く。）　次に掲げる場合

イ　職域による組合が、職務その他これに準ずる理由により当該職域を訪問した者（訪問を予定している者を含む。）に対し当該施設を利用させる場合

ロ　離島その他交通不便の地域における施設を利用させる場合（当該地域における他の事業者の事業活動に影響を及ぼす場合を除く。）

三　墓地、埋葬等に関する法律（昭和二十三年法律第四十八号）第二条第六項に規定する納骨堂を利用させる事業　当該納骨堂を利用させる場合

（員外利用の許可申請）

第十二条　法第十二条第四項第二号及び第三号の規定による許可の申請書には、次の事項を記載した書面を添付しなければならない。

一　事業の種類
二　組合員以外の者に事業を利用させる理由
三　組合員の事業の利用方法及び利用程度
四　組合員以外の者に事業を利用させる方法及び程度

（責任共済の契約に類する共済契約）

第十三条　法第十二条の二第一項に規定する厚生労働省令で定めるものは、被共済者が所有し、又は管理する自動車について一定期間内に生じた火災、衝突、接触その他の事故による損害及び当該一定期間内に当該自動車により生じた事故に係る損害賠償金の支払を共済事故とする共済契約とする。

（労働金庫が共済代理店として共済契約の募集を行うことのできる場合）

第十四条　法第十二条の二第二項に規定する厚生労働省令で定める場合は、共済代理店である消費生活協同組合法施行令（平成十九年政令第三百七十三号。以下「令」という。）第二条に規定する労働金庫（以下「労働金庫」という。）又はその役員若しくは使用人が次の各号に掲げる共済契約の締結の代理又は媒介の業務を行う場合であつて、次項各号及び第三項各号に掲げる要件（第一号から第三号まで及び第五号から第八号までに掲げる共済契約の締結の代理又は媒介の業務を行う場合にあつては、次項各号に掲げる要件）のいずれにも該当する場合とする。

一　生命共済契約（人の生存又は死亡（当該人の余命が一定の期間以内であると医師により診断された身体の状態を含む。）に関し、一定額の共済金を支払うことを約し、共済掛金を収受する共済契約（傷害を受けたことを直接の原因とする人の死亡のみに係るものを除く。）をいう。以下この項において同じ。）のうち、その共済金が住宅（居住の用に供する建物（その一部を事業の用に供するものを含む。）をいう。以下この項において同じ。）の建設、購入若しくは改良（これらに付随する土地又は借地権の取得を含む。）に係る債務の返済に充てられるもの又は充てられることが確実なもの（当該共済金の額が当該債務の残高と同一であるものに限る。）

二　生命共済契約のうち、被共済者の生存に関して共済金を支払うことを主たる目的とする共済契約であつて、次に掲げる要件のいずれにも該当するもの

イ　共済契約に基づき払い込まれる共済掛金（第百六十七条第三号に規定する既契約の責任準備金、返戻金の額その他の被共済者のために積み立てられている額（第八号イにおいて「転換価額」という。）を含む。以下この号において同じ。）の総額又は被共済者のために積み立てた金額により共済金の額及び当該共済契約の解約による返戻金の額が定められるもの

ロ　当該共済契約に基づき被共済者の生存に関して支払う共済金以外の金銭の支払（契約者割戻し（法第五十条の十第一項に規定する契約者割戻しをいう。以下同じ。）又は組合員に対する剰余金の分配及び解約による返戻金の支払を除く。）が、当該共済契約で定める被共済者の死亡（余命が一定の期間以内であると医師により診断された身体の状態及び重度の障害に該当する状態を含む。第四号及び第十号並びに第四項第一号において同じ。）に関し支払う共済金に限られ、当該共済金の額が、当該共済金を支払う時点までに払い込まれた共済掛金の総額又は被共済者のために積み立てた金額に比して妥当なもの

三　生命共済契約のうち、勤労者財産形成促進法（昭和四十六年法律第九十二号）第六条第一項第二号、同条第二項第二号及び同条第四項第二号に定めるもの

四　生命共済契約（前三号に掲げるものを除く。）のうち、次に掲げるもの

イ　被共済者の死亡に関し共済金を支払うことを約する共済契約（その締結の日から一定期間を経過した後共済金の額が減額されることが定められるものを除く。）であつて、その共済期間が被共済者の死亡の時までとされるもの（共済掛金を一時に払い込むことを内容とするものに限る。）

ロ　被共済者の生存又はその共済期間の満了前の被共済者の死亡に関し共済金を支払うことを約する共済契約（被共済者の死亡に関する共済金の額が被共済者の生存に関する共済金の額を超えるものを除く。）であつて、共済期間が十年以下のもの又は共済掛金を一時に払い込むことを内容とするもの

五　共済期間が一年を超える火災共済契約のうち、その共済の目的である住宅の建設、購入若しくは改良（これらに付随する土地又は借地権の取得を含む。）のための資金の全部若しくは一部として労働金庫からの借入金が充当されているもの又は充当されることが確実なもの

六　次号ロに掲げる事由に関する共済契約又は損害共済契約（一定の偶然の事故によつて生ずることのある損害をてん補することを約し、共済掛金を収受する共済契約（次号に規定する傷害共済契約を除く。）をいう。以下この項及び第百六十条第一項第五号において同じ。）のうち、その共済金が住宅の建設、購入又は改良（これらに付随する土地又は借地権の取得を含む。）に係る債務の返済の支援に充てられることを目的として共済契約者又は被共済者の所得を補償するもの

七　傷害共済契約（次に掲げる事由に関し、一定額の共済金を支払うこと又はこれらによつて生ずることのある当該人の損害をてん補することを約し、共済掛金を収受する共済契約をいう。以下この項及び第百六十条第一項第五号において同じ。）若しくは損害共済契約のうち、人が外国への旅行のために住居を出発した後、住居に帰着するまでの間（以下この号において「海外旅行期間」という。）に発生した事由に関し共済金が支払われるもの又は生命共済契約のうち、海外旅行期間における当該人の死亡又は人が海外旅行期間中にかかつた疾病を直接の原因とする当該人の死亡に関するもの

イ　人が疾病にかかつたこと。

ロ　傷害を受けたこと又は疾病にかかつたことを原因とする人の状態

ハ　傷害を受けたことを直接の原因とする人の死亡

ニ　イ又はロに掲げるものに類するものとして次に掲げるもの

(1)　出産及びこれを原因とする人の状態

(2)　老衰を直接の原因とする常時の介護を要する身体の状態

(3)　骨髄の提供及びこれを原因とする人の状態

ホ　イ、ロ又はニに掲げるものに関し、治療（治療に類する行為として次に掲げるものを含む。以下同じ。）を受けたこと。

(1)　保健師助産師看護師法（昭和二十三年法律第二百三号）第三条に規定する助産師が行う助産

(2)　柔道整復師法（昭和四十五年法律第十九号）第二条に規定する柔道整復師が行う施術

(3)　あん摩マツサージ指圧師、はり師、きゆう師等に関する法律（昭和二十二年法律第二百十七号）に基づくあん摩マツサージ指圧師、はり師又はきゆう師が行う施術（医師の指示に従つて行うものに限る。）

八　傷害共済契約（傷害を受けたことを原因とする人の状態及び傷害を受けたことを直接の原因とする人の死亡に関するもののうち、その共済掛金の払込みが行われる期間の終了した後の一定期間において定期的に返戻金を支払うことを主たる目的とする共済契約に限る。）であつて、次に掲げる要件のいずれにも該当するもの

イ　共済契約に基づき払い込まれる共済掛金の総額（転換価額を含む。以下この号において同じ。）又は当該共済契約に係る返戻金を受け取る者のために逓増的に積み立てられた金額により返戻金の合計額及び当該共済契約の解約による返戻金が定められるもの

ロ　共済契約に係る共済金の額が、当該共済金を支

払う時点までに払い込まれた共済掛金の総額又は当該共済契約に係る返戻金を受け取る者のために逓増的に積み立てられた金額に比して妥当なもの

九　損害共済契約（第五号から第七号までに掲げるもの及び自動車の管理又は運行に伴う損害を対象とする共済契約（責任共済等の契約を含む。）を除く。）のうち、次に掲げる要件のいずれかに該当するもの

イ　共済期間の満了後満期返戻金を支払うことを約する共済契約

ロ　法人その他の団体又は集団（以下この号において「団体等」という。）の構成員を共済契約者とし、当該団体等の代表者又はその委託を受けた者が組合のために共済契約者から共済掛金の収受を行うことを内容とする契約を伴うものでないもの

十　傷害共済契約（次に掲げる事由に関するものに係るものに限る。）のうち、共済期間の満了後満期返戻金を支払うことを約するもの（第八号に掲げるものを除く。）

イ　傷害を受けたことを原因とする人の状態

ロ　傷害を受けたことを直接の原因とする人の死亡

ハ　イに定めるものに関し、治療を受けたこと。

十一　前各号に掲げる共済契約以外のもの

2　共済代理店である労働金庫又はその役員若しくは使用人が前項各号に掲げる共済契約の締結の代理又は媒介の業務を行うときは、当該労働金庫は、次に掲げる要件を満たさなければならない。

一　労働金庫が、顧客に関する情報の利用について、次に掲げる措置を講じていること。

イ　その業務（共済契約の募集に係るものを除く。）において取り扱う顧客に関する非公開金融情報（その役員又は使用人が職務上知り得た顧客の預金、為替取引又は資金の借入れに関する情報その他の顧客の金融取引又は資産に関する公表されていない情報（第百七十六条に規定する情報及び第百七十七条に規定する特別の非公開情報を除く。）をいう。）が、事前に書面その他の適切な方法により当該顧客の同意を得ることなく共済契約の募集に係る業務（顧客が次項に規定する労働金庫共済募集制限先に該当するかどうかを確認する業務を除く。）に利用されないことを確保するための措置

ロ　その共済契約の募集に係る業務において取り扱う顧客に関する非公開共済情報（その役員又は使用人が職務上知り得た顧客の生活、身体又は財産その他の事項に関する公表されていない情報で共済契約の募集のために必要なもの（第百七十六条に規定する情報及び第百七十七条に規定する特別の非公開情報を除く。）をいう。）が、事前に書面

その他の適切な方法により当該顧客の同意を得ることなく資金の貸付けその他の共済契約の募集に係る業務以外の業務に利用されないことを確保するための措置

二　労働金庫が、共済契約の募集の公正を確保するため、共済契約の募集に係る共済事業を行う組合の名称の明示、共済契約の締結にあたり顧客が自主的な判断を行うために必要と認められる情報の提供その他の事項に関する指針を定め、公表し、その実施のために必要な措置を講じていること。

三　労働金庫が、共済契約の募集に係る法令等（法令、法令に基づく行政庁の処分、当該労働金庫の内部規則その他これらに準ずるものをいう。以下この号において同じ。）の遵守を確保する業務に係る責任者を共済契約の募集に係る業務を行う営業所又は事務所（他の法令等の遵守を確保する業務が複数の営業所又は事務所を一つの単位（共済契約の募集に係る業務を行う営業所又は事務所を含むものに限る。）として行われている場合にあつては当該単位）ごとに、当該責任者を指揮し共済契約の募集に係る法令等の遵守を確保する業務を統括管理する統括責任者を本店又は主たる事務所に、それぞれ配置していること。

3　共済代理店である労働金庫又はその役員若しくは使用人が第一項第四号及び第九号から第十一号までに掲げる共済契約の締結の代理又は媒介の業務を行うときは、当該労働金庫は、次に掲げる要件を満たさなければならない。

一　労働金庫が、次に掲げる者（当該労働金庫が、第五項に規定する定めをした場合にあつては、当該労働金庫の会員（会員である法人の代表者を含む。以下同じ。）である者を除く。以下「労働金庫共済募集制限先」という。）を共済契約者又は被共済者とする共済契約（第一項第四号及び第九号から第十一号までに掲げるものに限り、既に締結されている共済契約（その締結の代理又は媒介の業務を当該労働金庫又はその役員若しくは使用人が手数料その他の報酬を得て行つたものに限る。）の更改（共済金額その他の給付の内容の拡充（当該共済契約の目的物の価値の増加その他これに類する事情に基づくものを除く。）又は共済期間の延長を含むものを除く。第十八条第一項第十号において同じ。）又は更新に係るものを除く。）の締結の代理又は媒介の業務を手数料その他の報酬を得て行わないことを確保するための措置を講じていること。

イ　当該労働金庫が法人（国、地方公共団体及び銀行法施行令（昭和五十七年政令第四十号）第四条第十三項各号に掲げるものその他の厚生労働大臣の定めるものを除く。以下この号及び次項において同じ。）又はその代表者に対し当該法人の事業に必要な資金の貸付け（手形の割引を含む。以下同じ。）を行つている場合における当該法人の代表者

ロ　当該労働金庫が事業を行う個人に対し当該事業に必要な資金の貸付けを行つている場合における当該個人

ハ　当該労働金庫が小規模事業者（常時使用する従業員の数が五十人（当該労働金庫が特例労働金庫である場合にあつては、二十人）以下の事業者をいう。以下この号において同じ。）である個人又は法人若しくはその代表者に対し、当該小規模事業者の事業に必要な資金の貸付けを行つている場合における当該小規模事業者が常時使用する従業員及び当該法人の役員（代表者を除く。）

二　労働金庫が、顧客が労働金庫共済募集制限先に該当するかどうかを確認する業務その他組合から委託を受けた業務を的確に遂行するための措置及び共済契約の募集に係る業務が当該労働金庫のその他の業務の健全かつ適切な運営に支障を及ぼさないようにするための措置を講じていること。

三　労働金庫が、その使用人のうち事業に必要な資金の貸付けに関して顧客と応接する業務を行う者が、共済契約の募集（第一項第四号及び第九号から第十一号までに掲げる共済契約に係るものに限る。）を行わないことを確保するための措置（当該労働金庫が特例労働金庫である場合にあつては、当該措置に代わるものとして厚生労働大臣が定める措置）を講じていること。

4　この条において「特例労働金庫」とは、その営業地域が特定の都道府県に限られている労働金庫であつて、当該労働金庫の役員若しくは使用人が、当該労働金庫の融資先従業員等（当該労働金庫が事業を行う個人又は法人若しくはその代表者に対し当該事業に必要な資金の貸付けを行つている場合における当該個人若しくは法人が常時使用する従業員又は当該法人の役員（代表者を除く。）をいう。）を共済契約者として第一項第四号又は第十一号に掲げる共済契約（これに相当する内容の共済特約を含む。次項において同じ。）の締結の代理又は媒介の業務を行う場合において、次の各号に掲げる共済契約については、それぞれ当該各号の区分に応じ、当該共済契約者一人当たりの共済金その他の給付金の額の合計が当該各号に定める金額までを限り、共済契約の募集を行う旨の定めを第二項第二号に規定する指針に記載しているものをいう。

一　人の生存又は死亡に関し、一定額の共済金を支払

うことを約し、共済掛金を収受する共済契約（傷害を受けたことを直接の原因とする人の死亡のみに係るものを除く。）　千万円

二　次に掲げる事由に関し、一定額の共済金を支払うこと又はこれらによつて生ずることのある当該人の損害をてん補することを約し、共済掛金を収受する共済契約のうち厚生労働大臣が定めるもの　厚生労働大臣が定める金額

イ　人が疾病にかかつたこと。

ロ　疾病にかかつたことを原因とする人の状態（重度の障害に該当する状態を除く。）

ハ　第一項第七号ニに掲げる事由

ニ　イからハまでに掲げるものに関し、治療を受けたこと。

5　共済代理店である労働金庫は、当該労働金庫又はその役員若しくは使用人が、第三項第一号イからハまでに掲げる者に該当する当該労働金庫の会員の代表者を共済契約者として第一項第四号又は第十一号に掲げる共済契約の締結の代理又は媒介の業務を行う場合において、前項各号に掲げる共済契約については、それぞれ当該各号の区分に応じ、当該共済契約者一人当たりの共済金その他の給付金の額の合計が当該各号に定める金額までを限り、共済契約の募集を行う旨の定めを第二項第二号に規定する指針に記載しなければならない。

6　共済代理店である労働金庫又はその役員若しくは使用人が第一項第一号から第三号まで及び第五号から第八号までに掲げる共済契約の締結の代理又は媒介の業務を行う場合において、次に掲げる場合は、当該共済契約に付される共済特約は、当該共済契約の内容と関連性が高く、かつ、当該共済特約に係る共済掛金及び共済金額が当該共済契約に係る共済掛金及び共済金額と比して妥当なものでなければならない。

一　当該労働金庫が第三項各号に掲げる要件を満たしていない場合

二　当該共済契約の共済契約者又は被共済者が労働金庫共済募集制限先である場合（前号の場合を除く。）

（利用者に対する説明）

第十五条　法第十二条の二第三項において準用する保険業法第二百九十四条第三項第三号に規定する厚生労働省令で定める事項は、共済募集人（共済事業を行う組合の役員若しくは使用人又は当該共済事業を行う組合の共済代理店又はその役員若しくは使用人をいう。以下同じ。）の商号、名称又は氏名とする。

（自己契約に係る共済掛金の合計額）

第十六条　法第十二条の二第三項において準用する保険業法第二百九十五条第二項に規定する共済契約の募集を行つた自己契約に係る共済掛金（以下この項におい

て「共済契約の募集を行つた自己契約に係る共済掛金」という。）の合計額として厚生労働省令で定めるところにより計算した額は、共済代理店が直近の二事業年度において共済契約の募集を行つた自己契約に係る共済掛金（自己又は自己を雇用する者を共済契約者とする共済契約にあつては、次に掲げるすべての条件を満たす共済契約に係る共済掛金を除く。）の一事業年度当たりの平均額に相当する額とする。

一　共済契約者に被共済利益（共済事故が発生しないことについて被共済者の有する経済的利益）がないこと。

二　共済掛金は、被共済者が負担していること。

三　自己又は自己を雇用する者を共済契約者とすることについて、やむを得ない事情があること。

2　法第十二条の二第三項において準用する保険業法第二百九十五条第二項に規定する共済契約の募集を行つた共済契約に係る共済掛金（以下この項において「共済契約の募集を行つた共済契約に係る共済掛金」という。）の合計額として厚生労働省令で定めるところにより計算した額は、共済代理店が直近の二事業年度において共済契約の募集を行つた共済契約に係る共済掛金の一事業年度当たりの平均額に相当する額とする。

3　前二項に規定する共済掛金については、共済代理店が二以上の組合の共済契約の締結の代理又は媒介の業務を行う場合には、当該二以上の組合のすべてに係る共済掛金を合計するものとする。

4　第一項及び第二項に規定する共済掛金は、実際に収受した額により計算するものとし、分割払いの共済契約及び共済期間が一年を超える共済契約にあつては、一年間当たりの額に換算した額の共済掛金とする。

（将来における金額が不確実な事項）

第十七条　法第十二条の二第三項において準用する保険業法第三百条第一項第七号に規定する厚生労働省令で定める事項は、資産の運用実績その他の要因によりその金額が変動する共済金、返戻金その他の給付金又は共済掛金とする。

（共済契約の締結又は募集に関する禁止行為）

第十八条　法第十二条の二第三項において準用する保険業法第三百条第一項第九号に規定する厚生労働省令で定める行為は、次に掲げる行為とする。

一　何らの名義によつてするかを問わず、法第十二条の二第三項において準用する保険業法第三百条第一項第五号に規定する行為の同項の規定による禁止を免れる行為

二　共済契約者又は被共済者に対して、威迫し、又は業務上の地位等を不当に利用して共済契約の申込みをさせ、又は既に成立している共済契約を消滅させる行為

三　共済事業を行う組合との間で共済契約を締結することを条件として当該組合の子会社等（法第五十三条の二第二項に規定する子会社等をいう。以下同じ。）が当該共済契約に係る共済契約者又は被共済者に対して信用を供与し、又は信用の供与を約していることを知りながら、当該共済契約者に対して当該共済契約の申込みをさせる行為

四　共済契約者若しくは被共済者又は不特定の者に対して、共済契約等に関する事項であつてその判断に影響を及ぼすこととなる重要なものにつき、誤解させるおそれのあることを告げ、又は表示する行為

五　共済契約者に対して、共済契約の種類又は共済事業を行う組合の名称を他のものと誤解させるおそれのあることを告げる行為

六　共済掛金を一時に払い込むことを内容とする共済契約の締結の代理又は媒介の業務を行う際に、その利用者が行う当該共済契約の申込みが法第十二条の二第三項において準用する保険業法第三百九条第一項に規定する共済契約の申込みの撤回等を行うことができない場合（同項第一号から第五号まで及び令第三条第七号に掲げる場合並びに当該共済事業を行う組合が当該申込みの撤回等に応じることとしている場合を除く。）に該当する場合において、当該利用者に対しその旨の説明を書面の交付により行わず、又は当該利用者から当該書面を受領した旨の確認を署名若しくは押印を得ることにより行わずに当該共済契約の申込みをさせる行為

七　共済代理店である労働金庫又はその役員若しくは使用人が、当該労働金庫が行う信用供与の条件として共済契約の募集をする行為その他の当該労働金庫の取引上の優越的な地位を不当に利用して共済契約の募集をする行為

八　共済代理店である労働金庫又はその役員若しくは使用人が、あらかじめ、顧客に対し、当該共済契約の締結の代理又は媒介の業務に係る取引が当該労働金庫の当該顧客に関する業務に影響を与えない旨の説明を書面の交付により行わずに共済契約の募集をする行為

九　共済代理店である労働金庫又はその役員若しくは使用人が、あらかじめ、顧客に対し、労働金庫共済募集制限先に該当するかどうかを確認する業務に関する説明を書面の交付により行わずに第十四条第一項第四号及び第九号から第十一号までに掲げる共済契約の締結の代理又は媒介の業務を行う行為

十　共済代理店である労働金庫又はその役員若しくは使用人が、顧客が当該労働金庫に対し資金の貸付けの申込みを行つていることを知りながら、当該顧客（労働金庫の会員である者を除く。第十四号におい

て同じ。）に対し、第十四条第一項第四号及び第九号から第十一号までに掲げる共済契約（金銭消費貸借契約、賃貸借契約その他の契約（事業に必要な資金に係るものを除く。）に係る債務の履行を担保するための共済契約及び既に締結されている共済契約（その締結の代理又は媒介の業務を当該労働金庫の役員若しくは使用人が手数料その他の報酬を得て行つたものに限る。）の更新又は更改に係る共済契約を除く。）の締結の代理又は媒介の業務を行う行為

十一　共済代理店である労働金庫又はその役員若しくは使用人が、第十四条第一項第一号に掲げる共済契約の締結の代理又は媒介の業務を行う際に、共済契約者に対し、当該共済契約者が当該共済契約に係る共済金が充てられるべき債務の返済に困窮した場合の当該労働金庫における相談窓口及びその他の相談窓口の説明を書面の交付により行わずに当該共済契約の申込みをさせる行為

十二　共済代理店である労働金庫の特定関係者（労働金庫法施行令（昭和五十七年政令第四十六号）第五条の二第一項第一号に規定する者をいう。以下この項において同じ。）又はその役員若しくは使用人が、自己との間で共済契約の締結の代理又は媒介の業務を行うことを条件として当該労働金庫が当該共済契約に係る共済契約者又は被共済者に対して信用を供与し、又は信用の供与を約していることその他の取引上の優越的地位を不当に利用していることを知りながら共済契約の募集をする行為

十三　共済代理店である労働金庫の特定関係者又はその役員若しくは使用人が、その共済契約者又は被共済者が当該労働金庫に係る労働金庫共済募集制限先に該当することを知りながら、共済契約（第十四条第一項第一号から第三号まで及び第五号から第八号までに掲げる共済契約（当該共済契約に共済特約が付される場合にあつては、当該共済特約が当該共済契約の内容と関連性が高く、かつ、当該共済特約に係る共済掛金及び共済金額が当該共済契約に係る共済掛金及び共済金額と比して妥当なものに限る。次号において同じ。）を除く。）の締結の代理又は媒介の業務を行う行為

十四　共済代理店である労働金庫の特定関係者又はその役員若しくは使用人が、顧客が当該労働金庫に対し資金の貸付けの申込みをしていることを知りながら、当該顧客に対し、共済契約（第十四条第一項第一号から第三号まで及び第五号から第八号までに掲げる共済契約を除く。）の締結の代理又は媒介の業務を行う行為

十五　共済代理店が、その取り扱う個人である利用者に関する情報の安全管理、従業者の監督及び当該情

報の取扱いを委託する場合にはその委託先の監督に際して、当該情報の漏えい、滅失又はき損の防止を図るために必要かつ適切な措置を怠ること。

十六　信用情報に関する機関（資金需要者の借入金返済能力に関する情報の収集及び共済事業を行う組合に対する当該情報の提供を行うものをいう。）から提供を受けた情報であつて個人である資金需要者の借入金返済能力に関するものを、資金需要者の返済能力の調査以外の目的のために利用しないことを確保するための措置を怠ること。

十七　その業務上取り扱う個人である利用者に関する人種、信条、門地、本籍地、保健医療又は犯罪経歴についての情報その他の特別の非公開情報（その業務上知り得た公表されていない情報をいう。）を、当該業務の適切な運営の確保その他必要と認められる目的以外の目的のために利用しないことを確保するための措置を怠ること。

2　労働金庫である共済代理店は、前項第八号及び第九号の規定による書面の交付に代えて、第五項で定めるところにより、当該顧客の承諾を得て、当該書面に記載すべき事項を電子情報処理組織を使用する方法その他の情報通信の技術を利用する方法であつて次に掲げるもの（以下この条において「電磁的方法」という。）により提供することができる。この場合において、当該労働金庫である共済代理店は、当該書面の交付をしたものとみなす。

一　電子情報処理組織を使用する方法であつて、労働金庫である共済代理店の使用に係る電子計算機に備えられたファイルに記録された書面に記載すべき事項を電気通信回線を通じて顧客の閲覧に供する方法

二　磁気ディスク、シー・ディー・ロムその他これらに準ずる方法により一定の事項を確実に記録しておくことができる物をもつて調製するファイルに書面に記載すべき事項を記録したものを交付する方法

3　前項各号に掲げる方法は、顧客がファイルへの記録を出力することにより書面を作成できるものでなければならない。

4　第二項第一号の「電子情報処理組織」とは、労働金庫である共済代理店の使用に係る電子計算機と、顧客の使用に係る電子計算機とを電気通信回線で接続した電子情報処理組織をいう。

5　労働金庫である共済代理店は、第二項の規定により同項に規定する事項を提供しようとするときは、あらかじめ、当該顧客に対し、その用いる次に掲げる電磁的方法の種類及び内容を示し、書面又は電磁的方法による承諾を得なければならない。

一　第二項各号に規定する方法のうち労働金庫である共済代理店が使用するもの

二　ファイルへの記録の方式

6　前項の規定による承諾を得た労働金庫である共済代理店は、当該顧客から書面又は電磁的方法により電磁的方法による提供を受けない旨の申出があつたときは、当該顧客に対し、書面に記載すべき事項の提供を電磁的方法によつてしてはならない。ただし、当該顧客が再び同項の規定による承諾をした場合は、この限りでない。

（書面の内容等）

第十九条　法第十二条の二第三項において準用する保険業法第三百九条第一項第一号に規定する書面には、共済契約の申込みの撤回又は解除に関する同条各項に規定する事項を記載しなければならない。

2　前項の書面には、産業標準化法（昭和二十四年法律第百八十五号）に基づく日本産業規格（第四十三条及び第五十一条第一項第三十一号において「日本産業規格」という。）Z八三〇五に規定する八ポイント以上の文字及び数字を用いなければならない。

3　第一項の書面を申込者等（法第十二条の二第三項において準用する保険業法第三百九条第一項に規定する申込者等をいう。以下同じ。）に交付する場合は、申込者等に当該書面を十分に読むべき旨を告げて交付する方法その他の申込者等が確実に当該書面の記載内容を了知する方法により交付しなければならない。

（共済契約の申込みの撤回等に係る情報通信の技術を利用する方法）

第二十条　法第十二条の二第三項において準用する保険業法第三百九条第二項の厚生労働省令で定める方法は、次に掲げる方法とする。

一　電子情報処理組織を使用する方法のうちイ又はロに掲げるもの

イ　共済事業を行う組合の使用に係る電子計算機と申込者等の使用に係る電子計算機とを接続する電気通信回線を通じて送信し、受信者の使用に係る電子計算機に備えられたファイルに記録する方法

ロ　共済事業を行う組合の使用に係る電子計算機に備えられたファイルに記録された書面に記載すべき事項を電気通信回線を通じて申込者等の閲覧に供し、当該申込者等の使用に係る電子計算機に備えられたファイルに当該事項を記録する方法（法第十二条の二第三項において準用する保険業法第三百九条第二項前段に規定する方法による提供を受ける旨の承諾又は受けない旨の申出をする場合にあつては、共済事業を行う組合の使用に係る電子計算機に備えられたファイルにその旨を記録する方法）

二　磁気ディスク、シー・ディー・ロムその他これらに準ずる方法により一定の事項を確実に記録してお

くことができる物をもつて調製するファイルに書面に記載すべき事項を記録したものを交付する方法

2　前項各号に掲げる方法は、申込者等がファイルへの記録を出力することにより書面を作成することができるものでなければならない。

3　第一項各号に掲げる方法により書面に記載すべき事項を提供する場合は、申込者等に当該事項を十分に読むべき旨が表示された画像を閲覧させることその他の申込者等が確実に当該事項の内容を了知する方法により提供しなければならない。

4　第一項第一号の「電子情報処理組織」とは、共済事業を行う組合の使用に係る電子計算機と、申込者等の使用に係る電子計算機とを電気通信回線で接続した電子情報処理組織をいう。

第二十一条　令第四条第一項の規定により示すべき方法の種類及び内容は、次に掲げる事項とする。

一　前条第一項各号に規定する方法のうち共済事業を行う組合が使用するもの

二　ファイルへの記録の方式

第二十二条　法第十二条の二第三項において準用する保険業法第三百九条第三項に規定する厚生労働省令で定める方法は、第二十条第一項第二号に掲げる方法とする。

（共済契約の申込みの撤回等ができない場合）

第二十三条　令第三条第三号に規定する厚生労働省令で定める方法は、次に掲げる方法とする。

一　郵便を利用する方法

二　ファクシミリ装置その他これに準ずる通信機器又は情報処理の用に供する機器を利用する方法

三　共済事業を行う組合が設置した機器を利用する方法

（共済契約の解除の場合における当該解除までの期間に相当する共済掛金）

第二十四条　法第十二条の二第三項において準用する保険業法第三百九条第五項に規定する厚生労働省令で定める金額は、当該共済契約に係る共済掛金として既に受領し、又は受領すべき金銭の額を当該共済契約の共済期間のうち当該金銭の額に対応する期間（以下この項において「共済掛金期間」という。）の総日数で除した額に、当該共済掛金期間の開始の日から当該共済契約の解除の日までの日数を乗じた額に相当する金額を限度とする。

2　前項の規定により算出した金額について生じた一円未満の端数は、切り捨てる。

（特定共済契約）

第二十五条　法第十二条の三第一項に規定する厚生労働省令で定めるものは、次に掲げる共済契約とする。

一　その責任準備金（法第五十条の七に規定する責任

準備金をいう。以下同じ。）の金額に対応する財産の価額により、共済金等（法第五十条の五に規定する共済金等をいう。以下同じ。）の金額が変動する共済契約

二　解約による返戻金の額が、金利、通貨の価格、金融商品市場（金融商品取引法（昭和二十三年法律第二十五号）第二条第十四項に規定する金融商品市場をいう。以下同じ。）における相場その他の指標に係る変動により共済掛金の合計額を下回ることとなるおそれがある共済契約（前号に掲げるものを除く。）

三　共済金等の額を外国通貨をもつて表示する共済契約（次に掲げるものを除く。）

イ　前二号に掲げるもの

ロ　共済事業を行う組合が、一定の偶然の事故によつて生ずることのある損害をてん補することを約し、共済掛金を収受する共済契約であつて、当該組合がてん補すべき損害の額を当該外国通貨をもつて表示するもの（共済期間の満了後満期返戻金を支払う旨を約する共済契約を除き、事業者（事業として又は事業のために契約の当事者となる場合における個人をいう。）を共済契約者とするものに限る。）

（契約の種類）

第二十六条　法第十二条の三において準用する金融商品取引法（以下「準用金融商品取引法」という。）第三十四条に規定する厚生労働省令で定めるものは、特定共済契約（法第十二条の三第一項に規定する特定共済契約をいう。以下同じ。）とする。

第二十七条　削除

（申出をした特定投資家に交付する書面の記載事項）

第二十八条　準用金融商品取引法第三十四条の二第三項第四号に規定する厚生労働省令で定める事項は、同項に規定する申出者は準用金融商品取引法第三十四条の二第二項の規定による承諾を行った特定共済契約の締結の事業者等のみから対象契約（同項に規定する対象契約をいう。第三十条の二において同じ。）に関して特定投資家（金融商品取引法第二条第三十一項に規定する特定投資家をいう。以下同じ。）以外の利用者として取り扱われることになる旨とする。

（情報通信の技術を利用した提供）

第二十九条　準用金融商品取引法第三十四条の二第四項（準用金融商品取引法第三十四条の三第十二項（準用金融商品取引法第三十四条の四第六項において準用する場合を含む。）、第三十四条の四第三項、第三十七条の三第二項及び第三十七条の四第二項において準用する場合を含む。以下この条において同じ。）に規定する厚生労働省令で定めるものは、次に掲げるものとす

る。

一　電子情報処理組織を使用する方法のうち次に掲げるもの

イ　共済事業を行う組合（準用金融商品取引法第三十四条の二第四項に規定する事項の提供を行う共済事業を行う組合との契約によりファイルを自己の管理する電子計算機に備え置き、これを当該事項を提供する相手方（以下この条において「利用者」という。）又は当該組合の用に供する者を含む。以下この条において同じ。）の使用に係る電子計算機と利用者等（利用者及び利用者との契約により利用者ファイル（専ら利用者の用に供されるファイルをいう。以下この条において同じ。）を自己の管理する電子計算機に備え置く者をいう。以下この条において同じ。）の使用に係る電子計算機とを接続する電気通信回線を通じて書面に記載すべき事項（以下この条において「記載事項」という。）を送信し、利用者等の使用に係る電子計算機に備えられた利用者ファイルに記録する方法（同項に規定する方法による提供を受ける旨の承諾又は受けない旨の申出をする場合にあつては、同項に規定する事項の提供を行う共済事業を行う組合の使用に係る電子計算機に備えられたファイルにその旨を記録する方法）

ロ　共済事業を行う組合の使用に係る電子計算機に備えられたファイルに記録された記載事項を電気通信回線を通じて利用者の閲覧に供し、利用者等の使用に係る電子計算機に備えられた当該利用者の利用者ファイルに当該記載事項を記録する方法（準用金融商品取引法第三十四条の二第四項に規定する方法による提供を受ける旨の承諾又は受けない旨の申出をする場合にあつては、共済事業を行う組合の使用に係る電子計算機に備えられたファイルにその旨を記録する方法）

ハ　共済事業を行う組合の使用に係る電子計算機に備えられた利用者ファイルに記録された記載事項を電気通信回線を通じて利用者の閲覧に供する方法

ニ　閲覧ファイル（共済事業を行う組合の使用に係る電子計算機に備えられたファイルであつて、同時に複数の利用者の閲覧に供するため記載事項を記録させるファイルをいう。以下この条において同じ。）に記録された記載事項を電気通信回線を通じて利用者の閲覧に供する方法

二　磁気ディスク、シー・ディー・ロムその他これらに準ずる方法により一定の事項を確実に記録しておくことができる物をもつて調製するファイルに記載事項を記録したものを交付する方法

2　前項各号に掲げる方法は、次に掲げる基準に適合するものでなければならない。

一　利用者が利用者ファイル又は閲覧ファイルへの記録を出力することにより書面を作成することができるものであること。

二　前項第一号イ、ハ又はニに掲げる方法（利用者の使用に係る電子計算機に備えられた利用者ファイルに記載事項を記録する方法を除く。）にあつては、記載事項を利用者ファイル又は閲覧ファイルに記録する旨又は記録した旨を利用者に対し通知するものであること。ただし、利用者が当該記載事項を閲覧していたことを確認したときは、この限りでない。

三　前項第一号ハ又はニに掲げる方法にあつては、記載事項に掲げられた取引を最後に行つた日以後五年間（当該期間が終了する日までの間に当該記載事項に係る苦情の申出があつたときは、当該期間が終了する日又は当該苦情が解決した日のいずれか遅い日までの間）、次に掲げる事項を消去し、又は改変することができないものであること。ただし、閲覧に供している記載事項を書面により交付する場合、利用者の承諾（令第五条第一項に規定する電磁的方法（次条において「電磁的方法」という。）による承諾をいう。）を得て前項第一号イ若しくはロ若しくは同項第二号に掲げる方法により提供する場合又は利用者による当該記載事項に係る消去の指図がある場合は、当該記載事項を消去することができる。

イ　前項第一号ハに掲げる方法については、利用者ファイルに記録された記載事項

ロ　前項第一号ニに掲げる方法については、閲覧ファイルに記録された記載事項

四　前項第一号ニに掲げる方法にあつては、次に掲げる基準に適合するものであること。

イ　利用者が閲覧ファイルを閲覧するために必要な情報を利用者ファイルに記録するものであること。

ロ　前号に規定する期間を経過するまでの間において、イの規定により利用者が閲覧ファイルを閲覧するために必要な情報を記録した利用者ファイルと当該閲覧ファイルとを電気通信回線を通じて接続可能な状態を維持させること。ただし、閲覧の提供を受けた利用者が接続可能な状態を維持させることについて不要である旨通知した場合は、この限りでない。

3　第一項第一号の「電子情報処理組織」とは、共済事業を行う組合の使用に係る電子計算機と、利用者ファイルを備えた利用者等又は共済事業を行う組合の使用に係る電子計算機とを電気通信回線で接続した電子情報処理組織をいう。

（電磁的方法の種類及び内容）

第三十条　令第五条第一項及び第六条第一項の規定により示すべき電磁的方法の種類及び内容は、次に掲げるものとする。

一　前条第一項各号又は第三十条の三第一項各号に掲げる方法のうち共済事業を行う組合が用いるもの

二　ファイルへの記録の方式

（特定投資家への復帰申出をした者が同意を行う書面の記載事項）

第三十条の二　準用金融商品取引法第三十四条の二第十一項に規定する厚生労働省令で定める事項は、次に掲げる事項とする。

一　準用金融商品取引法第三十四条の二第十一項の規定による承諾をする日（第四号及び第五号において「承諾日」という。）

二　対象契約が特定共済契約である旨

三　復帰申出者（準用金融商品取引法第三十四条の二第十一項に規定する復帰申出者をいう。以下この条において同じ。）が次に掲げる事項を理解している旨

イ　準用金融商品取引法第四十五条各号に掲げる規定は、対象契約に関して復帰申出者が当該各号に定める者である場合（同条ただし書に規定する場合を除く。）には適用されない旨

ロ　対象契約に関して特定投資家として取り扱われることがその知識、経験及び財産の状況に照らして適当ではない者が特定投資家として取り扱われる場合には、当該者の保護に欠けることとなるおそれがある旨

四　承諾日以後に対象契約の締結の勧誘又は締結をする場合において、復帰申出者を再び特定投資家として取り扱う旨

五　復帰申出者は、承諾日以後いつでも、準用金融商品取引法第三十四条の二第一項の規定による申出ができる旨

（情報通信の技術を利用した同意の取得）

第三十条の三　準用金融商品取引法第三十四条の二第十二項（準用金融商品取引法第三十四条の三第三項（準用金融商品取引法第三十四条の四第六項において準用する場合を含む。）において準用する場合を含む。以下この条において同じ。）に規定する厚生労働省令で定めるものは、次に掲げるものとする。

一　電子情報処理組織を使用する方法のうち次に掲げるもの

イ　共済事業を行う組合の使用に係る電子計算機と準用金融商品取引法第三十四条の二第十二項の規定により同意を得ようとする相手方（以下この条において「利用者」という。）の使用に係る電子

計算機とを接続する電気通信回線を通じて送信し、受信者の使用に係る電子計算機に備えられたファイルに記録する方法

ロ　共済事業を行う組合の使用に係る電子計算機に備えられたファイルに記録された利用者の同意に関する事項を電気通信回線を通じて当該利用者の閲覧に供し、当該共済事業を行う組合の使用に係る電子計算機に備えられたファイルに当該利用者の同意に関する事項を記録する方法

二　磁気ディスク、シー・ディー・ロムその他これらに準ずる方法により一定の事項を確実に記録しておくことができる物をもつて調製するファイルに同意に関する事項を記録したものを得る方法

2　前項各号に掲げる方法は、共済事業を行う組合がファイルへの記録を出力することにより書面を作成することができるものでなければならない。

3　第一項第一号の「電子情報処理組織」とは、共済事業を行う組合の使用に係る電子計算機と、利用者の使用に係る電子計算機とを電気通信回線で接続した電子情報処理組織をいう。

（特定投資家以外の利用者である法人が特定投資家とみなされる場合の期限日）

第三十一条　準用金融商品取引法第三十四条の三第二項に規定する厚生労働省令で定める場合は、共済事業を行う組合が一定の日を定め、次に掲げる事項を当該組合の事務所の公衆の見やすい場所への掲示その他の適切な方法により公表している場合とする。

一　当該日

二　次項に規定する日を期限日（準用金融商品取引法第三十四条の三第二項第二号に規定する期限日をいう。次条第二項第一号及び第三十三条において同じ。）とする旨

2　準用金融商品取引法第三十四条の三第二項に規定する厚生労働省令で定める日は、前項の組合が同項の規定により定めた日であつて承諾日（同条第二項第一号に規定する承諾日をいう。次条第二項第三号及び第三十三条において同じ。）から起算して一年以内の日のうち最も遅い日とする。

（申出をした特定投資家以外の利用者である法人が同意を行う書面の記載事項）

第三十二条　準用金融商品取引法第三十四条の三第二項第四号イに規定する厚生労働省令で定める事項は、準用金融商品取引法第四十五条各号に掲げる規定が、対象契約（同項第二号に規定する対象契約をいう。次項及び第三十三条の二において同じ。）に関して申出者（準用金融商品取引法第三十四条の三第二項に規定する申出者をいう。次項において同じ。）が当該各号に定める者である場合（準用金融商品取引法第四十五条

ただし書に規定する場合を除く。）には適用されない旨とする。

2　準用金融商品取引法第三十四条の三第二項第七号に規定する厚生労働省令で定める事項は、次に掲げる事項とする。

一　期限日以前に締結した対象契約に関して法令の規定又は契約の定めに基づいて行う行為については、期限日後に行うものであつても、申出者を特定投資家として取り扱う旨

二　申出者は、共済事業を行う組合で準用金融商品取引法第三十四条の三第二項の規定による承諾をしたもののみから対象契約に関して特定投資家として取り扱われることになる旨

三　申出者は、承諾日以後いつでも、準用金融商品取引法第三十四条の三第九項の規定による申出ができる旨

（申出をした特定投資家以外の利用者である法人が更新申出をするために必要な期間）

第三十三条　準用金融商品取引法第三十四条の三第七項に規定する厚生労働省令で定める期間は、十一月（次の各号に掲げる場合にあつては、当該各号に定める期間）とする。

一　承諾日から期限日までの期間が一年に満たない場合（次号に掲げる場合を除く。）　当該期間から一月を控除した期間

二　承諾日から期限日までの期間が一月を超えない場合　一日

2　準用金融商品取引法第三十四条の三第八項に規定する場合における前項の規定の適用については、同項各号中「承諾日」とあるのは、「前回の期限日の翌日」とする。

（特定投資家以外の利用者への復帰申出をした法人に交付する書面の記載事項）

第三十三条の二　準用金融商品取引法第三十四条の三第十一項に規定する厚生労働省令で定める事項は、次に掲げる事項とする。

一　準用金融商品取引法第三十四条の三第十項の規定による承諾をする日（第三号において「承諾日」という。）

二　対象契約が特定共済契約である旨

三　承諾日以後に対象契約の締結の勧誘又は締結をする場合において、準用金融商品取引法第三十四条の三第九項の規定による申出をした法人を再び特定投資家以外の利用者として取り扱う旨

（特定投資家として取り扱うよう申し出ることができる営業者等）

第三十四条　準用金融商品取引法第三十四条の四第一項第一号に規定する厚生労働省令で定めるものは、次に

掲げる要件のいずれかに該当するものとする。

一　準用金融商品取引法第三十四条の四第一項の規定による申出を行うことについてすべての匿名組合員の同意を得ていないこと。

二　その締結した商法（明治三十二年法律第四十八号）第五百三十五条に規定する匿名組合契約に基づく出資の合計額が三億円未満であること。

2　準用金融商品取引法第三十四条の四第一項第一号に規定する厚生労働省令で定める個人は、次に掲げる者とする。

一　民法（明治二十九年法律第八十九号）第六百六十七条第一項に規定する組合契約を締結して組合の業務の執行を委任された組合員である個人（次に掲げる要件のすべてに該当する者に限る。）

イ　準用金融商品取引法第三十四条の四第一項の規定による申出を行うことについて他のすべての組合員の同意を得ていること。

ロ　当該組合契約に基づく出資の合計額が三億円以上であること。

二　有限責任事業組合契約に関する法律（平成十七年法律第四十号）第三条第一項に規定する有限責任事業組合契約を締結して同法第二条に規定する有限責任事業組合の重要な業務の執行の決定に関与し、かつ、当該業務を自ら執行する組合員である個人（次に掲げる要件のすべてに該当する者に限る。）

イ　準用金融商品取引法第三十四条の四第一項の規定による申出を行うことについて他のすべての組合員の同意を得ていること。

ロ　当該有限責任事業組合契約に基づく出資の合計額が三億円以上であること。

（特定投資家として取り扱うよう申し出ることができる個人）

第三十五条　準用金融商品取引法第三十四条の四第一項第二号に規定する厚生労働省令で定める要件は、次に掲げる要件の全てに該当することとする。

一　取引の状況その他の事情から合理的に判断して、承諾日（準用金融商品取引法第三十四条の四第六項において準用する準用金融商品取引法第三十四条の三第二項第一号に規定する承諾日をいう。次号、次条第二項、第三十七条第二項第三号及び第三十七条の二において同じ。）における申出者（準用金融商品取引法第三十四条の四第二項に規定する申出者をいう。以下この条及び第三十七条において同じ。）の資産の合計額から負債の合計額を控除した額が三億円以上になると見込まれること。

二　取引の状況その他の事情から合理的に判断して、承諾日における申出者の資産（次に掲げるものに限る。）の合計額が三億円以上になると見込まれること。

イ　有価証券（ホに掲げるものに該当するものを除く。）

ロ　デリバティブ取引（金融商品取引法第二条第二十項に規定するデリバティブ取引をいう。）に係る権利

ハ　農業協同組合法（昭和二十二年法律第百三十二号）第十一条の五に規定する特定貯金等、水産業協同組合法（昭和二十三年法律第二百四十二号）第十一条の十一に規定する特定貯金等、協同組合による金融事業に関する法律（昭和二十四年法律第百八十三号）第六条の五の十一に規定する特定預金等、信用金庫法（昭和二十六年法律第二百三十八号）第八十九条の二に規定する特定預金等、長期信用銀行法（昭和二十七年法律第百八十七号）第十七条の二に規定する特定預金等、労働金庫法（昭和二十八年法律第二百二十七号）第九十四条の二に規定する特定預金等、銀行法（昭和五十六年法律第五十九号）第十三条の四に規定する特定預金等、農林中央金庫法（平成十三年法律第九十三号）第五十九条の三に規定する特定預金等及び株式会社商工組合中央金庫法（平成十九年法律第七十四号）第二十九条に規定する特定預金等

ニ　法第十二条の三第一項に規定する特定共済契約、農業協同組合法第十一条の二十七に規定する特定共済契約、水産業協同組合法第十五条の十二に規定する特定共済契約、中小企業等協同組合法（昭和二十四年法律第百八十一号）第九条の七の五第三項に規定する特定共済契約及び保険業法第三百条の二に規定する特定保険契約に基づく共済金、保険金、返戻金その他の給付金に係る権利

ホ　信託業法（平成十六年法律第百五十四号）第二十四条の二に規定する特定信託契約に係る信託受益権

ヘ　不動産特定共同事業法（平成六年法律第七十七号）第二条第三項に規定する不動産特定共同事業契約に基づく権利

ト　商品先物取引法（昭和二十五年法律第二百三十九号）第二条第十項に規定する商品市場における取引、同条第十三項に規定する外国商品市場取引及び同条第十四項に規定する店頭商品デリバティブ取引に係る権利

三　申出者が最初に当該組合との間で特定共済契約を締結した日から起算して一年を経過していること。

（特定投資家以外の利用者である個人が特定投資家とみなされる場合の期限日）

第三十六条　準用金融商品取引法第三十四条の四第六項において準用する準用金融商品取引法第三十四条の三

第二項に規定する厚生労働省令で定める場合は、共済事業を行う組合が一定の日を定め、次に掲げる事項を当該組合の事務所の公衆の見やすい場所への掲示その他の適切な方法により公表している場合とする。

一　当該日

二　次項に規定する日を期限日（準用金融商品取引法第三十四条の四第六項において準用する準用金融商品取引法第三十四条の三第二項第二号に規定する期限日をいう。次条第二項第一号及び第三十七条の二において同じ。）とする旨

2　準用金融商品取引法第三十四条の四第六項において準用する準用金融商品取引法第三十四条の三第二項に規定する厚生労働省令で定める日は、前項の組合が同項の規定により定めた日であつて承諾日から起算して一年以内の日のうち最も遅い日とする。

（申出をした特定投資家以外の利用者である個人が同意を行う書面の記載事項）

第三十七条　準用金融商品取引法第三十四条の四第六項において準用する準用金融商品取引法第三十四条の三第二項第四号イに規定する厚生労働省令で定める事項は、準用金融商品取引法第四十五条各号に掲げる規定は対象契約（同項第二号に規定する対象契約をいう。次項及び第三十七条の三において同じ。）に関して申出者が当該各号に定める者である場合（準用金融商品取引法第四十五条ただし書に規定する場合を除く。）には適用されない旨とする。

2　準用金融商品取引法第三十四条の四第六項において準用する準用金融商品取引法第三十四条の三第二項第七号に規定する厚生労働省令で定める事項は、次に掲げる事項とする。

一　期限日以前に締結した対象契約に関して法令の規定又は契約の定めに基づいて行う行為については、期限日後に行うものであつても、申出者を特定投資家として取り扱う旨

二　申出者は、共済事業を行う組合で準用金融商品取引法第三十四条の四第六項において準用する準用金融商品取引法第三十四条の三第二項の規定による承諾をしたもののみから対象契約に関して特定投資家として取り扱われることになる旨

三　申出者は、承諾日以後いつでも、準用金融商品取引法第三十四条の四第四項の規定による申出ができる旨

（申出をした特定投資家以外の利用者である個人が更新申出をするために必要な期間）

第三十七条の二　準用金融商品取引法第三十四条の四第六項において準用する準用金融商品取引法第三十四条の三第七項に規定する厚生労働省令で定める期間は、十一月（次の各号に掲げる場合にあつては、当該各号

に定める期間）とする。

一　承諾日から期限日までの期間が一年に満たない場合（次号に掲げる場合を除く。）　当該期間から一月を控除した期間

二　承諾日から期限日までの期間が一月を超えない場合　一日

2　準用金融商品取引法第三十四条の四第六項において準用する準用金融商品取引法第三十四条の三第八項に規定する場合における前項の規定の適用については、同項各号中「承諾日」とあるのは、「前回の期限日の翌日」とする。

（特定投資家以外の利用者への復帰申出をした個人に交付する書面の記載事項）

第三十七条の三　準用金融商品取引法第三十四条の四第六項において準用する準用金融商品取引法第三十四条の三第十一項に規定する厚生労働省令で定める事項は、次に掲げる事項とする。

一　準用金融商品取引法第三十四条の四第五項の規定による承諾をする日（第三号において「承諾日」という。）

二　対象契約が特定共済契約である旨

三　承諾日以後に対象契約の締結の勧誘又は締結をする場合において、準用金融商品取引法第三十四条の四第四項の規定による申出をした個人を再び特定投資家以外の利用者として取り扱う旨

（広告類似行為）

第三十八条　準用金融商品取引法第三十七条各項に規定する厚生労働省令で定める行為は、郵便、信書便（民間事業者による信書の送達に関する法律（平成十四年法律第九十九号）第二条第六項に規定する一般信書便事業者又は同条第九項に規定する特定信書便事業者の提供する同条第二項に規定する信書便をいう。）、ファクシミリ装置を用いて送信する方法、電子メール（特定電子メールの送信の適正化等に関する法律（平成十四年法律第二十六号）第二条第一号に規定する電子メールをいう。）を送信する方法、ビラ又はパンフレットを配布する方法その他の方法（次に掲げるものを除く。）により多数の者に対して同様の内容で行う情報の提供とする。

一　法令又は法令に基づく行政庁の処分に基づき作成された書類を配布する方法

二　個別の企業の分析及び評価に関する資料であって、特定共済契約の締結の勧誘に使用しないものを配布する方法

三　次に掲げるすべての事項のみが表示されている景品その他の物品（ロからニまでに掲げる事項について明瞭かつ正確に表示されているものに限る。）を提供する方法（当該事項のうち景品その他の物品に

表示されていない事項がある場合にあつては、当該景品その他の物品と当該事項が表示されている他の物品とを一体のものとして提供する方法を含む。）
イ　商品の名称（通称を含む。）
ロ　この号に規定する方法により多数の者に対して同様の内容で行う情報の提供をする共済事業を行う組合の名称又はその通称
ハ　利用者が行う特定共済契約の締結について金利、通貨の価格、金融商品市場における相場その他の指標に係る変動を直接の原因として損失が生ずることとなるおそれがある場合にあつては、当該おそれがある旨（イ、ロ及びニに掲げる事項の文字又は数字のうち最も大きなものと著しく異ならない大きさの文字又は数字で表示されているものに限る。）
ニ　次に掲げるいずれかの書面を十分に読むべき旨
(1)　準用金融商品取引法第三十七条の三第一項に規定する書面（以下「契約締結前交付書面」という。）
(2)　第四十四条第一項第二号に規定する契約変更書面

（特定共済契約の締結の事業の内容についての広告等の表示方法）
第三十九条　共済事業を行う組合がその行う特定共済契約の締結の事業の内容について広告又は前条に規定する行為（次項において「広告等」という。）をするときは、準用金融商品取引法第三十七条第一項各号に掲げる事項について明瞭かつ正確に表示しなければならない。
2　前項の組合がその行う特定共済契約の締結の事業の内容について広告等をするときは、令第七条第二号に掲げる事項の文字又は数字を当該事項以外の事項の文字又は数字のうち最も大きなものと著しく異ならない大きさで表示するものとする。

（利用者が支払うべき対価に関する事項）
第四十条　令第七条第一号に規定する厚生労働省令で定めるものは、手数料、報酬、費用その他いかなる名称によるかを問わず、特定共済契約に関して利用者が支払うべき対価（以下「手数料等」という。）の種類ごとの金額若しくはその上限額又はこれらの計算方法（当該特定共済契約に係る共済金等の額に対する割合又は当該特定共済契約を締結することにより生じた利益に対する割合を含む。以下この項において同じ。）の概要及び当該金額の合計額若しくはその上限額又はこれらの計算方法の概要とする。ただし、これらの表示をすることができない場合にあつては、その旨及びその理由とする。
2　特定共済契約に係る共済掛金として収受した金銭そ

の他の資産の運用が投資信託受益権等（金融商品取引法第二条第一項第十号若しくは第十一号に掲げる有価証券に表示されるべき権利又は同条第二項第五号若しくは第六号に掲げる権利をいう。以下この条において同じ。）の取得により行われる場合には、前項の手数料等には、当該投資信託受益権等に係る信託報酬その他の手数料等を含むものとする。

3　前項の投資信託受益権等に係る財産が他の投資信託受益権等に対して出資され、又は拠出される場合には、当該他の投資信託受益権等を当該投資信託受益権等とみなして、前二項の規定を適用する。

4　前項の規定は、同項（この項において準用する場合を含む。）の規定により第二項の投資信託受益権等とみなされた投資信託受益権等に係る財産が他の投資信託受益権等に対して出資され、又は拠出される場合について準用する。

（利用者の判断に影響を及ぼす重要事項）

第四十一条　令第七条第三号に規定する厚生労働省令で定める事項は、当該特定共済契約に関する重要な事項について利用者の不利益となる事実とする。

（誇大広告をしてはならない事項）

第四十二条　準用金融商品取引法第三十七条第二項に規定する厚生労働省令で定める事項は、次に掲げる事項とする。

一　特定共済契約の解除に関する事項

二　特定共済契約に係る損失の全部若しくは一部の負担又は利益の保証に関する事項

三　特定共済契約に係る損害賠償額の予定（違約金を含む。）に関する事項

四　特定共済契約に関して利用者が支払うべき手数料等の額又はその計算方法、支払の方法及び時期並びに支払先に関する事項

（契約締結前交付書面の記載方法）

第四十三条　契約締結前交付書面には、準用金融商品取引法第三十七条の三第一項各号に掲げる事項を、日本産業規格Z八三〇五に規定する八ポイント以上の大きさの文字及び数字を用いて明瞭かつ正確に記載しなければならない。

2　前項の規定にかかわらず、契約締結前交付書面には、準用金融商品取引法第三十七条の三第一項第四号に掲げる事項の概要並びに同項第五号及び第四十六条第八号に掲げる事項を、枠の中に日本産業規格Z八三〇五に規定する十二ポイント以上の大きさの文字及び数字を用いて明瞭かつ正確に記載し、かつ、次項に規定する事項の次に記載するものとする。

3　共済事業を行う組合は、契約締結前交付書面には、第四十六条第一号に掲げる事項及び準用金融商品取引法第三十七条の三第一項各号に掲げる事項のうち利用

者の判断に影響を及ぼすこととなる特に重要なものを、日本産業規格Z八三〇五に規定する十二ポイント以上の大きさの文字及び数字を用いて当該契約締結前交付書面の最初に平易に記載するものとする。

（契約締結前交付書面の交付を要しない場合）

第四十四条 準用金融商品取引法第三十七条の三第一項ただし書に規定する厚生労働省令で定める場合は、既に成立している特定共済契約の一部の変更をすることを内容とする特定共済契約を締結しようとする場合であつて、次に掲げるときとする。

一 当該変更に伴い既に成立している特定共済契約に係る契約締結前交付書面の記載事項に変更すべきものがないとき。

二 当該変更に伴い既に成立している特定共済契約に係る契約締結前交付書面の記載事項に変更すべきものがある場合にあつては、当該利用者に対し当該変更すべき記載事項を記載した書面（以下「契約変更書面」という。）を交付しているとき。

2 準用金融商品取引法第三十四条の二第四項及び令第五条の規定並びに第二十九条の規定は、前項第二号の規定による契約変更書面の交付について準用する。

（利用者が支払うべき対価に関する事項）

第四十五条 準用金融商品取引法第三十七条の三第一項第四号に規定する厚生労働省令で定めるものは、手数料、報酬、費用その他いかなる名称によるかを問わず、特定共済契約に関して利用者が支払うべき手数料等の種類ごとの金額若しくはその上限額又はこれらの計算方法（当該特定共済契約に係る共済金等の額に対する割合又は当該特定共済契約を締結することにより生じた利益に対する割合を含む。以下この項において同じ。）及び当該金額の合計額若しくはその上限額又はこれらの計算方法とする。ただし、これらの記載をすることができない場合にあつては、その旨及びその理由とする。

2 第四十条第二項から第四項までの規定は、前項の手数料等について準用する。

（契約締結前交付書面の記載事項）

第四十六条 準用金融商品取引法第三十七条の三第一項第七号に規定する厚生労働省令で定める事項は、次に掲げる事項とする。

一 当該契約締結前交付書面を十分に読むべき旨

二 特定共済契約の申込みの撤回等（法第十二条の二第三項において準用する保険業法第三百九条第一項に規定する申込みの撤回等をいう。）に関する事項

三 共済契約者又は被共済者が行うべき告知に関する事項

四 共済責任の開始時期に関する事項

五 共済掛金の払込猶予期間に関する事項

六　特定共済契約の失効及び失効後の復活に関する事項
七　特定共済契約の解約及び解約による返戻金に関する事項
八　利用者が行う特定共済契約の締結について金利、通貨の価格、金融商品市場における相場その他の指標に係る変動を直接の原因として損失が生ずることとなるおそれがある場合にあつては、次に掲げる事項
イ　当該指標
ロ　当該指標に係る変動により損失が生ずるおそれがある理由
九　当該特定共済契約に関する租税の概要
十　利用者が当該組合に連絡する方法
十一　当該組合が対象事業者（金融商品取引法第七十九条の十一第一項に規定する対象事業者をいう。以下この号において同じ。）となつている認定投資者保護団体（同法第七十九条の十第一項に規定する認定投資者保護団体をいい、当該特定共済契約が当該認定投資者保護団体の認定業務（同項に規定する認定業務をいう。）の対象となるものである場合における当該認定投資者保護団体に限る。）の有無（対象事業者となつている場合にあつては、その名称）
十二　その他利用者の注意を喚起すべき事項

（契約締結時交付書面の記載事項）

第四十七条　特定共済契約が成立したときに作成する準用金融商品取引法第三十七条の四第一項に規定する書面（次条において「契約締結時交付書面」という。）には、次に掲げる事項（特定共済契約の成立後遅滞なく利用者に共済証書を交付する場合にあつては、当該共済証書に記載された事項を除く。）を記載しなければならない。
一　当該組合の名称
二　被共済者及び共済金額を受け取るべき者の名称又は氏名
三　当該特定共済契約の種類及びその内容
四　共済の目的及びその価額
五　共済金額
六　共済期間の始期及び終期
七　共済掛金及びその支払方法
八　当該特定共済契約の成立の年月日
九　当該特定共済契約に係る手数料等に関する事項
十　利用者の氏名又は名称
十一　利用者が当該組合に連絡する方法

（契約締結時交付書面の交付を要しない場合）

第四十八条　契約締結時交付書面に係る準用金融商品取引法第三十七条の四第一項ただし書に規定する厚生労働省令で定める場合は、既に成立している特定共済契

約の一部の変更をすることを内容とする特定共済契約が成立した場合においては、次に掲げるときとする。

一　当該変更に伴い既に成立している特定共済契約に係る契約締結時交付書面の記載事項に変更すべきものがないとき。

二　当該変更に伴い既に成立している特定共済契約に係る契約締結時交付書面の記載事項に変更すべきものがある場合にあつては、当該利用者に対し変更すべき記載事項を記載した書面を交付しているとき。

2　準用金融商品取引法第三十四条の二第四項及び令第五条の規定並びに第二十九条の規定は、前項第二号の規定による書面の交付について準用する。

（信用格付業者の登録の意義その他の事項）

第四十八条の二　準用金融商品取引法第三十八条第三号の金融商品取引法第六十六条の二十七の登録の意義その他の事項として厚生労働省令で定める事項は、次に掲げる事項とする。

一　金融商品取引法第六十六条の二十七の登録の意義

二　信用格付（金融商品取引法第二条第三十四項に規定する信用格付をいう。以下この条において同じ。）を付与した者に関する次に掲げる事項

イ　商号、名称又は氏名

ロ　法人（法人でない団体で代表者又は管理人の定めのあるものを含む。）であるときは、役員（法人でない団体で代表者又は管理人の定めのあるものにあっては、その代表者又は管理人）の氏名又は名称

ハ　本店その他の主たる営業所又は事務所の名称及び所在地

三　信用格付を付与した者が当該信用格付を付与するために用いる方針及び方法の概要

四　信用格付の前提、意義及び限界

2　前項の規定にかかわらず、特定関係法人（金融商品取引業等に関する内閣府令（平成十九年内閣府令第五十二号）第百十六条の三第二項に規定する特定関係法人をいう。以下この項において同じ。）の付与した信用格付については、準用金融商品取引法第三十八条第三号の金融商品取引法第六十六条の二十七の登録の意義その他の事項として厚生労働省令で定める事項は、次に掲げる事項とする。

一　金融商品取引法第六十六条の二十七の登録の意義

二　金融庁長官が金融商品取引業等に関する内閣府令第百十六条の三第二項の規定に基づき、その関係法人（同令第二百九十五条第三項第十号に規定する関係法人をいう。）を当該特定関係法人として指定した信用格付業者の商号又は名称及び登録番号

三　当該特定関係法人が信用格付業（金融商品取引法第二条第三十五項に規定する信用格付業をいう。）

を示すものとして使用する呼称

四　信用格付を付与した特定関係法人が当該信用格付を付与するために用いる方針及び方法の概要又は当該概要に関する情報を第二号に規定する信用格付業者から入手する方法

五　信用格付の前提、意義及び限界

（特定共済契約の締結の事業に係る禁止行為）

第四十九条　準用金融商品取引法第三十八条第八号に規定する厚生労働省令で定める行為は、次に掲げる行為とする。

一　契約締結前交付書面又は契約変更書面の交付に関し、あらかじめ、利用者（特定投資家（準用金融商品取引法第三十四条の二第五項の規定により特定投資家以外の利用者とみなされる者を除き、準用金融商品取引法第三十四条の三第四項（準用金融商品取引法第三十四条の四第六項において準用する場合を含む。）の規定により特定投資家とみなされる者を含む。）を除く。以下この号において同じ。）に対して、準用金融商品取引法第三十七条の三第一項第三号から第五号まで及び第七号に掲げる事項（契約変更書面を交付する場合にあつては、当該契約変更書面に記載されている事項であつて同項第三号から第五号まで及び第七号に掲げる事項に係るもの）について利用者の知識、経験、財産の状況及び特定共済契約を締結する目的に照らして当該利用者に理解されるために必要な方法及び程度による説明をすることなく、特定共済契約を締結する行為

二　特定共済契約の締結又は解約に関し、利用者に迷惑を覚えさせるような時間に電話又は訪問により勧誘する行為

（行為規制の適用除外の例外）

第五十条　準用金融商品取引法第四十五条ただし書に規定する厚生労働省令で定める場合は、準用金融商品取引法第三十七条の四の規定の適用について、利用者の締結した特定共済契約に関する照会に対して速やかに回答することができる体制が整備されていない場合とする。

（貸付事業の運営に関する措置）

第五十一条　法第十三条の厚生労働省令で定めるものは、次に掲げる措置とする。

一　法第二十六条の四に規定する規約で定められた事業所等（組合が一定の場所で貸付けに関する業務（法第十三条に規定する貸付事業に基づく金銭の貸付けの契約の締結並びに貸付けの契約に基づく金銭の交付及び債権の回収その他これに準ずる業務をいう。以下この号において同じ。）の全部又は一部を継続して営む施設（事務所を含む。）又は設備（自動契約受付機、現金自動設備（現金自動支払機及び

現金自動受払機をいう。以下この号において同じ。）及び代理店（組合の委任を受けて、当該組合のために貸付けに関する業務の全部又は一部を代理した者が、当該業務を営む施設又は設備をいう。）を含む。）をいう。ただし、現金自動設備にあつては、事業所等（現金自動設備を除く。）の同一敷地内（隣接地を含む。）に設置されたものを除く。以下この条及び第五十七条において同じ。）以外の事業所等を設置して貸付けに関する業務を行わないための措置

二　その取り扱う資金需要者等（組合員等（資金需要者である組合員又は保証人となろうとする者をいう。以下この条において同じ。）又は債務者等（債務者又は保証人をいう。以下この条において同じ。）をいう。以下この条において同じ。）に関する情報の安全管理、従業者の監督及び当該情報の取扱いを委託する場合には、その委託先の監督について当該情報の漏えい、滅失又はき損の防止を図るために必要かつ適切な措置

三　信用情報に関する機関（資金需要者等の借入金返済能力に関する情報の収集及び組合に対する当該情報の提供を行うものをいう。以下この条において「信用情報機関」という。）から提供を受けた情報であつて資金需要者等の借入金返済能力に関するものを、資金需要者等の返済能力の調査以外の目的のために利用しないことを確保するための措置

四　その取り扱う資金需要者等に関する人種、信条、門地、本籍地、保健医療又は犯罪経歴についての情報その他の特別の非公開情報（その業務上知り得た公表されていない情報をいう。）を、適切な業務の運営の確保その他必要と認められる目的以外の目的のために利用しないことを確保するための措置

五　貸付事業の業務を貸金業者（貸金業法（昭和五十八年法律第三十二号）第二条第二項に規定する貸金業者をいう。以下この条において同じ。）に委託しないための措置

六　貸付事業の業務を第三者に委託する場合（前号に掲げる場合を除く。）には、当該業務の内容に応じ、次に掲げる措置

イ　当該業務を的確、公正かつ効率的に遂行することができる能力を有する者に委託するための措置

ロ　当該業務の委託を受けた者（以下この号において「受託者」という。）における当該業務の実施状況を、定期的又は必要に応じて確認すること等により、受託者が当該業務を的確に遂行しているかを検証し、必要に応じ改善させる等、受託者に対する必要かつ適切な監督等を行うための措置

ハ　受託者が行う当該業務に係る資金需要者等からの苦情を適切かつ迅速に処理するために必要な措

置

ニ　受託者が当該業務を適切に行うことができない事態が生じた場合には、他の適切な第三者に当該業務を速やかに委託する等、当該業務に係る資金需要者等の保護に支障が生じること等を防止するための措置

ホ　貸付事業を行う組合の業務の健全かつ適切な運営を確保し、当該業務に係る資金需要者等の保護を図るため必要がある場合には、当該業務の委託に係る契約の変更又は解除をする等の必要な措置を講ずるための措置

七　貸付事業の業務（事業所等において資金需要者等と対面することなく行う業務を含まないものとする。）に従事する使用人その他の従業者に、その身分を示す証明書を携帯させ、貸付事業の業務に従事するに際し、相手方の請求があつたときは、これを提示させるようにするための措置

八　事業所等ごとに従業者名簿を備え、次に掲げる事項を記載し、これを保存するための措置

イ　従業者の氏名

ロ　従業者の住所

ハ　前号の証明書の番号

ニ　生年月日

ホ　主たる職務内容

ヘ　当該事業所等の従業者となつた年月日

ト　当該事業所等の従業者でなくなつたときは、その年月日

九　暴力団員による不当な行為の防止等に関する法律（平成三年法律第七十七号）第二条第六号に規定する暴力団員（以下この号において「暴力団員」という。）又は暴力団員でなくなつた日から五年を経過しない者（以下この条において「暴力団員等」という。）を貸付事業の業務に従事させ、又はその業務の補助者として使用しないための措置

十　貸付事業の業務に関し、次に掲げる行為を行わないための措置

イ　資金需要者等に対し、虚偽のことを告げ、又は貸付けの契約（法第十三条に規定する貸付事業に基づく金銭の貸付けに係る契約又は当該契約に係る保証契約をいう。以下この条及び第五十七条において同じ。）の内容のうち重要な事項を告げない行為

ロ　資金需要者等に対し、不確実な事項について断定的判断を提供し、又は確実であると誤認させるおそれのあることを告げる行為（ハに掲げる行為を除く。）

ハ　保証人となろうとする者に対し、主たる債務者が弁済することが確実であると誤解させるおそれ

のあることを告げる行為
ニ　イからハまでに掲げるもののほか、偽りその他不正又は著しく不当な行為
十一　貸付けの契約（次に掲げる契約を除く。）の相手方又は相手方となろうとする者の死亡によつて保険金の支払を受けることとなる保険契約を締結しようとする場合にあつては、当該保険契約において、自殺による死亡を保険事故としないための措置
イ　住宅（居住の用に供する建物をいう。以下この号において同じ。）の建設若しくは購入に必要な資金（住宅の用に供する土地又は借地権の取得に必要な資金を含む。）又は住宅の改良に必要な資金の貸付けに係る契約
ロ　自ら又は他の者によりイの貸付けが行われることが予定されている場合において、当該貸付けが行われるまでのつなぎとして行う貸付けに係る契約
十二　貸付けに係る契約の締結に際し、年十二パーセントを超える割合による利息（みなし利息を含む。次号において同じ。）の契約を締結しないための措置
十三　前号に規定する金額を超える利息を受領し、又はその支払を要求しないための措置
十四　貸付けに係る契約の締結に際し、その相手方又は相手方となろうとする者に対し、債務履行担保措置（当該契約に基づく債務の履行を担保するための保証及び保険並びに当該契約に基づく債務の履行を担保するために土地及び建物その他の財産を担保に供することをいう。以下この号において同じ。）に係る契約を、債務履行担保措置を業として営む者と締結することを当該貸付けに係る契約の締結の条件としないための措置
十五　貸付けに係る契約について、当該組合が、業として保証を行う者（次号において「保証業者」という。）と保証契約を締結しないための措置
十六　貸付けに係る契約の締結に際し、その相手方又は相手方となろうとする者に対し、保証料に係る契約を、保証業者との間で締結することを当該貸付けに係る契約の締結の条件としないための措置
十七　貸付けに係る契約の債務の不履行による賠償額の予定（違約金も含む。以下この条及び第五十七条において同じ。）が、その賠償額の元本に対して年十四・六パーセントを超える割合となる契約を締結しないための措置
十八　資金需要者等の利益の保護のために必要と認められる場合には、資金需要者等に対して、借入れ又は返済に関する相談又は助言その他の支援を適正かつ確実に実施することができると認められる団体を

紹介するための措置
十九　貸付けの契約を締結しようとする場合において、組合員等の収入又は収益その他の資力、信用、借入れの状況、返済計画その他の返済能力に関する事項を調査するための措置
二十　貸付けの契約を締結しようとする場合において、次に掲げる場合のいずれかに該当するときは、前号の規定による調査を行うに際し、資金需要者である組合員から源泉徴収票（所得税法（昭和四十年法律第三十三号）第二百二十六条第一項に規定する源泉徴収票をいう。以下この条において同じ。）その他の当該組合員の収入又は収益その他の資力を明らかにする事項を記載し、又は記録した書面又は電磁的記録（電子的方式、磁気的方式その他人の知覚によつては認識することができない方式で作られる記録であつて、電子計算機による情報処理の用に供されるものをいう。以下この条において同じ。）の提出又は提供を受けるための措置（ただし、組合が既に当該組合員の源泉徴収票その他の当該組合員の収入又は収益その他の資力を明らかにする事項を記載し、又は記録した書面又は電磁的記録の提出又は提供を受けている場合は、この限りでない。）
イ　次に掲げる金額を合算した額（ロ(1)において「当該組合貸付合算額」という。）が五十万円を超える場合
(1)　当該貸付けの契約（貸付けに係る契約に限る。(2)において同じ。）に係る貸付けの金額
(2)　当該組合員と当該貸付けの契約以外の貸付けに係る契約を締結しているときは、その貸付けの残高の合計額
ロ　次に掲げる金額を合算した額（第二十二号において「組合員合算額」という。）が百万円を超える場合（イに掲げる場合を除く。）
(1)　当該組合貸付合算額
(2)　前号の調査により判明した当該組合員に対する当該組合以外の組合及び貸金業者の貸付けの残高の合計額
二十一　組合員等と貸付けの契約を締結した場合において、組合員等ごとに、次に掲げる事項を記録し、これを保存するための措置
イ　契約年月日
ロ　組合員等から前号に規定する書面又はその写し等の提出又は提供を受けた年月日
ハ　組合員等の資力に関する調査の結果
ニ　組合員等の借入れの状況に関する調査の結果
ホ　その他第十九号の規定による調査に使用した書面又はその写し
二十二　貸付けの契約を締結しようとする場合におい

て、第十九号の規定による調査により、当該貸付けの契約が個人過剰貸付契約（資金需要者である組合員を相手方とする貸付けに係る契約（住宅資金貸付契約等を除く。）で、当該貸付けに係る契約を締結することにより、当該組合員に係る組合員合算額（住宅資金貸付契約等に係る貸付けの残高を除く。）が当該組合員に係る基準額（その年間の給与及びこれに類する定期的な収入の金額を合算した額に三分の一を乗じて得た額をいう。）を超えることとなるもの（当該組合員の利益の保護に支障を生ずることがない契約を除く。）をいう。）その他組合員等の返済能力を超える貸付けの契約と認められるときは、当該貸付けの契約を締結しないための措置

二十三　事業所等ごとに、組合員の見やすい場所に、次に掲げる事項を明示するための措置

イ　貸付けの利率（利息及びみなし利息の総額（一年分に満たない利息及びみなし利息を元本に組み入れる契約がある場合にあつては、当該契約に基づき元本に組み入れられた金銭を含む。）を別表第一中の算式によつて算出した元本の額で除して得た年率（当該年率に小数点以下三位未満の端数があるときは、これを切り捨てるものとする。）を百分率で表示するもの（市場金利に一定の利率を加える方法により算定される利息を用いて貸付けの利率を算定する場合にあつては、基準とする市場金利の名称及びこれに加算する利率）をいう。以下同じ。）

ロ　返済の方式

ハ　返済期間及び返済回数

ニ　賠償額の予定に関する定めをする場合における当該賠償額の元本に対する割合（その年率を、百分率で少なくとも小数点以下一位まで表示したものに限る。）

ホ　担保を供することが必要な場合における当該担保に関する事項

ヘ　主な返済の例

二十四　貸付けの条件について広告をするとき、又は貸付けの契約の締結について勧誘をする場合において貸付けの条件を表示し、若しくは説明するときは、次に掲げる事項を明瞭かつ正確に表示し、又は説明するための措置

イ　組合の名称及び住所

ロ　貸付けの利率

ハ　返済の方式並びに返済期間及び返済回数

ニ　賠償額の予定に関する定めをする場合における当該賠償額の元本に対する割合（その年率を、百分率で少なくとも小数点以下一位まで表示したものに限る。）

ホ　担保を供することが必要な場合における当該担保に関する事項

二十五　貸付事業の業務に関して広告又は勧誘をするときは、貸付けの利率その他の貸付けの条件について、著しく事実に相違する表示若しくは説明をし、又は実際のものよりも著しく有利であると人を誤認させるような表示若しくは説明を行わないための措置

二十六　前号に定めるもののほか、貸付事業の業務に関して広告又は勧誘をするときは、次に掲げる表示又は説明を行わないための措置

イ　資金需要者等を誘引することを目的とした特定の商品を組合の中心的な商品であると誤解させるような表示又は説明

ロ　他の貸付事業を行う組合若しくは貸金業者の利用者又は返済能力がない者を対象として勧誘する旨の表示又は説明

ハ　借入れが容易であることを過度に強調することにより、資金需要者等の借入意欲をそそるような表示又は説明

ニ　公的な年金、手当等の受給者の借入意欲をそそるような表示又は説明

ホ　貸付けの利率以外の利率を貸付けの利率と誤解させるような表示又は説明

二十七　資金需要者等の知識、経験、財産の状況及び貸付けの契約の締結の目的に照らして不適当と認められる勧誘を行つて資金需要者等の利益の保護に欠け、又は欠けることとなるおそれがないように、貸付事業の業務を行うための措置

二十八　貸付けの契約の締結を勧誘した場合において、当該勧誘を受けた資金需要者等から当該貸付けの契約を締結しない旨の意思（当該勧誘を引き続き受けることを希望しない旨の意思を含む。）が表示されたときは、当該勧誘を引き続き行わないための措置

二十九　貸付事業の業務に関して広告又は勧誘をするときは、資金需要者等の返済能力を超える貸付けの防止に配慮するとともに、その広告又は勧誘が過度にわたることがないようにするための措置

三十　貸付けの契約を締結しようとする場合（当該契約の相手方となろうとする者が多重債務者等である場合に限る。）には、当該契約を締結するまでに、当該契約の相手方となろうとする者に係る貸金業者その他の金融機関等からの金銭の借入れ等による債務を可能な限り整理し、かつ当該契約の相手方となろうとする者の経済生活の再生が行われるよう解決すべき課題の把握（以下この条及び第五十七条において「アセスメント」という。）を行い、アセスメ

ントの結果に基づき生活再建のための計画を策定するための措置

三十一　貸付けに係る契約を締結しようとする場合において、当該契約を締結するまでに、次に掲げる事項を明らかにし、当該契約の内容を説明する書面（日本産業規格Ｚ八三〇五に規定する八ポイント以上の大きさの文字及び数字を用いて明瞭かつ正確に記載したものに限る。次号から第四十号まで、第四十五号、第四十八号及び第四十九号において同じ。）を当該契約の相手方となろうとする者に交付するための措置

イ　組合の名称及び住所

ロ　貸付けの金額

ハ　貸付けの利率

ニ　返済の方式

ホ　返済期間及び返済回数

ヘ　賠償額の予定に関する定めがあるときは、その内容

ト　債務者が負担すべき元本及び利息以外の金銭に関する事項

チ　契約の相手方の借入金返済能力に関する情報を信用情報機関に登録するときは、その旨及びその内容

リ　利息の計算の方法

ヌ　返済の方法及び返済を受ける場所

ル　各回の返済期日及び返済金額の設定の方式

ヲ　契約上、返済期日前の返済ができるか否か及び返済ができるときは、その内容

ワ　期限の利益の喪失の定めがあるときは、その旨及びその内容

カ　将来支払う返済金額の合計額（貸付けに係る契約を締結しようとする時点において将来支払う返済金額が定まらないときは、各回の返済期日に最低返済金額を支払うことその他の必要な仮定を置き、当該仮定に基づいた合計額及び当該仮定）

三十二　貸付けに係る契約について保証契約を締結しようとする場合には、当該保証契約を締結するまでに、次に掲げる事項を明らかにし、当該保証契約の内容を説明する書面を当該保証契約の保証人となろうとする者に交付するための措置

イ　組合の名称及び住所

ロ　保証期間

ハ　保証金額

ニ　保証の範囲に関する事項で次に掲げるもの

(1)　保証契約の種類及び効力

(2)　貸付けに係る契約に基づく債務の残高の総額

(3)　保証債務の極度額その他の保証人が負担する債務の範囲

(4) 貸付けに係る契約の契約年月日
(5) 貸付けに係る契約の貸付けの金額
(6) 貸付けに係る契約の貸付けの利率
(7) 貸付けに係る契約に基づく債務の返済の方式
(8) 貸付けに係る契約に基づく債務の返済期間及び返済回数
(9) 貸付けに係る契約に賠償額の予定に関する定めがあるときは、その内容
(10) 主たる債務者が負担すべき元本及び利息以外の金銭に関する事項
(11) 貸付けに係る契約の利息の計算の方法
(12) 貸付けに係る契約に基づく債務の各回の返済期日及び返済金額
(13) 契約上、貸付けに係る契約に基づく債務の返済期日前の返済ができるか否か及び返済ができるときは、その内容
(14) 貸付けに係る契約に期限の利益の喪失の定めがあるときは、その旨及びその内容
(15) 貸付けに係る契約に基づく債務の残高及びその内訳（元本、利息及び当該貸付けに係る契約に基づく債務の不履行による賠償額の別をいう。）
(16) ロに掲げる保証期間の定めがないときは、その旨

ホ　保証人が主たる債務者と連帯して債務を負担するときは、民法第四百五十四条の規定の趣旨
ヘ　保証契約に基づく債務の弁済の方式
ト　保証契約に賠償額の予定に関する定めがあるときは、その内容
チ　主たる債務者及び保証人の氏名及び住所
リ　貸付けの契約に関し組合が受け取る書面の内容
ヌ　保証人が負担すべき保証債務以外の金銭に関する事項
ル　保証契約に基づく債務の弁済の方法及び弁済を受ける場所
ヲ　保証契約に期限の利益の喪失の定めがあるときは、その旨及びその内容
ワ　貸付けの契約に基づく債権につき物的担保を供させるときは、当該担保の内容
カ　貸付けに係る契約に基づく債権の一部が弁済その他の事由により消滅したときは、その事由、金額及び年月日
ヨ　保証契約上、保証人が保証契約を解除できるときは解除事由、解除できないときはその旨
三十三　貸付けの契約の相手方又は相手方となろうとする者の死亡によつて保険金の支払を受けることとなる保険契約を締結しようとする場合において、これらの者から保険法（平成二十年法律第五十六号）

第三十八条又は第六十七条第一項の同意を得ようとするときは、あらかじめ、次に掲げる事項を記載した書面をこれらの者に交付するための措置

イ　当該保険契約が、これらの者が死亡した場合に組合に対し保険金の支払をすべきことを定めるものである旨

ロ　組合に支払われる保険金が貸付けの契約の相手方の債務の弁済に充てられるときは、その旨

ハ　死亡以外の保険金の支払事由

ニ　保険金が支払われない事由

ホ　組合に支払われる保険金額に関する事項

ヘ　保障が継続する期間に関する事項

三十四　貸付けに係る契約を締結した場合において、遅滞なく、次に掲げる事項についてその契約の内容を明らかにする書面をその相手方に交付するための措置

イ　組合の名称及び住所

ロ　契約年月日

ハ　貸付けの金額

ニ　貸付けの利率

ホ　返済の方式

ヘ　返済期間及び返済回数

ト　賠償額の予定に関する定めがあるときは、その内容

チ　契約の相手方の氏名及び住所

リ　貸付けに関し組合が受け取る書面の内容

ヌ　債務者が負担すべき元本及び利息以外の金銭に関する事項

ル　契約の相手方の借入金返済能力に関する情報を信用情報機関に登録するときは、その旨及びその内容

ヲ　利息の計算の方法

ワ　返済の方法及び返済を受ける場所

カ　各回の返済期日及び返済金額

ヨ　契約上、返済期日前の返済ができるか否か及び返済ができるときは、その内容

タ　期限の利益の喪失の定めがあるときは、その旨及びその内容

レ　当該契約に基づく債権につき物的担保を供させるときは、当該担保の内容

ソ　当該契約について保証契約を締結するときは、保証人の氏名及び住所

ツ　当該契約が、従前の貸付けの契約に基づく債務の残高を貸付金額とする貸付けに係る契約であるときは、従前の貸付けの契約に基づく債務の残高の内訳（元本、利息及び当該貸付けの契約に基づく債務の不履行による賠償額の別をいう。）及び当該貸付けの契約を特定し得る事項

ネ　将来支払う返済金額の合計額（貸付けに係る契約を締結した時点において将来支払う返済金額が定まらないときは、各回の返済期日に最低返済金額を支払うことその他の必要な仮定を置き、当該仮定に基づいた合計額及び当該仮定）

三十五　前号に定める書面に記載した事項のうち、重要なものとして次に掲げる事項を変更した場合において、遅滞なく、当該書面をその相手方に交付するための措置

イ　前号ニ、ト、ヌ、ヲ、ヨ又はタに掲げる事項（これらの事項について貸付けの利率を引き下げる場合その他の契約の相手方の利益となる変更を加える場合には、当該事項を除く。）

ロ　前号ホ、ワ、カ、レ又はソ（ソにあつては、新たに保証契約を締結する場合に限る。）に掲げる事項

三十六　貸付けに係る契約について保証契約を締結した場合において、遅滞なく、当該保証契約の内容を明らかにする事項で次に掲げる事項について記載した書面を当該保証契約の保証人に交付するための措置

イ　第三十二号イからヨまでに掲げる事項

ロ　保証契約の契約年月日

三十七　前号に定める書面に記載した事項のうち、重要なものとして次に掲げる事項を変更した場合において、遅滞なく、当該書面を当該保証契約の保証人に交付するための措置

イ　第三十二号ロ、ハ、ニ(3)、ニ(16)、ホ、ト、ヌ、ヲ又はヨに掲げる事項（これらの事項について契約の相手方の利益となる変更を加える場合には、当該事項を除く。）

ロ　第三十二号ヘ、ル又はワ（ワにあつては、保証契約に基づく債権につき物的担保を供させるときに限る。）に掲げる事項

三十八　貸付けに係る契約について保証契約を締結したとき、又は貸付けに係る契約で保証契約に係るものを締結したときは、遅滞なく、第三十四号イからネまでに掲げる事項についてこれらの貸付けに係る契約の内容を明らかにする書面をこれらの保証契約の保証人に対して、保証の対象となる貸付けに係る契約を締結するごとに交付するための措置

三十九　前号に定める書面に記載した事項のうち、第三十五号に掲げる事項を変更した場合において、遅滞なく、当該書面をこれらの保証契約の保証人に交付するための措置

四十　貸付けの契約に基づく債権の全部又は一部について弁済を受けた場合（預金又は貯金の口座に対する払込みにより弁済を受ける場合にあつては、当該

弁済をした者の請求があつた場合に限る。）に、その都度、直ちに、次に掲げる事項を記載した書面を当該弁済をした者に交付するための措置

イ　組合の名称及び住所

ロ　契約年月日

ハ　貸付けの金額（保証契約にあつては、保証に係る貸付けの金額。次号及び第四十八号において同じ。）

ニ　受領金額及びその利息、賠償額の予定に基づく賠償金又は元本への充当額

ホ　受領年月日

ヘ　弁済を受けた旨を示す文字

ト　債務者の氏名。ただし、弁済を受けた債権に係る貸付けの契約を契約番号その他により明示することをもつて、当該事項の記載に代えることができる。

チ　債務者（貸付けに係る契約について保証契約を締結したときにあつては、主たる債務者）以外の者が債務の弁済をした場合においては、その者の氏名

リ　当該弁済後の残存債務の額

四十一　事業所等ごとに、その業務に関する帳簿を備え、債務者ごとに貸付けの契約について契約年月日、貸付けの金額、受領金額その他次に掲げる事項を記載し、これを保存するための措置

イ　第三十四号ニからヌまで、ヲ及びカに掲げる事項

ロ　貸付けに係る契約について保証契約を締結したときは、第三十六号に掲げる事項（第三十二号ルに掲げる事項を除く。）

ハ　貸付けの契約に基づく債権の全部又は一部について弁済を受けたときは、各回の弁済に係る前号ニ、ホ及びリに掲げる事項

ニ　貸付けの契約に基づく債権の全部又は一部が弁済以外の事由により消滅したときは、その事由及び年月日並びに残存債権の額

ホ　貸付けの契約に基づく債権を他人に譲渡したときは、その者の商号、名称又は氏名及び住所、譲渡年月日並びに当該債権の額

ヘ　貸付けの契約に基づく債権に関する債務者等その他の者との交渉の経過の記録

四十二　次に掲げる者が、組合に対し、前号の帳簿（利害関係がある部分に限る。）の閲覧又は謄写を請求した場合において、当該請求が当該請求を行つた者の権利の行使に関する調査を目的とするものでないことが明らかであるときを除き、当該請求を拒まないための措置

イ　債務者等又は債務者等であつた者

ロ　債務者等又は債務者等であつた者の法定代理人、後見監督人、保佐人、保佐監督人、補助人又は補助監督人
ハ　債務者等又は債務者等であつた者の相続人
ニ　イからハまでに掲げる者から当該請求について代理権を付与された者

四十三　貸付けの契約について、債務者等から、当該債務者等が特定公正証書（債務者等が貸付けの契約に基づく債務の不履行の場合に直ちに強制執行に服する旨の陳述が記載された公正証書をいう。以下この条及び第五十七条において同じ。）の作成を公証人に嘱託することを代理人に委任することを証する書面を取得しないようにするための措置

四十四　貸付けの契約について、債務者等が特定公正証書の作成を公証人に嘱託することを代理人に委任する場合には、当該代理人の選任に関し推薦その他これに類する関与をしないための措置

四十五　貸付けの契約について、特定公正証書の作成を公証人に嘱託する場合には、あらかじめ（当該貸付けの契約に係る資金需要者等との間で特定公正証書の作成を公証人に嘱託する旨を約する契約を締結する場合にあつては、当該契約を締結するまでに）、債務者等となるべき資金需要者等に対し、次に掲げる事項について書面を交付して説明をするための措置

イ　当該貸付けの契約に基づく債務の不履行の場合には、特定公正証書により、債務者等が直ちに強制執行に服することとなる旨
ロ　特定公正証書に記載された内容の債務の不履行の場合には、組合は、訴訟の提起を行わずに、特定公正証書により債務者等の財産に対する強制執行をすることができる旨

四十六　貸付けの契約について、公的給付（法令（条例を含む。以下この号において同じ。）の規定に基づき国又は地方公共団体がその給付に要する費用又はその給付の事業に関する事務に要する費用の全部又は一部を負担し、又は補助することとされている給付（給与その他対価の性質を有するものを除く。）であつて、法令の規定により譲り渡し、担保に供し、又は差し押さえることができないこととされているものをいう。以下この号において同じ。）がその受給権者である債務者等又は債務者等の親族その他の者（以下この号において「特定受給権者」という。）の預金又は貯金の口座に払い込まれた場合に当該預金又は貯金の口座に係る資金から当該貸付けの契約に基づく債権の弁済を受けることを目的として、次に掲げる行為をしないための措置
イ　特定受給権者の預金通帳等（当該預金若しくは

貯金の口座に係る通帳若しくは引出用のカード若しくは当該預金若しくは貯金の引出し若しくは払込みに必要な情報又は年金証書その他特定受給権者が公的給付を受給することができることを証する書面その他のものをいう。）の引渡し若しくは提供を求め、又はこれらを保管する行為

ロ　特定受給権者に当該預金又は貯金の払出しとその払い出した金銭による当該債権の弁済をその預金又は貯金の口座のある金融機関に委託して行うことを求める行為

四十七　貸付けの契約に基づく債権の回収をするに当たつて、人を威迫し、又は次に掲げる言動その他の人の私生活若しくは業務の平穏を害するような言動をしないための措置

イ　正当な理由がないのに、社会通念に照らし不適当と認められる時間帯（午後九時から午前八時までの間とする。）に、債務者等に電話をかけ、若しくはファクシミリ装置を用いて送信し、又は債務者等の居宅を訪問すること。

ロ　債務者等が弁済し、又は連絡し、若しくは連絡を受ける時期を申し出た場合において、その申出が社会通念に照らし相当であると認められないことその他の正当な理由がないのに、イに規定する時間帯以外の時間帯に、債務者等に電話をかけ、若しくはファクシミリ装置を用いて送信し、又は債務者等の居宅を訪問すること。

ハ　正当な理由がないのに、債務者等の勤務先その他の居宅以外の場所に電話をかけ、電報を送達し、若しくはファクシミリ装置を用いて送信し、又は債務者等の勤務先その他の居宅以外の場所を訪問すること。

ニ　債務者等の居宅又は勤務先その他の債務者等を訪問した場所において、債務者等から当該場所から退去すべき旨の意思を示されたにもかかわらず、当該場所から退去しないこと。

ホ　はり紙、立看板その他何らの方法をもつてするを問わず、債務者の借入れに関する事実その他債務者等の私生活に関する事実を債務者等以外の者に明らかにすること。

ヘ　債務者等に対し、債務者等以外の者からの金銭の借入れその他これに類する方法により貸付けの契約に基づく債務の弁済資金を調達することを要求すること。

ト　債務者等以外の者に対し、債務者等に代わつて債務を弁済することを要求すること。

チ　債務者等以外の者が債務者等の居所又は連絡先を知らせることその他の債権の回収に協力することを拒否している場合において、更に債権の回収

に協力することを要求すること。

リ　債務者等が、貸付けの契約に基づく債権に係る債務の処理を弁護士若しくは弁護士法人若しくは司法書士若しくは司法書士法人（以下この号において「弁護士等」という。）に委託し、又はその処理のため必要な裁判所における民事事件に関する手続をとり、弁護士等又は裁判所から書面によりその旨の通知があつた場合において、正当な理由がないのに、債務者等に対し、電話をかけ、電報を送達し、若しくはファクシミリ装置を用いて送信し、又は訪問する方法により、当該債務を弁済することを要求し、これに対し債務者等から直接要求しないよう求められたにもかかわらず、更にこれらの方法で当該債務を弁済することを要求すること。

ヌ　債務者等に対し、イからリ（へを除く。）までのいずれかに掲げる言動をすることを告げること。

四十八　債務者等に対し、支払を催告するために書面又はこれに代わる電磁的記録を送付する場合においては、当該書面に封をする方法、本人のみが使用していることが明らかな電子メールアドレス（電子メールの利用者を識別するための文字、番号、記号その他の符号をいう。）に電子メールを送付する方法その他の債務者の借入れに関する事実が債務者等以外の者に明らかにならない方法により行い、これに次に掲げる事項を記載し、又は記録するための措置

イ　組合の名称及び住所並びに電話番号

ロ　当該書面又は電磁的記録を送付する者の氏名

ハ　契約年月日

ニ　貸付けの金額

ホ　貸付けの利率

へ　支払の催告に係る債権の弁済期

ト　支払を催告する金額

チ　支払の催告時における当該催告に係る残存債務の額

リ　支払を催告する金額の内訳（元本、利息及び債務の不履行による賠償額の別をいう。）

ヌ　書面又はこれに代わる電磁的記録を保証人に対し送付する場合にあつては、保証契約の契約年月日及び保証債務の極度額その他の保証人が負担する債務の範囲

四十九　前号に定めるもののほか、貸付けの契約に基づく債権の回収を行うに当たり、相手方の請求があつたときは、次に掲げる事項を、書面を交付又は送付する方法（イ及びロに掲げる事項にあつては、第七号に規定する証明書の提示による方法も含む。）

により、その相手方に明らかにするための措置

イ　組合の名称

ロ　債権の回収を行う者の氏名

ハ　債権の回収を行う者の弁済受領権限の基礎となる事実

ニ　回収する債権に係る第三十四号ロからネまでに掲げる事項

ホ　債務者等から債権を回収しようとするときは、前号ヘからリまでに掲げる事項

ヘ　保証人から債権を回収しようとするときは、第三十六号に掲げる事項

五十　債務者等以外の者から貸付けの契約に基づく債務の弁済を受けないための措置

五十一　次に掲げる場合を除き、貸付けの契約に基づく債権を他者に譲渡しないための措置

イ　組合についての破産手続開始の決定がなされた場合

ロ　組合の業務又は財産の状況に照らして貸付事業の継続が困難となる蓋然性がある場合

五十二　貸付けの契約に基づく債権の譲渡（前号イ又はロに掲げる場合に限る。）又は債権の回収の委託（以下この号において「債権譲渡等」という。）をしようとする場合において、その相手方が次のいずれかに該当する者（以下この号において「債権回収制限者」という。）であることを知り、若しくは知ることができるとき、又は当該債権譲渡等の後債権回収制限者が当該債権の債権譲渡等を受けることを知り、若しくは知ることができるときは、当該債権譲渡等をしないための措置

イ　暴力団員等

ロ　暴力団員等がその運営を支配する法人その他の団体又は当該法人その他の団体の構成員

ハ　貸付けの契約に基づく債権の回収を行うに当たり、第四十七号の規定に違反し、又は刑法（明治四十年法律第四十五号）若しくは暴力行為等処罰に関する法律（大正十五年法律第六十号）の罪を犯すおそれが明らかである者

五十三　貸付けの契約に基づく債権についてその全部の弁済を受けた場合において当該債権の証書を有するときは、遅滞なく、これをその弁済をした者に返還するための措置

五十四　事業所等ごとに、組合員の見やすい場所に、別紙様式第一に定める標識を明示するための措置

五十五　その営む業務の内容及び方法に応じ、資金需要者等の知識、経験及び財産の状況を踏まえた重要な事項の資金需要者等に対する説明その他の健全かつ適切な業務の運営を確保するための措置（書面の交付その他の適切な方法による商品又は取引の内容

の説明並びに犯罪を防止するための措置を含む。）
五十六　その他貸付事業の適正な運営の確保及び資金の貸付けを受ける資金需要者等の利益の保護を図るための措置
五十七　前各号に掲げる措置を、当該措置に関する内部規則等（内部規則（貸付事業を行う組合又はその役員若しくは使用人が遵守すべき規則であつて貸付事業を行う組合が作成するものをいう。）その他これに準ずるものをいう。以下この条、第五十七条及び第百六十一条において同じ。）に定めるとともに、従業員に対する研修その他の当該内部規則等及び法第二十六条の四に規定する規約に基づいて業務が適正に運営されるための十分な体制を整備するための措置

2　前項第七号に規定する「証明書」は、次の各号に掲げる場合の区分に応じ、当該各号に定める事項が記載され、従業者の写真がはり付けられたものとする。
一　組合の貸付事業の業務に従事する場合（次号に該当する場合を除く。）
イ　組合の名称及び住所
ロ　従業者の氏名
ハ　証明書の番号
二　組合の委託により貸付事業の業務に従事する場合（組合の委任を受けて貸付事業を代理する場合を含む。）
イ　貸付事業の業務を委託した組合の名称及び住所
ロ　当該組合から貸付事業の業務を委託された者の商号、名称又は氏名、住所
ハ　当該組合が貸付事業の業務を委託した旨
ニ　従業者の氏名
ホ　証明書の番号

3　第一項第十二号に規定する「みなし利息」とは、礼金、割引金、手数料、調査料その他いかなる名義をもつてするかを問わず、金銭の貸付けに関し債権者の受ける元本以外の金銭（契約の締結及び債務の弁済の費用であつて、次に掲げるものを除く。）のうち、金銭の貸付け及び弁済に用いるため債務者に交付されたカードの再発行の手数料その他の債務者の要請により債権者が行う事務の費用として次項で定めるものを除いたものをいう。
一　公租公課の支払に充てられるべきもの
二　強制執行の費用、担保権の実行としての競売の手続の費用その他公の機関が行う手続に関してその機関に支払うべきもの
三　債務者が金銭の受領又は弁済のために利用する現金自動支払機その他の機械の利用料（現金自動支払機その他の機械を利用して受け取り、又は支払う次のイ及びロに掲げる額の区分に応じ、当該イ及びロ

で定める額（消費税額及び当該消費税額を課税標準として課されるべき地方消費税額に相当する額（次項において「消費税額等相当額」という。）を含む。）の範囲内のものに限る。）

イ　一万円以下の額　百十円

ロ　一万円を超える額　二百二十円

4　前項に規定する「債務者の要請により債権者が行う事務の費用」は、次に掲げる費用（消費税額等相当額を含む。）とする。

一　金銭の貸付け及び弁済に用いるため債務者に交付されたカードの再発行の手数料

二　法令の規定により、金銭の貸付けに関して債務者に交付された書面の再発行及び当該書面の交付に代えて電磁的方法により債務者に提供された事項の再提供の手数料

三　口座振替の方法による弁済において、債務者が弁済期に弁済できなかつた場合に行う再度の口座振替手続に要する費用

5　第一項第二十号に規定する「当該組合員の収入又は収益その他の資力を明らかにする事項を記載し、又は記録した書面又は電磁的記録」は、次に掲げる書面又はその写し（当該書面に代えて電磁的記録の作成がされている場合における当該電磁的記録を含む。以下この項において「書面等」という。）とする。ただし、組合員の勤務先に変更があつた場合その他当該書面等が明らかにする当該組合員の資力に変更があつたと認められる場合には、当該変更後の資力を明らかにするものに限る。

一　源泉徴収票

二　支払調書

三　給与の支払明細書

四　確定申告書

五　青色申告決算書

六　収支内訳書

七　納税通知書

七の二　納税証明書

八　所得証明書

九　年金証書

十　年金通知書

6　前項各号に掲げる書面（同項第九号に掲げる書面を除く。）は、次の各号に掲げる書面の区分に応じ、当該各号に定める要件を満たすものでなければならない。

一　前項第一号、第二号及び第十号に掲げる書面　一般的に発行される直近の期間に係るものであること。

二　前項第三号に掲げる書面　直近二月分以上のもの（前項に規定する書面等に記載されている地方税額

を基に合理的に算出する方法により直近の年間の給与の金額を算出する場合にあつては、直近のもの）であること。
三　前項第四号から第六号までに掲げる書面　通常提出される直近の期間（当該直近の期間を含む連続した期間における事業所得の金額（所得税法第二十七条第二項に規定する事業所得の金額をいう。次号において同じ。）を用いて基準額（第一項第二十二号に規定する基準額をいう。次号において同じ。）を算定する場合にあつては、当該直近の期間を含む連続した期間）に係るものであること。
四　前項第七号から第八号までに掲げる書面　一般的に発行される直近の期間（当該直近の期間を含む連続した期間における事業所得の金額を用いて基準額を算定する場合にあつては、当該直近の期間を含む連続した期間）に係るものであること。
7　第五項ただし書の規定にかかわらず、当該組合員が次に掲げる要件のいずれにも該当する場合には、同項本文に規定する書面等を用いることができる。
一　変更後の勤務先が確認されていること。
二　変更後の勤務先で二月分以上の給与の支払を受けていないこと。
8　第一項第二十二号に規定する「住宅資金貸付契約等」は、次に掲げる契約とする。
一　第一項第十一号イ及びロに掲げる契約
二　金融商品取引法第二条第一項に規定する有価証券（同条第二項の規定により有価証券とみなされる権利を含む。）であつて、次に掲げるものを担保とする貸付けに係る契約（貸付けの金額が当該貸付けに係る契約の締結時における当該有価証券の時価の範囲内であるものに限る。）
イ　金融商品取引法第二条第一項第一号から第三号まで、第十号又は第十一号に掲げる有価証券
ロ　金融商品取引法施行令（昭和四十年政令第三百二十一号）第二十七条の二各号に掲げる有価証券
三　不動産（借地権を含み、組合員若しくは担保を提供する者の居宅、居宅の用に供する土地若しくは借地権又は当該組合員若しくは担保を提供する者の生計を維持するために不可欠なものを除く。）を担保とする貸付けに係る契約であつて、当該組合員の返済能力を超えないと認められるもの（貸付けの金額が当該貸付けに係る契約の締結時におけるその不動産の価格（鑑定評価額、公示価格、路線価、固定資産税評価額（地方税法（昭和二十五年法律第二百二十六号）第三百八十一条第一項又は第二項の規定により土地課税台帳又は土地補充課税台帳に登録されている価格をいう。）その他の資料に基づき合理的に算出した額をいう。以下この項において同じ。）

の範囲内であるものに限る。）

四　売却を予定している組合員の不動産（借地権を含む。）の売却代金により弁済がされる貸付けに係る契約であつて、当該組合員の返済能力を超えないと認められるもの（貸付けの金額が当該貸付けに係る契約の締結時における当該不動産の価格の範囲内であるものに限り、当該不動産を売却することにより当該組合員の生活に支障を来すと認められる場合を除く。）

9　第一項第二十二号に規定する「組合員の利益の保護に支障を生ずることがない契約」は、次に掲げる契約とする。

一　自動車の購入に必要な資金の貸付けに係る契約のうち、当該自動車の所有権を組合が取得し、又は当該自動車が譲渡により担保の目的となつているものであつて、組合員の返済能力を超えないと認められるもの

二　債務を既に負担している組合員が当該債務を弁済するために必要な資金の貸付けに係る契約であつて、次に掲げるすべての要件に該当するもの

イ　当該貸付けに係る契約の一月の負担が当該債務に係る一月の負担を上回らないこと。

ロ　当該貸付けに係る契約の将来支払う返済金額の合計額と当該貸付けに係る契約の締結に関し当該組合員が負担する元本及び利息以外の金銭の合計額の合計額が当該債務に係る将来支払う返済金額の合計額を上回らないこと。

ハ　当該債務につき供されている物的担保以外の物的担保を供させないこと。

ニ　当該貸付けに係る契約に基づく債権につき物的担保を供させるときは、当該物的担保の条件が当該債務につき供されていた物的担保の条件に比して物的担保を供する者に不利とならないこと。

三　債務を既に負担している組合員が当該債務を弁済するために必要な資金の貸付けに係る契約であつて、次に掲げるすべての要件に該当するもの

イ　当該組合員が弁済する債務のすべてが、当該組合員が貸金業者と締結した貸付けに係る契約に基づき負担する債務であつて、貸金業者又は貸金業法第四十三条の規定により貸金業者とみなされる者を債権者とするものであること。

ロ　当該貸付けに係る契約の貸付けの利率が、当該組合員が弁済する債務に係る貸付けに係る契約の貸付けの利率（当該組合員が弁済する債務に係る貸付けに係る契約が二以上ある場合は、弁済時における貸付けの残高（極度方式基本契約（貸金業法第二条第七項に規定する極度方式基本契約をいう。以下この号において同じ。）に基づく極度方

式貸付け（同条第八項に規定する極度方式貸付けをいう。以下この号において同じ。）にあつては、当該極度方式基本契約に基づく極度方式貸付けの残高の合計額。ハにおいて同じ。）により加重平均した貸付けの利率）を上回らないこと。

ハ　当該貸付けに係る契約に基づく定期の返済により、当該貸付けの残高が段階的に減少することが見込まれること。

ニ　前号イ、ハ及びニに掲げるすべての要件に該当すること。

四　組合員又は当該組合員の親族で当該組合員と生計を一にする者の療養のために緊急に必要と認められる次のいずれかに掲げる療養費又は医療費を支払うために必要な資金の貸付けに係る契約であつて、当該組合員の返済能力を超えないと認められるもの（トに掲げる医療費を支払うために必要な資金の貸付けに係る契約については、当該組合員が現にトの貸付けに係る契約を締結していないものに限る。）

イ　健康保険法（大正十一年法律第七十号）第百十五条第一項及び第百四十七条に規定する高額療養費

ロ　船員保険法（昭和十四年法律第七十三号）第八十三条第一項に規定する高額療養費

ハ　国家公務員共済組合法（昭和三十三年法律第百二十八号）第六十条の二第一項（私立学校教職員共済法（昭和二十八年法律第二百四十五号）第二十五条において準用する場合を含む。）に規定する高額療養費

ニ　国民健康保険法（昭和三十三年法律第百九十二号）第五十七条の二第一項に規定する高額療養費

ホ　地方公務員等共済組合法（昭和三十七年法律第百五十二号）第六十二条の二第一項に規定する高額療養費

ヘ　高齢者の医療の確保に関する法律（昭和五十七年法律第八十号）第八十四条第一項に規定する高額療養費

ト　イからヘまでに該当しない医療費（所得税法第七十三条第二項に規定する医療費をいう。）

五　組合員が特定費用を支払うために必要な資金の貸付けに係る契約として当該組合員と組合の間に締結される契約であつて、次に掲げるすべての要件に該当するもの（ロ⑴、⑵、⑶及び第十一項において「特定緊急貸付契約」という。）

イ　当該組合員の返済能力を超えない貸付けに係る契約であると認められること。

ロ　次に掲げる金額を合算した額が十万円を超えないこと。

⑴　当該特定緊急貸付契約に係る貸付けの金額

(2) 当該組合員と当該特定緊急貸付契約以外の特定緊急貸付契約を締結しているときは、その貸付けの残高の合計額

(3) 指定信用情報機関（貸金業法第二条第十六項に規定する指定信用情報機関をいう。以下この号において同じ。）から提供を受けた信用情報（同条第十三項に規定する信用情報をいう。以下この号において同じ。）により判明した当該組合員に対する当該組合以外の組合の特定緊急貸付契約に係る貸付けの残高の合計額

(4) 指定信用情報機関から提供を受けた信用情報により判明した当該組合員に対する貸金業者の特定緊急貸付契約（貸金業法施行規則（昭和五十八年大蔵省令第四十号）第十条の二十三第一項第二号の二に規定する特定緊急貸付契約をいう。）に係る貸付けの残高の合計額

ハ 返済期間が三月を超えないこと。

六 金融機関（預金保険法（昭和四十六年法律第三十四号）第二条第一項に規定する金融機関をいう。）からの貸付け（イにおいて「正規貸付け」という。）が行われるまでのつなぎとして行う貸付けに係る契約であつて、次に掲げるすべての要件に該当するもの

イ 正規貸付けが行われることが確実であると認められること。

ロ 返済期間が一月を超えないこと。

七 多重債務者等である組合員又は当該組合員の親族で当該組合員と生計を一にする者の生活のために緊急に必要と認められる資金の貸付けに係る契約（債務を既に負担している組合員が当該債務を弁済するために必要な資金の貸付けに係る契約を除く。）であつて、当該契約を締結することにより多重債務者等である組合員の経済生活の再生に寄与するとともに、当該組合員の返済能力を超えないと認められるもの

10 前項第五号及び次項の「特定費用」とは、次に掲げる費用をいう。

一 外国において緊急に必要となつた費用

二 前号に掲げるもののほか、社会通念上緊急に必要と認められる費用

11 特定緊急貸付契約に係る特定費用が前項第一号に掲げる費用である場合にあつては、当該特定緊急貸付契約に係る金銭の受渡しは、外国において行われるものでなければならない。

12 第一項第三十号及び第九項第七号に規定する「多重債務者等」とは、次のいずれかに該当する者をいう。

一 貸金業者その他の金融機関等からの金銭の借入れ等による債務を負つている者であつて、支払不能に

陥るおそれのある者又は現に支払不能に陥つている者

二　過去に前号で定める者であつたため、又はその他の理由により、貸金業者その他の金融機関等からの金銭の借入れが難しい者

13　第一項第四十一号の帳簿を作成するときは、当該帳簿を保存すべき事業所等ごとに次の各号に掲げる書面の写しを保存することをもつて、当該各号に定める事項の記載に代えることができる。

一　第一項第三十四号及び第三十五号の規定により交付すべき書面　第四十一号イに掲げる事項

二　第一項第三十六号及び第三十七号の規定により交付すべき書面　第四十一号ロに掲げる事項

三　貸付けの契約に基づく債権の譲渡契約の書面（第一項第四十一号ホに掲げる事項を記載したものに限る。）　第一項第四十一号ホに掲げる事項

第三章　組合員

（組合員の資格）

第五十二条　法第十四条第四項に規定する厚生労働省令で定める学校は、大学、大学院又は高等専門学校その他これらに準ずる教育施設とする。

（電磁的方法）

第五十三条　法第十七条第三項（法第五十六条第五項において準用する場合を含む。）に規定する電子情報処理組織を使用する方法その他の情報通信の技術を利用する方法であつて厚生労働省令で定めるものは、次に掲げる方法とする。

一　電子情報処理組織を使用する方法のうちイ又はロに掲げるもの

イ　送信者の使用に係る電子計算機と受信者の使用に係る電子計算機とを接続する電気通信回線を通じて送信し、受信者の使用に係る電子計算機に備えられたファイルに記録する方法

ロ　送信者の使用に係る電子計算機に備えられたファイルに記録された情報の内容を電気通信回線を通じて情報の提供を受ける者の閲覧に供し、当該情報の提供を受ける者の使用に係る電子計算機に備えられたファイルに当該情報を記録する方法

二　磁気ディスク、シー・ディー・ロムその他これらに準ずる方法により一定の情報を確実に記録しておくことができる物をもつて調製するファイルに情報を記録したものを交付する方法

2　前項各号に掲げる方法は、受信者がファイルへの記録を出力することにより書面を作成することができるものでなければならない。

（電磁的記録）

第五十四条　法第二十五条の二第三項第二号に規定する厚生労働省令で定めるものは、磁気ディスク、シー・ディー・ロムその他これらに準ずる方法により一定の情報を確実に記録しておくことができる物をもつて調製するファイルに情報を記録したものとする。

第四章　管　理

第一節　規約の記載事項

（共済事業規約の記載事項）

第五十五条　法第二十六条の三第一項に規定する厚生労働省令で定める事項は、次に掲げる事項とする。

一　事業の実施方法に関する事項

イ　被共済者又は共済の目的の範囲

ロ　共済事業を行う組合の委託を受けて当該組合のために共済契約の締結の代理又は媒介の業務を行う者の共済契約の締結の代理又は媒介の業務に係る権限に関する事項

ハ　共済金額及び共済期間の制限

ニ　被共済者又は共済の目的の選択及び共済契約締結の手続に関する事項

ホ　共済掛金の収受、共済金の支払及び共済掛金の払戻しその他の返戻金に関する事項

ヘ　共済証書の記載事項並びに共済契約申込書の記載事項及びこれに添付すべき書類の種類

ト　再共済（第百八十条に規定する再共済をいう。以下同じ。）又は再保険（第百八十条に規定する再保険をいう。以下同じ。）に関する事項

チ　共済契約の特約に関する事項

リ　契約者割戻しに関する事項

ヌ　共済契約者に対して行う貸付けに関する事項

ル　共済金額、共済の種類又は共済期間を変更する場合に関する事項

ヲ　共済事業を行う他の組合との契約により連帯して共済契約による共済責任を負担する共済事業を行う組合においては、当該他の組合の名称及び当該組合の負担割合

ワ　その他事業の実施に関し必要な事項

二　共済契約に関する事項

イ　組合が共済金を支払わなければならない事由

ロ　共済契約無効の原因

ハ　組合がその義務を免れる事由

ニ　組合の義務の範囲を定める方法及びその義務の履行の時期

ホ　共済契約者又は被共済者がその義務を履行しないことによつて受ける損失

ヘ　共済契約の全部又は一部の解除の原因並びにそ

の解除の場合において当事者が有する権利及び義務

ト　契約者割戻しを受ける権利を有する者がいる場合においては、その権利の範囲

チ　共済契約者に対して提示すべき重要事項

三　共済掛金及び責任準備金の額の算出方法に関する事項

イ　共済掛金の計算の方法（その計算の基礎となる係数を要する場合においては、その係数を含む。）に関する事項

ロ　責任準備金の計算の方法（その計算の基礎となる係数を要する場合においては、その係数を含む。）に関する事項

ハ　返戻金の額その他の被共済者のために積み立てるべき額を基礎として計算した金額（以下「契約者価額」という。）の計算の方法及びその基礎に関する事項

ニ　契約者割戻しに充てるための準備金及び契約者割戻しの計算の方法に関する事項

ホ　未収共済掛金の計上に関する事項

ヘ　第百七十九条第一項第一号に掲げる共済掛金積立金を計算する共済契約については、共済金額、共済の種類又は共済期間を変更する場合における計算の方法に関する事項

ト　その他共済の数理に関して必要な事項

2　共済事業を行う他の組合との契約により連帯して共済契約による共済責任を負担し、かつ、当該共済責任について負担部分を有しない共済事業を行う組合（以下「共同事業組合」という。）は、前項第一号トに掲げる事項及び同号イからルまでに掲げる事項に係る技術的事項、同項第二号イからチまでに掲げる事項並びに同項第三号イ及びハからトまでに掲げる事項を共済事業規約に記載しないことができる。

（責任共済事業規約の記載事項）

第五十六条　責任共済等の事業の実施方法、共済契約及び共済掛金の額の算出方法に関して厚生労働省令で定める事項は、次に掲げる事項とする。

一　事業の実施方法に関する事項

イ　被共済者又は共済の目的の範囲

ロ　共済事業を行う組合の委託を受けて当該組合のために共済契約の締結の代理又は媒介の業務を行う者の共済契約の締結の代理又は媒介の業務に係る権限に関する事項

ハ　共済金額及び共済期間の制限

ニ　共済契約締結の手続に関する事項

ホ　共済掛金の収受、共済金の支払及び共済掛金の払戻しその他の返戻金に関する事項

ヘ　共済証書の記載事項並びに共済契約申込書の記

載事項及びこれに添付すべき書類の種類
ト　再共済の授受に関する事項
チ　その他事業の実施に関し必要な事項
二　共済契約に関する事項
イ　組合が共済金を支払わなければならない事由
ロ　共済契約無効の原因
ハ　組合が共済契約に基づく義務を免れるべき事由
ニ　組合の義務の範囲を定める方法及びその義務の履行の時期
ホ　共済契約者又は被共済者がその義務を履行しないことによつて受ける損失
ヘ　共済契約の全部又は一部の解除の原因並びにその解除の場合において当事者が有する権利及び義務
ト　共済契約者に対して提示すべき重要事項
三　共済掛金の額の算出方法に関する事項
イ　予定損害率に関する事項
ロ　予定事業費率に関する事項
ハ　共済掛金の計算に関する事項
ニ　自動車損害賠償保障法第二十八条の三第三項において準用する同条第一項に規定する準備金の計算等に関する事項

（貸付事業規約の記載事項）

第五十七条　法第二十六条の四の厚生労働省令で定める事項は、次に掲げる事項とする。
一　事業の実施方法に関する事項
イ　貸付事業を行う事業所等の所在地及び電話番号その他の連絡先
ロ　貸付事業の実施に必要な資金の調達方法
ハ　組合の借入金額の最高限度
ニ　貸付契約者、保証人又は貸付事業の目的の範囲
ホ　貸付事業の業務を第三者に委託する場合の代理に係る権限に関する事項
ヘ　貸付金額及び貸付期間の制限
ト　貸付契約者又は貸付事業の目的の選択及び貸付契約締結の手続に関する事項
チ　保証人及び保証契約締結の手続に関する事項
リ　契約締結前の書面、契約締結時の書面及び受取証書の記載事項並びに貸付契約申込書の記載事項及びこれに添付すべき書類の種類
ヌ　貸付けの契約の相手方又は相手方となろうとする者の死亡によつて保険金の支払を受けることとなる保険契約を締結しようとする場合において、これらの者から保険法第三十八条又は第六十七条第一項の同意を得ようとするときにあらかじめ交付する書面の記載事項
ル　貸付事業の業務に関する帳簿の閲覧又は謄写
ヲ　特定公正証書の作成

ワ　債権の譲渡の制限
カ　全額弁済時の債権証書の返還
ヨ　第五十一条第一項第一号から第五十六号までに掲げる措置を定める内部規則等の名称及び種類
タ　貸付契約を締結する際のアセスメントの方法及び生活再建計画の作成に関する事項
レ　その他事業の実施に関し必要な事項
二　貸付けの契約に関する事項
イ　貸付けの利率
ロ　みなし利息
ハ　賠償額の予定に関する事項
ニ　担保を供することが必要な場合における当該担保に関する事項
ホ　債務者が負担すべき元本及び利息以外の金銭に関する事項
ヘ　保証人の保証の範囲に関する事項
ト　利息の計算方法
チ　貸付金の貸付け及び返済の方法その他金銭の授受に関する事項
リ　その他貸付けの契約に関し必要な事項

第二節　役　員

（役員となることができない者）

第五十七条の二　法第二十九条の三第一項第二号の厚生労働省令で定める者は、精神の機能の障害により役員の職務を適正に執行するに当たって必要な認知、判断及び意思疎通を適切に行うことができない者とする。

（監査報告の作成）

第五十八条　法第三十条の三第二項（法第七十三条において準用する場合を含む。）の規定により厚生労働省令で定める事項については、この条の定めるところによる。

2　監事は、その職務を適切に遂行するため、次に掲げる者との意思疎通を図り、情報の収集及び監査の環境の整備に努めなければならない。この場合において、理事及び理事会は、監事の職務の執行のための必要な体制の整備に留意しなければならない。

一　当該組合の理事及び使用人
二　当該組合の子会社（法第二十八条第五項に規定する子会社をいい、共済事業を行う組合にあつては、法第五十三条の二第二項に規定する子会社等をいう。以下この条において同じ。）の取締役、会計参与、執行役、業務を執行する社員、会社法（平成十七年法律第八十六号）第五百九十八条第一項の職務を行うべき者その他これらの者に相当する者及び使用人
三　その他監事が適切に職務を遂行するに当たり意思

疎通を図るべき者

3　前項の規定は、監事が公正不偏の態度及び独立の立場を保持することができなくなるおそれのある関係の創設及び維持を認めるものと解してはならない。

4　監事は、その職務の遂行に当たり、必要に応じ、当該組合の他の監事、当該組合の子会社の監査役その他これらに相当する者との意思疎通及び情報の交換を図るよう努めなければならない。

（監事の調査の対象）

第五十九条　法第三十条の三第三項において準用する会社法第三百八十四条（法第七十三条において準用する場合を含む。）に規定する厚生労働省令で定めるものは、電磁的記録その他の資料とする。

（理事会の議事録）

第六十条　法第三十条の五第三項（法第七十三条において準用する場合を含む。）の規定による理事会の議事録の作成については、この条の定めるところによる。

2　理事会の議事録は、書面又は電磁的記録をもつて作成しなければならない。

3　理事会の議事録は、次に掲げる事項を内容とするものでなければならない。

一　理事会が開催された日時及び場所

二　理事会が次に掲げるいずれかのものに該当するときは、その旨

イ　法第三十条の五第六項（法第七十三条において準用する場合を含む。）において準用する会社法第三百六十六条第二項の規定による理事の請求を受けて招集されたもの

ロ　法第三十条の五第六項（法第七十三条において準用する場合を含む。）において準用する会社法第三百六十六条第三項の規定により理事が招集したもの

ハ　法第三十条の三第三項において準用する会社法第三百八十三条第二項（法第七十三条において準用する場合を含む。）の規定による監事の請求を受けて招集されたもの

ニ　法第三十条の三第三項において準用する会社法第三百八十三条第三項（法第七十三条において準用する場合を含む。）の規定により監事が招集したもの

三　理事会の議事の経過の要領及びその結果

四　決議を要する事項について特別の利害関係を有する理事があるときは、当該理事の氏名

五　次に掲げる規定により理事会において述べられた意見又は発言があるときは、その意見又は発言の内容の概要

イ　法第三十条の三第三項において準用する会社法第三百八十二条（法第七十三条において準用する

場合を含む。）
ロ　法第三十条の三第三項において準用する会社法第三百八十三条第一項本文（法第七十三条において準用する場合を含む。）
ハ　法第三十一条の二第三項（法第七十三条において準用する場合を含む。）
ニ　法第三十一条の六第四項
六　理事会に出席した理事、監事及び会計監査人の氏名又は名称
七　理事会の議長の氏名

4　次の各号に掲げる場合には、理事会の議事録は、当該各号に定める事項を内容とするものとする。
一　法第三十条の六（法第七十三条において準用する場合を含む。）の規定により理事会の決議があつたものとみなされた場合　次に掲げる事項
イ　理事会の決議があつたものとみなされた事項の内容
ロ　イの事項の提案をした理事の氏名
ハ　理事会の決議があつたものとみなされた日
ニ　議事録の作成に係る職務を行つた理事の氏名
二　法第三十条の八（法第七十三条において準用する場合を含む。）の規定により理事会への報告を要しないものとされた場合　次に掲げる事項
イ　理事会への報告を要しないものとされた事項の内容
ロ　理事会への報告を要しないものとされた日
ハ　議事録の作成に係る職務を行つた理事の氏名

（電子署名）

第六十一条　法第三十条の五第四項（法第七十三条において準用する場合を含む。）に規定する厚生労働省令で定める署名又は記名押印に代わる措置は、電子署名とする。

2　前項に規定する「電子署名」とは、電磁的記録に記録することができる情報について行われる措置であつて、次の要件のいずれにも該当するものをいう。
一　当該情報が当該措置を行つた者の作成に係るものであることを示すためのものであること。
二　当該情報について改変が行われていないかどうかを確認することができるものであること。

（報酬等の額の算定方法）

第六十二条　法第三十一条の三第四項（法第三十一条の十第四項において準用する場合を含む。）に規定する厚生労働省令で定める方法により算定される額は、次に掲げる額の合計額とする。
一　役員がその在職中に報酬、賞与その他の職務執行の対価（当該役員が当該組合の職員を兼ねている場合における当該職員の報酬、賞与その他の職務執行の対価を含む。）として組合から受け、又は受ける

べき財産上の利益（次号に定めるものを除く。）の額の事業年度（法第三十一条の三第四項（法第三十一条の十第四項において準用する場合を含む。）の決議を行つた当該総会（総代会を含む。以下同じ。）の決議の日を含む事業年度及びその前の各事業年度に限る。）ごとの合計額（当該事業年度の期間が一年でない場合にあつては、当該合計額を一年当たりの額に換算した額）のうち最も高い額

二　イに掲げる額をロに掲げる数で除して得た額

イ　次に掲げる額の合計額

(1)　当該役員が当該組合から受けた退職慰労金の額

(2)　当該役員が当該組合の職員を兼ねていた場合における当該職員としての退職手当のうち当該役員を兼ねていた期間の職務執行の対価である部分の額

(3)　(1)又は(2)に掲げるものの性質を有する財産上の利益の額

ロ　当該役員がその職に就いていた年数（当該役員が次に掲げるものに該当する場合における次に定める数が当該年数を超えている場合にあつては、当該数）

(1)　代表理事　六

(2)　代表理事以外の理事　四

(3)　監事又は会計監査人　二

（責任の免除の決議後に受ける退職慰労金等）

第六十三条　法第三十一条の三第七項（法第三十一条の十第四項において準用する場合を含む。）に規定する退職慰労金その他の厚生労働省令で定める財産上の利益は、次に掲げるものとする。

一　退職慰労金

二　当該役員が当該組合の職員を兼ねていたときは、当該職員としての退職手当のうち当該役員を兼ねていた期間の職務執行の対価である部分

三　前二号に掲げるものの性質を有する財産上の利益

（役員のために締結される保険契約）

第六十三条の二　法第三十一条の七第一項（法第三十一条の十第四項において準用する場合を含む。）に規定する厚生労働省令で定めるものは、次に掲げるものとする。

一　被保険者に保険者との間で保険契約を締結する組合を含む保険契約であつて、当該組合がその業務に関連し第三者に生じた損害を賠償する責任を負うこと又は当該責任の追及に係る請求を受けることによつて当該組合に生ずることのある損害を保険者が塡補することを主たる目的として締結されるもの

二　役員が第三者に生じた損害を賠償する責任を負うこと又は当該責任の追及に係る請求を受けることに

よつて当該役員に生ずることのある損害（役員がその職務上の義務に違反し若しくは職務を怠つたことによつて第三者に生じた損害を賠償する責任を負うこと又は当該責任の追及に係る請求を受けることによつて当該役員に生ずることのある損害を除く。）を保険者が塡補することを目的として締結されるもの

（責任追及等の訴えの提起の請求方法）
第六十四条　法第三十一条の八において準用する会社法第八百四十七条第一項（法第七十三条において準用する場合を含む。）に規定する厚生労働省令で定める方法は、次に掲げる事項を記載した書面の提出又は当該事項の電磁的方法による提供とする。
一　被告となるべき者
二　請求の趣旨及び請求を特定するのに必要な事実

（訴えを提起しない理由の通知方法）
第六十五条　法第三十一条の八において準用する会社法第八百四十七条第四項（法第七十三条において準用する場合を含む。）に規定する厚生労働省令で定める方法は、次に掲げる事項を記載した書面の提出又は当該事項の電磁的方法による提供とする。
一　組合が行つた調査の内容（次号の判断の基礎とした資料を含む。）
二　請求対象者の責任又は義務の有無についての判断及びその理由
三　請求対象者に責任又は義務があると判断した場合において、責任追及等の訴え（法第三十一条の八において準用する会社法第八百四十七条第一項（法第七十三条において準用する場合を含む。）に規定する責任追及等の訴えをいう。）を提起しないときは、その理由

第三節　決算関係書類

第一款　総　則

（会計慣行のしん酌）
第六十六条　この章（第一節、第二節、第九節及び第十節を除く。）の用語の解釈及び規定の適用に関しては、一般に公正妥当と認められる会計の慣行をしん酌しなければならない。

（表示の原則）
第六十七条　法第三十一条の九第一項に規定する組合の成立の日における貸借対照表並びに同条第二項（法第七十三条において準用する場合を含む。）に規定する組合が作成すべき決算関係書類（剰余金処分案又は損失処理案を除く。）及びその附属明細書に係る事項の金額は、一円単位又は千円単位をもつて表示するもの

とする。ただし、資産総額が五百億円以上の組合にあつては、百万円単位をもつて表示することを妨げない。

2　剰余金処分案又は損失処理案については、一円単位で表示するものとする。

3　決算関係書類及び連結決算関係書類（令第十二条第一項において読み替えられた会社法第四百四十四条第一項の規定による連結決算関係書類をいう。以下同じ。）の作成については、貸借対照表、損益計算書その他決算関係書類を構成するものごとに、一の書面その他の資料として作成をしなければならないものと解してはならない。

（成立の日の貸借対照表）

第六十八条　法第三十一条の九第一項の規定により作成すべき貸借対照表は、組合の成立の日における会計帳簿に基づき作成しなければならない。

（各事業年度に係る決算関係書類）

第六十九条　各事業年度に係る決算関係書類及びその附属明細書の作成に係る期間は、当該事業年度の前事業年度の末日の翌日（当該事業年度の前事業年度がない場合にあつては、成立の日）から当該事業年度の末日までの期間とする。この場合において、当該期間は、一年（事業年度の末日を変更する場合における変更後の最初の事業年度については、一年六月）を超えることができない。

2　法第三十一条の九第二項（法第七十三条において準用する場合を含む。）の規定により作成すべき各事業年度に係る決算関係書類及びその附属明細書は、当該事業年度に係る会計帳簿に基づき作成しなければならない。

第二款　会計監査人監査組合の連結決算関係書類

（連結決算関係書類）

第七十条　法第三十一条の十第二項において準用する会社法第四百四十四条第一項に規定する厚生労働省令で定めるものは、この節の規定に従い作成される次に掲げるものとする。

一　連結貸借対照表

二　連結損益計算書

三　連結純資産変動計算書

（連結会計年度）

第七十一条　各事業年度に係る連結決算関係書類の作成に係る期間（以下「連結会計年度」という。）は、当該事業年度の前事業年度の末日の翌日（当該事業年度の前事業年度がない場合にあつては、成立の日）から当該事業年度の末日までの期間とする。

（連結の範囲）
第七十二条　会計監査人監査組合（法第三十一条の十第一項に規定する会計監査人の監査を要する組合をいう。以下同じ。）は、そのすべての子法人等（第二百十条第二項に規定する子法人等をいう。以下同じ。）を連結の範囲に含めなければならない。ただし、次のいずれかに該当する子法人等は、連結の範囲に含めないものとする。
一　財務及び事業の方針を決定する機関（株主総会その他これに準ずる機関をいう。）に対する支配が一時的であると認められる子法人等
二　連結の範囲に含めることにより当該会計監査人監査組合の利害関係人の判断を著しく誤らせるおそれがあると認められる子法人等
2　前項の規定により連結の範囲に含めるべき子法人等のうち、その資産、売上高（役務収益を含む。）等からみて、連結の範囲から除いてもその会計監査人監査組合の集団の財産及び損益の状況に関する合理的な判断を妨げない程度に重要性の乏しいものは、連結の範囲から除くことができる。

（事業年度に係る期間の異なる子法人等）
第七十三条　会計監査人監査組合の事業年度の末日と異なる日をその事業年度の末日とする連結子法人等（連結の範囲に含められる子法人等をいう。以下同じ。）は、当該会計監査人監査組合の事業年度の末日において、連結決算関係書類の作成の基礎となる決算関係書類を作成するために必要とされる決算を行わなければならない。ただし、当該連結子法人等の事業年度の末日と当該会計監査人監査組合の事業年度の末日との差異が三月を超えない場合において、当該連結子法人等の事業年度に係る決算関係書類を基礎として連結決算関係書類を作成するときは、この限りでない。
2　前項ただし書の規定により連結決算関係書類を作成する場合には、連結子法人等の事業年度の末日と当該会計監査人監査組合の事業年度の末日が異なることから生ずる連結組合（当該会計監査人監査組合及びその連結子法人等をいう。以下同じ。）相互間の取引に係る会計記録の重要な不一致について、調整をしなければならない。

（連結貸借対照表）
第七十四条　連結貸借対照表は、会計監査人監査組合の連結会計年度に対応する期間に係る連結組合の貸借対照表（連結子法人等が前条第一項本文の規定による決算を行う場合における当該連結子法人等の貸借対照表については、当該決算に係る貸借対照表）の資産、負債及び純資産の金額を基礎として作成しなければならない。この場合においては、連結組合の貸借対照表に計上された資産、負債及び純資産の金額を連結貸借対

照表の適切な項目に計上することができる。

（連結損益計算書）

第七十五条　連結損益計算書は、組合の連結会計年度に対応する期間に係る連結組合の損益計算書（連結子法人等が第七十三条第一項本文の規定による決算を行う場合における当該連結子法人等の損益計算書については、当該決算に係る損益計算書）の収益若しくは費用又は利益若しくは損失の金額を基礎として作成しなければならない。この場合においては、連結組合の損益計算書に計上された収益若しくは費用又は利益若しくは損失の金額を連結損益計算書の適切な項目に計上することができる。

（連結純資産変動計算書）

第七十六条　連結純資産変動計算書は、組合の連結会計年度に対応する期間に係る組合の貸借対照表の純資産の部と連結子法人等の株主資本等変動計算書（連結子法人等が第七十三条第一項本文の規定による決算を行う場合における当該連結子法人等の株主資本等変動計算書については、当該決算に係る株主資本等変動計算書）の株主資本等（株主資本その他の会社等の純資産をいう。以下この条において同じ。）を基礎として作成しなければならない。この場合においては、当該組合の貸借対照表に表示された純資産額と連結子法人等の株主資本等変動計算書に表示された株主資本等に係る額を連結純資産変動計算書の適切な項目に計上することができる。

（連結子法人等の資産及び負債の評価等）

第七十七条　連結決算関係書類の作成に当たつては、連結子法人等の資産及び負債の評価並びに会計監査人監査組合の連結子法人等に対する投資とこれに対応する当該連結子法人等の資本との相殺消去その他必要とされる連結組合相互間の項目の相殺消去をしなければならない。

（持分法の適用）

第七十八条　非連結子法人等（連結の範囲から除かれる子法人等をいう。以下同じ。）及び関連法人等（第二百十条第三項に規定する関連法人等をいう。以下同じ。）に対する投資については、持分法（組合が投資した法人等（法人その他の団体をいう。以下同じ。）の純資産及び損益のうち当該組合に帰属する部分の変動に応じて、その投資の金額を各事業年度ごとに修正する方法をいう。以下同じ。）により計算する価額をもつて連結貸借対照表に計上しなければならない。ただし、次のいずれかに該当する非連結子法人等及び関連法人等に対する投資については、持分法を適用しないものとする。

一　財務及び事業の方針の決定に対する影響が一時的であると認められる関連法人等

二　持分法を適用することにより会計監査人監査組合の利害関係人の判断を著しく誤らせるおそれがあると認められる非連結子法人等及び関連法人等

2　前項の規定により持分法を適用すべき非連結子法人等及び関連法人等のうち、その損益等からみて、持分法の適用の対象から除いても連結決算関係書類に重要な影響を与えないものは、持分法の適用の対象から除くことができる。

第三款　貸借対照表

（通則）

第七十九条　貸借対照表等（法第三十一条の九第一項に規定する組合の成立の日における貸借対照表、各事業年度ごとに組合が作成すべき貸借対照表（法第三十一条の九第二項（法第七十三条において準用する場合を含む。）に規定する貸借対照表をいう。）及び連結貸借対照表をいう。以下同じ。）については、この款の定めるところによる。

（貸借対照表等の区分）

第八十条　貸借対照表等は、次に掲げる部に区分して表示しなければならない。

一　資産

二　負債

三　純資産

2　資産の部又は負債の部の各項目は、当該項目に係る資産又は負債を示す適当な名称を付さなければならない。

3　連結組合が二以上の異なる種類の事業を営んでいる場合には、連結貸借対照表の資産の部及び負債の部は、その営む事業の種類ごとに区分することができる。

（資産の部の区分）

第八十一条　資産の部は、次に掲げる項目に区分しなければならない。この場合において、各項目（第二号に掲げる項目を除く。）は、適当な項目に細分しなければならない。

一　流動資産

二　固定資産

三　繰延資産

2　固定資産に係る項目は、次に掲げる項目に区分しなければならない。この場合において、各項目は、適当な項目に細分しなければならない。

一　有形固定資産

二　無形固定資産

三　その他固定資産

3　次の各号に掲げる資産は、当該各号に定めるものに属するものとする。

一　次に掲げる資産　流動資産
イ　現金及び預金（一年内に期限の到来しない預金を除く。）
ロ　受取手形（通常の取引（当該組合の事業目的のための活動において、経常的に又は短期間に循環して発生する取引をいう。以下この款において同じ。）に基づいて発生した手形債権（破産債権、再生債権、更生債権その他これらに準ずる債権で一年内に弁済を受けることができないことが明らかなものを除く。）をいう。）
ハ　事業未収金（通常の取引に基づいて発生した事業上の未収金（当該未収金に係る債権が破産債権、再生債権、更生債権その他これらに準ずる債権で一年内に弁済を受けることができないことが明らかなものである場合における当該未収金を除く。）をいう。）
ニ　売買目的有価証券（時価の変動により利益を得ることを目的として保有する有価証券をいう。以下同じ。）及び一年内に満期の到来する有価証券
ホ　商品、製品、原材料、仕掛品及び貯蔵品その他のたな卸資産（供給の目的をもつて所有する土地、建物その他の不動産を含む。）
へ　前払費用であつて、一年内に費用となるべきもの
ト　未収収益
チ　その他の資産であつて、一年内に現金化することができると認められるもの
二　次に掲げる資産（ただし、イからトまでに掲げる資産については、事業の用に供するものに限る。）　有形固定資産
イ　建物
ロ　構築物
ハ　機械及び装置
ニ　車両運搬具
ホ　器具及び備品
へ　土地
ト　リース資産（当該組合がファイナンス・リース取引（リース取引のうち、リース契約に基づく期間の中途において当該リース契約を解除することができないリース取引又はこれに準ずるリース取引で、リース物件（リース契約により使用する物件をいう。以下同じ。）の借主が、当該リース物件からもたらされる経済的利益を実質的に享受することができ、かつ、当該リース物件の使用に伴つて生じる費用等を実質的に負担することとなるものをいう。以下同じ。）におけるリース物件の借主である資産であつて、当該リース物件がイからへまで及びリに掲げるものである場合に限る。）

チ　建設仮勘定（イからへまでに掲げる資産で事業の用に供するものを建設した場合における支出及び当該建設の目的のために充当した材料をいう。）
リ　その他の有形資産であつて、有形固定資産に属する資産とすべきもの
三　次に掲げる資産　無形固定資産
イ　特許権
ロ　借地権（地上権を含む。）
ハ　商標権
ニ　実用新案権
ホ　意匠権
ヘ　ソフトウエア
ト　のれん
チ　リース資産（当該組合がファイナンス・リース取引におけるリース物件の借主である資産であつて、当該リース物件がイからへまで及びリに掲げるものである場合に限る。）
リ　その他の無形資産であつて、無形固定資産に属する資産とすべきもの
四　次に掲げる資産　その他固定資産
イ　関係団体等出資金（事業遂行上の必要に基づき保有する法人等の株式及び持分その他これらに準ずるものをいう。以下同じ。）
ロ　長期保有有価証券（満期保有目的の債券（満期まで所有する意図をもつて保有する債券であつて満期まで所有する意図をもつて取得したものをいう。以下同じ。）その他の流動資産又は関係団体等出資金に属しない有価証券をいう。）
ハ　長期貸付金
ニ　長期前払費用
ホ　前払年金費用（連結貸借対照表にあつては、退職給付に係る資産）
ヘ　繰延税金資産（税効果会計（貸借対照表に計上されている資産及び負債の金額と課税所得の計算の結果算定された資産及び負債の金額との間に差異がある場合において、当該差異に係る法人税等（法人税、住民税及び事業税（利益に関連する金額を課税標準として課される事業税をいう。）をいう。以下同じ。）の金額を適切に期間配分することにより、税引前当期剰余金の金額と法人税等の金額を合理的に対応させるための会計処理をいう。以下同じ。）の適用により資産として計上される金額をいう。以下同じ。）
ト　その他の資産であつて、その他固定資産に属する資産とすべきもの
五　繰延資産として計上することが適当であると認められるもの　繰延資産
4　前項に規定する「一年内」とは、次の各号に掲げる

貸借対照表等の区分に応じ、当該各号に定める日から起算して一年以内の日をいう（次条において同じ。）。

一　成立の日における貸借対照表　組合の成立の日

二　事業年度に係る貸借対照表　事業年度の末日の翌日

三　連結貸借対照表　連結会計年度の末日の翌日

（負債の部の区分）

第八十二条　負債の部は、次に掲げる項目に区分しなければならない。この場合において、各項目は、適当な項目に細分しなければならない。

一　流動負債

二　固定負債

2　次の各号に掲げる負債は、当該各号に定めるものに属するものとする。

一　次に掲げる負債　流動負債

イ　支払手形（通常の取引に基づいて発生した手形債務をいう。）

ロ　買掛金（通常の取引に基づいて発生した事業上の未払金をいう。）

ハ　前受金（受注工事、受注品等に対する前受金をいう。）

ニ　短期借入金（一年内に返済されないと認められるものを除く。）

ホ　通常の取引に関連して発生する未払金又は預り金で一般の取引慣行として発生後短期間に支払われるもの

ヘ　未払法人税等（法人税等の未払額をいう。）

ト　未払費用

チ　前受収益

リ　引当金（資産に係る引当金及び一年内に使用されないと認められるものを除く。）

ヌ　ファイナンス・リース取引におけるリース債務のうち、一年内に期限が到来するもの

ル　資産除去債務（有形固定資産の取得、建設、開発又は通常の使用によつて生じる当該有形固定資産の除去に関する法律上の義務及びこれに準ずるものをいう。以下同じ。）のうち、一年内に履行されると認められるもの

ヲ　その他の負債であつて、一年内に支払われ、又は返済されると認められるもの

二　次に掲げる負債　固定負債

イ　長期借入金（前号ニに掲げる借入金を除く。）

ロ　引当金（資産に係る引当金、前号リに掲げる引当金及びハに掲げる退職給付引当金を除く。）

ハ　退職給付引当金（使用人が退職した後に当該使用人に退職一時金、退職年金その他これらに類する財産の支給をする場合における事業年度の末日において繰り入れるべき引当金をいう。第百四十

九条第二項第一号において同じ。）（連結貸借対照表にあつては、退職給付に係る負債）
二　繰延税金負債（税効果会計の適用により負債として計上される金額をいう。以下同じ。）
ホ　ファイナンス・リース取引におけるリース債務のうち、前号ヌに掲げるもの以外のもの
ヘ　資産除去債務のうち、前号ルに掲げるもの以外のもの
ト　その他の負債であつて、流動負債に属しないもの

（法第十条第一項第四号の事業を行う組合の資産及び負債の表示に関する特例）

第八十三条　前二条の規定にかかわらず、法第十条第一項第四号の事業（受託共済事業を除く。）を行う組合は、前二条の区分に代えて、当該組合の財産状態を明らかにするため、資産又は負債について、適切な部又は項目に分けて表示しなければならない。

（純資産の部の区分）

第八十四条　純資産の部は、次の各号に掲げる貸借対照表等の区分に応じ、当該各号に定める項目に区分しなければならない。

一　組合の貸借対照表　次に掲げる項目
イ　組合員資本（消費生活協同組合連合会（以下「連合会」という。）にあつては、会員資本とする。以下同じ。）
ロ　評価・換算差額等
二　組合の連結貸借対照表　次に掲げる項目
イ　組合員資本
ロ　評価・換算差額等
ハ　非支配株主持分

2　組合員資本に係る項目は、次に掲げる項目に区分しなければならない。この場合において、第二号に掲げる項目は、控除項目とする。
一　出資金
二　未払込出資金
三　剰余金

3　組合の貸借対照表における剰余金に係る項目は、次に掲げる項目に区分しなければならない。
一　法定準備金（法第五十一条の四第一項の準備金をいう。以下同じ。）
二　医療福祉等事業積立金（法第五十一条の二第一項の積立金をいう。以下同じ。）
三　任意積立金
四　当期未処分剰余金（又は当期未処理損失金）

4　組合の連結貸借対照表における剰余金に係る項目は、次に掲げる項目に区分しなければならない。
一　資本剰余金
二　利益剰余金

5　第三項第二号に掲げる項目は、その内容を示す適当な名称を付した科目に細分することができる。

6　第三項第三号に掲げる項目は、その内容を示す適当な名称を付した科目に細分しなければならない。

7　第三項第四号に掲げる項目については、当期剰余金又は当期損失金を付記しなければならない。

8　評価・換算差額等に係る項目は、次に掲げる項目に細分しなければならない。ただし、第三号に掲げる項目は、連結貸借対照表に限る。

一　その他有価証券評価差額金（純資産の部に計上されるその他有価証券（売買目的有価証券、満期保有目的の債券並びに子法人等及び関連法人等の株式以外の有価証券をいう。以下同じ。）の評価差額をいう。以下同じ。）

二　繰延ヘッジ損益（ヘッジ手段（資産若しくは負債又はデリバティブ取引に係る価格変動、金利変動及び為替変動による損失の危険を減殺することを目的とし、かつ、当該損失の危険を減殺することが客観的に認められる取引をいう。以下同じ。）に係る損益又は時価評価差額であつて、ヘッジ対象（ヘッジ手段の対象である資産若しくは負債又はデリバティブ取引をいう。）に係る損益が認識されるまで繰り延べられているものをいう。以下同じ。）

三　退職給付に係る調整累計額

9　前項第三号に掲げる退職給付に係る調整累計額に計上すべきものは、次の各号に掲げる項目の額の合計額とする。

一　未認識数理計算上の差異

二　未認識過去勤務費用

三　その他退職給付に係る調整累計額に計上することが適当であると認められるもの

（たな卸資産及び工事損失引当金の表示）

第八十四条の二　同一の工事契約（請負契約のうち、土木、建築、造船、機械装置の製造その他の仕事に係る基本的な仕様及び作業内容が注文者の指図に基づいているものをいう。）に係るたな卸資産及び工事損失引当金がある場合には、両者を相殺した差額をたな卸資産又は工事損失引当金として流動資産又は流動負債に表示することができる。

（貸倒引当金等の表示）

第八十五条　各資産に係る引当金は、次項の規定による場合のほか、当該各資産の項目に対する控除項目として、貸倒引当金その他当該引当金の設定目的を示す名称を付した項目をもつて表示しなければならない。ただし、流動資産、有形固定資産、無形固定資産、その他固定資産又は繰延資産の区分に応じ、これらの資産に対する控除項目として一括して表示することを妨げない。

2　各資産に係る引当金は、当該各資産の金額から直接控除し、その控除残高を当該各資産の金額として表示することができる。

（有形固定資産に対する減価償却累計額の表示）

第八十六条　各有形固定資産に対する減価償却累計額は、次項の規定による場合のほか、当該各有形固定資産の項目に対する控除項目として、減価償却累計額の項目をもつて表示しなければならない。ただし、これらの有形固定資産に対する控除項目として一括して表示することを妨げない。

2　各有形固定資産に対する減価償却累計額は、当該各有形固定資産の金額から直接控除し、その控除残高を当該各有形固定資産の金額として表示することができる。

（有形固定資産に対する減損損失累計額の表示）

第八十七条　各有形固定資産に対する減損損失累計額は、次項及び第三項の規定による場合のほか、当該各有形固定資産の金額（前条第二項の規定により有形固定資産に対する減価償却累計額を当該有形固定資産の金額から直接控除しているときは、その控除後の金額）から直接控除し、その控除残高を当該各有形固定資産の金額として表示しなければならない。

2　減価償却を行う各有形固定資産に対する減損損失累計額は、当該各有形固定資産の項目に対する控除項目として、減損損失累計額の項目をもつて表示することができる。ただし、これらの有形固定資産に対する控除項目として一括して表示することを妨げない。

3　前条第一項及び前項の規定により減価償却累計額及び減損損失累計額を控除項目として表示する場合には、減損損失累計額を減価償却累計額に合算して、減価償却累計額の項目をもつて表示することができる。

（無形固定資産の表示）

第八十八条　各無形固定資産に対する減価償却累計額及び減損損失累計額は、当該各無形固定資産の金額から直接控除し、その控除残高を当該各無形固定資産の金額として表示しなければならない。

（関係団体等出資金の表示）

第八十九条　関係団体等出資金は、次に掲げる項目に区分して表示しなければならない。

一　関係団体出資金（連合会及び他の団体への出資をいう。）

二　子会社等株式（子法人等及び関連法人等の株式又は持分をいう。）

2　前項の規定は、連結貸借対照表については、適用しない。

（繰延税金資産等の表示）

第九十条　繰延税金資産の金額及び繰延税金負債の金額については、その差額のみを繰延税金資産又は繰延税金金負債として固定資産又は固定負債に表示しなければならない。

2　前項の規定にかかわらず、法第十条第一項第四号の事業（受託共済事業を除く。）を行う組合の貸借対照表等については、資産の部に属する繰延税金資産の金額及び負債の部に属する繰延税金負債の金額については、その差額のみを繰延税金資産又は繰延税金負債として表示することを妨げない。

3　連結貸借対照表に係る前二項の規定の適用については、これらの規定中「その差額」とあるのは、「異なる納税主体に係るものを除き、その差額」とする。

（繰延資産の表示）

第九十一条　各繰延資産に対する償却累計額は、当該各繰延資産の金額から直接控除し、その控除残高を各繰延資産の金額として表示しなければならない。

（連結貸借対照表ののれん）

第九十二条　連結貸借対照表に表示するのれんには、連結子法人等に係る投資の金額がこれに対応する連結子法人等の資本の金額と異なる場合に生ずるのれんを含むものとする。

第四款　損益計算書

（通則）

第九十三条　各事業年度ごとに組合が作成すべき損益計算書等（損益計算書（法第三十一条の九第二項に規定する損益計算書をいう。）及び連結損益計算書をいう。以下同じ。）については、この款の定めるところによる。

（損益計算書等の区分）

第九十四条　損益計算書等は、次に掲げる項目に区分して表示しなければならない。この場合において、各項目について細分することが適当な場合には、適当な項目に細分することができる。

一　事業収益
二　事業費用
三　事業経費
四　事業外収益
五　事業外費用
六　特別利益
七　特別損失

2　事業収益に属する収益は、供給高、利用事業収入、共済事業収入、福祉事業収入、受取手数料その他の項目の区分に従い、細分しなければならない。

3　事業費用に属する費用は、供給原価、利用事業原価、共済事業費用、福祉事業費用その他の項目の区分に従い、細分しなければならない。

4　事業経費に属する費用は、人件費、物件費その他の項目の区分に従い、細分しなければならない。

5　事業外収益に属する収益は、受取利息（法第十条第一項第四号の事業（受託共済事業を除く。）として受け入れたものを除く。）、関係団体等出資金に係る出資配当金の受入額その他の項目の区分に従い、細分しなければならない。

6　事業外費用に属する費用は、支払利息（法第十条第一項第四号の事業（受託共済事業を除く。）として支払うものを除く。）、寄付金その他の項目の区分に従い、細分しなければならない。

7　特別利益に属する利益は、固定資産売却益、補助金収入（経常的経費に充てるべきものとして交付されたものを除く。）、前期損益修正益、負ののれん発生益その他の項目の区分に従い、細分しなければならない。

8　特別損失に属する損失は、固定資産売却損、減損損失、災害による損失、前期損益修正損その他の項目の区分に従い、細分しなければならない。

9　第二項から前項までの規定にかかわらず、第二項から前項までに規定する各収益若しくは費用又は利益若しくは損失のうち、その金額が重要でないものについては、当該収益若しくは費用又は利益若しくは損失を細分しないこととすることができる。

10　組合又は連結組合が二以上の異なる種類の事業を行つている場合には、第一項第一号及び第二号に掲げる収益又は費用は、事業の種類ごとに区分しなければならない。

11　損益計算書等の各項目は、当該項目に係る収益若しくは費用又は利益若しくは損失を示す適当な名称を付さなければならない。

（事業総損益）

第九十五条　事業収益から事業費用を減じて得た額（以下「事業総損益」という。）は、事業総剰余金として表示しなければならない。

2　組合又は連結組合が二以上の異なる種類の事業を行つている場合には、事業総剰余金は、事業の種類ごとに区分し表示しなければならない。

3　前二項の規定にかかわらず、事業総損益が零未満である場合には、零から事業総損益を減じて得た額を事業総損失金として表示しなければならない。

（事業損益）

第九十六条　事業総損益から事業経費の合計額を減じて得た額（以下「事業損益」という。）は、事業剰余金として表示しなければならない。

2　前項の規定にかかわらず、事業損益が零未満である場合には、零から事業損益を減じて得た額を事業損失金として表示しなければならない。

（経常損益）

第九十七条　事業損益に事業外収益を加えて得た額から

事業外費用を減じて得た額（以下「経常損益」という。）は、経常剰余金として表示しなければならない。

2　前項の規定にかかわらず、経常損益が零未満である場合には、零から経常損益を減じて得た額を経常損失金として表示しなければならない。

（税引前当期損益）

第九十八条　経常損益に特別利益を加えて得た額から特別損失を減じて得た額（以下「税引前当期損益」という。）は、税引前当期剰余金（連結損益計算書にあつては、税金等調整前当期剰余金）として表示しなければならない。

2　前項の規定にかかわらず、税引前当期損益が零未満である場合には、零から税引前当期損益を減じて得た額を税引前当期損失金（連結損益計算書にあつては、税金等調整前当期損失金）として表示しなければならない。

（税等）

第九十九条　次に掲げる項目の金額は、その内容を示す名称を付した項目をもつて、税引前当期剰余金又は税引前当期損失金（連結損益計算書にあつては、税金等調整前当期剰余金又は税金等調整前当期損失金）の次に表示しなければならない。

一　当該事業年度（連結損益計算書にあつては、連結会計年度）に係る法人税等

二　法人税等調整額（税効果会計の適用により計上される前号に掲げる法人税等の調整額をいう。）

2　法人税等の更正、決定等による納付税額又は還付税額がある場合には、前項第一号に掲げる項目の次に、その内容を示す名称を付した項目をもつて表示するものとする。ただし、これらの金額の重要性が乏しい場合は、同号に掲げる項目の金額に含めて表示することができる。

（当期剰余金又は当期損失金）

第百条　第一号及び第二号に掲げる額の合計額から第三号及び第四号に掲げる額の合計額を減じて得た額（以下「当期損益金額」という。）は、当期剰余金として表示しなければならない。

一　税引前当期損益金額

二　前条第二項に規定する場合（同項ただし書の場合を除く。）において、還付税額があるときは、当該還付税額

三　前条第一項各号に掲げる項目の金額

四　前条第二項に規定する場合（同項ただし書の場合を除く。）において、納付税額があるときは、当該納付税額

2　前項の規定にかかわらず、当期損益金額が零未満である場合には、零から当期損益金額を減じて得た額を当期損失金として表示しなければならない。

3　連結損益計算書には、次に掲げる項目の金額は、その内容を示す名称を付した項目をもつて、当期剰余金又は当期損失金の次に表示しなければならない。

一　当期剰余金として表示した額があるときは、当該額のうち非支配株主に帰属するもの

二　当期損失金として表示した額があるときは、当該額のうち非支配株主に帰属するもの

4　連結損益計算書には、当期剰余金又は当期損失金に当期剰余金又は当期損失金のうち非支配株主に帰属する額を加減して得た額は、親組合（財務上又は営業上若しくは事業上の関係からみて他の法人等の意思決定機関を支配している組合をいう。）に帰属する当期剰余金又は当期損失金として表示しなければならない。

（当期未処分剰余金又は当期未処理損失金）

第百一条　次に掲げる金額は、その内容を示す名称を付した項目をもつて、当期剰余金又は当期損失金の次に表示しなければならない。

一　当期首繰越剰余金又は当期首繰越損失金の額（遡及適用（新たな会計方針を当該事業年度より前の事業年度に係る決算関係書類又は連結決算関係書類に遡つて適用したと仮定して会計処理をすることをいう。以下同じ。）又は誤謬（びゆう）の訂正（当該事業年度より前の事業年度に係る決算関係書類又は連結決算関係書類における誤謬（意図的であるかどうかにかかわらず、決算関係書類又は連結決算関係書類の作成時に入手可能な情報を使用しなかつたこと又は誤つて使用したことにより生じた誤りをいう。以下同じ。）を訂正したと仮定して決算関係書類又は連結決算関係書類を作成することをいう。以下同じ。）をした場合にあつては、当期首繰越剰余金又は当期首繰越損失金の額及びこれに対する影響額）

二　医療福祉等事業積立金について取り崩した額

三　一定の目的のために設定した任意積立金について当該目的に従つて取り崩した額

2　第一号から第四号までに掲げる額の合計額から第五号に掲げる額を減じて得た額（以下「当期未処分損益金額」という。）は、当期未処分剰余金として表示しなければならない。

一　当期損益金額

二　前項第一号が当期首繰越剰余金である場合の当該剰余金の額

三　前項第二号の額

四　前項第三号の額

五　前項第一号が当期首繰越損失金である場合の当該損失金の額

3　前項の規定にかかわらず、当期未処分損益金額が零未満である場合には、零から当期未処分損益金額を減じて得た額を、当期未処理損失金として表示しなけれ

ばならない。

（貸倒引当金繰入額又は貸倒引当金戻入益の表示）

第百二条　貸倒引当金の繰入額及び貸倒引当金残高の取崩額については、その差額のみを貸倒引当金繰入額又は貸倒引当金戻入益としてそれぞれ次に掲げる項目に区分して表示しなければならない。

一　貸倒引当金繰入額　次に掲げる項目

イ　事業上の取引に基づいて発生した債権に係るもの　事業経費

ロ　事業上の取引以外の取引に基づいて発生した債権に係るもの　事業外費用

二　貸倒引当金戻入益　次に掲げる項目

イ　事業上の取引に基づいて発生した債権に係るもの　事業経費又は事業外収益

ロ　事業上の取引以外の取引に基づいて発生した債権に係るもの　事業外費用又は事業外収益

（法第十条第一項第四号の事業を行う組合の損益計算書等の表示に関する特例）

第百三条　第九十四条から第九十六条までの規定にかかわらず、法第十条第一項第四号の事業（受託共済事業を除く。）を行う組合については、第九十四条から第九十六条までの区分に代えて、当該組合の損益状況を明らかにするため、収益若しくは費用又は利益若しくは損失について、適切な部又は項目に分けて表示しなければならない。

2　前項の組合のうち法第十条第一項第一号、第二号、第三号、第六号及び第七号に掲げるいずれの事業も行つていない組合についての第九十七条及び前条の規定の適用については、第九十七条第一項中「事業損益に事業外収益を加算して得た額から事業外費用」とあるのは「経常収益から経常費用」と、前条第一号中「次に掲げる項目」とあるのは「経常費用」とする。

第五款　剰余金処分案又は損失処理案

（通則）

第百四条　法第三十一条の九第二項の規定により各事業年度ごとに組合が作成すべき剰余金処分案又は損失処理案については、この款の定めるところによる。

2　当期未処分損益金額と任意積立金の取崩額（第百一条第一項第三号に掲げる額を除く。）の合計額が零を超える場合であつて、かつ、剰余金の処分がある場合には、次条の規定により剰余金処分案を作成しなければならない。

3　前項以外の場合には、第百六条の規定により損失処理案を作成しなければならない。

（剰余金処分案の区分）

第百五条　剰余金処分案は、次に掲げる項目に区分して表示しなければならない。
一　当期未処分剰余金又は当期未処理損失金
二　任意積立金取崩額
三　剰余金処分額
四　次期繰越剰余金
2　前項第二号の任意積立金取崩額は、当該積立金の名称を付した項目に細分しなければならない。
3　第一項第三号の剰余金処分額は、次に掲げる項目に区分しなければならない。
一　法定準備金
二　医療福祉等事業積立金
三　利用分量割戻金（法第五十二条第二項に規定する利用分量に応じなされる割戻金をいう。以下同じ。）
四　出資配当金（法第五十二条第二項に規定する払込済み出資の額に応じなされる割戻金をいう。）
五　任意積立金
4　前項第二号の医療福祉等事業積立金は、当該積立金の名称を付した項目に細分することができる。
5　第三項第三号の利用分量割戻金は、組合が二以上の異なる種類の割戻しを行う場合には、当該割戻しの名称を示した項目に細分しなければならない。
6　第三項第五号の任意積立金は、当該積立金の名称を付した項目に細分しなければならない。

（損失処理案の区分）

第百六条　損失処理案は、次に掲げる項目に区分して表示しなければならない。
一　当期未処理損失金
二　損失金処理額
三　次期繰越損失金
2　前項第二号の損失金処理額は、次に掲げる項目に区分しなければならない。
一　任意積立金取崩額
二　法定準備金取崩額
3　前項第一号の任意積立金取崩額は、当該積立金の名称を付した項目に細分しなければならない。

第六款　連結純資産変動計算書

第百七条　連結純資産変動計算書については、この条に定めるところによる。
2　連結純資産変動計算書は、次に掲げる項目に区分して表示しなければならない。
一　組合員資本
二　評価・換算差額等
三　非支配株主持分
3　組合員資本に係る項目は、次に掲げる項目に区分しなければならない。
一　出資金（未払込出資金がある場合は、控除後の

額）

二　剰余金

4　前項第二号に係る項目は次に掲げる項目に区分しなければならない。

一　資本剰余金

二　利益剰余金

5　評価・換算差額等に係る項目は、次に掲げる項目に細分することができる。

一　その他有価証券評価差額金

二　繰延ヘッジ損益

三　退職給付に係る調整累計額

6　出資金及び剰余金に係る項目は、それぞれ次に掲げるものについて明らかにしなければならない。この場合において、第二号に掲げるものは、各変動事由ごとに当期変動額及び変動事由を明らかにしなければならない。

一　当期首残高（遡及適用又は誤謬の訂正をした場合にあつては、当期首残高及びこれに対する影響額。以下同じ。）

二　当期変動額

三　当期末残高

7　評価・換算差額等及び非支配株主持分に係る項目は、それぞれ次に掲げるものについて明らかにしなければならない。この場合において、第二号に掲げるものについては、その主要なものを変動事由とともに明らかにすることを妨げない。

一　当期首残高

二　当期変動額

三　当期末残高

8　第五項第三号に掲げる退職給付に係る調整累計額に計上すべきものは、次に掲げる項目の額の合計額とする。

一　未認識数理計算上の差異

二　未認識過去勤務費用

三　その他退職給付に係る調整累計額に計上することが適当であると認められるもの

第七款　注　記

（通則）

第百八条　各事業年度ごとに組合が作成すべき決算関係書類及び連結決算関係書類には、この款の定めるところにより、組合の財産及び損益の状況を示すために必要かつ適当な注記を付さなければならない。

（注記の区分）

第百九条　注記は、次に掲げる項目に区分して表示しなければならない。

一　継続組合の前提に関する注記

二　重要な会計方針（決算関係書類又は連結決算関係書類の作成に当たつて採用する会計処理の原則及び手続をいう。以下同じ。）に係る事項（連結決算関係書類の注記（以下「連結注記」という。）にあつては、連結決算関係書類の作成のための基本となる重要な事項及び連結の範囲又は持分法の適用の範囲の変更）に関する注記
三　会計方針の変更に関する注記
四　表示方法（決算関係書類又は連結決算関係書類の作成に当たつて採用する表示の方法をいう。以下同じ。）の変更に関する注記
四の二　会計上の見積りに関する注記
五　会計上の見積りの変更（新たに入手可能となつた情報に基づき、当該事業年度より前の事業年度に係る決算関係書類又は連結決算関係書類の作成に当たつてした会計上の見積り（決算関係書類又は連結決算関係書類に表示すべき項目の金額に不確実性がある場合において、決算関係書類又は連結決算関係書類の作成時に入手可能な情報に基づき、それらの合理的な金額を算定することをいう。以下同じ。）を変更することをいう。以下同じ。）に関する注記
六　誤謬の訂正に関する注記
七　貸借対照表等に関する注記
八　損益計算書に関する注記
九　剰余金処分案に関する注記
十　税効果会計に関する注記
十一　リースにより使用する固定資産に関する注記
十二　金融商品に関する注記
十三　持分法損益等に関する注記
十四　関連当事者との取引に関する注記
十五　重要な後発事象に関する注記
十六　収益認識に関する注記
十七　その他の注記
2　次の各号に掲げる注記には、当該各号に定める項目を表示することを要しない。
一　会計監査人監査組合以外の組合の注記　前項第一号、第四号の二、第五号及び第十三号に掲げる項目
二　連結注記　前項第八号から第十一号まで、第十三号及び第十四号に掲げる項目

（注記の方法）

第百十条　貸借対照表等、損益計算書等又は剰余金処分案の特定の項目に関連する注記については、その関連を明らかにしなければならない。

（継続組合の前提に関する注記）

第百十一条　継続組合の前提に関する注記は、事業年度の末日において、当該組合が将来にわたつて事業を継続するとの前提（以下この条において「継続組合の前提」という。）に重要な疑義を生じさせるような事象

又は状況が存在する場合であつて、当該事象又は状況を解消し、又は改善するための対応をしてもなお継続組合の前提に関する重要な不確実性が認められるとき（当該事業年度の末日後に当該重要な不確実性が認められなくなつた場合を除く。）における次に掲げる事項とする。

一　当該事象又は状況が存在する旨及びその内容

二　当該事象又は状況を解消し、又は改善するための対応策

三　当該重要な不確実性が認められる旨及びその理由

四　当該重要な不確実性の影響を決算関係書類（連結注記にあつては、連結決算関係書類）に反映しているか否かの別

（重要な会計方針に係る事項に関する注記）

第百十二条　重要な会計方針に係る事項に関する注記は、会計方針に関する次に掲げる事項（重要性の乏しいものを除く。）とする。

一　資産の評価基準及び評価方法

二　固定資産の減価償却の方法

三　引当金の計上基準

四　収益及び費用の計上基準

五　その他決算関係書類の作成のための基本となる重要な事項

2　組合が組合員との契約に基づく義務の履行の状況に応じて当該契約から生ずる収益を認識するときは、前項第四号に掲げる事項には、次に掲げる事項を含むものとする。

一　当該組合の主要な事業における組合員との契約に基づく主な義務の内容

二　前号の義務に係る収益を認識する通常の時点

三　前二号に掲げるもののほか、当該組合が重要な会計方針に含まれると判断したもの

（連結決算関係書類の作成のための基本となる重要な事項に関する注記等）

第百十三条　連結決算関係書類の作成のための基本となる重要な事項に関する注記は、次に掲げる事項とする。この場合において、当該注記は当該各号に掲げる事項に区分しなければならない。

一　連結の範囲に関する次に掲げる事項

イ　連結子法人等の数及び主要な連結子法人等の名称

ロ　非連結子法人等がある場合には、次に掲げる事項

(1)　主要な非連結子法人等の名称

(2)　非連結子法人等を連結の範囲から除いた理由

ハ　組合が議決権の過半数を自己の計算において所有している会社等を子法人等としなかつたときは、当該会社等の名称及び子法人等としなかつた

理由

ニ　第七十二条第一項ただし書の規定により連結の範囲から除かれた子法人等の財産又は損益に関する事項であつて、当該集団の財産及び損益の状態の判断に影響を与えると認められる重要なものがあるときは、その内容

ホ　開示対象特別目的会社（特別目的会社（資産の流動化に関する法律（平成十年法律第百五号）第二条第三項に規定する特定目的会社及び事業内容の変更が制限されているこれと同様の事業を営む事業体をいう。以下同じ。）のうち、第二百十条第四項の規定により当該特別目的会社に資産を譲渡した組合から独立しているものと認められ、当該組合の子法人等に該当しないものと推定されるものをいう。以下同じ。）がある場合には、次に掲げる事項その他の重要な事項

(1)　開示対象特別目的会社の概要

(2)　開示対象特別目的会社との取引の概要及び取引金額

二　持分法の適用に関する次に掲げる事項

イ　持分法を適用した非連結子法人等又は関連法人等の数及びこれらのうち主要な会社等の名称

ロ　持分法を適用しない非連結子法人等又は関連法人等があるときは、次に掲げる事項

(1)　当該非連結子法人等又は関連法人等のうち主要な会社等の名称

(2)　当該非連結子法人等又は関連法人等に持分法を適用しない理由

ハ　当該組合が議決権の百分の二十以上、百分の五十以下を自己の計算において所有している会社等を関連法人等としなかつたときは、当該会社等の名称及び関連法人等としなかつた理由

ニ　持分法の適用の手続について特に示す必要があると認められる事項がある場合には、その内容

三　会計方針に関する次に掲げる事項

イ　重要な資産の評価基準及び評価方法

ロ　重要な減価償却資産の減価償却の方法

ハ　重要な引当金の計上基準

ニ　その他連結決算関係書類の作成のための重要な事項

2　連結の範囲又は持分法の適用の範囲の変更に関する注記は、連結の範囲又は持分法の適用の範囲を変更した場合（当該変更が重要性の乏しいものである場合を除く。）におけるその旨及び当該変更の理由とする。

（会計方針の変更に関する注記）

第百十三条の二　会計方針の変更に関する注記は、一般に公正妥当と認められる会計方針を他の一般に公正妥当と認められる会計方針に変更した場合における次に

掲げる事項（重要性の乏しいものを除く。）とする。ただし、会計監査人監査組合以外の組合にあつては、第四号ロ及びハに掲げる事項を省略することができる。

一　当該会計方針の変更の内容

二　当該会計方針の変更の理由

三　遡及適用をした場合には、当該事業年度の期首における純資産額に対する影響額

四　当該事業年度より前の事業年度の全部又は一部について遡及適用をしなかつた場合には、次に掲げる事項（当該会計方針の変更を会計上の見積りの変更と区別することが困難なときは、ロに掲げる事項を除く。）

イ　決算関係書類又は連結決算関係書類の主な項目に対する影響額

ロ　当該事業年度より前の事業年度の全部又は一部について遡及適用をしなかつた理由並びに当該会計方針の変更の適用方法及び適用開始時期

ハ　当該会計方針の変更が当該事業年度の翌事業年度以降の財産又は損益に影響を及ぼす可能性がある場合であつて、当該影響に関する事項を注記することが適切であるときは、当該事項

2　個別注記に注記すべき事項（前項第三号並びに第四号ロ及びハに掲げる事項に限る。）が連結注記に注記すべき事項と同一である場合において、個別注記にその旨を注記するときは、個別注記における当該事項の注記を要しない。

（表示方法の変更に関する注記）

第百十三条の三　表示方法の変更に関する注記は、一般に公正妥当と認められる表示方法を他の一般に公正妥当と認められる表示方法に変更した場合における次に掲げる事項（重要性の乏しいものを除く。）とする。

一　当該表示方法の変更の内容

二　当該表示方法の変更の理由

2　個別注記に注記すべき事項（前項第二号に掲げる事項に限る。）が連結注記に注記すべき事項と同一である場合において、個別注記にその旨を注記するときは、個別注記における当該事項の注記を要しない。

（会計上の見積りに関する注記）

第百十三条の三の二　会計上の見積りに関する注記は、次に掲げる事項とする。

一　会計上の見積りにより当該事業年度に係る決算関係書類又は連結決算関係書類にその額を計上した項目であつて、翌事業年度に係る決算関係書類又は連結決算関係書類に重要な影響を及ぼす可能性があるもの

二　当該事業年度に係る決算関係書類又は連結決算関係書類の前号に掲げる項目に計上した額

三　前号に掲げるもののほか、第一号に掲げる項目に係る会計上の見積りの内容に関する理解に資する情報

2　個別注記に注記すべき事項（前項第三号に掲げる事項に限る。）が連結注記に注記すべき事項と同一である場合において、個別注記にその旨を注記するときは、個別注記における当該事項の注記を要しない。

（会計上の見積りの変更に関する注記）

第百十三条の四　会計上の見積りの変更に関する注記は、会計上の見積りの変更をした場合における次に掲げる事項（重要性の乏しいものを除く。）とする。

一　当該会計上の見積りの変更の内容

二　当該会計上の見積りの変更の決算関係書類又は連結決算関係書類の項目に対する影響額

三　当該会計上の見積りの変更が当該事業年度の翌事業年度以降の財産又は損益に影響を及ぼす可能性があるときは、当該影響に関する事項

（誤謬の訂正に関する注記）

第百十三条の五　誤謬の訂正に関する注記は、誤謬の訂正をした場合における次に掲げる事項（重要性の乏しいものを除く。）とする。

一　当該誤謬の内容

二　当該事業年度の期首における純資産額に対する影響額

（貸借対照表等に関する注記）

第百十四条　貸借対照表等に関する注記は、次に掲げる事項（連結注記にあつては、第六号から第八号までに掲げる事項を除く。）とする。

一　資産が担保に供されている場合における次に掲げる事項

イ　資産が担保に供されていること。

ロ　イの資産の内容及びその金額

ハ　担保に係る債務の金額

二　資産に係る引当金を直接控除した場合における各資産の資産項目別の引当金の金額（一括して注記することが適当な場合にあつては、各資産について流動資産、有形固定資産、無形固定資産、その他固定資産又は繰延資産ごとに一括した引当金の金額）

三　資産に係る減価償却累計額を直接控除した場合における各資産の資産項目別の減価償却累計額（一括して注記することが適当な場合にあつては、各資産について一括した減価償却累計額）

四　資産に係る減損損失累計額を減価償却累計額に合算して減価償却累計額の項目をもつて表示した場合にあつては、減価償却累計額に減損損失累計額が含まれている旨

五　保証債務、手形遡求債務、重要な係争事件に係る損害賠償義務その他これらに準ずる債務（負債の部

に計上したものを除く。）があるときは、当該債務の内容及び金額

六　子法人等及び関連法人等に対する金銭債権又は金銭債務をその金銭債権又は金銭債務が属する項目ごとに、他の金銭債権又は金銭債務と区分して表示していないときは、当該子法人等及び関連法人等に対する金銭債権若しくは金銭債務が属する項目ごとの金額又は資産の部若しくは負債の部の区分に応じ、二以上の項目ごとに一括した金額

七　役員との間の取引による役員に対する金銭債権があるときは、その総額

八　役員との間の取引による役員に対する金銭債務があるときは、その総額

2　共済事業を行う組合のうち、共済契約を再共済又は再保険に付した場合にあつては、貸借対照表の注記には、当該各号に掲げる事項を注記しなければならない。

一　再共済又は再保険に付した部分に相当する責任準備金の額

二　第百八十四条第三項において準用する第百八十条に規定する再共済又は再保険に付した部分に相当する支払備金の額

（損益計算書に関する注記）

第百十五条　損益計算書に関する注記は、子法人等及び関連法人等との事業取引による取引高の総額及び事業取引以外の取引による取引高の総額とする。

（剰余金処分案に関する注記）

第百十六条　剰余金処分案に関する注記は、次に掲げる事項とする。

一　利用分量割戻しを行う場合の算定基準

二　出資配当を行う場合の算定基準

三　次期繰越剰余金に含まれている法第五十一条の四第四項に規定する繰越金の額

（税効果会計に関する注記）

第百十七条　税効果会計に関する注記は、次に掲げるもの（重要でないものを除く。）の発生の主な原因とする。

一　繰延税金資産（その算定に当たり繰延税金資産から控除された金額がある場合における当該金額を含む。）

二　繰延税金負債

（リースにより使用する固定資産に関する注記）

第百十八条　リースにより使用する固定資産に関する注記は、ファイナンス・リース取引の借主である組合が当該ファイナンス・リース取引について通常の売買取引に係る方法に準じて会計処理を行つていない場合におけるリース物件（固定資産に限る。以下この条において同じ。）に関する事項とする。この場合において、

当該リース物件の全部又は一部に係る次に掲げる事項（各リース物件について一括して注記する場合にあつては、一括して注記すべきリース物件に関する事項）を含めることを妨げない。

一　当該事業年度の末日における取得原価相当額

二　当該事業年度の末日における減価償却累計額相当額

三　当該事業年度の末日における未経過リース料相当額

四　前各号に掲げるもののほか、当該リース物件に係る重要な事項

（金融商品に関する注記）

第百十八条の二　金融商品に関する注記は、次に掲げるもの（重要性の乏しいものを除く。）とする。

一　金融商品（金融資産（金銭債権、有価証券及びデリバティブ取引により生じる債権（これらに準ずるものを含む。）をいう。）及び金融負債（金銭債務及びデリバティブ取引により生じる債務（これらに準ずるものを含む。）をいう。）をいう。以下同じ。）の状況に関する事項

二　金融商品の時価等に関する事項

2　連結注記を作成する組合は、個別注記における前項の注記を要しない。

（持分法損益等に関する注記）

第百十八条の三　持分法損益等に関する注記は、次の各号に掲げる場合の区分に応じ、当該各号に定めるものとする。ただし、第一号に定める事項については、損益及び利益剰余金からみて重要性の乏しい関連法人等を除外することができる。

一　関連法人等がある場合　関連法人等に対する投資の金額並びに当該投資に対して持分法を適用した場合の投資の金額及び投資利益又は投資損失の金額

二　開示対象特別目的会社がある場合　開示対象特別目的会社の概要、開示対象特別目的会社との取引の概要及び取引金額その他の重要な事項

2　連結決算関係書類を作成する組合は、個別注記における前項の注記を要しない。

（関連当事者との取引に関する注記）

第百十九条　関連当事者との取引に関する注記は、組合と関連当事者との間に取引がある場合における次に掲げる事項であつて、重要なものとする。ただし、会計監査人監査組合以外の組合にあつては、第五号から第七号まで及び第九号に掲げる事項を省略することができる。

一　当該関連当事者が会社等であるときは、次に掲げる事項

イ　その名称

ロ　当該関連当事者の総株主の議決権の総数に占め

る当該組合が有する議決権の数の割合
二　当該関連当事者が組合であるときは、次に掲げる事項
イ　その名称
ロ　当該関連当事者の総会員の議決権の総数に占める当該組合が有する議決権の数の割合
三　当該関連当事者が個人であるときは、その氏名
四　当該組合と当該関連当事者との関係
五　取引の内容
六　取引の種類別の取引金額
七　取引条件及び取引条件の決定方針
八　取引により発生した債権又は債務に係る主な項目別の当該事業年度の末日における残高
九　取引条件の変更があつたときは、その旨、変更の内容及び当該変更が決算関係書類に与えている影響の内容

2　関連当事者との間の取引のうち次に掲げる取引については、前項に規定する注記を要しない。
一　一般競争入札による取引並びに預金利息及び配当金の受取りその他取引の性質からみて取引条件が一般の取引と同様であることが明白な取引
二　役員に対する報酬等の給付
三　前二号に掲げる取引のほか、当該取引に係る条件につき市場価格その他当該取引に係る公正な価格を勘案して一般の取引の条件と同様のものを決定していることが明白な場合における当該取引

3　関連当事者との取引に関する注記は、第一項各号に掲げる区分に従い、関連当事者ごとに表示しなければならない。

4　前三項に規定する「関連当事者」とは、次に掲げる者をいう。
一　当該組合の子法人等
二　当該組合の関連法人等及び当該関連法人等の子会社（会社法第二条第三号に規定する子会社をいう。以下この条において同じ。）（当該関連法人等が会社でない場合にあつては、子会社に相当するもの）
三　当該組合が会員となつている連合会（当該組合が当該連合会の議決権の総数の百分の二十以上の議決権を有しているものに限る。）及びその子法人等並びに当該連合会の会員である他の組合
四　当該組合（連合会に限る。）の会員である組合（会員である組合が当該組合の議決権の総数の百分の二十以上の議決権を有しているものに限る。）及びその子法人等
五　当該組合の役員及びその近親者（二親等内の親族をいう。）
六　前号に掲げる者が他の会社等の議決権の過半数を自己の計算において所有している場合における当該

会社等及び当該会社等の子会社（当該会社等が会社でない場合にあつては、子会社に相当するもの）

七　当該組合の職員のための企業年金（当該組合と重要な取引（掛金の拠出を除く。）を行う場合に限る。）

（重要な後発事象に関する注記）

第百二十条　重要な後発事象に関する注記は、当該組合の事業年度の末日後、当該組合の翌事業年度以降の財産又は損益に重要な影響を及ぼす事象が発生した場合における当該事象とする。

2　連結注記における重要な後発事象に関する注記は、当該組合の事業年度の末日後、連結組合並びに持分法が適用される非連結子法人等及び関連法人等の翌事業年度以降の財産又は損益に重要な影響を及ぼす事象が発生した場合における当該事象とする。ただし、当該組合の事業年度の末日と異なる日をその事業年度の末日とする子法人等及び関連法人等については、当該子法人等及び関連法人等の事業年度の末日後に発生した場合における当該事象とする。

（収益認識に関する注記）

第百二十条の二　収益認識に関する注記は、組合が組合員との契約に基づく義務の履行の状況に応じて当該契約から生ずる収益を認識する場合における収益を理解するための基礎となる情報に関する事項（重要性の乏しいものを除く。）とする。

2　前項に規定する事項が第百十二条の規定により注記すべき事項と同一であるときは、同項の規定による当該事項の注記を要しない。

3　第一項の規定により個別注記に注記すべき事項が連結注記に注記すべき事項と同一である場合において、個別注記にその旨を注記するときは、個別注記における当該事項の注記を要しない。

（その他の注記）

第百二十一条　その他の注記は、第百十一条から前条までに掲げるもののほか、貸借対照表等、損益計算書等及び剰余金処分案により組合（連結注記にあつては集団）の財産又は損益の状態を正確に判断するために必要な事項とする。

第四節　事業報告書

（通則）

第百二十二条　法第三十一条の九第二項の規定により各事業年度ごとに組合が作成すべき事業報告書は、この節の定めるところによる。

（事業報告書の内容）

第百二十三条　事業報告書は、次に掲げる事項を記載又は記録しなければならない。

一　組合の事業活動の概況に関する事項
二　組合の運営組織の状況に関する事項
三　その他組合の状況に関する重要な事項（決算関係書類及び連結決算関係書類の内容となる事項を除く。）

（組合の事業活動の概況に関する事項）
第百二十四条　前条第一号に規定する「組合の事業活動の概況に関する事項」とは、次に掲げる事項（当該組合が二以上の異なる種類の事業を行つている場合には、主要な事業別に区分された事項）とする。
一　当該事業年度の末日における主要な事業活動の内容
二　当該事業年度における事業の経過及びその成果
三　当該事業年度における次に掲げる事項についての状況（重要なものに限る。）
イ　増資及び資金の借入れその他の資金調達（法第十条第一項第四号の事業を行う組合については、共済掛金として受け入れたものを除く。）
ロ　組合が所有する施設の建設又は改修その他の設備投資
ハ　他の法人との業務上の提携
ニ　他の会社を子法人等及び関連法人等とすることとなる場合における当該他の会社の株式又は持分の取得
ホ　事業の全部又は一部の譲渡又は譲受け、合併（当該合併後当該組合が存続するものに限る。）その他の組織の再編成
四　直前三事業年度（当該事業年度の末日において三事業年度が終了していない組合にあつては、成立後の各事業年度）の財産及び損益の状況
五　対処すべき重要な課題
六　前各号に掲げるもののほか、当該組合の現況に関する重要な事項
2　会計監査人監査組合が連結決算関係書類を作成している場合には、前項各号に掲げる事項については、連結組合の事業活動の概況に関する事項とすることができる。この場合において、当該事項に相当する事項が連結決算関係書類の内容となつているときは、当該事項を事業報告書の内容としないことができる。
3　第一項第四号に掲げる事項については、当該事業年度における過年度事項（当該事業年度より前の事業年度に係る貸借対照表、損益計算書又は剰余金処分計算書若しくは損失処理計算書に表示すべき事項をいう。第百四十四条第三項を除き、以下同じ。）が会計方針の変更その他の正当な理由により当該事業年度より前の事業年度に係る総会において承認又は報告をしたものと異なつているときは、修正後の過年度事項を反映した事項とすることを妨げない。

4　特定共済組合（法第五十条の五に規定する共済事業を行う消費生活協同組合であつてその組合員の総数が政令で定める基準を超えるもの（共同事業組合及び全ての共済契約を当該組合が会員となつている連合会に再共済に付す組合を除く。）及び共済事業を行う連合会をいう。以下同じ。）については、第一項及び第二項の規定のほか、共済金等の支払能力の充実の状況を示す比率（法第五十条の五の共済金等の支払能力の充実の状況が適当であるかどうかの基準に係る厚生労働大臣が定める算式により得られる比率をいう。以下「支払余力比率」という。）を当該組合の事業活動の概況に関する事項の内容としなければならない。

（組合の運営組織の状況に関する事項）

第百二十五条　第百二十三条第二号に規定する「組合の運営組織の状況に関する事項」とは、次に掲げる事項とする。

一　前事業年度における総会の開催状況に関する次に掲げる事項

イ　開催日時

ロ　出席した組合員の数

ハ　重要な事項の議決状況

二　組合員に関する次に掲げる事項

イ　組合員の数及びその増減

ロ　組合員の出資口数及びその増減

三　役員（直前の通常総会の日の翌日以降に在任していた者であつて、当該事業年度の末日までに退任した者を含む。以下この条において同じ。）に関する次に掲げる事項

イ　役員の氏名

ロ　役員の当該組合における職制上の地位及び担当

ハ　当該事業年度に係る当該組合の役員の重要な兼職の状況

ニ　役員と当該組合との間で補償契約（法第三十一条の六第一項に規定する補償契約をいう。以下同じ。）を締結しているときは、次に掲げる事項

(1)　当該役員の氏名

(2)　当該補償契約の内容の概要（当該補償契約によつて当該役員の職務の執行の適正性が損なわれないようにするための措置を講じている場合にあつては、その内容を含む。）

ホ　当該組合が役員に対して補償契約に基づき法第三十一条の六第一項第一号に掲げる費用を補償した場合において、当該組合が、当該事業年度において、当該役員が同号の職務の執行に関し法令の規定に違反したこと又は責任を負うことを知つたときは、その旨

ヘ　当該組合が役員に対して補償契約に基づき法第三十一条の六第一項第二号に掲げる損失を補償し

たときは、その旨及び補償した金額
ト　辞任した役員があるときは、次に掲げる事項（当該事業年度前の事業年度に係る事業報告の内容としたものを除く。）
(1)　当該役員の氏名
(2)　法第三十条の三第三項において準用する会社法第三百四十五条第一項の意見があるときは、その意見の内容
(3)　法第三十条の三第三項において準用する会社法第三百四十五条第二項の理由があるときは、その理由
三の二　当該組合が保険者との間で役員賠償責任保険契約（法第三十一条の七第一項に規定する役員賠償責任保険契約をいう。以下同じ。）を締結しているときは、次に掲げる事項
イ　当該役員賠償責任保険契約の被保険者の範囲
ロ　当該役員賠償責任保険契約の内容の概要（被保険者が実質的に保険料を負担している場合にあつてはその負担割合、塡補の対象とされる保険事故の概要及び当該役員賠償責任保険契約によつて被保険者である役員（当該組合の役員に限る。）の職務の執行の適正性が損なわれないようにするための措置を講じている場合にあつてはその内容を含む。）

四　職員の数及びその増減その他の職員の状況
五　業務の運営の組織に関する次に掲げる事項
イ　当該組合の内部組織の構成を示す組織図（事業年度の末日後に変更があつた場合には、当該変更事項を反映させたもの。）
ロ　当該組合と緊密な協力関係にある組合員が構成する組織がある場合には、その主要なものの概要
六　施設の設置状況に関する次に掲げる事項
イ　主たる事務所、従たる事務所及び組合が所有する施設の種類ごとの主要な施設の名称及び所在地
ロ　共済事業を行う組合にあつては、法第十二条の二第三項に規定する共済代理店に関する次に掲げる事項
(1)　共済代理店の数及び増減
(2)　新たに共済代理店となつた者の商号、名称又は氏名及び所在地
七　子法人等及び関連法人等の状況に関する次に掲げる事項
イ　子法人等及び関連法人等の区分ごとの重要な子法人等及び関連法人等の商号又は名称、代表者名及び所在地
ロ　イに掲げるものの資本金の額、当該組合の保有する議決権の比率及び主要な事業内容その他の子法人等及び関連法人等の概況

八　前各号に掲げるもののほか、当該組合の運営組織の状況に関する重要な事項

（会計監査人監査組合の特則）

第百二十六条　会計監査人監査組合にあっては、次に掲げる事項を事業報告書の内容としなければならない。

一　会計監査人の氏名又は名称

二　会計監査人に対して公認会計士法（昭和二十三年法律第百三号）第二条第一項の業務以外の業務（以下この号において「非監査業務」という。）の対価を支払っているときは、その非監査業務の内容

三　会計監査人が現に業務の停止の処分を受け、その停止の期間を経過しない者であるときは、当該処分に係る事項

四　会計監査人が過去二年間に業務の停止の処分を受けた者である場合における当該処分に係る事項のうち、当該組合が事業報告書の内容とすることが適切であるものと判断した事項

五　会計監査人（当該事業年度の前事業年度の末日までに退任した者を含む。以下この条において同じ。）と当該組合との間で補償契約を締結しているときは、次に掲げる事項

イ　当該会計監査人の氏名又は名称

ロ　当該補償契約の内容の概要（当該補償契約によって当該会計監査人の職務の執行の適正性が損なわれないようにするための措置を講じている場合にあっては、その内容を含む。）

六　当該組合が会計監査人に対して補償契約に基づき法第三十一条の十第四項において準用する法第三十一条の六第一項第一号に掲げる費用を補償した場合において、当該組合が、当該事業年度において、当該会計監査人が同号の職務の執行に関し法令の規定に違反したこと又は責任を負うことを知ったときは、その旨

七　当該組合が会計監査人に対して補償契約に基づき法第三十一条の十第四項において準用する法第三十一条の六第一項第二号に掲げる損失を補償したときは、その旨及び補償した金額

八　当該組合が保険者との間で役員賠償責任保険契約を締結しているときは、次に掲げる事項

イ　当該役員賠償責任保険契約の被保険者の範囲

ロ　当該役員賠償責任保険契約の内容の概要（被保険者が実質的に保険料を負担している場合にあってはその負担割合、塡補の対象とされる保険事故の概要及び当該役員賠償責任保険契約によって被保険者である会計監査人（当該組合の会計監査人に限る。）の職務の執行の適正性が損なわれないようにするための措置を講じている場合にあってはその内容を含む。）

九　辞任した会計監査人又は解任された会計監査人（総会の決議によつて解任されたものを除く。）があるときは、次に掲げる事項（当該事業年度前の事業年度に係る事業報告の内容としたものを除く。）
イ　当該会計監査人の氏名又は名称
ロ　法第三十一条の十第三項において準用する会社法第三百四十条第三項の理由があるときは、その理由
ハ　法第三十一条の十第三項において準用する会社法第三百四十五条第一項の意見があるときは、その意見の内容
ニ　法第三十一条の十第三項において準用する会社法第三百四十五条第二項の理由があるときは、その理由

第五節　附属明細書

（通則）
第百二十七条　法第三十一条の九第二項の規定により各事業年度ごとに組合が作成すべき附属明細書は、この節の定めるところによる。

（決算関係書類の附属明細書）
第百二十八条　決算関係書類に係る附属明細書には、決算関係書類に関する事項として、次に掲げる事項を表示しなければならない。
一　組合員資本の明細
二　借入金の明細
三　有形固定資産及び無形固定資産の明細
四　関係団体等出資金の明細
五　引当金の明細
六　事業経費の明細
七　事業の種類ごとの損益の明細
2　決算関係書類に係る附属明細書には、決算関係書類に関する事項として、前項各号に規定するもののほか、主要な事業に係る資産及び負債の内容その他の決算関係書類の内容を補足する重要な事項を表示しなければならない。

（事業報告書の附属明細書）
第百二十九条　事業報告書に係る附属明細書には、事業報告に関する事項として、次に掲げるもの（重要でないものを除く。）を表示しなければならない。
一　当該事業年度に係る役員の報酬等（報酬、賞与その他の職務遂行の対価として組合から受ける財産上の利益をいう。）の総額並びに当該総額に係る理事及び監事の区分ごとの内訳
二　役員が他の法人等の理事、監事、取締役、監査役、執行役又は業務を執行する社員その他これに類するものを兼ねることが第百二十五条第三号ハの重

要な兼職に該当する役員についての当該兼職の状況の明細として次に掲げる事項

イ　兼職している役員の氏名

ロ　イの役員の兼職している他の法人等の名称及び地位

三　役員との間の取引の明細として次に掲げる事項

イ　役員との間の取引（役員が第三者のためにするものを含む。）及び第三者との間の取引で当該組合と役員との利益が相反するものについての当該取引先の内訳

ロ　イの主要な取引の内容及び当期取引額

ハ　イの取引により発生した主要な取引内容ごとの金銭債権及び金銭債務についての当期首残高、当期末残高及び当期増減額

四　その他事業報告書の内容を補足する重要な事項

第六節　決算関係書類及び事業報告書の監査

第一款　通則

第百三十条　法第三十一条の九第五項（法第七十三条において準用する場合を含む。）の規定並びに法第三十一条の十第一項の規定及び同条第二項において準用する会社法第四百四十四条第四項の規定による監査については、この節の定めるところによる。

2　前項に規定する監査には、公認会計士法第二条第一項に規定する監査のほか、決算関係書類及び事業報告書並びにこれらの附属明細書並びに連結決算関係書類に表示された情報と、決算関係書類及び事業報告書並びにこれらの附属明細書並びに連結決算関係書類に表示すべき情報との合致の程度を確かめ、かつ、その結果を利害関係者に伝達するための手続を含むものとする。

第二款　会計監査人監査組合以外の組合における監査

（監事の決算関係書類に係る監査報告の内容）

第百三十一条　監事（会計監査人監査組合の監事を除く。以下この款において同じ。）は、決算関係書類及びその附属明細書を受領したときは、次に掲げる事項を内容とする監査報告を作成しなければならない。

一　監事の監査の方法及びその内容

二　決算関係書類（剰余金処分案又は損失処理案を除く。）及びその附属明細書が当該組合の財産及び損益の状況をすべての重要な点において適正に表示しているかどうかについての意見

三　剰余金処分案又は損失処理案が法令又は定款に適

合しているかどうかについての意見
四　剰余金処分案又は損失処理案が当該組合の財産の状況その他の事情に照らして著しく不当であるときは、その旨
五　監査のため必要な調査ができなかつたときは、その旨及びその理由
六　追記情報
七　監査報告を作成した日
2　前項第六号に規定する「追記情報」とは、次に掲げる事項その他の事項のうち、監事の判断に関して説明を付す必要がある事項又は決算関係書類及びその附属明細書の内容のうち強調する必要がある事項とする。
一　会計方針の変更
二　重要な偶発事象
三　重要な後発事象

（監事の事業報告書に係る監査報告の内容）

第百三十二条　監事は、事業報告書及びその附属明細書を受領したときは、次に掲げる事項を内容とする監査報告を作成しなければならない。
一　監事の監査の方法及びその内容
二　事業報告書及びその附属明細書が法令又は定款に従い当該組合の状況を正しく示しているかどうかについての意見
三　当該組合の理事の職務の遂行に関し、不正の行為又は法令若しくは定款に違反する重大な事実があつたときは、その事実
四　監査のため必要な調査ができなかつたときは、その旨及びその理由
五　監査報告を作成した日

（監事の監査報告の通知期限等）

第百三十三条　特定監事は、次に掲げる日のいずれか遅い日までに、特定理事に対し、第百三十一条第一項及び前条に規定する監査報告の内容を通知しなければならない。
一　決算関係書類及び事業報告書の全部を受領した日から四週間を経過した日
二　決算関係書類の附属明細書及び事業報告書の附属明細書を受領した日から一週間を経過した日
三　特定理事及び特定監事の間で合意により定めた日があるときは、その日
2　決算関係書類及び事業報告書並びにこれらの附属明細書については、特定理事が前項の規定による監査報告の内容の通知を受けた日に、監事の監査を受けたものとする。
3　前項の規定にかかわらず、特定監事が第一項の規定により通知をすべき日までに同項の規定による監査報告の内容の通知をしない場合には、当該通知をすべき日に、決算関係書類及び事業報告書並びにこれらの附

属明細書については、監事の監査を受けたものとみなす。

4　第一項及び第二項に規定する「特定理事」とは、次の各号に掲げる場合の区分に応じ、当該各号に定める者をいう。

一　第一項の規定による通知を受ける者を定めた場合　当該通知を受ける者として定められた者

二　前号に掲げる場合以外の場合　監査を受けるべき決算関係書類及び事業報告書並びにこれらの附属明細書の作成に関する業務を行つた理事

5　第一項及び第三項に規定する「特定監事」とは、次の各号に掲げる場合の区分に応じ、当該各号に定める者をいう。

一　第一項の規定による通知をすべき監事を定めた場合　当該通知をすべき者として定められた者

二　前号に掲げる場合以外の場合　すべての監事

第三款　会計監査人監査組合における監査

（会計監査報告の作成）

第百三十四条　法第三十一条の十第三項において準用する会社法第三百九十六条第一項後段の規定により厚生労働省令で定める事項については、この条の定めるところによる。

2　会計監査人は、その職務を適切に遂行するため、次に掲げる者との意思疎通を図り、情報の収集及び監査の環境の整備に努めなければならない。ただし、会計監査人が公正不偏の態度及び独立の立場を保持することができなくなるおそれのある関係の創設及び維持を認めるものと解してはならない。

一　当該組合の理事及び使用人

二　当該組合の子会社等の取締役、会計参与、執行役、業務を執行する社員、会社法第五百九十八条第一項の職務を行うべき者その他これらの者に相当する者及び使用人

三　その他会計監査人が適切に職務を遂行するに当たり意思疎通を図るべき者

（決算関係書類の提供）

第百三十五条　決算関係書類及びその附属明細書並びに連結決算関係書類を作成した理事は、会計監査人に対して決算関係書類及びその附属明細書並びに連結決算関係書類を提供しようとするときは、監事に対しても決算関係書類及びその附属明細書並びに連結決算関係書類を提供しなければならない。

（会計監査報告の内容）

第百三十六条　会計監査人は、決算関係書類及びその附属明細書並びに連結決算関係書類を受領したときは、次に掲げる事項を内容とする会計監査報告を作成しな

ければならない。
一　会計監査人の監査の方法及びその内容
二　決算関係書類（剰余金処分案又は損失処理案を除く。以下この号において同じ。）及びその附属明細書並びに連結決算関係書類が当該組合の財産及び損益の状況を全ての重要な点において適正に表示しているかどうかについての意見があるときは、次のイからハまでに掲げる意見の区分に応じ、当該イからハまでに定める事項
イ　無限定適正意見　監査の対象となつた決算関係書類及びその附属明細書並びに連結決算関係書類が一般に公正妥当と認められる会計の慣行に準拠して、当該決算関係書類及びその附属明細書並びに連結決算関係書類に係る期間の財産及び損益の状況を全ての重要な点において適正に表示していると認められる旨
ロ　除外事項を付した限定付適正意見　監査の対象となつた決算関係書類及びその附属明細書並びに連結決算関係書類が除外事項を除き一般に公正妥当と認められる会計の慣行に準拠して、当該決算関係書類及びその附属明細書並びに連結決算関係書類に係る期間の財産及び損益の状況を全ての重要な点において適正に表示していると認められる旨、除外事項並びに除外事項を付した限定付適正意見とした理由
ハ　不適正意見　監査の対象となつた決算関係書類及びその附属明細書並びに連結決算関係書類が不適正である旨及びその理由
三　剰余金処分案又は損失処理案が法令又は定款に適合しているかどうかについての意見
四　前二号の意見がないときは、その旨及びその理由
五　継続組合の前提に関する注記に係る事項
六　追記情報
七　会計監査報告を作成した日
2　前項第六号に規定する「追記情報」とは、次に掲げる事項その他の事項のうち、会計監査人の判断に関して説明を付す必要がある事項又は決算関係書類及びその附属明細書並びに連結決算関係書類の内容のうち強調する必要がある事項とする。
一　会計方針の変更
二　重要な偶発事象
三　重要な後発事象

（会計監査人監査組合の監事の決算関係書類に係る監査報告の内容）

第百三十七条　会計監査人監査組合の監事は、決算関係書類並びに決算関係書類及びその附属明細書並びに連結決算関係書類に係る会計監査報告（次条第三項に規定する場合にあつては、決算関係書類及びその附属明細書並びに連結決算

関係書類）を受領したときは、次に掲げる事項を内容とする監査報告を作成しなければならない。
一　監事の監査の方法及びその内容
二　会計監査人の監査の方法又は結果を相当でないと認めたときは、その旨及びその理由（次条第三項に規定する場合にあつては、会計監査報告を受領していない旨）
三　剰余金処分案又は損失処理案が当該組合の財産の状況その他の事情に照らして著しく不当であるときは、その旨
四　重要な後発事象（会計監査報告の内容となつているものを除く。）
五　会計監査人の職務の遂行が適正に実施されることを確保するための体制に関する事項
六　監査のため必要な調査ができなかつたときは、その旨及びその理由
七　監査報告を作成した日

（会計監査報告の通知期限等）

第百三十八条　会計監査人は、次の各号に掲げる会計監査報告の区分に応じ、当該各号に定める日までに、特定理事及び特定監事に対し、第百三十六条第一項に規定する会計監査報告の内容を通知しなければならない。
一　各事業年度に係る決算関係書類及びその附属明細書についての会計監査報告　次に掲げる日のいずれか遅い日
イ　当該決算関係書類の全部を受領した日から四週間を経過した日
ロ　当該決算関係書類の附属明細書を受領した日から一週間を経過した日
ハ　特定理事、特定監事及び会計監査人の間で合意により定めた日があるときは、その日
二　連結決算関係書類についての会計監査報告　当該連結決算関係書類の全部を受領した日から四週間を経過した日（特定理事、特定監事及び会計監査人の間で合意により定めた日がある場合にあつては、その日）

2　決算関係書類及びその附属明細書並びに連結決算関係書類については、特定理事及び特定監事が前項の規定による会計監査報告の内容の通知を受けた日に、会計監査人の監査を受けたものとする。

3　前項の規定にかかわらず、会計監査人が第一項の規定により通知をすべき日までに同項の規定による会計監査報告の内容の通知をしない場合には、当該通知をすべき日に、決算関係書類及びその附属明細書並びに連結決算関係書類については、会計監査人の監査を受けたものとみなす。

4　第一項及び第二項に規定する「特定理事」とは、次

の各号に掲げる場合の区分に応じ、当該各号に定める者をいう（第百四十条において同じ。）。

一　第一項の規定による通知を受ける者を定めた場合　当該通知を受ける者として定められた者

二　前号に掲げる場合以外の場合　監査を受けるべき決算関係書類及びその附属明細書並びに連結決算関係書類の作成に関する業務を行つた理事

5　第一項及び第二項に規定する「特定監事」とは、次の各号に掲げる場合の区分に応じ、当該各号に定める者をいう（次条及び第百四十条において同じ。）。

一　第一項の規定による通知を受ける者を定めた場合　当該通知を受ける者として定められた者

二　前号に掲げる場合以外の場合　すべての監事

（会計監査人の職務の遂行に関する事項）

第百三十九条　会計監査人は、前条第一項の規定による特定監事に対する会計監査報告の内容の通知に際して、当該会計監査人についての次に掲げる事項（当該事項に係る定めがない場合にあつては、当該事項を定めていない旨）を通知しなければならない。ただし、すべての監事が既に当該事項を知つている場合は、この限りでない。

一　独立性に関する事項その他監査に関する法令及び規程の遵守に関する事項

二　監査、監査に準ずる業務及びこれらに関する業務の契約の受任及び継続の方針に関する事項

三　会計監査人の職務の遂行が適正に行われることを確保するための体制に関するその他の事項

（会計監査人監査組合の監事の決算関係書類に係る監査報告の通知期限）

第百四十条　会計監査人監査組合の特定監事は、次の各号に掲げる監査報告の区分に応じ、当該各号に定める日までに、特定理事及び会計監査人に対し、第百三十七条に規定する監査報告の内容を通知しなければならない。

一　決算関係書類及びその附属明細書についての監査報告　次に掲げる日のいずれか遅い日

イ　会計監査報告を受領した日（第百三十八条第三項に規定する場合にあつては、同項の規定により監査を受けたものとみなされた日。次号において同じ。）から一週間を経過した日

ロ　特定理事及び特定監事の間で合意により定めた日があるときは、その日

二　連結決算関係書類についての監査報告　会計監査報告を受領した日から一週間を経過した日（特定理事及び特定監事の間で合意により定めた日がある場合にあつては、その日）

2　決算関係書類及びその附属明細書並びに連結決算関係書類については、特定理事及び会計監査人が前項の

規定による監査報告の内容の通知を受けた日に、監事の監査を受けたものとする。

3　前項の規定にかかわらず、特定監事が第一項の規定により通知をすべき日までに同項の規定による監査報告の内容の通知をしない場合には、当該通知をすべき日に、決算関係書類及びその附属明細書並びに連結決算関係書類については、監事の監査を受けたものとみなす。

（会計監査人監査組合の監事の事業報告書に係る監査報告の内容）

第百四十一条　会計監査人監査組合の監事は、事業報告書及びその附属明細書を受領したときは、次に掲げる事項を内容とする監査報告を作成しなければならない。

一　監事の監査の方法及びその内容

二　事業報告書及びその附属明細書が法令又は定款に従い当該組合の状況を正しく示しているかどうかについての意見

三　当該組合の理事の職務の遂行に関し、不正の行為又は法令若しくは定款に違反する重大な事実があつたときは、その事実

四　監査のため必要な調査ができなかつたときは、その旨及びその理由

五　監査報告を作成した日

（会計監査人監査組合の監事の事業報告書に係る監査報告の通知期限等）

第百四十二条　会計監査人監査組合の特定監事は、次に掲げる日のいずれか遅い日までに、特定理事に対し、前条に規定する監査報告の内容を通知しなければならない。

一　事業報告書の全部を受領した日から四週間を経過した日

二　事業報告書の附属明細書を受領した日から一週間を経過した日

三　特定理事及び特定監事の間で合意により定めた日があるときは、その日

2　事業報告書及びその附属明細書については、特定理事が前項の規定による監査報告の内容の通知を受けた日に、監事の監査を受けたものとする。

3　前項の規定にかかわらず、特定監事が第一項の規定により通知をすべき日までに同項の規定による監査報告の内容の通知をしない場合には、当該通知をすべき日に、事業報告書及びその附属明細書については、監事の監査を受けたものとみなす。

4　第一項及び第二項に規定する「特定理事」とは、次の各号に掲げる場合の区分に応じ、当該各号に定める者をいう。

一　第一項の規定による通知を受ける者を定めた場合

当該通知を受ける者として定められた者

二　前号に掲げる場合以外の場合　監査を受けるべき事業報告書及びその附属明細書の作成に関する業務を行つた理事

5　第一項及び第三項に規定する「特定監事」とは、次の各号に掲げる場合の区分に応じ、当該各号に定める者をいう。

一　第一項の規定による通知をすべき監事を定めた場合　当該通知をすべき者として定められた者

二　前号に掲げる場合以外の場合　すべての監事

第七節　決算関係書類及び事業報告書の組合員への提供及び決算関係書類の承認の特則に関する要件

第一款　決算関係書類の組合員への提供

（決算関係書類の提供）

第百四十三条　法第三十一条の九第七項（法第七十三条において準用する場合を含む。）の規定により組合員に対して行う提供決算関係書類（次の各号に掲げる組合の区分に応じ、当該各号に定めるものをいう。以下この条において同じ。）の提供に関しては、この条の定めるところによる。

一　会計監査人監査組合以外の組合　次に掲げるもの

イ　決算関係書類

ロ　決算関係書類に係る監事の監査報告があるときは、当該監査報告（当該組合の各監事の監査報告の内容（監査報告を作成した日を除く。）が同一である場合にあつては、一又は二以上の監事の監査報告）

ハ　第百三十三条第三項の規定により監査を受けたものとみなされたときは、その旨の記載又は記録をした書面又は電磁的記録

二　会計監査人監査組合　次に掲げるもの

イ　決算関係書類

ロ　決算関係書類に係る会計監査報告があるときは、当該会計監査報告

ハ　会計監査人が存しないとき（法第三十一条の十一第一項の一時会計監査人の職務を行うべき者が存する場合を除く。）は、会計監査人が存しない旨の記載又は記録をした書面又は電磁的記録

ニ　第百三十八条第三項の規定により監査を受けたものとみなされたときは、その旨の記載又は記録をした書面又は電磁的記録

ホ　決算関係書類に係る監事の監査報告があるときは、当該監査報告（当該組合の各監事の監査報告の内容（監査報告を作成した日を除く。）が同一

である場合にあつては、一又は二以上の監事の監査報告）
ヘ　第百四十条第三項の規定により監査を受けたものとみなされたときは、その旨の記載又は記録をした書面又は電磁的記録
2　通常総会の招集通知（法第三十八条第一項に規定する招集に係る通知をいう。以下同じ。）を次の各号に掲げる方法により行う場合にあつては、提供決算関係書類は、当該各号に定める方法により提供しなければならない。
一　書面の提供　次のイ又はロに掲げる場合の区分に応じ、当該イ又はロに定める方法
イ　提供決算関係書類が書面をもつて作成されている場合　当該書面に記載された事項を記載した書面の提供
ロ　提供決算関係書類が電磁的記録をもつて作成されている場合　当該電磁的記録に記録された事項を記載した書面の提供
二　電磁的方法による提供　次のイ又はロに掲げる場合の区分に応じ、当該イ又はロに定める方法
イ　提供決算関係書類が書面をもつて作成されている場合　当該書面に記載された事項の電磁的方法による提供
ロ　提供決算関係書類が電磁的記録をもつて作成されている場合　当該電磁的記録に記録された事項の電磁的方法による提供
3　提供決算関係書類を提供する際には、過年度事項を併せて提供することができる。この場合において、提供決算関係書類の提供をする時における過年度事項が会計方針の変更その他の正当な理由により当該事業年度より前の事業年度に係る総会において承認又は報告をしたものと異なるものとなつているときは、修正後の過年度事項を提供することを妨げない。
4　提供決算関係書類に表示すべき事項（注記しなければならない事項に限る。）に係る情報を、通常総会に係る招集通知を発出する時から通常総会の日から三月が経過する日までの間、継続して電磁的方法により組合員が提供を受けることができる状態に置く措置（第五十三条第一項第一号ロに掲げる方法のうち、インターネットに接続された自動公衆送信装置（公衆の用に供する電気通信回線に接続することにより、その記録媒体のうち自動公衆送信の用に供する部分に記録され、又は当該装置に入力される情報を自動公衆送信する機能を有する装置をいう。以下同じ。）を使用する方法によつて行われるものに限る。）をとる場合における前項の規定の適用については、当該事項につき同項各号に掲げる場合の区分に応じ、当該各号に定める方法により組合員に対して提供したものとみなす。た

だし、この項の措置をとる旨の定款の定めがある場合に限る。
5　前項の場合には、理事は、同項の措置をとるために使用する自動公衆送信装置のうち当該措置をとるための用に供する部分をインターネットにおいて識別するための文字、記号その他の符号又はこれらの結合であつて、情報の提供を受ける者がその使用に係る電子計算機に入力することによつて当該情報の内容を閲覧し、当該電子計算機に備えられたファイルに当該情報を記録することができるものを組合員に対して通知しなければならない。
6　第三項の規定により決算関係書類に表示した事項の一部が組合員に対して第二項各号に定める方法により提供したものとみなされる場合において、監事又は会計監査人が、現に組合員に対して提供された決算関係書類が監査報告又は会計監査報告を作成するに際して監査をした決算関係書類の一部であることを組合員に対して通知すべき旨を理事に請求したときは、理事は、その旨を組合員に対して通知しなければならない。
7　理事は、決算関係書類の内容とすべき事項について、通常総会の招集通知を発出した日から通常総会の前日までの間に修正をすべき事情が生じた場合における修正後の事項を組合員に周知させる方法を当該招集通知と併せて通知することができる。

（連結決算関係書類の提供）

第百四十四条　法第三十一条の十第二項において準用する会社法第四百四十四条第六項の規定により組合員に対して連結決算関係書類の提供をする場合において、通常総会の招集通知を次の各号に掲げる方法により行うときは、連結決算関係書類は、当該各号に定める方法により提供しなければならない。
一　書面の提供　次のイ又はロに掲げる場合の区分に応じ、当該イ又はロに定める方法
イ　連結決算関係書類が書面をもつて作成されている場合　当該書面に記載された事項を記載した書面の提供
ロ　連結決算関係書類が電磁的記録をもつて作成されている場合　当該電磁的記録に記録された事項を記載した書面の提供
二　電磁的方法による提供　次のイ又はロに掲げる場合の区分に応じ、当該イ又はロに定める方法
イ　連結決算関係書類が書面をもつて作成されている場合　当該書面に記載された事項の電磁的方法による提供
ロ　連結決算関係書類が電磁的記録をもつて作成されている場合　当該電磁的記録に記録された事項の電磁的方法による提供

2　前項の連結決算関係書類に係る会計監査報告又は監査報告がある場合において、当該会計監査報告又は監査報告の内容をも組合員に対して提供することを定めたときにおける同項の規定の適用については、同項第一号イ及びロ並びに第二号イ及びロ中「連結決算関係書類」とあるのは、「連結決算関係書類（当該連結決算関係書類に係る会計監査報告又は監査報告を含む。）」とする。

3　連結決算関係書類を提供する際には、過年度事項（当該連結会計年度より前の連結会計年度に係る連結貸借対照表、連結損益計算書又は連結純資産変動計算書に表示すべき事項をいう。以下この項において同じ。）を併せて提供することができる。この場合において、連結決算関係書類の提供をする時における過年度事項が会計方針の変更その他の正当な理由により当該連結会計年度より前の連結会計年度に相当する事業年度に係る総会において報告をしたものと異なるものとなっているときは、修正後の過年度事項を提供することを妨げない。

4　連結決算関係書類（前項に規定する場合にあっては、当該連結決算関係書類に係る会計監査報告又は監査報告を含む。）に表示すべき事項に係る情報を、通常総会に係る招集通知を発出する時から通常総会の日から三月が経過する日までの間、継続して電磁的方法により組合員が提供を受けることができる状態に置く措置（第五十三条第一項第一号ロに掲げる方法のうち、インターネットに接続された自動公衆送信装置を使用する方法によって行われるものに限る。）をとる場合における第一項の規定の適用については、当該事項につき同項各号に掲げる場合の区分に応じ、当該各号に定める方法により組合員に対して提供したものとみなす。ただし、この項の措置をとる旨の定款の定めがある場合に限る。

5　前項の場合には、理事は、同項の措置をとるために使用する自動公衆送信装置のうち当該措置をとるための用に供する部分をインターネットにおいて識別するための文字、記号その他の符号又はこれらの結合であって、情報の提供を受ける者がその使用に係る電子計算機に入力することによって当該情報の内容を閲覧し、当該電子計算機に備えられたファイルに当該情報を記録することができるものを組合員に対して通知しなければならない。

6　第三項の規定により連結決算関係書類に表示した事項の一部が組合員に対して第一項各号に定める方法により提供したものとみなされた場合において、監事又は会計監査人が、現に組合員に対して提供された連結決算関係書類が監査報告又は会計監査報告を作成するに際して監査をした連結決算関係書類の一部であることを組合員に対して通知すべき旨を理事に請求したときは、理事は、その旨を組合員に対して通知しなければならない。

7　理事は、通常総会の招集通知を発出した日から通常総会の前日までの間に修正をすべき事情が生じた場合における修正後の事項を組合員に周知させる方法を当該招集通知と併せて通知することができる。

第二款　決算関係書類の承認の特則に関する要件

第百四十五条　法第三十一条の十第二項において準用する会社法第四百三十九条（以下この条において「承認特則規定」という。）に規定する厚生労働省令で定める要件は、次の各号のいずれにも該当することとする。

一　承認特則規定に規定する決算関係書類（剰余金処分案又は損失処理案を除く。以下この条において同じ。）及びその附属明細書並びに連結決算関係書類についての会計監査報告の内容に第百三十六条第一項第二号イに定める事項が含まれていること。

二　前号の会計監査報告に係る監事の監査報告の内容として会計監査人の監査の方法又は結果を相当でないと認める意見がないこと。

三　承認特則規定に規定する決算関係書類及びその附属明細書並びに連結決算関係書類が第百四十条第三項の規定により監査を受けたものとみなされたものでないこと。

第三款　事業報告書の組合員への提供

第百四十六条　法第三十一条の九第七項（法第七十三条において準用する場合を含む。）の規定により組合員に対して行う提供事業報告書（次の各号に定めるものをいう。以下この条において同じ。）の提供に関しては、この条の定めるところによる。

一　事業報告書

二　事業報告書に係る監事の監査報告があるときは当該監査報告（当該組合の各監事の監査報告の内容（監査報告を作成した日を除く。）が同一である場合にあつては、一又は二以上の監事の監査報告）

三　事業報告書が第百三十三条第三項及び第百四十二条第三項の規定により監査を受けたものとみなされたときは、その旨の記載又は記録をした書面又は電磁的記録

2　通常総会の招集通知を次の各号に掲げる方法により行う場合には、提供事業報告書は、当該各号に定める

方法により提供しなければならない。
一　書面の提供　次のイ又はロに掲げる場合の区分に応じ、当該イ又はロに定める方法
イ　提供事業報告書が書面をもつて作成されている場合　当該書面に記載された事項を記載した書面の提供
ロ　提供事業報告書が電磁的記録をもつて作成されている場合　当該電磁的記録に記録された事項を記載した書面の提供
二　電磁的方法による提供　次のイ又はロに掲げる場合の区分に応じ、当該イ又はロに定める方法
イ　提供事業報告書が書面をもつて作成されている場合　当該書面に記載された事項の電磁的方法による提供
ロ　提供事業報告書が電磁的記録をもつて作成されている場合　当該電磁的記録に記録された事項の電磁的方法による提供
3　事業報告書に表示すべき事項（次に掲げるものを除く。）に係る情報を、通常総会に係る招集通知を発出する時から通常総会の日から三月が経過する日までの間、継続して電磁的方法により組合員が提供を受けることができる状態に置く措置（第五十三条第一項第一号ロに掲げる方法のうち、インターネットに接続された自動公衆送信装置を使用する方法によつて行われるものに限る。）をとる場合における前項の規定の適用については、当該事項につき同項各号に掲げる場合の区分に応じ、当該各号に定める方法により組合員に対して提供したものとみなす。ただし、この項の措置をとる旨の定款の定めがある場合に限る。
一　第百二十四条第一項第一号から第五号まで、第百二十五条第一号から第七号まで及び第百二十六条第五号から第八号までに掲げる事項
二　事業報告書に表示すべき事項（前号に掲げるものを除く。）につきこの項の措置をとることについて監事が異議を述べている場合における当該事項
4　前項の場合には、理事は、同項の措置をとるために使用する自動公衆送信装置のうち当該措置をとるための用に供する部分をインターネットにおいて識別するための文字、記号その他の符号又はこれらの結合であつて、情報の提供を受ける者がその使用に係る電子計算機に入力することによつて当該情報の内容を閲覧し、当該電子計算機に備えられたファイルに当該情報を記録することができるものを組合員に対して通知しなければならない。
5　第三項の規定により事業報告書に表示した事項の一部が組合員に対して第二項各号に定める方法により提供したものとみなされた場合において、監事が、現に組合員に対して提供された事業報告書が監査報告を作

成するに際して監査をした事業報告書の一部であることを組合員に対して通知すべき旨を理事に請求したときは、理事は、その旨を組合員に対して通知しなければならない。

6　理事は、事業報告書の内容とすべき事項について、通常総会の招集通知を発出した日から通常総会の前日までの間に修正をすべき事情が生じた場合における修正後の事項を組合員に周知させる方法を当該招集通知と併せて通知することができる。

第八節　会計帳簿

第一款　総　則

第百四十七条　法第三十二条第一項の規定により組合が作成すべき会計帳簿に付すべき資産、負債及び純資産の価額その他会計帳簿の作成に関する事項については、この節の定めるところによる。

2　会計帳簿は、書面又は電磁的記録をもつて作成しなければならない。

第二款　資産及び負債の評価

（資産の評価）

第百四十八条　資産については、この省令又は法以外の法令に別段の定めがある場合を除き、会計帳簿にその取得価額を付さなければならない。

2　償却すべき資産については、事業年度の末日（事業年度の末日以外の日において評価すべき場合にあつては、その日。以下この款において同じ。）において、相当の償却をしなければならない。

3　次の各号に掲げる資産については、事業年度の末日において当該各号に定める価格を付すべき場合には、当該各号に定める価格を付さなければならない。

一　事業年度の末日における時価がその時の取得原価より著しく低い資産（当該資産の時価がその時の取得原価まで回復すると認められるものを除く。）　事業年度の末日における時価

二　事業年度の末日において予測することができない減損が生じた資産又は減損損失を認識すべき資産　その時の取得原価から相当の減額をした額

4　取立不能のおそれのある債権については、事業年度の末日においてその時に取り立てることができないと見込まれる額を控除しなければならない。

5　債権については、その取得価額が債権金額と異なる場合その他相当の理由がある場合には、適正な価格を付すことができる。

6　次に掲げる資産については、事業年度の末日におい

てその時の時価又は適正な価格を付すことができる。
一　事業年度の末日における時価がその時の取得原価より低い資産
二　市場価格のある資産（子法人等及び関連法人等の株式並びに持分並びに満期保有目的の債券を除く。）
三　前二号に掲げる資産のほか、事業年度の末日においてその時の時価又は適正な価格を付すことが適当な資産

（負債の評価）

第百四十九条　負債については、この省令又は法以外の法令に別段の定めがある場合を除き、会計帳簿に債務額を付さなければならない。

2　次に掲げる負債については、事業年度の末日においてその時の時価又は適正な価格を付すことができる。
一　退職給付引当金その他の将来の費用又は損失の発生に備えて、その合理的な見積額のうち当該事業年度の負担に属する金額を費用又は損失として繰り入れることにより計上すべき引当金
二　前号に掲げる負債のほか、事業年度の末日においてその時の時価又は適正な価格を付すことが適当な負債

（組織再編行為の際の資産及び負債の評価）

第百五十条　吸収合併存続組合は、吸収合併対象財産の全部の取得原価を吸収合併対価の時価その他当該吸収合併対象財産の時価を適切に算定する方法をもつて測定することとすべき場合を除き、吸収合併対象財産には、当該吸収合併消滅組合における当該吸収合併の直前の帳簿価額を付さなければならない。

2　前項の規定は、新設合併の場合について準用する。

第三款　純　資　産

（設立時の出資金の額）

第百五十一条　組合の設立（合併による設立を除く。以下この条において同じ。）時の出資金の額は、設立時に組合員になろうとする者が設立に際して引き受ける出資口数に出資一口の金額を乗じて得た額とする。

2　前項の出資金の額から、設立時に組合員になろうとする者が設立に際して履行した出資により組合に対し既に払込み又は給付がされた財産の価額を控除した額は、未払込出資金の科目に計上するものとする。

（出資金の額）

第百五十二条　組合の出資金の増加額は、次の各号に掲げる場合ごとに、当該各号に定める額とする。
一　新たに組合員になろうとする者が組合への加入に際して出資を引き受けた場合　当該引受出資口数に出資一口の金額を乗じて得た額
二　組合員が出資口数を増加させるために出資を引き

受けた場合　当該増加する出資口数に出資一口の金額を乗じて得た額

2　前項の出資金の増加額から、同項各号に掲げる者が履行した出資により組合に対し既に払込み又は給付がされた財産の価額を控除した額は、未払込出資金の科目に計上するものとする。

3　組合の出資金の減少額は、次の各号に掲げる場合ごとに、当該各号に定める額とする。

一　組合が法第十九条又は第二十条第一項の規定により脱退する組合員に対して持分の払戻しをする場合　当該脱退する組合員の引受出資口数に出資一口の金額を乗じて得た額

二　法第二十五条第一項の規定により組合員が出資口数を減少させる場合　当該減少する出資口数に出資一口の金額を乗じて得た額

三　組合が法第四十九条第一項に規定する出資一口の金額の減少を議決した場合　出資一口の金額の減少額に総出資口数を乗じて得た額

（評価・換算差額等）

第百五十三条　次に掲げるものその他資産、負債又は組合員資本以外のものであつても、純資産の部の項目として計上することが適当であると認められるものは、純資産として計上することができる。

一　資産又は負債（デリバティブ取引により生じる正味の資産又は負債を含む。以下この号において同じ。）につき時価を付すものとする場合における当該資産又は負債の評価差額（利益又は損失に計上するもの及び次号に掲げる評価差額を除く。）

二　ヘッジ会計を適用する場合におけるヘッジ手段に係る損益又は評価差額

第九節　総会の招集手続等

（総会の招集に係る情報通信の技術を利用する方法）

第百五十四条　法第三十五条第四項（法第七十三条において準用する場合を含む。）に規定する厚生労働省令で定める方法は、第五十三条第一項第二号に掲げる方法とする。

（招集の決定事項）

第百五十五条　法第三十七条第一項第三号に規定する厚生労働省令で定める事項は、次に掲げる事項とする。

一　法第三十四条に規定する通常総会の日が前事業年度に係る通常総会の日に応当する日と著しく離れた日であるときは、その日時を決定した理由

二　法第三十七条第一項第一号に規定する総会の場所が過去に開催した総会のいずれの場所とも著しく離れた場所であるとき（次に掲げる場合を除く。）は、その場所を決定した理由

イ　当該場所が定款で定められたものである場合
ロ　当該場所で開催することについて総会に出席しない組合員全員の同意がある場合

三　総会に出席しない組合員が書面によつて議決権を行使することができる旨又は総会に出席しない組合員が電磁的方法によつて議決権を行使することができる旨を定款で定めたときは、次に掲げる事項（定款にイからハまでに掲げる事項についての定めがある場合又はこれらの事項を理事に委任する旨を決定した場合における当該事項を除く。）

イ　特定の時（総会の日時以前の時であつて、法第三十八条第一項の規定により通知を発した時から十日間を経過した時以後の時に限る。以下この号において同じ。）をもつて書面による議決権の行使の期限とする旨を定めるときは、その特定の時
ロ　特定の時をもつて電磁的方法による議決権の行使の期限とする旨を定めるときは、その特定の時
ハ　各議案についての賛否（棄権の欄を設ける場合にあつては、棄権を含む。）の欄に記載がない組合員が議決権を行使するための書面が組合に提出された場合における各議案についての賛成、反対又はいずれかの意思の表示があつたものとする取扱いの内容

四　法第十七条第二項の規定による代理人による議決権の行使について、代理権を証明する方法、代理人の数その他代理人による議決権の行使に関する事項を定めるとき（定款に当該事項についての定めがある場合を除く。）は、その事項

（電磁的方法による通知の承諾等）

第百五十六条　法第三十八条第二項（法第四十七条第六項において準用する場合を含む。）の規定により電磁的方法により通知を発しようとする者（次項において「通知発出者」という。）は、次の各号に定めるところにより、あらかじめ、当該通知の相手方に対し、その用いる電磁的方法の種類及び内容を示し、書面又は電磁的方法による承諾を得なければならない。

一　次に掲げる方法のうち、送信者が使用するもの

イ　電子情報処理組織を使用する方法のうち次に掲げるもの

(1)　送信者の使用に係る電子計算機と受信者の使用に係る電子計算機とを接続する電気通信回線を通じて送信し、受信者の使用に係る電子計算機に備えられたファイルに記録する方法
(2)　送信者の使用に係る電子計算機に備えられたファイルに記録された情報の内容を電気通信回線を通じて情報の提供を受ける者の閲覧に供し、当該情報の提供を受ける者の使用に係る電子計算機に備えられたファイルに当該情報を記

録する方法

ロ　磁気ディスク、シー・ディー・ロムその他これらに準ずる方法により一定の情報を確実に記録しておくことができる物をもつて調製するファイルに情報を記録したものを交付する方法

二　ファイルへの記録の方式

2　前項の規定による承諾を得た通知発出者は、同項の相手方から書面又は電磁的方法により電磁的方法による通知を受けない旨の申出があつたときは、当該相手方に対し、当該通知を電磁的方法によつて発してはならない。ただし、当該相手方が再び同項の規定による承諾をした場合は、この限りでない。

（規約の変更の総会の決議を要しない事項）

第百五十七条　法第四十条第三項に規定する厚生労働省令で定める事項は、次に掲げる事項とする。

一　関係法令の改正（条項の移動等当該法令に規定する内容の実質的な変更を伴わないものに限る。）に伴う規定の整理

二　第五十五条第一項第一号に掲げる事項に係る技術的事項の設定又は変更

三　第五十五条第一項第三号に掲げる事項の設定又は変更

四　第五十七条第一号イに掲げる事項の変更

五　責任共済等の事業についての共済事業規約の変更

（定款変更の認可申請）

第百五十八条　法第四十条第四項の規定による定款変更の認可の申請書には、定款変更の新旧の比較対照表及び理由を記載した書面並びに総会の議事録の謄本を添付しなければならない。

2　前項の定款変更の認可の申請書が、新たに事業を経営する場合に係るものであるときは、同項の書類のほか、事業計画書を添付しなければならない。

3　出資一口の金額の減少に関する定款変更の認可の申請書には、第一項に掲げた書類のほか、財産目録及び貸借対照表並びに法第四十九条第三項の規定による公告及び催告をしたこと若しくは異議を述べた債権者があるときは、法第四十九条の二第二項の規定により、これに対し、弁済し、若しくは、担保を供し、若しくは信託をしたこと又は出資一口の金額を減少してもその債権者を害するおそれがないことを証する書面を添付しなければならない。

（組合の定款の変更の認可を要しない事項）

第百五十九条　法第四十条第四項に規定する厚生労働省令で定める事項は、以下に掲げる事項とする。

一　主たる事務所の所在地の変更（行政庁の変更を伴わないものに限る。）又は従たる事務所の所在地の変更

二　関係法令の改正（条項の移動等当該法令に規定す

る内容の実質的な変更を伴わないものに限る。）に伴う規定の整理

（共済事業規約の設定、変更又は廃止の認可申請）

第百六十条　法第四十条第五項に規定する規約の設定の認可の申請書には、次の書類を添付しなければならない。

一　当該規約及び理由を記載した書面

二　定款

三　最終の決算関係書類（法第三十一条の九第二項に規定する決算関係書類をいう。以下同じ。）（剰余金処分案又は損失処理案を除く。）及び事業報告書並びにこれらの附属明細書

四　総会の議事録の謄本

五　当該認可申請に係る共済が第三分野共済の共済契約（傷害共済契約又は損害共済契約のうち傷害共済契約に係る再共済契約であつて、元受共済契約（共済契約のうち再共済契約以外のものをいう。）に係る全ての共済責任が移転され、かつ、当該共済責任の全部に相当する責任準備金が積み立てられるものをいう。以下同じ。）（共済期間が一年以下の共済契約（当該共済契約の更新時において共済掛金その他契約内容の変更をしないことを約した共済契約を除く。）及び傷害共済契約（第十四条第一項第十号に掲げる事由に関するものに係るものに限る。）その他これに準ずる給付を行う共済契約を除く。以下この条、第百六十七条第七号及び同条第八号において同じ。）を含む場合にあつては、当該第三分野共済の共済契約に関する第五十五条第一項第三号に掲げる事項が共済の数理に基づき合理的かつ妥当なものであることについて、共済計理人が確認した結果を記載した意見書

2　法第四十条第五項に規定する規約の変更の認可の申請書には、次の書類を添付しなければならない。

一　当該規約変更の新旧の比較対照表及び理由を記載した書面

二　定款

三　最終の決算関係書類（剰余金処分案又は損失処理案を除く。）及び事業報告書並びにこれらの附属明細書

四　総会の議事録の謄本（第百五十七条各号に定める事項に係る共済事業規約の変更を行う場合を除く。）

五　第五十五条第一項第三号に掲げる事項が共済の数理に基づき合理的かつ妥当なものであることについて、共済計理人が確認した結果を記載した意見書（第三分野共済の共済契約に関する当該事項を変更する場合に限る。）

3　法第四十条第五項に規定する規約の廃止の認可の申請書には、次の書類を添付しなければならない。

一　当該規約及び理由を記載した書面
二　定款
三　総会の議事録の謄本

（貸付事業規約の設定、変更又は廃止の認可申請）

第百六十一条　法第四十条第六項に規定する規約の設定の認可の申請書には、次の書類を添付しなければならない。

一　当該規約及び理由を記載した書面
二　定款
三　最終の決算関係書類（剰余金処分案又は損失処理案を除く。）及び事業報告書並びにこれらの附属明細書
四　内部規則等
五　総会の議事録の謄本

2　法第四十条第六項に規定する規約の変更の認可の申請書には、次の書類を添付しなければならない。

一　当該規約変更の新旧の比較対照表及び理由を記載した書面
二　定款
三　最終の決算関係書類（剰余金処分案又は損失処理案を除く。）及び事業報告書並びにこれらの附属明細書
四　内部規則等
五　総会の議事録の謄本

3　法第四十条第六項に規定する規約の廃止の認可の申請書には、次の書類を添付しなければならない。

一　当該規約及び理由を記載した書面
二　定款
三　総会の議事録の謄本

（役員の説明義務）

第百六十二条　法第四十三条（法第七十三条において準用する場合を含む。）に規定する厚生労働省令で定める場合は、次に掲げる場合とする。

一　組合員が説明を求めた事項について説明をするために調査をすることが必要である場合（次に掲げる場合を除く。）
　イ　当該組合員が総会の日より相当の期間前に当該事項を組合に対して通知した場合
　ロ　当該事項について説明をするために必要な調査が著しく容易である場合
二　組合員が説明を求めた事項について説明をすることにより組合その他の者（当該組合員を除く。）の権利を侵害することとなる場合
三　組合員が当該総会において実質的に同一の事項について繰り返して説明を求める場合
四　前三号に掲げる場合のほか、組合員が説明を求めた事項について説明をしないことにつき正当な理由がある場合

（議事録）

第百六十三条　法第四十五条第一項の規定による総会の議事録の作成については、この条の定めるところによる。

2　総会の議事録は、書面又は電磁的記録をもつて作成しなければならない。

3　総会の議事録は、次に掲げる事項を内容とするものでなければならない。

一　総会が開催された日時及び場所

二　総会の議事の経過の要領及びその結果

三　次に掲げる規定により総会において述べられた意見又は発言があるときは、その意見又は発言の概要

イ　法第三十条の三第三項及び法第三十一条の十第三項において準用する会社法第三百四十五条第一項

ロ　法第三十条の三第三項及び法第三十一条の十第三項において準用する会社法第三百四十五条第二項

ハ　法第三十条の三第三項において準用する会社法第三百八十四条

ニ　法第三十条の三第三項において準用する会社法第三百八十七条第三項

ホ　法第三十一条の十第三項において準用する会社法第三百九十八条第一項

ヘ　法第三十一条の十第三項において準用する会社法第三百九十八条第二項

四　総会に出席した理事、監事又は会計監査人の氏名又は名称

五　総会の議長の氏名

六　議事録を作成した理事の氏名

第十節　組合の経理等

（区分経理）

第百六十四条　法第五十条の三第三項の厚生労働省令で定める事業は、次に掲げる事項とする。

一　病院又は診療所を営む事業

二　介護保険法（平成九年法律第百二十三号）第四十一条第一項に規定する指定居宅サービス事業者の指定を受けて実施する事業

三　法令に基づく事業であつて、社会保険料をもつてその財源とするもの又は国若しくは地方公共団体がその要する費用の全部若しくは一部を負担し、若しくは補助するもの（前二号を除く。）

四　国又は地方公共団体がその要する費用の全部又は一部を補助する事業（前各号を除く。）

第百六十五条　法第五十条の三第三項の厚生労働省令で定めるものは、以下に定める事業であつて定款で定め

るものとする。

一　法第十条第一項第六号の事業

二　法第十条第一項第七号の事業

三　前二号に掲げる事業のほか、前条に規定する事業から生じた利益をその財源に充てることが適当な事業

（資金運用等の承認の申請）

第百六十六条　法第五十条の四ただし書に規定する承認を受けようとするときは、申請書に次の書類を添付して、これを行政庁に提出することにより行うものとする。

一　理由書

二　定款

三　規約

四　最終の決算関係書類（剰余金処分案又は損失処理案を除く。）及び事業報告書並びにこれらの附属明細書

五　当該資金を必要とする事業に係る事業計画書及び収支予算

六　当該資金の償還計画書

（健全性の基準に用いる出資の総額、準備金の額等）

第百六十六条の二　法第五十条の五第一号の出資の総額、準備金の額その他の厚生労働省令で定めるものの額は次の各号に掲げる額から繰延税金資産の不算入額として厚生労働大臣が定めるところにより算出した額を控除した額とし、同号の厚生労働省令で定めるところにより計算した額は当該各号に掲げる額の合計額とする。

一　純資産の部の合計額から剰余金の処分として支出する金額、貸借対照表の評価・換算差額等（第八十四条第一項第一号ロに掲げる評価・換算差額等をいう。）の科目に計上した金額及び繰延資産として貸借対照表の資産の部に計上した金額の合計額を控除した額

二　法第五十条の九第一項に規定する価格変動準備金の額

三　第百七十九条第一項第三号に掲げる異常危険準備金の額

四　一般貸倒引当金の額

五　当該組合が有するその他有価証券については、貸借対照表計上額の合計額と帳簿価額の合計額の差額に厚生労働大臣が定める率を乗じた額

六　当該組合が有する土地については、時価と帳簿価額の差額に厚生労働大臣が定める率を乗じた額

七　その他前各号に準ずるものとして厚生労働大臣が定めるものの額

2　前項第六号の「時価」とは、共済金等の支払能力の充実の状況を示す比率（法第五十条の五の共済金等の

支払能力の充実の状況が適当であるかどうかの基準に係る算式により得られる比率をいう。以下同じ。）の算出を行う日の適正な評価価格に基づき算出した価額をいう。

（通常の予測を超える危険に対応する額）

第百六十六条の三　法第五十条の五第二号の共済契約に係る共済事故の発生その他の理由により発生し得る危険であつて通常の予測を超えるものに対応する額は、次に掲げる額を基礎として厚生労働大臣が定めるところにより計算した額とする。

一　共済リスク（実際の共済事故の発生率等が通常の予測を超えることにより発生し得る危険をいう。以下同じ。）（次号に掲げる第三分野共済の共済契約に係る共済リスクを除く。）に対応する額として厚生労働大臣が定めるところにより計算した額

一の二　第三分野共済の共済契約に係る共済リスクに対応する額として厚生労働大臣が定めるところにより計算した額

二　予定利率リスク（責任準備金の算出の基礎となる予定利率を確保できなくなる危険をいう。以下同じ。）に対応する額として厚生労働大臣が定めるところにより計算した額

三　資産運用リスク（資産の運用等に関する危険であつて、保有する有価証券その他の資産の通常の予測を超える価格の変動その他の理由により発生し得る危険をいう。）に対応する額として次のイからへまでに掲げる額の合計額

イ　価格変動等リスク（保有する有価証券その他の資産の通常の予測を超える価格変動等により発生し得る危険をいう。）に対応する額として厚生労働大臣が定めるところにより計算した額

ロ　信用リスク（保有する有価証券その他の資産について取引の相手方の債務不履行その他の理由により発生し得る危険をいう。）に対応する額として厚生労働大臣が定めるところにより計算した額

ハ　子会社等リスク（子会社等への投資その他の理由により発生し得る危険をいう。）に対応する額として厚生労働大臣が定めるところにより計算した額

ニ　デリバティブ取引リスク（第二百一条第一項第四号から第六号までに掲げる取引その他これらと類似の取引により発生し得る危険をいう。）に対応する額として厚生労働大臣が定めるところにより計算した額

ホ　信用スプレッドリスク（金融商品取引法第二条第二十一項第五号に掲げる取引（同号イに係るものに限る。）若しくは同条第二十二項第六号に掲げる取引（同号イに係るものに限る。）又はこれ

らに類似する取引において、通常の予測を超える価格の変動その他の理由により発生し得る危険をいう。）に対応する額として厚生労働大臣が定めるところにより計算した額

へ　イからホまでに規定するリスクに準ずるものに対応する額として厚生労働大臣が定めるところにより計算した額

四　経営管理リスク（業務の運営上通常の予測を超えて発生し得る危険であつて、前各号に規定するリスクに該当しないものをいう。）に対応する額として、前各号に掲げる額に基づき厚生労働大臣が定めるところにより計算した額

（共済事業の運営に関する措置）

第百六十七条　共済事業を行う組合は、法第五十条の六の規定により、その共済事業に関し、次に掲げる措置を講じなければならない。

一　共済金等の額を外国通貨をもつて表示する共済契約の締結に際して、当該組合の役員又は使用人が、共済契約者に対し、共済金等の支払時における外国為替相場により本邦通貨に換算した共済金等の額が、共済契約時における外国為替相場により本邦通貨に換算した共済金等の額を下回る場合があることを記載した書面の交付により、説明を行うことを確保するための措置

二　共済掛金の計算に際して予定解約率を用い、かつ、共済契約の解約による返戻金を支払わないことを約した共済契約の締結に際して、当該組合の役員又は使用人が、共済契約者に対し、共済契約の解約による返戻金がないことを記載した書面の交付により、説明を行うことを確保するための措置

三　既に締結されている共済契約（以下「既契約」という。）を消滅させると同時に、既契約の責任準備金（被共済者のために積み立てられている額に限る。以下この号において同じ。）、返戻金の額その他の被共済者のために積み立てられている額を、新たに締結する共済契約（以下「新契約」という。）の責任準備金又は共済掛金に充当することによつて成立する共済契約（既契約と新契約の被共済者が同一人を含む場合に限る。）の共済契約の募集に際して、共済募集人が、共済契約者に対し、次に掲げる事項を記載した書面（イ及びロに掲げる事項にあつては、既契約と新契約が対比できる方法により記載した書面）の交付により、説明を行うことを確保するための措置

イ　第五十五条第一項第二号チに規定する事項及び給付のある主要な特約ごとの既契約及び新契約に関する共済の種類、共済金額、共済期間並びに共済掛金

ロ　既契約及び新契約に関する共済掛金払込期間その他共済契約に関して重要な事項

ハ　既契約を継続したまま保障内容を見直す方法がある事実及びその方法

四　共済募集人の公正な共済契約の締結又は共済契約の締結の代理若しくは媒介の業務を行う能力の向上を図るための措置

五　共済代理店を置く組合にあつては、次に掲げる基準を満たすために必要な措置

イ　当該共済代理店の利用者の情報の管理が適切に行われること。

ロ　当該共済代理店において、代理業務に係る財産と共済代理店の固有の財産とが分別して管理されること。

ハ　当該共済代理店において行う業務が、組合員の利便に照らし必要なものとして厚生労働大臣が定めるところにより行われるものであること。

ニ　当該組合が当該共済代理店の業務の健全かつ適切な運営を確保するための措置を講ずることができること。

ホ　当該共済代理店が法第十条第二項の規定により保険募集を併せ行う場合には、業務の方法に応じ、利用者の知識、経験、財産の状況及び取引を行う目的を踏まえ、利用者に対し、書面の交付その他の適切な方法により、共済契約と保険契約との誤認を防止するため、次に掲げる事項の説明を行うこと。

(1)　共済契約ではないこと。

(2)　契約の主体

(3)　その他共済契約との誤認防止に関し参考となるべき事項

六　共済契約の更新時において共済掛金その他の契約内容の変更をしないことを約しない共済契約の募集に際して、共済募集人が、共済契約者に対し、当該更新後の共済契約について、共済掛金その他の契約内容の変更をする場合があることを記載した書面の交付により、説明を行うことを確保するための措置

七　基礎率変更権（共済契約締結時の共済掛金計算の基礎となる共済事故の発生率（以下この号及び次号において「予定発生率」という。）について、実際の共済事故の発生率（以下この号及び次号において「実績発生率」という。）が共済契約締結時の予測と相違し、又は今後明らかに相違することが見込まれるため、予定発生率を変更して共済掛金又は共済金の額の変更を行う権利のことをいう。以下この号において同じ。）を第五十五条第一項第二号に掲げる事項として定める第三分野共済の共済契約の募集に際して、共済募集人が、共済契約者に対し、次に掲

げる事項を記載した書面の交付により、説明を行うことを確保するための措置

イ　共済契約の内容を変更する場合の要件（基礎率変更権行使基準（予定発生率に対する実績発生率の状況を示す指標を基に、基礎率変更権を行使して法第四十条第五項の規定に基づく認可を申請する場合の基準をいう。以下同じ。）を含む。）、変更箇所、変更内容及び共済契約者に内容の変更を通知する時期

ロ　予定発生率の合理性

八　前号に定める第三分野共済の共済契約に関し、共済募集人が、一年ごとに、共済契約者に対し、次に掲げる事項を記載した書面を交付するための措置

イ　基礎率変更権行使基準の該当の有無

ロ　基礎率変更権行使基準に規定する予定発生率に対する実績発生率の状況を示す指標の推移

ハ　その他基礎率変更権行使基準の該当の有無に関し、参考となる事項

九　前各号に定めるもののほか、共済契約の締結又は共済契約の締結の代理若しくは媒介の業務に際して、共済募集人が、共済契約者及び被共済者（共済契約の締結時において被共済者が特定できない場合を除く。）に対し、共済契約の内容のうち重要な事項を記載した書面の交付その他の適切な方法により、説明を行うことを確保するための措置

（保険契約と共済契約との誤認防止）

第百六十八条　共済事業を行う組合は、法第十条第二項の規定により保険募集を行う場合には、契約の種類に応じ、利用者の知識、経験、財産の状況及び取引を行う目的を踏まえ、利用者に対し、書面の交付その他の適切な方法により、共済契約と保険契約との誤認を防止するため、次に掲げる事項の説明を行わなければならない。

一　共済契約ではないこと。

二　契約の主体

三　その他共済契約との誤認防止に関し参考となるべき事項

（共済事業を行う組合と他の者との誤認防止）

第百六十九条　共済事業を行う組合は、電気通信回線に接続している電子計算機を利用してその共済事業を行う場合には、利用者が当該組合と他の者を誤認することを防止するための適切な措置を講じなければならない。

（労働金庫に共済契約の募集を行わせる際の業務運営に関する措置）

第百七十条　共済事業を行う組合は労働金庫に共済契約の募集を行わせるときは、当該労働金庫の信用を背景とする過剰な共済契約の募集により当該組合の業務の

健全かつ適切な運営及び公正な共済契約の募集が損なわれることのないよう、労働金庫への委託に関して方針を定めること、当該労働金庫の共済契約の募集の状況を的確に把握することその他の必要な措置を講じなければならない。

（共済事業を行う組合と特殊の関係にある者に該当する保険会社との共同訪問に係る誤認防止）

第百七十一条　共済事業を行う組合は、共済募集人が、共済契約の締結又は共済契約の締結の代理若しくは媒介の業務に際して、当該組合と特殊の関係にある者（法第五十三条の二第二項に規定する特殊の関係にある者をいい、共同事業組合にあつては、責任共同事業組合（共同事業組合との契約により連帯して共済契約による共済責任を負担し、当該共済責任の全部を負担部分とする共済事業を行う組合をいう。以下同じ。）と特殊の関係にある者を含む。次条及び第百七十三条第一項において同じ。）に該当する保険会社の取締役、執行役若しくは監査役又は使用人とともに利用者を訪問する場合に、当該利用者に対して、当該組合と当該保険会社は別の法人であること等を記載した書面の交付により、説明を行うことを確保するための措置を講じなければならない。

（共済事業を行う組合と特殊の関係にある者に該当する保険会社との店舗等の共有に係る取扱い）

第百七十二条　共済事業を行う組合は、その事務所を当該組合と特殊の関係にある者に該当する保険会社からの独立を損なわない態様で設置すること及び当該保険会社と電子情報処理組織（当該電子情報処理組織が当該組合と当該保険会社との間で情報の伝達が行えないよう措置されているものを除く。）を共有しないことを確保するための措置を講じなければならない。

（共済事業を行う組合と特殊の関係にある者に該当する保険会社の顧客に関する非公開情報の取扱い）

第百七十三条　共済事業を行う組合は、その特殊の関係にある者に該当する保険会社の顧客に関する非公開情報（当該保険会社の取締役、執行役若しくは監査役又は使用人が職務上知り得た顧客の保険契約、保健医療等に係る情報その他の特別の情報をいう。以下この項において同じ。）が当該組合が引き受ける共済に係る共済契約の締結又は共済契約の締結の代理若しくは媒介の業務に利用されないことを確保するための措置を講じなければならない。ただし、当該非公開情報が共済契約の締結又は共済契約の締結の代理若しくは媒介の業務に利用されることにつき事前に当該顧客の書面による同意がある場合は、この限りでない。

2　前項の組合は、同項の規定による顧客の書面による同意に代えて、当該顧客の承諾を得て、当該顧客の同意を電子情報処理組織を使用する方法その他の情報通信の技術を利用する方法であつて次に掲げるもの（以下この条において「電磁的方法」という。）により得ることができる。この場合において、当該顧客の同意を電磁的方法により得た組合は、当該顧客の書面による同意を得たものとみなす。

一　電子情報処理組織を使用する方法のうちイ又はロに掲げるもの

イ　当該組合の使用に係る電子計算機と顧客の使用に係る電子計算機とを接続する電気通信回線を通じて送信し、受信者の使用に係る電子計算機に備えられたファイルに記録する方法

ロ　当該組合の使用に係る電子計算機に備えられたファイルに記録された当該顧客による同意に関する事項を電気通信回線を通じて顧客の閲覧に供し、当該組合の使用に係る電子計算機に備えられたファイルに当該顧客の同意に関する事項を記録する方法

二　磁気ディスク、シー・ディー・ロムその他これらに準ずる方法により一定の事項を確実に記録しておくことができる物をもつて調製するファイルに顧客の同意に関する事項を記録したものを得る方法

3　前項各号に掲げる方法は、顧客がファイルへの記録を出力することにより書面を作成できるものでなければならない。

4　第二項第一号の「電子情報処理組織」とは、第一項の組合の使用に係る電子計算機と、顧客の使用に係る電子計算機とを電気通信回線で接続した電子情報処理組織をいう。

5　第一項の組合は、第二項の規定により顧客の同意を得ようとするときは、あらかじめ、当該顧客に対し、その用いる次に掲げる電磁的方法の種類及び内容を示し、書面又は電磁的方法による承諾を得なければならない。

一　第二項各号に掲げる方法のうち当該組合が用いるもの

二　ファイルへの記録の方式

6　前項の規定による承諾を得た組合は、当該顧客から書面又は電磁的方法により電磁的方法による同意を行わない旨の申出があつたときは、当該顧客の同意を電磁的方法によつて得てはならない。ただし、当該顧客が再び同項の規定による承諾をした場合は、この限りでない。

（共済事業を行う組合の内部規則等）

第百七十四条　共済事業を行う組合は、共済事業の内容及び方法に応じ、利用者の知識、経験、財産の状況及び取引を行う目的を踏まえた重要な事項の利用者への説明その他の健全かつ適切な共済事業の運営を確保するための措置（書面の交付その他の適切な方法による

商品又は取引の内容及びリスクの説明並びに犯罪を防止するための措置を含む。）に関する内部規則等（内部規則その他これに準ずるものをいう。以下同じ。）を定めるとともに、役員又は使用人に対する研修その他の当該内部規則等に基づいて共済事業が運営されるための十分な体制を整備しなければならない。

2　共済事業を行う組合が、人の死亡に関し、一定額の共済金を支払うことを約し、共済掛金を収受する共済であつて、被共済者が十五歳未満であるもの又は被共済者本人の同意がないもの（いずれも不正な利用のおそれが少ないと認められるものを除く。以下この項において「死亡共済」という。）の引受けを行う場合には、前項の内部規則等に、死亡共済の不正な利用を防止することにより被共済者を保護するための共済金の限度額その他引受けに関する定めを設けなければならない。

（個人利用者情報の安全管理措置等）

第百七十五条　共済事業を行う組合は、その取り扱う個人である利用者に関する情報の安全管理、従業者の監督及び当該情報の取扱いを委託する場合にはその委託先の監督に際して、当該情報の漏えい、滅失又はき損の防止を図るために必要かつ適切な措置を講じなければならない。

（返済能力情報の取扱い）

第百七十六条　共済事業を行う組合は、信用情報に関する機関（資金需要者の借入金返済能力に関する情報の収集及び当該組合に対する当該情報の提供を行うものをいう。）から提供を受けた情報であつて個人である資金需要者の借入金返済能力に関するものを、資金需要者の返済能力の調査以外の目的のために利用しないことを確保するための措置を講じなければならない。

（特別の非公開情報の取扱い）

第百七十七条　共済事業を行う組合は、その業務上取り扱う個人である利用者に関する人種、信条、門地、本籍地、保健医療又は犯罪経歴についての情報その他の特別の非公開情報（その業務上知り得た公表されていない情報をいう。）を、当該業務の適切な運営の確保その他必要と認められる目的以外の目的のために利用しないことを確保するための措置を講じなければならない。

（委託業務の的確な遂行を確保するための措置）

第百七十八条　共済事業を行う組合は、その業務を第三者に委託する場合には、当該業務の内容に応じ、次に掲げる措置を講じなければならない。

一　当該業務を的確、公正かつ効率的に遂行することができる能力を有する者に委託するための措置

二　当該業務の委託を受けた者（以下この条において「受託者」という。）における当該業務の実施状況

を、定期的に又は必要に応じて確認すること等により、受託者が当該業務を的確に遂行しているかを検証し、必要に応じ改善させる等、受託者に対する必要かつ適切な監督等を行うための措置

三　受託者が行う当該業務に係る利用者からの苦情を適切かつ迅速に処理するために必要な措置

四　受託者が当該業務を適切に行うことができない事態が生じた場合には、他の適切な第三者に当該業務を速やかに委託する等、共済契約者等（法第十二条の二第二項に規定する共済契約者等をいう。以下同じ。）の保護に支障が生じること等を防止するための措置

五　共済事業を行う組合の業務の健全かつ適切な運営を確保し、共済契約者等の保護を図るため必要がある場合には、当該業務の委託に係る契約の変更又は解除をする等の必要な措置を講ずるための措置

（責任準備金の積立て）

第百七十九条　共済事業を行う組合は、毎事業年度末において、次の各号に掲げる区分に応じ、当該事業年度末以前に収入し、又は収入すべきことの確定した共済掛金を基礎として、当該各号に定める金額を共済事業規約に記載された方法に従つて計算し、責任準備金として積み立てなければならない。

一　共済掛金積立金　共済契約に基づく将来の債務の履行に備えるため、共済の数理に基づき計算した金額

二　未経過共済掛金　生死を共済事故とする共済事業においては、次のイの方法により計算した金額、生死を共済事故とする共済事業以外の共済事業においては、次のイ又はロの方法により計算した金額のうちいずれか多い金額

イ　未経過期間（共済契約に定めた共済期間のうち、事業年度末において、まだ経過していない期間をいう。）に対応する責任に相当する額として計算した金額

ロ　当該事業年度（当該事業年度の期間が一年に満たない又は一年を超える場合にあつては、当該事業年度の末日前一年の期間。以下このロにおいて同じ。）において収入し、又は収入すべきことの確定した共済掛金の合計額から、当該共済掛金に係る共済契約に基づき当該事業年度において支払つた共済金その他の額、当該共済契約のために積み立てるべき支払備金（法第五十条の八に規定する支払備金をいう。以下同じ。）（第百八十四条第一項第二号に掲げる支払備金を除く。）の額及び当該事業年度の事務費の合計額を控除した額

三　異常危険準備金　共済契約に基づく将来の債務を確実に履行するため、将来発生が見込まれる危険に

備えて計算した金額

2　共済掛金積立金は、次の各号に定めるところにより積み立てるものとする。

一　共済掛金積立金は、平準純共済掛金式（共済契約に基づく将来の債務の履行に備えるための資金を全共済掛金払込期間にわたり平準化して積み立てる方式をいう。以下同じ。）により計算した金額を下回ることができない。

二　前号の規定は、組合の業務又は財産の状況及び共済契約の特性に照らし特別な事情がある場合には、適用しない。ただし、この場合においても、共済掛金積立金の額は、共済の数理に基づき、合理的かつ妥当なものでなければならない。

3　前二項の規定により積み立てられた責任準備金のみでは将来の債務の履行に支障を来すおそれがあると認められる場合には、共済事業規約を変更することにより、追加して共済掛金積立金を積み立てなければならない。

4　異常危険準備金は、次に掲げるものに区分して積み立てなければならない。

一　第百六十六条の三第一号に掲げる共済リスクに備える異常危険準備金

二　第百六十六条の三第一号の二に掲げる第三分野共済の共済契約に係る共済リスクに備える異常危険準備金

三　予定利率リスクに備える異常危険準備金

5　異常危険準備金の積立て及び取崩しは、厚生労働大臣が定める積立て及び取崩しに関する基準によるものとする。ただし、組合の業務又は財産の状況等に照らし、やむを得ない事情がある場合には、当該基準によらないで積立て又は取崩しを行うことができる。

（再共済契約等の責任準備金）

第百八十条　共済事業を行う組合は、共済契約を再共済（他の組合であつて、業務又は財産の状況に照らして当該再共済を付した組合の経営の健全性を損なうおそれがないものに再共済した場合に限る。以下同じ。）又は再保険（共済契約により負う共済責任の全部又は一部を次に掲げる者に保険することをいう。以下同じ。）に付した場合には、その再共済又は再保険を付した部分に相当する責任準備金を積み立てないことができる。

一　保険会社

二　保険業法第二条第七項に規定する外国保険会社等

三　保険業法第二百十九条第一項に規定する引受社員であつて、同法第二百二十四条第一項の届出のあつた者

四　保険業法第二条第六項に規定する外国保険業者のうち、前二号に掲げる者以外の者であつて、業務又

は財産の状況に照らして当該再保険を付した組合の経営の健全性を損なうおそれがないもの

（責任共済等の事業に係る準備金）

第百八十一条　責任共済等の事業に係る準備金の積立てについては、自動車損害賠償保障法第二十八条の三第三項において準用する同条第一項に基づく主務省令に定める方法によるものとする。

（責任共済等の事業に係る準備金の取崩し）

第百八十二条　責任共済等の事業に係る準備金の取崩しについては、当該事業の収支の不足のてん補に充てる場合のほか自動車損害賠償保障法第二十八条の三第三項において準用する同条第一項に基づく主務省令に定める場合を除き、これを取り崩してはならない。

（支払義務が発生したものに準ずる共済金等）

第百八十三条　法第五十条の八の厚生労働省令で定める共済金等は、共済事業を行う組合が、毎事業年度末において、まだ支払事由の発生の報告を受けていないが共済契約に規定する支払事由が既に発生したと認める共済金等とする。

（支払備金の積立て）

第百八十四条　共済事業を行う組合は、毎事業年度末において、次に掲げる金額を支払備金として積み立てなければならない。

一　共済契約に基づいて支払義務が発生した共済金等（当該支払義務に係る訴訟が係属しているものを含む。）のうち、当該組合が毎事業年度末において、まだ支出として計上していないものがある場合は、当該支払のために必要な金額

二　前条に規定するまだ支払事由の発生の報告を受けていないが共済契約に規定する支払事由が既に発生したと認める共済金等について、その支払のために必要なものとして厚生労働大臣が定める金額

2　前項の組合の業務又は財産の状況等に照らし、やむを得ないと認められる事情がある場合には、同項の規定にかかわらず、同項第二号に規定する共済金等については、一定の期間を限り、共済事業規約に規定する方法により計算した金額を支払備金として積み立てることができる。

3　第百八十条の規定は、支払備金の積立てについて準用する。

（価格変動準備金対象資産）

第百八十五条　法第五十条の九第一項の厚生労働省令で定める資産は、次に掲げる資産とする。

一　国内の法人の発行する株式その他の厚生労働大臣が定める資産

二　外国の法人の発行する株式その他の厚生労働大臣が定める資産

三　日本政府（地方公共団体を含む。以下同じ。）及

び日本政府と同等以上の信用力を有する外国の中央政府並びに国際機関が発行する又は元利金を保証する邦貨建の債券その他の厚生労働大臣が定める資産

四　前号に規定する債券以外の邦貨建の債券その他の厚生労働大臣が定める資産

五　日本政府及び日本政府と同等以上の信用力を有する外国の中央政府並びに国際機関が発行する又は元利金を保証する外貨建の債券その他の厚生労働大臣が定める資産

六　前号に規定する債券以外の外貨建の債券その他の厚生労働大臣が定める資産

七　外貨建の預金、貸付金その他の厚生労働大臣が定める資産

2　前項の規定にかかわらず、同項第三号及び第四号に掲げる資産については、満期保有目的の債券を含めないことができる。

（価格変動準備金の計算）

第百八十六条　共済事業を行う組合は、毎事業年度末において保有する資産を、別表第二の上欄に掲げる対象資産の別に応じて区分し、当該区分した資産の帳簿価額に同表の中欄に掲げる率を乗じて得た額を合計した額以上を法第五十条の九第一項に規定する価格変動準備金として積み立てなければならない。この場合において、価格変動準備金の限度額は、毎事業年度末において保有する資産を、同表の上欄に掲げる対象資産の別に応じて区分し、当該区分した資産の帳簿価額に同表の下欄に掲げる率を乗じて得た額を合計した額とする。

（価格変動準備金の不積立て等に関する認可の申請等）

第百八十七条　共済事業を行う組合は、法第五十条の九第一項ただし書又は第二項ただし書の規定による認可を受けようとするときは、決算関係書類及びその附属明細書の作成後、速やかに、申請書に当該決算関係書類及びその附属明細書その他参考となるべき書類を添付して行政庁に提出しなければならない。

2　行政庁は、前項の規定による認可の申請があつたときは、当該認可の申請をした組合の業務又は財産の状況等に照らし、やむを得ないと認められる理由があるかどうかを審査するものとする。

（契約者割戻しの基準）

第百八十八条　共済事業を行う組合が法第五十条の十第一項の規定により契約者割戻しを行う場合には、共済契約の特性に応じて設定した区分ごとに、契約者割戻しの対象となる金額を計算し、次に掲げるいずれかの方法により、又はこれらの方法の併用により行わなければならない。

一　当該組合が収受した共済掛金及び当該組合が共済掛金として収受した金銭を運用することによつて得

られる収益から、共済金等の支払、事業費の支出その他の費用等を控除した金額に応じて分配する方法

二　契約者割戻しの対象となる金額をその発生の原因ごとに把握し、それぞれ各共済契約の責任準備金、共済金その他の基準となる金額に応じて分配する方法

三　契約者割戻しの対象となる金額を共済期間等により把握し、各共済契約の責任準備金、共済掛金その他の基準となる金額に応じて計算した金額を分配する方法

四　その他前三号に掲げる方法に準ずる方法

（契約者割戻準備金）

第百八十九条　共済事業を行う組合が契約者割戻しに充てるため積み立てる準備金は、契約者割戻準備金とする。

2　契約者割戻しを行う組合は、毎事業年度末において、前項の契約者割戻準備金を積み立てなければならない。

3　前項の組合が第一項の契約者割戻準備金を積み立てる場合には、次に掲げるものの合計額を超えてはならない。

一　据置割戻し（共済契約者に分配された契約者割戻しで利息を付して積み立てているものをいう。以下同じ。）の額

二　共済契約者に分配された契約者割戻しで支払われていないもののうち、据置割戻し以外のものの額（翌事業年度に分配する予定の契約者割戻しの額を含む。）

三　共済契約のすべてが消滅したと仮定して計算した当該共済契約の消滅時に支払う契約者割戻しの額

四　その他前三号に掲げるものに準ずるものとして共済事業規約において定める方法により計算した額

（共済計理人の選任を要しない組合の要件）

第百九十条　法第五十条の十一第一項の厚生労働省令で定める要件は、次のいずれにも該当することとする。

一　共済期間が長期にわたる共済契約であつて共済の数理の知識及び経験を要するものに係る共済掛金及び責任準備金の算出を行わないこと。

二　共済契約の更新時において共済掛金その他の契約内容の変更をしないことを約する共済契約であつて共済の数理の知識及び経験を要するものに係る共済掛金及び責任準備金の算出を行わないこと。

三　契約者割戻準備金の算出及び積立てを行わないこと。

（共済計理人の関与事項）

第百九十一条　法第五十条の十一第一項の厚生労働省令で定める事項は、次に掲げるものに係る共済の数理に関する事項とする。

一　共済掛金の算出方法
二　責任準備金の算出方法
三　契約者割戻しに係る算出方法
四　契約者価額の算出方法
五　未収共済掛金の算出
六　支払備金の算出
七　その他共済計理人がその職務を行うに際し必要な事項

（共済計理人の要件）

第百九十二条　法第五十条の十一第二項の厚生労働省令で定める要件は、次のいずれかに該当することとする。
一　公益社団法人日本アクチュアリー会の正会員であり、かつ、共済若しくは保険又は年金の数理に関する業務に五年以上従事した者
二　公益社団法人日本年金数理人会の正会員

（共済計理人の確認事項）

第百九十三条　法第五十条の十二第一項第三号に規定する厚生労働省令で定める事項は、次に掲げる事項とする。
一　将来の収支を共済の数理に基づき合理的に予測した結果に照らし、共済事業の継続が困難であるかどうか。
二　共済金等の支払能力の充実の状況が共済の数理に基づき適当であるかどうか。

（共済計理人の確認業務）

第百九十四条　共済計理人は、毎事業年度末において、次に掲げる基準その他厚生労働大臣が定める基準により、法第五十条の十二第一項各号に掲げる事項について確認しなければならない。
一　責任準備金が第百七十九条に規定するところにより適正に積み立てられていること。
二　契約者割戻しが第百八十八条に規定するところにより適正に行われていること。
三　将来の時点における資産の額として合理的な予測に基づき算出される額が、当該将来の時点における負債の額として合理的な予測に基づき算定される額に照らして、共済事業の継続の観点から適正な水準に満たないと見込まれること。
四　共済金等の支払能力の充実の状況について、法第五十条の五並びに第百六十六条の二及び第百六十六条の三の規定に照らして適正であること。

（責任準備金に関して確認の対象となる共済契約）

第百九十五条　法第五十条の十二第一項第一号の厚生労働省令で定める共済契約は、責任共済契約を除くすべての共済契約とする。

（共済計理人の意見書）

第百九十六条　共済計理人は、決算関係書類の作成後、最初に招集される理事会に、次に掲げる事項を記載し

た意見書を提出しなければならない。

一　組合の名称及び共済計理人の氏名

二　提出年月日

三　前条に定める共済契約に係る責任準備金の積立てに関する事項

四　契約者割戻しに関する事項

五　契約者割戻準備金の積立てに関する事項

六　第百九十三条の規定に基づく確認に関する事項

七　前四号に掲げる事項に対する共済計理人の意見

2　共済計理人は、法第五十条の十二第一項の規定により意見書を理事会に提出するとき、及び同条第二項の規定により意見書の写しを行政庁に提出するときは、同条第一項各号に掲げる事項についての確認の方法その他確認の際に基礎とした事項を記載した附属報告書を添付しなければならない。

3　共済計理人は、第一項の規定にかかわらず、監事又は会計監査人に対し、同項第三号から第七号までに掲げる事項の内容を通知することができる。

（資産運用の原則）

第百九十七条　組合は、資産を運用するに当たつては、事業の目的及び資金の性質に応じ、安全かつ効率的に運用しなければならない。

（投機取引等の禁止）

第百九十八条　組合は、いかなる名義をもつてするを問わず、その資産について投機的運用及び投機取引を行つてはならない。

（資産運用体制）

第百九十九条　共済事業を行う組合は、法第五十条の三第一項の規定により共済事業に係るものとして区分された経理に属する資産（以下「共済事業に属する資産」という。）を運用する場合には、資産運用に関する規程の作成並びに資産運用体制及び資産運用に係るリスクを管理する体制の整備に努めるものとする。

（運用方法の集中回避）

第二百条　共済事業を行う組合は、共済事業に属する資産を運用する場合には、特定の運用方法に集中しない方法により運用するよう努めなければならない。

（長期共済事業を実施する組合の資産運用の方法）

第二百一条　長期共済事業（共済事業のうち共済期間が一年を超える共済事業（責任共済等の事業を除く。）をいう。以下この条及び次条において同じ。）を行う組合（以下この条及び次条において「長期共済事業組合」という。）の財産であつて共済事業に属する資産の運用についての法第五十条の十四に規定する厚生労働省令で定める方法は、次の各号に掲げる方法とする。

一　銀行、長期信用銀行、信用金庫、農林中央金庫、株式会社商工組合中央金庫、労働金庫又は農業協同

組合、中小企業等協同組合若しくは水産業協同組合又はこれらの連合会で業として預金又は貯金の受入れをすることができるものへの預金又は貯金

二　金銭債権の取得

三　有価証券（金融商品取引法第二条第一項に規定する有価証券をいう。以下この条において同じ。）の取得

四　金融商品取引法第二十八条第八項第六号に規定する有価証券関連デリバティブ取引

五　金融商品取引法第二条第二十項に規定するデリバティブ取引（前号に掲げるものに該当するものを除く。）

六　先物外国為替取引

七　信託業務を営む金融機関又は信託会社への金銭の信託（ただし、運用方法を特定する金銭の信託（金融商品取引法第二条第九項に規定する金融商品取引業者との投資一任契約によるものを除く。）については、前各号に掲げる方法又はコールローンで運用されるものに限る。）

八　信託業務を営む金融機関又は信託会社への金銭債権又は有価証券の信託

九　銀行、農林中央金庫、株式会社商工組合中央金庫、全国を地区とする信用金庫連合会、労働金庫連合会、金融商品取引業者（金融商品取引法第二十八条第一項に規定する第一種金融商品取引業を行う者（同法第二十九条の四の二第九項に規定する第一種少額電子募集取扱業者を除く。）に限る。）、金融商品取引法第二条第三十項に規定する証券金融会社及び短資業者に対する有価証券の貸付け

十　組合員（連合会にあつては、会員の組合員）を被保険者とする生命保険契約の締結

十一　組合が組合に対して行う貸付けであつて、当該貸付金の使途が借り入れる組合の事業目的の範囲内であるもの（当該貸付金の使途が貸付事業を実施するための資金である場合を除き、不動産等を担保とする貸付け、当該貸付けに係る債務が債務保証法人等によつて保証されることとなつている貸付け又は当該貸付けに係る損失が債務保証法人等によつて補償されることとなつている貸付けに限る。）

十二　共済契約に基づき、共済契約者に対して、当該共済契約に係る共済掛金積立金の額の範囲内において行う貸付け

2　前項第四号から第六号までに掲げる方法による運用は、前項第一号から第三号までに掲げる方法による資産運用に係るリスクの防止又は軽減を目的としたものでなければならない。

3　長期共済事業組合の財産であつて共済事業に属する資産の運用についての法第五十条の十四に規定する厚

生労働省令で定める割合は、次の各号に掲げる資産の区分に応じ、それぞれ当該各号に定める割合とし、当該各号の資産の合計額は、当該組合の共済事業に属する資産の総額に対し、当該各号に定める割合を乗じて得た額以下でなければならない。

一　証券投資信託の受益証券の取得（公社債投資信託の受益証券の取得を除く。）及び株式の取得で運用する資産　百分の三十

二　第一項第十一号に掲げる方法で運用する資産　百分の十

三　第一項各号に掲げる方法で運用する資産のうち外貨建てのもの（先物外国為替取引その他の取引に係る契約により円貨額が確定しているものを除く。）　百分の三十

四　同一の債務者に対する金銭債権並びに同一の会社等が発行する有価証券の取得により運用する資産　百分の十

4　長期共済事業組合は、金銭の信託又は有価証券の信託を行う場合においても前項の規定に従わなければならない。

（短期共済事業のみを実施する組合の資産運用の基準）

第二百二条　長期共済事業組合以外の組合（以下この条において「短期共済事業組合」という。）の財産であつて共済事業に属する資産の運用についての法第五十条の十四に規定する厚生労働省令で定める方法は、次の各号に掲げる方法とする。

一　銀行、長期信用銀行、信用金庫、農林中央金庫、株式会社商工組合中央金庫、労働金庫又は農業協同組合、中小企業等協同組合若しくは水産業協同組合又はこれらの連合会で業として預金又は貯金の受入れをすることができるものへの預金又は貯金

二　国債、地方債、特別の法律により法人の発行する債券若しくは金融債又は日本銀行出資証券の取得

三　貸付信託の受益証券の取得

四　金銭債権の取得

五　外国の中央政府、外国の地方公共団体、国際機関、外国の政府関係機関、外国の地方公共団体が主たる出資者となつている法人若しくは外国の銀行その他の金融機関が発行し、又は債務を保証する債券の取得

六　証券投資信託の受益証券の取得

七　担保付社債又はその発行する株式が証券取引所（外国の証券取引所を含む。次号において同じ。）に上場されている株式会社が発行する社債の取得

八　その発行する株式が証券取引所に上場されている株式会社が発行する株式の取得

九　信託業務を営む金融機関又は信託会社への金銭の信託（ただし、運用方法を特定する金銭の信託（金

融商品取引法第二条第九項に規定する金融商品取引業者との投資一任契約によるものを除く。）については、前各号に掲げる方法で運用されるものに限る。）

十　信託業務を営む金融機関又は信託会社への第二号、第三号及び第五号から第八号までに規定する有価証券の信託

十一　組合員（連合会にあつては、会員の組合員）を被保険者とする生命保険契約の締結

十二　組合が組合に対して行う貸付けであつて、当該貸付金の使途が借り入れる組合の事業目的の範囲内であるもの（当該貸付金の使途が貸付事業を実施するための資金である場合を除き、不動産等を担保とする貸付け、当該貸付けに係る債務が債務保証法人等によつて保証されることとなつている貸付け又は当該貸付けに係る損失が債務保証法人等によつて補償されることとなつている貸付けに限る。）

十三　共済契約に基づき、共済契約者に対して、当該共済契約に係る共済掛金の積立金の額の範囲内において行う貸付け

2　短期共済事業組合の財産であつて共済事業に属する資産の運用についての法第五十条の十四に規定する厚生労働省令で定める割合は、次の各号に掲げる資産の区分に応じ、それぞれ当該各号に定める割合とし、当該各号の資産の合計額は、当該組合の共済事業に属する資産の総額に対し、第一号に掲げる資産にあつては同号に定める割合を乗じて得た額以上、第二号から第五号までに掲げる資産にあつては当該各号に定める割合を乗じて得た額以下でなければならない。

一　前項第一号から第四号（元本が保証されているものに限る。）までに掲げる方法、同項第七号のうち担保付社債の取得による方法並びに同項第十一号及び第十三号に掲げる方法で運用する資産　百分の七十

二　前項第六号に掲げる方法（公社債投資信託の受益証券の取得を除く。）及び同項第八号に掲げる方法で運用する資産　百分の二十

三　前項第十二号に掲げる方法で運用する資産　百分の十

四　前項各号に掲げる方法で運用する資産のうち外貨建てのもの　百分の二十

五　同一の債務者に対する金銭債権及び同一の会社等が発行する有価証券の取得により運用する資産　百分の十

3　短期共済事業組合は、金銭の信託又は有価証券の信託を行う場合においても前項の規定に従わなければならない。

（資産運用の承認申請等）

第二百三条　共済事業を行う組合が法第五十条の十四ただし書に規定する承認の申請を行う場合は、申請書に理由書、当該組合の資産運用に関する規程、資産運用体制及び資産運用に係るリスクを管理する体制並びに運用方法に関する書類を添付して、これを行政庁に提出することにより行うものとする。

2　行政庁は、前項の組合に対して、定款、規約、決算関係書類及び事業報告書並びにこれらの附属明細書その他必要と認める書類の提出を求めることができる。

3　共済事業を行う組合は、毎事業年度終了後三月以内に当該事業年度の資産運用の状況について記載した書類を行政庁に提出しなければならない。

（資産の運用制限の例外）

第二百四条　共済事業を行う組合は、資産の運用方法又は資産の運用額が資産の価格の変動、担保権の実行、代物弁済その他の当該組合の意思に基づかない理由により第二百一条又は第二百二条の規定による制限に反することとなつた場合においては、その方法又は額により資産の運用を行うことができる。この場合において、当該組合は、漸次、第二百一条及び第二百二条の趣旨に従つて、その資産の運用方法又は運用額を改めなければならない。

（貸付事業を行う組合の純資産額）

第二百五条　法第五十一条第三項の純資産額は、最終の貸借対照表において、純資産の部の合計額として表示された金額とする。

2　前項の規定にかかわらず、最終の貸借対照表を作成した日後に行われた出資金の払込み、剰余金の割戻し、合併、その他これらに類する行為によつて組合の純資産額が増加し又は減少した場合における法第五十一条第三項の純資産額は、前項の金額に当該増加の額又は減少の額を加算又は控除した金額とする。

（医療福祉等事業に関する積立金の積立方法）

第二百六条　法第五十一条の二に規定する「損益計算において利益が生じたとき」とは、医療福祉等事業の損益計算で生じた剰余から、法定準備金を積み立て、さらに教育事業等繰越金（法第五十一条の四第四項の規定に従つて翌事業年度に繰り越される額をいう。）を繰り越し、なお残余となる額があるときとする。

（利用分量割戻金）

第二百七条　組合は、法第五十二条第一項及び第二項の規定により、組合員に組合事業の利用分量に応ずる剰余金の割戻し（以下「利用分量割戻し」という。）を行おうとするときは、定款の定めるところにより、領収書その他の当該利用分量を確認することができる証拠書類（以下「領収書等」という。）を組合員に交付しなければならない。

2　組合は、定款の定めるところにより、前項の規定による領収書等の交付に代えて、第五項で定めるところにより、当該組合員の承諾を得て、当該領収書等に記載すべき事項を電子情報処理組織を使用する方法その他の情報通信の技術を利用する方法であつて次に掲げるもの（以下この条において「電磁的方法」という。）により提供することができる。この場合において、当該組合は、当該領収書等を交付したものとみなす。

一　電子情報処理組織を使用する方法のうちイ又はロに掲げるもの

イ　組合の使用に係る電子計算機と組合員の使用に係る電子計算機とを接続する電気通信回線を通じて送信し、受信者の使用に係る電子計算機に備えられたファイルに記録する方法

ロ　組合の使用に係る電子計算機に備えられたファイルに記録された当該領収書等に記載すべき事項を電気通信回線を通じて組合員の閲覧に供し、当該組合員の使用に係る電子計算機に備えられたファイルに当該領収書等に記載すべき事項を記録する方法（電磁的方法による提供を受ける旨の承諾又は受けない旨の申出をする場合にあつては、組合の使用に係る電子計算機に備えられたファイルにその旨を記載する方法）

二　磁気ディスク、シー・ディー・ロムその他これらに準ずる方法により一定の事項を確実に記録しておくことができる物をもつて調製するファイルに当該領収書等に記載すべき事項を記録したものを交付する方法

3　前項に掲げる方法は、組合員がファイルへの記録を出力することによる文書を作成することができるものでなければならない。

4　第二項第一号の「電子情報処理組織」とは、組合の使用に係る電子計算機と、受信者の使用に係る電子計算機とを電気通信回線で接続した電子情報処理組織をいう。

5　組合は、第二項の規定により領収書等に記載すべき事項を提供しようとするときは、あらかじめ、当該組合員に対し、その用いる次に掲げる電磁的方法の種類及び内容を示し、書面又は電磁的方法による承諾を得なければならない。

一　第二項各号に規定する方法のうち組合が使用するもの

二　ファイルへの記録の方式

6　前項の規定による承諾を得た組合は、当該組合員から書面又は電磁的方法により電磁的方法による提供を受けない旨の申出があつたときは、当該組合員に対し、領収書等に記載すべき事項を電磁的方法により提供してはならない。ただし、当該組合員が再び前項の規定による承諾をした場合は、この限りでない。

7　利用分量割戻しは、第一項の規定により交付された領収書等によつて確認することができる利用分量の総額が、当該組合の事業総額の五割以上となつたとき（事業別に利用分量割戻しを行おうとする場合にあつては、利用分量割戻しを行おうとする事業ごとに、同項の規定により交付された領収書等によつて確認することができる利用分量の総額が、当該事業の事業総額の五割以上となつたとき）でなければ行つてはならない。

8　組合は、法第五十二条第一項及び第二項の規定により利用分量割戻しを行おうとするときは、その割り戻すべき金額に相当する額を利用分量割戻金として積み立てなければならない。

9　利用分量割戻しは、定款の定めるところにより、前項の規定による利用分量割戻金の積立てを行つた事業年度の翌事業年度開始の日から起算して二年を超えない期間内に、当該利用分量割戻金を取り崩して、組合員ごとに、確認した事業の利用分量に応じて行わなければならない。

10　組合は、前項の規定により利用分量割戻しを行う場合においては、当該組合員の事業の利用分量を確認するため、第一項の規定により交付した領収書等の提示を求めなければならない。

11　各事業年度の利用分量割戻金のうち、第九項に定める期間内に割戻しを行うことができなかつた額は、当該事業年度の翌々事業年度における事業の利益金に算入しなければならない。

12　組合は、利用分量割戻しの金額が確定したときは、定款の定めるところにより、速やかに、その支払につき必要な事項を当該組合員に通知しなければならない。

（責任共済等の事業の割戻しの禁止）

第二百八条　組合は、責任共済等の事業については、割戻しを行うことができない。

（業務及び財産の状況に関する説明書類の縦覧等）

第二百九条　法第五十三条の二第一項の厚生労働省令で定める業務及び財産の状況に関する事項は、次に掲げる事項とする。

一　組合の概況及び組織に関する次に掲げる事項

　イ　業務運営の組織

　ロ　役員の氏名及び役職名

　ハ　事務所の名称及び所在地

二　組合の主要な業務の内容

三　組合の主要な業務に関する次に掲げる事項

　イ　直近の事業年度における事業の概況

　ロ　直近の五事業年度における主要な業務の状況を示す指標として次に掲げる事項

　　(1)　経常収益

(2) 経常剰余金又は経常損失金
(3) 当期剰余金又は当期損失金
(4) 出資金及び出資口数
(5) 純資産額
(6) 総資産額
(7) 責任準備金残高
(8) 貸付金残高
(9) 有価証券残高
(10) 特定共済組合にあつては、支払余力比率
(11) 法第五十二条第二項の区分ごとの剰余金の配当の金額
(12) 職員数
(13) 保有契約高又は正味収入共済掛金の額

ハ　法第五十三条の十八第一項に規定する共済事業専業組合にあつては、直近の二事業年度における事業の状況を示す指標として別表第三の上欄に掲げる項目の別に応じ同表の下欄に定める記載事項

四　責任準備金の残高として別表第四の上欄に掲げる契約年度の別に応じ同表中欄及び下欄に掲げる責任準備金残高及び予定利率

五　組合の業務の運営に関する次に掲げる事項

イ　リスク管理の体制

ロ　法令遵守の体制

ハ　法第五十条の十二第一項第一号の確認（第三分野共済の共済契約に係るものに限る。）の合理性及び妥当性

六　組合の直近の二事業年度における財産の状況に関する次に掲げる事項

イ　貸借対照表、損益計算書及び剰余金処分計算書又は損失金処理計算書

ロ　貸付金のうち次に掲げるものの額及びその合計額

(1) 破綻先債権（元本又は利息の支払の遅延が相当期間継続していることその他の事由により元本又は利息の取立て又は弁済の見込みがないものとして未収利息を計上しなかつた貸付金（貸倒償却を行つた部分を除く。以下この号において「未収利息不計上貸付金」という。）のうち、法人税法施行令（昭和四十年政令第九十七号）第九十六条第一項第三号イからホまでに掲げる事由又は同項第四号に規定する事由が生じているものをいう。第二百十一条第三号ロ(1)において同じ。）に該当する貸付金

(2) 延滞債権（未収利息不計上貸付金であつて、(1)に掲げるもの及び債務者の経営再建又は支援を図ることを目的として利息の支払を猶予したもの以外のものをいう。第二百十一条第三号ロ(2)において同じ。）に該当する貸付金

(3)　三月以上延滞債権（元本又は利息の支払が約定支払日の翌日から三月以上遅延している貸付金（(1)及び(2)に掲げるものを除く。）をいう。第二百十一条第三号ロ(3)において同じ。）に該当する貸付金

(4)　貸付条件緩和債権（債務者の経営再建又は支援を図ることを目的として、金利の減免、利息の支払猶予、元本の返済猶予、債権放棄その他の債務者に有利となる取決めを行つた貸付金（(1)から(3)までに掲げるものを除く。）をいう。第二百十一条第三号ロ(4)において同じ。）に該当する貸付金

ハ　債権（貸借対照表の貸付金、その他資産中の未収利息及び仮払金の各勘定に計上されるものに限る。）について、債務者の財政状態及び経営成績等を基礎として次に掲げるものに区分することにより得られる各々に関し貸借対照表に計上された金額

(1)　破産更生債権及びこれらに準ずる債権（破産、会社更生、再生手続等の事由により経営破綻に陥つている債務者に対する債権及びこれらに準ずる債権をいう。）

(2)　危険債権（債務者が経営破綻の状態には至つていないが、財政状態及び経営成績が悪化し、契約に従つた債権の元本の回収及び利息の受取りができない可能性の高い債権をいう。）

(3)　要管理債権（三月以上延滞貸付金（元本又は利息の支払が、約定支払日の翌日から三月以上遅延している貸付金（(1)及び(2)に掲げる債権を除く。）をいう。）及び条件緩和貸付金（債務者の経営再建又は支援を図ることを目的として、金利の減免、利息の支払猶予、元本の返済猶予、債権放棄その他の債務者に有利となる取決めを行つた貸付金（(1)及び(2)に掲げる債権並びに三月以上延滞貸付金を除く。）をいう。）

(4)　正常債権（債務者の財政状態及び経営成績に特に問題がないものとして、(1)から(3)までに掲げる債権以外のものに区分される債権をいう。）

ニ　特定共済組合にあつては、共済金等の支払能力の充実の状況（法第五十条の五各号に掲げる額に係る細目として別表第五に掲げる額を含む。）

ホ　次に掲げるものに関する取得価額又は契約価額、時価及び評価損益

(1)　有価証券

(2)　金銭の信託

(3)　デリバティブ取引（有価証券関連デリバティブ取引に該当するものを除く。）

ヘ　貸倒引当金の期末残高及び期中の増減額

ト　貸付金償却の額

七　事業年度の末日において、継続組合の前提に重要な疑義を生じさせるような事象又は状況その他当該組合の経営に重要な影響を及ぼす事象（以下この項及び第二百十一条第四号において「重要事象等」という。）が存在する場合には、その旨及びその内容、当該重要事象等についての分析及び検討内容並びに当該重要事象等を解消し、又は改善するための対応策の具体的内容

2　法第五十三条の二第一項に規定する厚生労働省令で定める事務所は、次に掲げる事務所とする。

一　共済事業以外の事業の用に供される事務所

二　一時的に設置する事務所

三　無人の事務所

3　第一項第三号ロ及びハ並びに第六号に掲げる事項については、当該事業年度における過年度事項が会計方針の変更その他の正当な理由により当該事業年度より前の事業年度に係る総会において承認又は報告をしたものと異なつているときは、修正後の過年度事項を反映した事項とすることを妨げない。

第二百十条　法第五十三条の二第二項に規定する子会社その他厚生労働省令で定める特殊の関係にある者は、次に掲げるものとする。

一　当該組合の子法人等であるもの

二　当該組合の関連法人等であるもの

2　前項第一号に規定する「子法人等」とは、次に掲げるもの（財務上又は営業上若しくは事業上の関係からみて当該組合がその意思決定機関（株主総会その他これに準ずる機関をいう。以下同じ。）を支配していないことが明らかであると認められるものを除く。）をいう。この場合において、当該組合及び子法人等又は子法人等が他の法人等（会社その他これに準ずる事業体（外国におけるこれらに相当するものを含む。）をいう。以下同じ。）の意思決定機関を支配している場合における当該他の法人等は、当該組合の子法人等とみなす。

一　当該組合が議決権の過半数を自己の計算において所有している他の法人等（破産手続開始の決定、再生手続開始の決定又は更生手続開始の決定を受けた他の法人等その他これらに準ずる他の法人等であつて、有効な支配従属関係が存在しないと認められるものを除く。以下この項において同じ。）

二　当該組合が議決権の百分の四十以上、百分の五十以下を自己の計算において所有している他の法人等であつて、次に掲げるいずれかの要件に該当するもの

イ　当該組合が自己の計算において所有している議決権と当該組合と出資、人事、資金、技術、取引

等において緊密な関係があることにより当該組合の意思と同一の内容の議決権を行使すると認められる者及び当該組合の意思と同一の内容の議決権を行使することに同意している者が所有している議決権とを合わせて、当該他の法人等の議決権の過半数を占めていること。

ロ　当該組合の役員若しくは使用人である者又はこれらであつた者であつて当該組合が当該他の法人等の財務及び営業若しくは事業の方針の決定に関して影響を与えることができるものが、当該他の法人等の取締役会その他これに準ずる機関の構成員の過半数を占めていること。

ハ　当該他の法人等の重要な財務及び営業又は事業の方針の決定を支配する契約等が存在すること。

ニ　当該他の法人等の資金調達額（貸借対照表の負債の部に計上されているものに限る。）の総額の過半について当該組合が融資（債務の保証及び担保の提供を含む。以下同じ。）を行つていること（当該組合と出資、人事、資金、技術、取引等において緊密な関係のある者が行う融資の額を合わせて資金調達額の総額の過半となる場合を含む。）。

ホ　その他当該組合が当該他の法人等の意思決定機関を支配していることが推測される事実が存在すること。

三　当該組合が自己の計算において所有している議決権と当該組合と出資、人事、資金、技術、取引等において緊密な関係があることにより当該組合の意思と同一の内容の議決権を行使すると認められる者及び当該組合の意思と同一の内容の議決権を行使することに同意している者が所有している議決権とを合わせて、他の法人等の議決権の過半数を占めている場合（当該組合が自己の計算において議決権を所有していない場合を含む。）における当該他の法人等であつて、前号ロからホまでに掲げるいずれかの要件に該当するもの

3　第一項第二号に規定する「関連法人等」とは、次に掲げるもの（財務上又は営業上若しくは事業上の関係からみて当該組合（当該組合の子法人等を含む。以下この項において同じ。）がその財務及び営業又は事業の方針の決定に対して重要な影響を与えることができないことが明らかであると認められるもの並びに子法人等を除く。）をいう。

一　当該組合が他の法人等（破産手続開始の決定、再生手続開始の決定又は更生手続開始の決定を受けた他の法人等その他これらに準ずる他の法人等であつて、当該組合がその財務及び営業又は事業の方針の決定に対して重要な影響を与えることができないと

認められるものを除く。以下この項において同じ。）の議決権の百分の二十以上を自己の計算において所有している場合における当該他の法人等

二　当該組合が他の法人等の議決権の百分の十五以上、百分の二十未満を自己の計算において所有している場合における当該他の法人等であつて、次に掲げるいずれかの要件に該当するもの

イ　当該組合の役員若しくは使用人である者、又はこれらであつた者であつて当該組合がその財務及び営業若しくは事業の方針の決定に関して影響を与えることができるものが、その代表取締役、取締役又はこれらに準ずる役職に就任していること。

ロ　当該組合から重要な融資を受けていること。

ハ　当該組合から重要な技術の提供を受けていること。

ニ　当該組合との間に重要な販売、仕入れその他の営業上又は事業上の取引があること。

ホ　その他当該組合がその財務及び営業又は事業の方針の決定に対して重要な影響を与えることができることが推測される事実が存在すること。

三　当該組合が自己の計算において所有している議決権と当該組合と出資、人事、資金、技術、取引等において緊密な関係があることにより当該組合の意思と同一の内容の議決権を行使すると認められる者及び当該組合の意思と同一の内容の議決権を行使することに同意している者が所有している議決権とを合わせて、他の法人等の議決権の百分の二十以上を占めている場合（当該組合が自己の計算において議決権を所有していない場合を含む。）における当該他の法人等であつて、前号イからホまでに掲げるいずれかの要件に該当するもの

4　特別目的会社については、適正な価額で譲り受けた資産から生ずる収益を当該特別目的会社が発行する証券の所有者（資産の流動化に関する法律第二条第十二項に規定する特定借入れに係る債権者を含む。）に享受させることを目的として設立されており、当該特別目的会社の事業がその目的に従つて適切に遂行されているときは、当該特別目的会社に資産を譲渡した組合から独立しているものと認め、第一項の規定にかかわらず、当該組合の子法人等に該当しないものと推定する。

第二百十一条　法第五十三条の二第二項の厚生労働省令で定める業務及び財産の状況に関する事項は、第一号に掲げるもの（連結子法人等を有する会計監査人監査組合にあつては、次の各号に掲げるもの）とする。

一　組合及びその子会社等の概況に関する次に掲げる事項

イ　組合及びその子会社等の主要な事業の内容及び組織の構成
ロ　組合の子会社等に関する次に掲げる事項
(1)　名称
(2)　主たる営業所又は事務所の所在地
(3)　資本金又は出資金
(4)　事業の内容
(5)　設立年月日
(6)　組合が有する子会社等の議決権の総株主、総社員又は総出資者の議決権に占める割合
(7)　組合の一の子会社等以外の子会社等が有する当該一の子会社等の議決権の総株主、総社員又は総出資者の議決権に占める割合
二　組合及びその子会社等の主要な業務に関する事項として次に掲げるもの
イ　直近の事業年度における事業の概況
ロ　直近の五連結会計年度における主要な業務の状況を示す指標として次に掲げる事項
(1)　経常収益
(2)　経常剰余金又は経常損失金
(3)　当期剰余金又は当期損失金
(4)　純資産額
(5)　総資産額
三　組合及びその子会社等の直近の二連結会計年度における財産の状況に関する次に掲げる事項
イ　連結貸借対照表、連結損益計算書及び連結純資産変動計算書
ロ　貸付金のうち次に掲げるものの額及びその合計額
(1)　破綻先債権に該当する貸付金
(2)　延滞債権に該当する貸付金
(3)　三月以上延滞債権に該当する貸付金
(4)　貸付条件緩和債権に該当する貸付金
ハ　当該組合及びその子法人等が二以上の異なる種類の事業を営んでいる場合の事業の種類ごとの区分に従い、当該区分に属する経常収益の額、経常剰余金又は経常損失金の額及び資産の額（以下この号において「経常収益等」という。）として算出したもの（各経常収益等の総額に占める割合が少ない場合を除く。）
四　事業年度の末日において、重要事象等が存在する場合には、その旨及びその内容、当該重要事象等についての分析及び検討内容並びに当該重要事象等を解消し、又は改善するための対応策の具体的内容

第二百十二条　法第五十三条の二第四項に規定する厚生労働省令で定める措置は、電磁的記録に記録された事項を紙面又は映像面に表示する方法とする。

第二百十三条　共済事業を行う組合は、法第五十三条の

二第一項又は第二項の規定により作成した書類（以下「説明書類」という。）の縦覧を、当該組合の事業年度経過後五月以内に開始し、当該事業年度の翌事業年度に係るそれぞれの説明書類の縦覧を開始するまでの間、公衆の縦覧に供しなければならない。

2　共済事業を行う組合は、やむを得ない理由により前項に規定する期間までに説明書類の縦覧を開始できない場合には、あらかじめ行政庁の承認を受けて、当該縦覧の開始を延期することができる。

3　共済事業を行う組合は、前項の規定による承認を受けようとするときは、申請書に理由書を添付して行政庁に提出しなければならない。

4　行政庁は、前項の規定による承認の申請があつたときは、当該申請をした組合が第一項の規定による縦覧の開始を延期することについてやむを得ない理由があるかどうかを審査するものとする。

第五章　共済契約に係る契約条件の変更

（契約条件の変更の申出）

第二百十四条　共済事業を行う組合は、法第五十三条の四第一項の規定による申出を行おうとするときは、申出書に次に掲げる書類を添付して行政庁に提出しなければならない。

一　理由書

二　最終の貸借対照表、損益計算書及び剰余金処分計算書又は損失処理計算書その他の最近における財産及び損益の状況を知ることができる書類

三　その他参考となるべき事項を記載した書類

（契約条件の変更に係る総会の招集通知の記載事項）

第二百十五条　法第五十三条の七第三項に規定する厚生労働省令で定める事項は、次に掲げる事項とする。

一　契約条件の変更がやむを得ない理由

二　契約条件の変更の内容

三　契約条件の変更後の業務及び財産の状況の予測

四　共済契約者等以外の債権者に対する債務の取扱いに関する事項

五　経営責任に関する事項

六　その他契約条件の変更に関し必要な事項

（契約条件の変更に係る備置書類）

第二百十六条　法第五十三条の九第一項に規定する厚生労働省令で定める事項は、次に掲げる事項とする。

一　契約条件の変更がやむを得ない理由

二　契約条件の変更の内容

三　契約条件の変更後の業務及び財産の状況の予測

四　共済契約者等以外の債権者に対する債務の取扱いに関する事項

五　経営責任に関する事項

六　その他契約条件の変更に関し必要な事項

（共済調査人の選任等）

第二百十七条　行政庁は、法第五十三条の十第一項の規定により共済調査人を選任したとき、又は同条第三項の規定により共済調査人を解任したときは、その旨及び当該共済調査人の商号、名称又は氏名を同条第五項に規定する被調査組合に通知するものとする。

（契約条件の変更に係る承認）

第二百十八条　共済事業を行う組合は、法第五十三条の十三第一項の規定による承認を受けようとするときは、申請書に次に掲げる書類を添付して行政庁に提出しなければならない。

一　理由書

二　総会の議事録

三　法第五十三条の七第一項の議決に係る契約条件の変更の内容を示す書類

四　第二百十六条各号（第二号を除く。）に掲げる書類

五　その他参考となるべき事項を記載した書類

（契約条件の変更に係る通知書類）

第二百十九条　法第五十三条の十四第二項に規定する厚生労働省令で定める書類は、第二百十六条各号（第二号を除く。）に掲げる事項を示す書類とする。

（共済契約に係る債権の額）

第二百二十条　法第五十三条の十四第四項に規定する厚生労働省令で定める金額は、共済掛金積立金を積み立てる共済契約にあつては第一号に掲げる金額とし、それ以外の共済契約にあつては第二号に掲げる金額とする。

一　法第五十三条の十四第一項の公告（以下「公告」という。）の時において被共済者のために積み立てるべき金額

二　共済契約に定めた共済期間のうち、公告の時において、まだ経過していない期間に対応する共済掛金の金額

（契約条件の変更後の公告事項）

第二百二十一条　法第五十三条の十五第一項に規定する厚生労働省令で定める事項は、法第五十三条の十四第一項から第四項までに規定する手続の経過とする。

第六章　子会社等

（共済事業兼業組合の子会社の範囲等）

第二百二十二条　法第五十三条の十六第一項第一号に規定する厚生労働省令で定める業務は、次に掲げる業務とする。

一　他の事業者の所有する不動産（原則として、当該他の事業者から取得した不動産を含む。以下この号

において同じ。）の賃貸又は他の事業者の所有する不動産若しくはそれに付随する設備の保守、点検その他の管理を行う業務
二　他の事業者の役員又は職員のための福利厚生に関する事務を行う業務
三　他の事業者の事務の用に供する物品の購入又は管理を行う業務
四　他の事業者の事務に係る文書、証票その他の書類の印刷又は製本を行う業務
五　他の事業者の業務に関する広告又は宣伝を行う業務
六　他の事業者のための自動車の運行又は保守、点検その他の管理を行う業務
七　他の事業者の業務に関し必要となる調査又は情報の提供を行う業務（第九号に該当するものを除く。）
八　他の事業者の業務に係る契約の締結についての勧誘又は当該契約の内容に係る説明を行う葉書又は封書の作成又は発送を行う業務
九　他の事業者の行う資金の貸付けその他の信用供与に係る債権の担保の目的となる財産の評価及び当該担保の目的となつている財産の管理その他当該財産に関し必要となる事務を行う業務
十　他の事業者の行う資金の貸付けに関し相談に応ずる業務又は当該資金の貸付けに係る事務の取次ぎその他当該資金の貸付けに関し必要となる事務を行う業務
十一　他の事業者の事務に係る計算を行う業務
十二　他の事業者の事務に係る文書、証票その他の書類の作成、整理、保管、発送又は配送を行う業務
十三　他の事業者と当該他の事業者の顧客との間の事務の取次ぎを行う業務
十四　労働者派遣事業の適正な運営の確保及び派遣労働者の保護等に関する法律（昭和六十年法律第八十八号）第二条第三号に規定する労働者派遣事業又は職業安定法（昭和二十二年法律第百四十一号）第三十条第一項の規定に基づき許可を得て行う職業紹介事業
十五　他の事業者のために電子計算機に関する事務を行う業務（電子計算機を使用することにより機能するシステムの設計若しくは保守又はプログラムの設計、作成、販売（プログラムの販売に伴い必要となる附属機器の販売を含む。）若しくは保守を行う業務を含む。）
十六　他の事業者の役員又は職員に対する教育又は研修を行う業務
十七　他の事業者の現金、小切手、手形又は有価証券の輸送を行う業務（次号及び第十九号に該当するものを除く。）

十八　他の事業者の主要な取引先に対する現金、小切手、手形又は証書の集配を行う業務
十九　他の事業者の主要な取引先との間で当該他の事業者の業務に係る有価証券の受渡しを行う業務
二十　他の事業者のために現金、小切手、手形又は有価証券を整理し、その金額若しくは枚数を確認し、又は一時的にその保管を行う業務
二十一　自らを子会社とする共済事業兼業組合が資金の貸付けその他の信用供与に係る債権の回収のために担保権を実行する必要がある場合又は金融機関が共同で出資し設立した不動産担保付債権の買取会社(以下この号において「買取会社」という。)が当該共済事業兼業組合から買い取つた不動産担保付債権の回収のために担保権を実行する必要がある場合に、当該共済事業兼業組合又は当該買取会社のためにこれらの債権の担保の目的となつている不動産を適正な価格で購入し、並びに購入した不動産の所有及び管理その他当該不動産に関し必要となる事務を行う業務
二十二　その他前各号に掲げる業務に準ずるものとして厚生労働大臣が定める業務
二十三　前各号に掲げる業務に附帯する業務(当該各号に掲げる業務を営む者が営むものに限る。)

2　法第五十三条の十六第一項第二号に規定する厚生労働省令で定める業務は、次に掲げる業務とする。
一　保険募集
二　共済事故その他の契約に係る事項の調査を行う業務
三　共済契約の締結又は共済契約の締結の代理若しくは媒介の業務を行う者の教育を行う業務
四　共済契約者からの共済事故に関する報告の取次ぎを行う業務又は共済契約に関し相談に応ずる業務
五　自動車修理業者等のあつせん又は紹介に関する業務
六　確定拠出年金法(平成十三年法律第八十八号)第二条第七項に規定する確定拠出年金運営管理業又は同法第六十一条第一項各号に掲げる事務を行う業務
七　リース物品等を使用させる業務(次に掲げる要件のいずれも満たす契約に基づいて、厚生労働大臣が定める基準により主として当該業務が行われる場合に限る。)
イ　使用開始日以後又は使用開始日から一定期間を経過した後当事者の一方又は双方がいつでも解約の申入れをすることができる旨の定めがないこと。
ロ　使用期間において、リース物品等の取得価額から使用期間が満了した後における当該リース物品等の見積残存価額を控除した額並びに利子、固定

資産税、保険料及び手数料の額を対価として受領することを内容とするものであること。
ハ　使用期間が満了した後、リース物品等の所有権その他の権利が相手方に移転する旨の定めがないこと。
八　他の事業者の経営に関する相談に応ずる業務
九　金融その他経済に関する調査又は研究を行う業務
十　個人の財産形成に関する相談に応ずる業務
十一　主として子会社対象会社（法第五十三条の十六第一項に規定する子会社対象会社をいう。次号並びに第二百五十四条第一項第一号から第三号まで、第九号及び第十四号において同じ。）に該当する会社その他厚生労働大臣の定める金融機関の業務に関するデータ又は事業者の財務に関するデータの処理を行う業務及びこれらのデータの伝送役務を提供する業務
十二　主として子会社対象会社に該当する会社その他厚生労働大臣の定める金融機関の業務に関する電子計算機のプログラムの作成又は販売（プログラムの販売に伴い必要となる附属機器の販売を含む。）を行う業務及び計算受託業務
十三　その他前各号に掲げる業務に準ずるものとして厚生労働大臣が定める業務
十四　前各号に掲げる業務に附帯する業務（当該各号に掲げる業務を営む者が営むものに限る。）

（法第五十三条の十六第一項の規定が適用されないこととなる事由）

第二百二十三条　法第五十三条の十六第二項に規定する厚生労働省令で定める事由は、次に掲げる事由とする。
一　共済事業兼業組合又はその子会社の担保権の実行による株式又は持分の取得
二　前号の組合又はその子会社の代物弁済の受領による株式又は持分の取得
三　第一号の組合又はその子会社が所有する議決権を行使することができない株式又は持分に係る議決権の取得（当該組合又はその子会社の意思によらない事象の発生により取得するものに限る。）
四　第一号の組合又はその子会社が所有する会社の株式の転換（当該組合又はその子会社の請求による場合を除く。）
五　第一号の組合又はその子会社が所有する株式又は持分の消却、併合又は分割
六　第一号の組合又はその子会社が所有する会社の定款の変更による株式又は持分に係る権利の内容又は一単元の株式の数の変更
七　第一号の組合又はその子会社が所有する会社の自己の株式又は持分の取得

（法第五十三条の十七第一項の規定が適用されないこととなる事由）

第二百二十四条　法第五十三条の十七第二項に規定する厚生労働省令で定める事由は、次に掲げる事由とする。

一　共済事業兼業組合又はその子会社の担保権の実行による株式又は持分の取得

二　前号の組合又はその子会社の代物弁済の受領による株式又は持分の取得

三　第一号の組合又はその子会社の、その取引先である会社との間の合理的な経営改善のための計画に基づく株式又は持分の取得（当該組合又はその子会社に対する当該会社の債務を消滅させるために行うものであつて、当該株式又は持分の取得によつて相当の期間内に当該会社の経営の状況が改善されることが見込まれるものに限る。）

四　第一号の組合又はその子会社が所有する議決権を行使することができない株式又は持分に係る議決権の取得（当該組合又はその子会社の意思によらない事象の発生により取得するものに限る。）

五　第一号の組合又はその子会社が所有する会社の株式の転換（当該組合又はその子会社の請求による場合を除く。）

六　第一号の組合又はその子会社が所有する株式又は持分の消却、併合又は分割

七　第一号の組合又はその子会社が所有する会社の定款の変更による株式又は持分に係る権利の内容又は一単元の株式の数の変更

八　第一号の組合又はその子会社が所有する会社の自己の株式又は持分の取得

九　元本補てんのない信託に係る信託財産以外の財産における議決権数が基準議決権数（法第五十三条の十七第一項に規定する基準議決権数をいう。次条第一項第三号及び第二項並びに第二百五十四条第一項第十三号から第十六号までにおいて同じ。）以内となる場合における株式又は持分の取得

十　第一号の組合又はその子会社の取引先である会社との間の合理的な経営改善のための計画に基づき取得した当該会社の発行する株式を当該会社の経営の状況の改善に伴い相当の期間内に処分するために必要な当該株式の転換（第五号に掲げる事由に該当するものを除く。）その他合理的な理由があるものとしてあらかじめ行政庁の承認を受けた場合

2　前項第十号の承認を受けようとするときは、申請書に次に掲げる書類を添付して行政庁に提出しなければならない。

一　理由書

二　当該承認に係る国内の会社の名称及び業務の内容を記載した書面

三　当該承認に係る国内の会社の議決権のうちその基準議決権数を超えて取得し、又は保有することとなつた部分の議決権の処分の方法に関する方針を記載した書類

四　その他参考となるべき事項を記載した書類

3　行政庁は、第一項第十号の規定による承認の申請があつたときは、当該申請をした組合が基準議決権数を超えて議決権を所有し、又は保有することについてやむを得ないと認められる理由があるかどうか、及び提出される基準議決権数を超えて取得し、又は保有することとなつた部分の議決権の処分の方法に関する方針が妥当なものであるかどうかを審査するものとする。

（共済事業兼業組合が基準議決権数を超えて議決権を有することについての承認の申請等）

第二百二十五条　共済事業兼業組合は、法第五十三条の十七第二項ただし書の規定による承認を受けようとするときは、申請書に次に掲げる書類を添付して行政庁に提出しなければならない。

一　理由書

二　当該承認に係る国内の会社（法第五十三条の十七第一項に規定する特定会社である国内の会社をいう。次号及び第二百五十四条第一項第十三号から第十五号までにおいて同じ。）の名称及び業務の内容を記載した書類

三　当該承認に係る国内の会社の議決権のうちその基準議決権数を超えて取得し、又は保有することとなつた部分の議決権の処分の方法に関する方針を記載した書類

四　その他参考となるべき事項を記載した書類

2　行政庁は、前項の規定による承認の申請があつたときは、当該申請をした組合又はその子会社が基準議決権数を超えて議決権を有することについてやむを得ないと認められる理由があるかどうかを審査するものとする。

（組合又はその子会社が有する議決権に含めない議決権）

第二百二十六条　法第五十三条の十七第七項（法第五十三条の十九第二項及び第二百五十四条第五項において準用する場合を含む。次項において同じ。）の規定により組合又はその子会社が有する議決権に含まないものとされる厚生労働省令で定める議決権は、次に掲げる議決権とする。

一　投資事業有限責任組合契約に関する法律（平成十年法律第九十号）第二条第二項に規定する投資事業有限責任組合の有限責任組合員となり、組合財産として取得し、又は保有する議決権（有限責任組合員が議決権を行使することができる場合、議決権の行使について有限責任組合員が投資事業有限責任組合の無限責任組合員に指図を行うことができる場合及

び当該議決権を保有することとなつた日から十年を超えて当該議決権を保有する場合を除く。）

二　民法第六百六十七条第一項に規定する組合契約で会社に対する投資事業を営むことを約することによつて成立する組合（一人又は数人の組合員にその業務の執行を委任しているものに限る。）の組合員（業務の執行を委任された者を除く。以下この号において「非業務執行組合員」という。）となり、組合財産として取得し、又は所有する株式又は持分（非業務執行組合員が議決権を行使することができる場合、議決権の行使について非業務執行組合員が業務の執行を委任された者に指図を行うことができる場合及び当該株式又は持分を所有することとなつた日から十年を超えて当該株式又は持分を所有する場合を除く。）

2　法第五十三条の十七第七項の規定により、信託財産である株式又は持分に係る議決権で、組合又はその子会社が委託者若しくは受益者として行使し、又はその行使について指図を行うことができるものから除かれる厚生労働省令で定める議決権は、投資信託及び投資法人に関する法律（昭和二十六年法律第百九十八号。以下「投資信託法」という。）第十条の規定により子会社が投資信託法第二条第十一項に規定する投資信託委託会社（以下「投資信託委託会社」という。）としてその行使について指図を行う議決権とする。

（共済事業専業組合の子会社の範囲等）

第二百二十七条　法第五十三条の十八第一項第一号イに規定する厚生労働省令で定める業務は、次に掲げる業務とする。

一　他の事業者の所有する不動産（原則として、当該他の事業者から取得した不動産を含む。以下この号において同じ。）の賃貸又は他の事業者の所有する不動産若しくはそれに付随する設備の保守、点検その他の管理を行う業務

二　他の事業者の役員又は職員のための福利厚生に関する事務を行う業務

三　他の事業者の事務の用に供する物品の購入又は管理を行う業務

四　他の事業者の事務に係る文書、証票その他の書類の印刷又は製本を行う業務

五　他の事業者の業務に関する広告又は宣伝を行う業務

六　他の事業者のための自動車の運行又は保守、点検その他の管理を行う業務

七　他の事業者の業務に関し必要となる調査又は情報の提供を行う業務（第九号に該当するものを除く。）

八　他の事業者の業務に係る契約の締結についての勧誘又は当該契約の内容に係る説明を行う葉書又は封

書の作成又は発送を行う業務
九　他の事業者の行う資金の貸付けその他の信用供与に係る債権の担保の目的となる財産の評価及び当該担保の目的となつている財産の管理その他当該財産に関し必要となる事務を行う業務
十　他の事業者の行う資金の貸付けに関し相談に応ずる業務又は当該資金の貸付けに係る事務の取次ぎその他当該資金の貸付けに関し必要となる事務を行う業務
十一　他の事業者の事務に係る計算を行う業務
十二　他の事業者の事務に係る文書、証票その他の書類の作成、整理、保管、発送又は配送を行う業務
十三　他の事業者と当該他の事業者の顧客との間の事務の取次ぎを行う業務
十四　労働者派遣事業の適正な運営の確保及び派遣労働者の保護等に関する法律第二条第三号に規定する労働者派遣事業又は職業安定法第三十条第一項の規定に基づき許可を得て行う職業紹介事業
十五　他の事業者のために電子計算機に関する事務を行う業務（電子計算機を使用することにより機能するシステムの設計若しくは保守又はプログラムの設計、作成、販売（プログラムの販売に伴い必要となる附属機器の販売を含む。）若しくは保守を行う業務を含む。）
十六　他の事業者の役員又は職員に対する教育又は研修を行う業務
十七　他の事業者の現金、小切手、手形又は有価証券の輸送を行う業務（次号及び第十九号に該当するものを除く。）
十八　他の事業者の主要な取引先に対する現金、小切手、手形又は証書の集配を行う業務
十九　他の事業者の主要な取引先との間で当該他の事業者の業務に係る有価証券の受渡しを行う業務
二十　他の事業者のために現金、小切手、手形又は有価証券を整理し、その金額若しくは枚数を確認し、又は一時的にその保管を行う業務
二十一　自らを子会社とする共済事業専業組合のために投資（当該組合が実施する資産運用の方法に限る。）を行う業務
二十二　自らを子会社とする共済事業専業組合が資金の貸付けその他の信用供与に係る債権の回収のために担保権を実行する必要がある場合又は金融機関が共同で出資し設立した不動産担保付債権の買取会社（以下この号において「買取会社」という。）が当該共済事業専業組合から買い取つた不動産担保付債権の回収のために担保権を実行する必要がある場合に、当該共済事業専業組合又は当該買取会社のためにこれらの債権の担保の目的となつている不動産を

適正な価格で購入し、並びに購入した不動産の所有及び管理その他当該不動産に関し必要となる事務を行う業務

二十三　その他前各号に掲げる業務に準ずるものとして厚生労働大臣が定める業務

二十四　前各号に掲げる業務に附帯する業務（当該各号に掲げる業務を営む者が営むものに限る。）

2　法第五十三条の十八第一項第一号ロに規定する厚生労働省令で定める業務は、次に掲げる業務とする。

一　保険会社（外国保険会社を含む。）又は少額短期保険業者の保険業に係る業務の代理（次号に掲げる業務に該当するものを除く。）又は事務の代行

二　保険募集

三　共済事故、保険事故その他の契約に係る事項の調査を行う業務

四　共済契約の締結又は共済契約の締結の代理若しくは媒介の業務及び保険募集を行う者の教育を行う業務

五　確定拠出年金法第二条第七項に規定する確定拠出年金運営管理業又は同法第六十一条第一項各号に掲げる事務を行う業務

六　老人福祉施設等（老人福祉法（昭和三十八年法律第百三十三号）第五条の三に規定する老人福祉施設及び同法第二十九条第一項に規定する有料老人ホームをいう。）に関する役務その他老人、身体障害者等の福祉に関する役務の提供を行う業務

七　健康の維持若しくは増進のための運動を行う施設又は温泉を利用して健康の維持若しくは増進を図るための施設の運営を行う業務

八　事故その他の危険の発生の防止若しくは危険の発生に伴う損害の防止若しくは軽減を図るため、又は危険の発生に伴う損害の規模等を評価するための調査、分析又は助言を行う業務

九　健康、福祉又は医療に関する調査、分析又は助言を行う業務

十　主として子会社対象会社（法第五十三条の十八第一項に規定する子会社対象会社をいう。第二十四号並びに第二百五十四条第一項第四号から第六号まで、第十二号及び第十八号において同じ。）に該当する会社若しくは保険募集人の業務又は事業者の財務に関する電子計算機のプログラムの作成若しくは販売（プログラムの販売に伴い必要となる附属機器の販売を含む。）を行う業務及び計算受託業務

十一　確定給付企業年金法（平成十三年法律第五十号）第二条第一項に規定する確定給付企業年金その他これに準ずる年金に係る掛金又は給付金等の計算に関する業務及び書類等の作成又は授受に関する業務

十二　共済契約者若しくは保険契約者からの共済事故若しくは保険事故に関する報告の取次ぎを行う業務又は共済契約若しくは保険契約に関し相談に応ずる業務

十三　自動車修理業者等のあつせん又は紹介に関する業務

十四　金銭の貸付け又は金銭の貸借の媒介（手形の割引、売渡担保その他これらに類する方法によつてする金銭の交付又は当該方法によつてする金銭の授受の媒介を含む。）であつて業として行うもの

十五　リース物品等を使用させる業務（次に掲げる要件のいずれも満たす契約に基づいて、厚生労働大臣が定める基準により主として当該業務が行われる場合に限る。）

イ　使用開始日以後又は使用開始日から一定期間を経過した後当事者の一方又は双方がいつでも解約の申入れをすることができる旨の定めがないこと。

ロ　使用期間において、リース物品等の取得価額から使用期間が満了した後における当該リース物品等の見積残存価額を控除した額並びに利子、固定資産税、保険料及び手数料の額を対価として受領することを内容とするものであること。

ハ　使用期間が満了した後、リース物品等の所有権その他の権利が相手方に移転する旨の定めがないこと。

十六　次に掲げる行為により他の株式会社に対しその事業に必要な資金を供給する業務（当該組合が実施する資産運用の方法に限る。）

イ　株式に係る配当を受け取り、又は株式に係る売却益を得ることを目的として、当該会社の発行する株式を取得すること。

ロ　当該会社の発行する社債（社債、株式等の振替に関する法律（平成十三年法律第七十五号）第六十六条第一号に規定する短期社債を除く。）を取得すること。

ハ　イ又はロに掲げる行為を行うことを目的とする民法第六百六十七条第一項に規定する組合契約又は投資事業有限責任組合契約に関する法律第三条第一項に規定する投資事業有限責任組合契約を締結すること。

十七　投資信託委託会社又は資産運用会社として行う業務（当該組合が実施する資産運用の方法に限る。外国においてはこれらと同種類のもの及び投資信託委託会社がその運用の指図を行う投資信託財産又は資産運用会社が資産の運用を行う投資法人の資産に属する不動産の管理を行う業務を含む。）

十八　投資助言業務又は投資一任契約（当該組合が実

施する資産運用の方法に限る。）に係る業務

十九　投資信託法第二条第一項に規定する特定資産（不動産、不動産の賃借権及び地上権を除く。）に対する投資（当該組合が実施する資産運用の方法に限る。）として、他人のために金銭その他の財産の運用（その指図を含む。）を行う業務（前二号に該当するものを除く。）

二十　他の事業者の事業の譲渡、合併、会社の分割、株式交換若しくは株式移転に関する相談に応じ、又はこれらに関し仲介を行う業務

二十一　他の事業者の経営に関する相談に応ずる業務

二十二　金融その他経済に関する調査又は研究を行う業務

二十三　個人の財産形成に関する相談に応ずる業務

二十四　主として子会社対象会社に該当する会社その他厚生労働大臣の定める金融機関の業務に関するデータ又は事業者の財務に関するデータの処理を行う業務及びこれらのデータの伝送役務を提供する業務

二十五　算定割当量の取得若しくは譲渡に関する契約の締結又はその媒介、取次ぎ若しくは代理を行う業務

二十六　次に掲げる取引又はその媒介、取次ぎ若しくは代理を行う業務

イ　当事者が数量を定めた算定割当量について当該当事者間で取り決めた算定割当量の相場に基づき金銭の支払を相互に約する取引その他これに類似する取引

ロ　当事者の一方の意思表示により当事者間において前号の契約に係る取引及びイに掲げる取引を成立させることができる権利を相手方が当事者の一方に付与し、当該当事者の一方がこれに対して対価を支払うことを約する取引その他これに類似する取引

二十七　その他前各号に掲げる業務に準ずるものとして厚生労働大臣が定める業務

二十八　前各号に掲げる業務に附帯する業務（当該各号に掲げる業務を営む者が営むものに限る。）

3　法第五十三条の十八第一項第二号に規定する厚生労働省令で定める持株会社は、同項第一号に掲げる会社を子会社とする持株会社であつて、専ら当該子会社の経営管理を行う業務及びこれに附帯する業務並びに同号に掲げる業務を営むものとする。ただし、当該持株会社が第一項各号に掲げる業務を営む場合にあつては、当該業務は、厚生労働大臣が定める基準により主として共済事業専業組合又はその子会社の営む業務のために営むものでなければならない。

（法第五十三条の十八第一項の規定が適用されないこと

となる事由）

第二百二十八条　法第五十三条の十八第二項に規定する厚生労働省令で定める事由は、次に掲げる事由とする。

一　共済事業専業組合又はその子会社の担保権の実行による株式又は持分の取得

二　前号の組合又はその子会社の代物弁済の受領による株式又は持分の取得

三　第一号の組合又はその子会社が所有する議決権を行使することができない株式又は持分に係る議決権の取得（当該組合又はその子会社の意思によらない事象の発生により取得するものに限る。）

四　第一号の組合又はその子会社が所有する会社の株式の転換（当該組合又はその子会社の請求による場合を除く。）

五　第一号の組合又はその子会社が所有する株式又は持分の消却、併合又は分割

六　第一号の組合又はその子会社が所有する会社の定款の変更による株式又は持分に係る権利の内容又は一単元の株式の数の変更

七　第一号の組合又はその子会社が所有する会社の自己の株式又は持分の取得

（法第五十三条の十九第一項の規定が適用されないこととなる事由）

第二百二十九条　法第五十三条の十九第二項において準用する法第五十三条の十七第二項に規定する厚生労働省令で定める事由は、次に掲げる事由とする。

一　共済事業専業組合又はその子会社の担保権の実行による株式又は持分の取得

二　前号の組合又はその子会社の代物弁済の受領による株式又は持分の取得

三　第一号の組合又はその子会社の、その取引先である会社との間の合理的な経営改善のための計画に基づく株式又は持分の取得（当該組合又はその子会社に対する当該会社の債務を消滅させるために行うものであつて、当該株式又は持分の取得によつて相当の期間内に当該会社の経営の状況が改善されることが見込まれるものに限る。）

四　第一号の組合又はその子会社が所有する議決権を行使することができない株式又は持分に係る議決権の取得（当該組合又はその子会社の意思によらない事象の発生により取得するものに限る。）

五　第一号の組合又はその子会社が所有する会社の株式の転換（当該組合又はその子会社の請求による場合を除く。）

六　第一号の組合又はその子会社が所有する株式又は持分の消却、併合又は分割

七　第一号の組合又はその子会社が所有する会社の定款の変更による株式又は持分に係る権利の内容又は

一単元の株式の数の変更

八　第一号の組合又はその子会社が所有する会社の自己の株式又は持分の取得

九　元本補てんのない信託に係る信託財産以外の財産における議決権数が基準議決権数（法第五十三条の十九第一項に規定する基準議決権数をいう。次条第一項第三号及び第二項並びに第二百五十四条第一項第十七号から第二十号までにおいて同じ。）以内となる場合における株式又は持分の取得

（共済事業専業組合が基準議決権数を超えて議決権を有することについての承認の申請等）

第二百三十条　共済事業専業組合は、法第五十三条の十九第二項において準用する法第五十三条の十七第二項ただし書の規定による承認を受けようとするときは、申請書に次に掲げる書類を添付して行政庁に提出しなければならない。

一　理由書

二　当該承認に係る国内の会社の名称及び業務の内容を記載した書類

三　当該承認に係る国内の会社の議決権のうちその基準議決権数を超えて取得し、又は保有することとなつた部分の議決権の処分の方法に関する方針を記載した書類

四　その他参考となるべき事項を記載した書類

2　行政庁は、前項の規定による承認の申請があつたときは、当該申請をした組合又はその子会社が基準議決権数を超えて議決権を有することについてやむを得ないと認められる理由があるかどうかを審査するものとする。

第七章　設　立

（共済事業を行う組合の出資の総額の最低限度）

第二百三十一条　法第五十四条の二第一項に規定する厚生労働省令で定める区分は次の各号に掲げる区分とし、同項に規定する厚生労働省令で定める額は当該区分に応じ当該各号に定める額とする。

一　共済事業を行う消費生活協同組合であつてその組合員の総数が令第十八条に定める基準を超えるもの　一億円

二　共済事業を行う連合会　十億円

（創立総会の議事録）

第二百三十二条　法第五十六条第四項の規定による創立総会の議事録の作成については、この条の定めるところによる。

2　創立総会の議事録は、書面又は電磁的記録をもつて作成しなければならない。

3　創立総会の議事録は、次に掲げる事項を内容とする

ものでなければならない。

一　創立総会が開催された日時及び場所

二　創立総会の議事の経過の要領及びその結果

三　創立総会に出席した発起人又は設立当時の役員の氏名又は名称

四　創立総会の議長の氏名

五　議事録の作成に係る職務を行つた発起人の氏名又は名称

（設立の認可申請）

第二百三十三条　法第五十七条第一項の規定により提出する役員名簿には、役員の氏名、住所、経歴を記載しなければならない。

2　法第五十七条第一項の規定による設立の認可の申請書には、発起人がその代表者を定めたときは、その権限を証する書類を添付しなければならない。

第八章　合　併　等

（解散の認可申請）

第二百三十四条　法第六十二条第二項の規定による総会の議決による解散の認可の申請書には、理由書及び総会の議事録の謄本を添付しなければならない。

（継続の認可申請）

第二百三十五条　法第六十三条第一項ただし書の規定による組合の継続の認可の申請書には、組合員の三分の二以上の同意を証する書面を添付しなければならない。

（吸収合併消滅組合の事前開示事項）

第二百三十六条　法第六十八条第一項に規定する吸収合併契約の内容その他厚生労働省令で定める事項は、次に掲げる事項とする。

一　法第六十六条第四号に掲げる事項についての定め（当該定めがない場合にあつては、当該定めがないこと）の相当性に関する事項

二　吸収合併消滅組合の組合員に対して交付する金銭等の全部又は一部が吸収合併存続組合の持分であるときは、当該吸収合併存続組合の定款の定め

三　吸収合併消滅組合の組合員に対して交付する金銭等の全部又は一部が吸収合併存続組合以外の法人等の株式、持分、社債等その他これらに準ずるものである場合（当該吸収合併契約につき吸収合併消滅組合の総組合員の同意を得た場合を除く。）において、次のイからハまでに掲げるときは、当該イからハまでに定める事項（当該事項が日本語以外の言語で表示されている場合にあつては、当該事項（氏名又は名称に係る事項を除く。）に相当する事項を日本語で表示した事項）

イ　当該金銭等が当該法人等の株式、持分その他こ

れらに準ずるものである場合　当該法人等の定款その他これに相当するもの

ロ　当該法人等がその貸借対照表その他これに相当するものの内容を法令の規定に基づき公告（会社法第四百四十条第三項の措置に相当するものを含む。）をしているもの又は金融商品取引法第二十四条第一項の規定により有価証券報告書を内閣総理大臣に提出しているものでない場合　当該法人等の過去五年間の貸借対照表その他これに相当するもの（設立後五年を経過していない法人等にあつては、成立後の各事業年度に係るもの）の内容

ハ　当該法人等について登記（当該法人等が外国の法令に準拠して設立されたものであるときは、会社法第九百三十三条第一項の外国会社の登記又は外国法人の登記及び夫婦財産契約の登記に関する法律（明治三十一年法律第十四号）第二条の外国法人の登記に限る。）がされていない場合　次に掲げる事項

(1)　当該法人等を代表する者の氏名又は名称及び住所

(2)　当該法人等の取締役、会計参与、監査役その他の役員の氏名又は名称

四　吸収合併存続組合についての次に掲げる事項

イ　最終事業年度に係る事業報告書、貸借対照表、損益計算書、監査報告及び会計監査報告（最終事業年度がない場合にあつては、吸収合併存続組合の成立の日における貸借対照表）の内容

ロ　最終事業年度の末日（最終事業年度がない場合にあつては、吸収合併存続組合の成立の日）後に重要な財産の処分、重大な債務の負担その他の組合財産の状況に重要な影響を与える事象が生じたときは、その内容（法第六十八条第一項各号に掲げる日のいずれか早い日（以下この条において「吸収合併契約等備置開始日」という。）後吸収合併の効力が生ずる日までの間に新たな最終事業年度が存することとなる場合にあつては、当該新たな最終事業年度の末日後に生じた事象の内容に限る。）

五　吸収合併消滅組合（法第六十二条第一項各号の事由による解散により清算をする組合及び法第七十三条において準用する会社法第四百七十五条第二号の規定により清算をする組合（以下「清算組合」という。）を除く。）において最終事業年度の末日（最終事業年度がない場合にあつては、吸収合併消滅組合の成立の日）後に重要な財産の処分、重大な債務の負担その他の組合財産の状況に重要な影響を与える事象が生じたときは、その内容（吸収合併契約等備置開始日後吸収合併の効力が生ずる日までの間に新

たな最終事業年度が存することとなる場合にあつては、当該新たな最終事業年度の末日後に生じた事象の内容に限る。）

六　吸収合併が効力を生ずる日以後における吸収合併存続組合の債務（法第六十八条の二第七項において準用する法第四十九条及び第四十九条の二の規定により吸収合併について異議を述べることができる債権者に対して負担する債務に限る。）の履行の見込みに関する事項

七　吸収合併契約等備置開始日後、前各号に掲げる事項に変更が生じたときは、変更後の当該事項

第二百三十七条　法第六十八条第二項第四号に規定する厚生労働省令で定めるものは、吸収合併消滅組合の定めたものとする。

（吸収合併存続組合の事前開示事項）

第二百三十八条　法第六十八条の二第一項に規定する吸収合併契約の内容その他厚生労働省令で定める事項は、次に掲げる事項とする。

一　法第六十六条第四号に掲げる事項についての定め（当該定めがない場合にあつては、当該定めがないこと）の相当性に関する事項

二　吸収合併消滅組合（清算組合を除く。）についての次に掲げる事項

イ　最終事業年度に係る事業報告書、貸借対照表、損益計算書、監査報告及び会計監査報告（最終事業年度がない場合にあつては、吸収合併消滅組合の成立の日における貸借対照表）の内容

ロ　最終事業年度の末日（最終事業年度がない場合にあつては、吸収合併消滅組合の成立の日）後に重要な財産の処分、重大な債務の負担その他の組合財産の状況に重要な影響を与える事象が生じたときは、その内容（法第六十八条の二第一項各号に掲げる日のいずれか早い日（以下この条において「吸収合併契約等備置開始日」という。）後吸収合併の効力が生ずる日までの間に新たな最終事業年度が存することとなる場合にあつては、当該新たな最終事業年度の末日後に生じた事象の内容に限る。）

三　吸収合併消滅組合（清算組合に限る。）が法第七十三条において準用する会社法第四百九十二条第一項の規定により作成した貸借対照表

四　吸収合併存続組合において最終事業年度の末日（最終事業年度がない場合にあつては、吸収合併存続組合の成立の日）後に重要な財産の処分、重大な債務の負担その他の組合財産の状況に重要な影響を与える事象が生じたときは、その内容（吸収合併契約等備置開始日後吸収合併の効力が生ずる日までの間に新たな最終事業年度が存することとなる場合に

あつては、当該新たな最終事業年度の末日後に生じた事象の内容に限る。）

五　吸収合併が効力を生ずる日以後における吸収合併存続組合の債務（法第六十八条の二第七項において準用する法第四十九条及び第四十九条の二の規定により吸収合併について異議を述べることができる債権者に対して負担する債務に限る。）の履行の見込みに関する事項

六　吸収合併契約等備置開始日後吸収合併が効力を生ずる日までの間に、前各号に掲げる事項に変更が生じたときは、変更後の当該事項

（吸収合併存続組合の事後開示事項）

第二百三十九条　法第六十八条の二第八項に規定する厚生労働省令で定める事項は、次に掲げる事項とする。

一　吸収合併が効力を生じた日

二　吸収合併消滅組合における次に掲げる事項

イ　法第六十八条第四項の規定による請求に係る手続の経過

ロ　法第六十八条第五項において準用する法第四十九条及び第四十九条の二の規定による手続の経過

三　吸収合併存続組合における次に掲げる事項

イ　法第六十八条の二第六項の規定による請求に係る手続の経過

ロ　法第六十八条の二第七項において準用する法第四十九条及び第四十九条の二の規定による手続の経過

四　吸収合併により吸収合併存続組合が吸収合併消滅組合から承継した重要な権利義務に関する事項

五　法第六十八条第一項の規定により吸収合併消滅組合が備え置いた書面又は電磁的記録に記載又は記録がされた事項（吸収合併契約の内容を除く。）

六　前各号に掲げるもののほか、吸収合併に関する重要な事項

（新設合併消滅組合の事前開示事項）

第二百四十条　法第六十八条の三第一項に規定する新設合併契約の内容その他厚生労働省令で定める事項は、次に掲げる事項とする。

一　法第六十七条第四号に掲げる事項についての定めの相当性に関する事項

二　他の新設合併消滅組合（清算組合を除く。以下この号において同じ。）についての次に掲げる事項

イ　最終事業年度に係る事業報告書、貸借対照表、損益計算書、監査報告及び会計監査報告（最終事業年度がない場合にあつては、他の新設合併消滅組合の成立の日における貸借対照表）の内容

ロ　他の新設合併消滅組合において最終事業年度の末日（最終事業年度がない場合にあつては、他の新設合併消滅組合の成立の日）後に重要な財産の

処分、重大な債務の負担その他の組合財産の状況に重要な影響を与える事象が生じたときは、その内容（法第六十八条の三第一項各号に掲げる日のいずれか早い日（以下この条において「新設合併契約等備置開始日」という。）後新設合併の効力が生ずる日までの間に新たな最終事業年度が存することとなる場合にあつては、当該新たな最終事業年度の末日後に生じた事象の内容に限る。）

三　他の新設合併消滅組合（清算組合に限る。）が法第七十三条において準用する会社法第四百九十二条第一項の規定により作成した貸借対照表

四　当該新設合併消滅組合（清算組合を除く。）において最終事業年度の末日（最終事業年度がない場合にあつては、当該新設合併消滅組合の成立の日）後に重要な財産の処分、重大な債務の負担その他の組合財産の状況に重要な影響を与える事象が生じたときは、その内容（新設合併契約等備置開始日後新設合併の効力が生ずる日までの間に新たな最終事業年度が存することとなる場合にあつては、当該新たな最終事業年度の末日後に生じた事象の内容に限る。）

五　新設合併が効力を生ずる日以後における新設合併設立組合の債務（他の新設合併消滅組合から承継する債務を除く。）の履行の見込みに関する事項

六　新設合併契約等備置開始日後、前各号に掲げる事項に変更が生じたときは、変更後の当該事項

（新設合併設立組合の事後開示事項）

第二百四十一条　法第六十八条の四第六項に規定する厚生労働省令で定める事項は、次に掲げる事項とする。

一　新設合併が効力を生じた日

二　法第六十八条の三第四項の規定による請求に係る手続の経過

三　法第六十八条の三第五項において準用する法第四十九条及び第四十九条の二の規定による手続の経過

四　新設合併により新設合併設立組合が新設合併消滅組合から承継した重要な権利義務に関する事項

五　前各号に掲げるもののほか、新設合併に関する重要な事項

（組合の合併の認可の申請）

第二百四十二条　法第六十九条第一項の規定により組合の合併の認可を申請しようとする者は、次の書類を添えて提出しなければならない。

一　合併理由書

二　合併後存続する組合又は合併によつて設立する組合の定款

三　合併契約の内容を記載した書面又はその謄本

四　合併後存続する組合又は合併によつて設立する組合の事業計画書

五　合併後存続する組合又は合併によつて設立する組

合の収支予算書

六　合併の当事者たる組合が合併に関する事項につき議決した総会の議事録その他必要な手続があつたことを証する書面

七　法第四十七条の二第二項の規定に基づく総会の招集があつた場合には、当該総会までの経過を記載した書類及び当該総会の議事録又はその謄本

八　合併の当事者たる組合が作成した最終事業年度末日における貸借対照表（最終事業年度がない場合にあつては、合併の当事者たる組合の成立の日における貸借対照表）

九　合併の当事者たる組合が法第六十八条第五項、第六十八条の二第七項及び第六十八条の三第五項において準用する法第四十九条第三項の規定による公告及び催告（同条第五項の規定により公告を官報のほか法第二十六条第三項の規定による定款の定めに従い同項第二号又は第三号のいずれかに掲げる公告方法によつてした場合にあつては、これらの方法による公告）をしたこと並びに異議を述べた債権者があるときは、法第四十九条の二第二項の規定により当該債権者に対し弁済し、若しくは相当の担保を供し、若しくは当該債権者に弁済を受けさせることを目的として相当の財産の信託をしたこと又は当該合併をしても当該債権者を害するおそれがないことを証する書面

2　合併により組合を設立しようとする場合にあつては、前項の書類のほか、合併によつて設立する組合の役員の氏名及び住所を記載した書面並びにこれらの役員の選任及び前項第二号、第四号及び第五号の書類の作成が法第六十八条の四第二項の規定による設立委員によつてなされたものであることを証する書面を提出しなければならない。

（清算開始時の財産目録）

第二百四十三条　法第七十三条において準用する会社法第四百九十二条第一項の規定により作成すべき財産目録については、この条の定めるところによる。

2　前項の財産目録に計上すべき財産については、その処分価格を付すことが困難な場合を除き、法第七十三条において準用する会社法第四百七十五条第一号及び第二号に掲げる場合に該当することとなつた日における処分価格を付さなければならない。この場合においては、清算組合の会計帳簿については、財産目録に付された価格を取得価額とみなす。

3　第一項の財産目録は、次に掲げる部に区分して表示しなければならない。この場合において、第一号及び第二号に掲げる部は、その内容を示す適当な名称を付した項目に細分することができる。

一　資産

二　負債
三　正味資産

（清算開始時の貸借対照表）
第二百四十四条　法第七十三条において準用する会社法第四百九十二条第一項の規定により作成すべき貸借対照表については、この条の定めるところによる。
2　前項の貸借対照表は、財産目録に基づき作成しなければならない。
3　第一項の貸借対照表は、次に掲げる部に区分して表示しなければならない。この場合において、第一号及び第二号に掲げる部は、その内容を示す適当な名称を付した項目に細分することができる。
一　資産
二　負債
三　純資産
4　処分価格を付すことが困難な資産がある場合には、第一項の貸借対照表には、当該資産に係る財産評価の方針を注記しなければならない。

（各清算事業年度に係る事務報告書）
第二百四十五条　法第七十三条において準用する法第三十一条の九第二項の規定により、清算組合が作成すべき事務報告書は、清算に関する事務の執行の状況に係る重要な事項をその内容としなければならない。

（決算報告）
第二百四十六条　法第七十三条において準用する会社法第五百七条第一項の規定により作成すべき決算報告は、次に掲げる事項を内容とするものでなければならない。この場合において、第一号及び第二号に掲げる事項については、適切な項目に細分することができる。
一　債権の取立て、資産の処分その他の行為によつて得た収入の額
二　債務の弁済、清算に係る費用の支払その他の行為による費用の額
三　残余財産の額（支払税額がある場合には、その税額及び当該税額を控除した後の財産の額）
四　出資一口当たりの分配額
2　前項第四号に掲げる事項については、次に掲げる事項を注記しなければならない。
一　残余財産の分配を完了した日
二　残余財産の全部又は一部が金銭以外の財産である場合には、当該財産の種類及び価額

（監事調査の対象）
第二百四十七条　法第七十三条において準用する会社法第三百八十四条に規定する厚生労働省令で定めるものは、電磁的記録その他の資料とする。

第九章　監　督

（決算関係書類の提出）

第二百四十八条　組合は、法第九十二条の二第一項に規定する書類については、次に掲げる事項につき作成し、行政庁に提出しなければならない。

一　事業報告書

二　貸借対照表

三　損益計算書

四　附属明細書

五　剰余金処分計算書又は損失処理計算書

六　前各号の書類を提出した通常総会の議事録又はその謄本

2　法第九十二条の二第二項の規定により、会計監査人監査組合が子会社等を有する場合において当該組合が作成し行政庁に提出しなければならない書類は、次に掲げる書類とする。

一　連結貸借対照表

二　連結損益計算書

三　連結純資産変動計算書

3　組合は、やむを得ない理由により法第九十二条の二第一項に規定する期間内に前二項の書類の提出をすることができない場合には、あらかじめ行政庁の承認を受けて、当該提出を延期することができる。

4　組合は、前項の規定による承認を受けようとするときは、申請書に理由書を添付して行政庁に提出しなければならない。

5　行政庁は、前項の規定による承認の申請があつたときは、当該申請をした組合が第三項の規定による提出の延期をすることについてやむを得ないと認められる理由があるかどうかを審査するものとする。

（特定共済組合の共済金等の支払能力の充実の状況に係る区分及びこれに応じた命令）

第二百四十八条の二　特定共済組合についての法第九十四条の二第三項に規定する同条第二項の規定による命令であつて共済金等の支払能力の充実の状況に係る区分に応じ厚生労働省令で定めるものは、次条に定める場合を除き、別表第六の上欄に掲げる支払余力比率に係る区分に応じ当該区分の下欄に掲げる命令とする。

第二百四十八条の三　特定共済組合が、その支払余力比率について当該組合が該当していた別表第六の上欄に掲げる区分の支払余力比率の範囲を超えて低下したことを知つた後、速やかに、その支払余力比率が当該組合が該当する同表の区分の支払余力比率の範囲を超えて確実に改善するための合理的と認められる計画を行政庁に提出した場合には、前条の規定にかかわらず、当該組合の区分に応じた命令は、当該計画の提出時の支払余力比率から当該計画の実施後に見込まれる支払余力比率までに係る同表の区分（非対象区分を除く。）の下欄に掲げる命令とする。ただし、当該計画が合理的でないことが明らかになつた場合には、当該組合について の命令は、当該計画の提出時の支払余力比率に係る同表の区分の下欄に定める命令とする。

2　別表第六第三区分の項に該当する特定共済組合の貸借対照表の資産の部に計上されるべき金額（次の各号に掲げる資産については、当該各号に定める価額とする。次項において同じ。）の合計額（その他有価証券に属する資産の貸借対照表計上額と帳簿価額の差額に係る繰延税金資産に相当する額を控除した額とする。同項において同じ。）が貸借対照表の負債の部に計上されるべき金額の合計額を基礎として厚生労働大臣が定めるところにより計算した金額を上回る場合又は上回ると見込まれる場合には、当該組合についての命令は、同表第二区分の項の下欄に掲げる命令を含むものとする。

一　有価証券　支払余力比率の算出を行う日（以下「算出日」という。）の公表されている最終価格に基づき算出した価額又はこれに準ずるものとして合理的な方法により算出した価額

二　有形固定資産　算出日の適正な評価価格に基づき算出した価額

三　前二号に掲げる資産以外の資産で帳簿価額が算出日において評価した価額と著しく異なるもの　当該評価した価額

3　別表第六非対象区分の項、第一区分の項及び第二区分の項に該当する特定共済組合の貸借対照表の資産の部に計上されるべき金額の合計額が貸借対照表の負債の部に計上されるべき金額の合計額を基礎として厚生労働大臣が定めるところにより計算した金額を下回る場合又は下回ると見込まれる場合には、当該組合についての命令は、同表の第三区分の項の下欄に掲げる命令を含むものとする。

（共済代理店の設置又は廃止の届出）

第二百四十九条　共済事業を行う組合は、法第九十六条の二第一号に該当することにより同条の規定による届出をしようとするときは、届出書に理由書その他の参考となるべき事項を記載した書類を添付して行政庁に提出しなければならない。

（共済計理人の選任及び退任の届出）

第二百五十条　共済事業を行う組合は、法第九十六条の二第二号に該当することにより同条の規定による届出をしようとするときは、遅滞なく、届出書に共済計理人の履歴書及び当該共済計理人が第百九十二条に規定する要件に該当することを証する書類を添付して行政庁に提出しなければならない。

2　前項の組合は、共済計理人が退任したときは、遅滞なく、届出書に理由書を添付して行政庁に提出しなければならない。

3　第一項の組合は、前二項に規定する書類のほか、共済計理人が二人以上となる場合は、各共済計理人のそれぞれの職務に属する事項を記載した書類を添付しなければならない。

（子会社等に関する届出）

第二百五十一条　共済事業を行う組合は、法第九十六条の二第三号に該当することにより同条の規定による届出をしようとするときは、遅滞なく、届出書に理由書及び当該届出に係る子会社等に関する次に掲げる書類を添付して行政庁に提出しなければならない。

一　名称及び主たる営業所又は事務所の位置を記載した書類

二　業務の内容を記載した書類

三　最終の貸借対照表、損益計算書及び株主資本等変動計算書その他直近の業務、財産及び損益の状況を知ることができる書類

四　役員の役職名及び氏名を記載した書類

第二百五十二条　共済事業を行う組合は、法第九十六条の二第四号に該当することにより同条の規定による届出をしようとするときは、遅滞なく、届出書に理由書を添付して行政庁に提出しなければならない。

（説明書類の縦覧開始の届出）

第二百五十三条　共済事業を行う組合は、法第九十六条の二第五号に該当することにより同条の規定による届出をしようとするときは、遅滞なく、届出書に同号に規定する説明書類を添付して行政庁に提出しなければならない。

（届出事項等）

第二百五十四条　法第九十六条の二第六号に規定する厚生労働省令で定める場合は、次に掲げる場合とする。

一　共済事業兼業組合が子会社対象会社を子会社としようとするとき。

二　共済事業兼業組合の子会社対象会社に該当する子会社が子会社でなくなつたとき。

三　共済事業兼業組合の子会社対象会社に該当する子会社が子会社対象会社に該当しない子会社となつたとき。

四　共済事業専業組合が子会社対象会社を子会社としようとするとき。

五　共済事業専業組合の子会社対象会社に該当する子会社が子会社でなくなつたとき。

六　共済事業専業組合の子会社対象会社に該当する子会社が子会社対象会社に該当しない子会社となつたとき。

七　共済事業兼業組合が第二百二十三条各号に掲げる

事由により他の会社（第一号の規定により子会社とすることについて同号の届出をしなければならないとされるものを除く。）を子会社とした場合

八　共済事業兼業組合が前号に規定する子会社の議決権を取得し、又は保有した場合

九　第七号に規定する子会社が名称、本店の所在地若しくは主な業務の内容を変更し、合併し、又は業務の全部を廃止した場合（第二号の規定により子会社でなくなつたことについて同号の届出をしなければならないとされるもの及び第三号の規定により子会社対象会社に該当しない子会社となつたことについて同号の届出をしなければならないとされるものを除く。）

十　共済事業専業組合が第二百二十八条各号に掲げる事由により他の会社（第四号の規定により子会社とすることについて同号の届出をしなければならないとされるものを除く。）を子会社とした場合

十一　共済事業専業組合が前号に規定する子会社の議決権を取得し、又は保有した場合

十二　第十号に規定する子会社が名称、本店の所在地若しくは主な業務の内容を変更し、合併し、又は業務の全部を廃止した場合（第五号の規定により子会社でなくなつたことについて同号の届出をしなければならないとされるもの及び第六号の規定により子会社対象会社に該当しない子会社となつたことについて同号の届出をしなければならないとされるものを除く。）

十三　共済事業兼業組合又はその子会社が、第二百二十四条各号に掲げる事由により、国内の会社の議決権を合算してその基準議決権数を超えて取得し、又は保有した場合

十四　共済事業兼業組合又はその子会社が国内の子会社対象会社の議決権を合算してその基準議決権数を超えて取得し、又は保有することとなつた場合

十五　共済事業兼業組合又はその子会社が合算してその基準議決権数を超えて保有することとなつた国内の会社の議決権のうちその基準議決権数を超える部分の議決権を保有しなくなつた場合

十六　共済事業兼業組合又はその子会社が合算してその基準議決権数を超えて議決権を保有する会社（当該組合の子会社を除く。）がその業務内容を変更することとなつた場合

十七　共済事業専業組合又はその子会社が、第二百二十九条各号に掲げる事由により、国内の会社の議決権を合算してその基準議決権数を超えて取得し、又は保有した場合

十八　共済事業専業組合又はその子会社が国内の子会社対象会社の議決権を合算してその基準議決権数を

超えて取得し、又は保有することとなつた場合
十九　共済事業専業組合又はその子会社が合算してその基準議決権数を超えて保有することとなつた国内の会社の議決権のうちその基準議決権数を超える部分の議決権を保有しなくなつた場合
二十　共済事業専業組合又はその子会社が合算してその基準議決権数を超えて議決権を保有する会社（当該組合の子会社を除く。）がその業務内容を変更することとなつた場合
二十一　共済事業を行う組合が異常危険準備金について第百七十九条第五項に規定する厚生労働大臣が定める積立て及び取崩しに関する基準によらない積立て又は取崩しを行おうとする場合
二十二　共済事業を行う組合が劣後特約付金銭消費貸借（元利金の支払について劣後的内容を有する特約が付された金銭の消費貸借であつて、特定共済組合の共済金等の支払能力の充実に資するものとして厚生労働大臣が定める金銭の消費貸借に該当するものをいう。次号において同じ。）による借入れをしようとする場合
二十三　共済事業を行う組合が劣後特約付金銭消費貸借に係る債務について期限前弁済をしようとする場合（期限のないものについて弁済をしようとする場合を含む。）
二十四　共済事業を行う組合、当該組合の子会社又は共済代理店（第三項において「共済事業を行う組合等」という。）において不祥事件（共済代理店にあつては当該組合が委託する共済事業に係るものに限る。）が発生したことを知つた場合
2　前項第二十一号に該当する場合の届出は、決算関係書類及びその附属明細書の作成後、速やかに、当該書類を添付して行うものとする。
3　第一項第二十四号に規定する「不祥事件」とは、共済事業を行う組合等又はその使用人その他の従業者（共済事業を行う組合等が法人であるときは、その役員（法人が役員であるときは、業務を執行する者を含む。）又は職員）が次の各号のいずれかに該当する行為を行つたことをいう。
一　共済事業を行う組合等の業務を遂行するに際しての詐欺、横領、背任その他の犯罪行為
二　出資の受入れ、預り金及び金利等の取締りに関する法律（昭和二十九年法律第百九十五号）に違反する行為
三　法第十二条の二第三項において準用する保険業法第三百条第一項本文（ただし書を除く。）又は法第十二条の三第二項において準用する金融商品取引法第三十八条第四号から第六号まで若しくは第八号の規定に違反する行為

四　現金、手形、小切手又は有価証券その他有価物の紛失（盗難に遭うこと及び過不足を生じさせることを含む。以下この号において同じ。）のうち、共済事業を行う組合等の業務の特性、規模その他の事情を勘案し、当該業務の管理上重大な紛失と認められるもの

五　その他組合の業務の健全かつ適切な運営に支障を来す行為又はそのおそれのある行為であつて前各号に掲げる行為に準ずるもの

4　第一項第二十四号に規定する不祥事件が発生したときの届出は、当該不祥事件の発生を組合が知つた日から一月以内に行わなければならない。

5　法第五十三条の十七第七項の規定は、第一項第十三号から第二十号までの議決権について準用する。

第十章　雑　則

（電磁的記録に記録された事項を表示する方法）

第二百五十五条　次に掲げる規定に規定する厚生労働省令で定める方法は、次に掲げる規定の電磁的記録（法第二十五条の二第三項第二号に規定する電磁的記録をいう。）に記録された事項を紙面又は映像面に表示する方法とする。

一　法第二十五条の二第三項第二号

二　法第二十六条の五第二項第二号

三　法第三十条の七第三項第二号（法第七十三条において準用する場合を含む。）

四　法第三十一条の九第十一項第三号（法第七十三条において準用する場合を含む。）

五　法第三十一条の十第三項において準用する会社法第三百九十六条第二項第二号

六　法第三十二条第三項第二号

七　法第四十五条第四項第二号（法第七十三条において準用する場合を含む。）

八　法第四十九条第二項第二号

九　法第五十三条の九第二項第三号

十　法第六十八条第二項第三号

十一　法第六十八条の二第二項第三号

十二　法第六十八条の二第十項第三号

十三　法第六十八条の三第二項第三号

十四　法第六十八条の四第八項第三号

（電磁的記録の備置きに関する特則）

第二百五十六条　次に掲げる規定に規定する厚生労働省令で定めるものは、組合の使用に係る電子計算機を電気通信回線で接続した電子情報処理組織を使用する方法であつて、当該電子計算機に備えられたファイルに記録された情報の内容を電気通信回線を通じて組合の主たる事務所又は従たる事務所において使用される電

子計算機に備えられたファイルに当該情報を記録する方法とする。

一　法第二十六条の五第三項

二　法第三十条の七第二項

三　法第三十一条の九第十項

四　法第四十五条第三項（法第七十三条において準用する場合を含む。）

（職員の身分を示す証票及び証明書）

第二百五十七条　法第十二条の二第三項において準用する保険業法第三百十一条第一項の証票及び法第九十四条第七項の証明書の様式は、別紙様式第二のとおりとする。

附　則（略）

別表第一（第五十一条第一項第二十三号イ関係）

算式　$\sum_{i=1}^{n} U_i \cdot T_i$

nは、返済回数

T_iは、年を単位として表した次の期間

イ　iが1のときは、金銭を交付した日から第一回の弁済日の前日までの期間

ロ　iが2以上のときは、直前の弁済日から第i回の弁済日の前日までの期間

U_iは、次の値

イ　iが1のときは、実際に利用可能な貸付けの金額

ロ　iが2以上のときは、次式により算出する未返済金の額

$$U_i = U_{i-1} - (P_{i-1} - R \cdot U_{i-1} \cdot T_{i-1})$$

P_iは、第i回の弁済の金額とする。

Rは、第五十一条第一項第二十三号イに規定する貸付けの利率

別表第二（第百八十六条関係）

対象資産	積立基準	積立限度
第百八十五条第一項第一号に掲げる資産	千分の四・〇	千分の二百
第百八十五条第一項第二号に掲げる資産	千分の四・〇	千分の百五十
第百八十五条第一項第三号に掲げる資産	千分の〇・四	千分の二十

第百八十五条第一項第四号に掲げる資産	千分の〇・八	千分の三十
第百八十五条第一項第五号に掲げる資産	千分の二・四	千分の百
第百八十五条第一項第六号に掲げる資産	千分の二・八	千分の百十
第百八十五条第一項第七号に掲げる資産	千分の二・〇	千分の百

別表第三（第二百九条第一項第三号ハ関係）

項目	記載事項
主要な業務の状況を示す指標	一　共済の種類ごとの新契約高及び保有契約高又は元受共済掛金 二　死亡保障、生存保障、入院保障、障害保障及び手術保障について、共済契約の種類ごとの保障機能別保有契約高 三　共済の種類ごとの支払共済金の額
共済契約に関する指標	一　共済の種類ごとの保有契約増加率 二　新契約平均共済金額及び保有契約平均共済金額 三　解約失効率 四　月払契約の新契約平均共済掛金 五　契約者割戻しの状況 六　共済契約を再共済又は再保険に付した場合における当該再共済又は再保険を引き受けた主要な者の数 七　共済契約を再共済又は再保険に付した場合における支払再共済掛金又は支払再保険料の額が大きいことにおいて上位を占める五の当該再共済又は再保険を引き受けた者に対する支払再共済掛金又は支払再保険料の割合 八　共済契約を再保険に付した場合における当該再保険を引き受けた主要な保険会社等（第百八十条各号に掲げる者をいう。）の適格格付業者（保険業法施行規則（平成八年大蔵省令第五号）別表（第五十九条の二第一項第三号ハ関係（生命保険会社））保険契約に関する指標等の項第八号又は別表（第五十九条の二第一項第三号ハ関係（損害保険会社））保険

	契約に関する指標等の項第七号に規定する適格格付業者をいう。）又は海外においてこれと同等の実績を有する格付業者による格付に基づく区分ごとの支払再保険料の割合 九　未だ収受していない再共済金又は再保険金の額 十　第三分野共済の共済契約に係る給付事由又は共済事業の種類ごとの、発生共済金額（共済金支払に係る事業経費等を含む。）の経過共済掛金（当該事業年度の経過期間に対応する責任に相当する額として計算した金額をいう。）に対する割合（再共済又は再保険に付した部分の控除をしないものとして計算する。）
経理に関する指標	一　責任準備金の積立方式及び積立率 ［積立率の算式（実際に積み立てている共済掛金積立金＋未経過共済掛金）／（平準純共済掛金式による共済掛金積立金＋未経過共済掛金）×百パーセント］ 二　共済の特性ごとの契約者割戻準備金明細 三　貸倒引当金を一般貸倒引当金、個別貸

	倒引当金、価格変動準備金を含むその他引当金ごとに区分し、当期首残高、当期末残高、当期増減額等の区分ごとの引当金明細 四　法定準備金科目、任意積立金科目等に区分し、当期首残高、当期増加額、当期減少額及び当期末残高の区分ごとの法定準備金及び任意積立金明細 五　事業経費の明細
資産運用に関する指標	一　主要資産（現預金、コールローン、買現先勘定、債券貸借取引支払保証金、金銭債権、金銭の信託、有価証券等。以下次号及び第三号において同じ。）の区分ごとの平均残高 二　主要資産の区分ごとの構成及び増減 三　主要資産の区分ごとの運用利回り 四　利息及び配当金収入、金銭の信託運用益、売買目的有価証券運用益、有価証券売却益、有価証券償還益、金融派生商品収益、為替差益、その他運用収益、合計等の区分ごとの資産運用収益明細 五　支払利息、金銭の信託運用費、売買目的有価証券運用損、有価証券売却損、有

	価証券償還損、金融派生商品費用、その他運用費用、合計等の区分ごとの資産運用費用明細 六　利息及び配当金収入等明細 七　有価証券の種類別（国債、地方債、社債、株式、外国証券、その他の証券の区分をいう。次号において同じ。）残高 八　有価証券の種類別の残存期間別残高 九　業種別保有株式の額 十　共済契約貸付及び業種別の貸付金残高並びに当該貸付金残高の合計に対する割合 十一　使途別（設備資金及び運転資金の区分をいう。）の貸付金残高 十二　担保の種類別（不動産その他担保物、債務保証、損失補償の区分をいう。）貸付金残高 十三　外貨建資産について、公社債、株式、現預金・その他に区分し、円貨額が確定した外貨建資産について、公社債、現預金・その他に区分し、円貨建資産について公社債（円建外債）の区分ごとの海外投資残高 十四　外国証券（公社債、株式等）の区分ごとの海外投資の地域別構成 十五　海外投資運用利回り
その他の指標	業務用固定資産残高

注　この表において「契約者割戻し」とは、法第五十条の十第一項に規定する契約者割戻しをいう。

別表第四　（第二百九条第一項第四号関係）

契約年度	**責任準備金残高**	**予定利率**
1980年度まで	百万円	
1981年度から1985年度		
1986年度から1990年度		
1991年度から1995年度		
1996年度から2000年度		
2001年度から2005年度		

2006年度		
2007年度		
2008年度		

（記載上の注意）

1　第百七十九条第一項第一号に掲げる責任準備金について記載すること。

2　予定利率については、各事業年度ごとの責任準備金に係る主な予定利率を記載すること。

3　共済契約の締結時期が2006年度以降の契約については各事業年度ごとに記載すること。

別表第五（第二百九条第一項第六号ニ関係）

項目	記載事項
法第五十条の五第一号に係る細目	一　第百六十六条の二第一項第一号に掲げる額 二　第百六十六条の二第一項第二号に掲げる額 三　第百六十六条の二第一項第三号に掲げる額 四　第百六十六条の二第一項第四号に掲げる額 五　第百六十六条の二第一項第五号に掲げる額 六　第百六十六条の二第一項第六号に掲げる額 七　第百六十六条の二第一項第七号に掲げる額 八　法第五十条の五第一号に掲げる額のうち、前各号に掲げる額以外の額の合計額
法第五十条の五第二号に係る細目	一　第百六十六条の三第一号に掲げる額 二　第百六十六条の三第一号の二に掲げる額 三　第百六十六条の三第二号に掲げる額 四　第百六十六条の三第三号に掲げる額 五　第百六十六条の三第四号に掲げる額

別表第六（第二百四十八条の二及び第二百四十八条の三関係）

支払余力比率に係る区分	命令
非対象区分（支払余力比率が二〇〇パーセント以上であるもの）	
第一区分（支払余力比率が一〇〇パーセント以上二〇〇パーセント未満であるもの）	経営の健全性を確保するための合理的と認められる改善計画の提出の求め及びその実行の命令
第二区分（支払余力比率が〇パーセント以上一〇〇パーセント未満であるもの）	次の各号に掲げる共済金等の支払能力の充実に資する措置に係る命令 一　共済金等の支払能力の充実に係る合理的と認められる計画の提出及びその実行 二　剰余金の割戻し又は役員賞与の禁止又はその額の抑制

三　契約者割戻しの禁止又はその額の抑制

四　新規に締結しようとする共済契約に係る共済掛金の計算の方法（その計算の基礎となる係数を要する場合においては、その係数を含む。）の変更

五　事業費の抑制

六　一部の方法による資産の運用の禁止又はその額の抑制

七　一部の事務所における業務の縮小

八　主たる事務所を除く一部の事務所の廃止

九　子会社等の業務の縮小

十　子会社等の株式又は持分の処分

十一　法第十条第二項に規定する保険会社その他厚生労働大臣が指定するこれに準ずる者の業務の代理又は事務の代行（厚生労

	働省令で定めるものに限る。）の事業その他の共済事業に付随する事業の縮小又は新規の取扱いの禁止 十二　その他行政庁が必要と認める措置
第三区分（支払余力比率が〇パーセント未満であるもの）	期限を付した業務の全部又は一部の停止の命令

別紙様式第一（第五十一条第一項第五十四号関係）

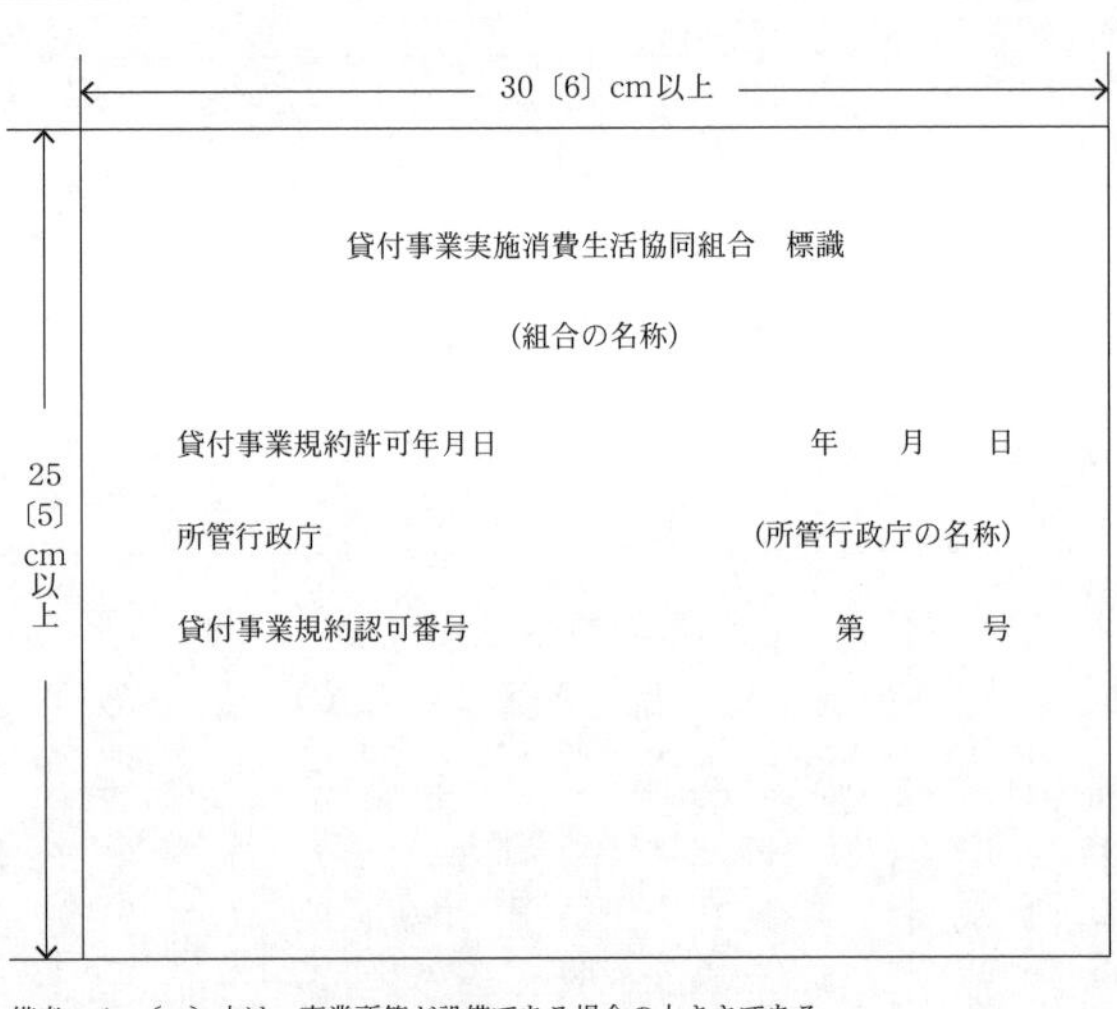

貸付事業実施消費生活協同組合　標識

（組合の名称）

貸付事業規約許可年月日	年　月　日
所管行政庁	（所管行政庁の名称）
貸付事業規約認可番号	第　号

備考　1　〔　〕内は、事業所等が設備である場合の大きさである。
2　事業所等が代理店である場合は、組合の名称の下に代理人の氏名を（代理人　氏名　）と記載すること。

（表面）

第　　号

検　査　職　員　証

下記の者は、消費生活協同組合法第12条の2第3項において準用する保険業法第305条第1項及び消費生活協同組合法第94条第1項から第5項までの規定による検査をする職員であることを証明する。

記

所　　　属
官職又は職名
氏　　　名
生年月日　　　年　　月　　日

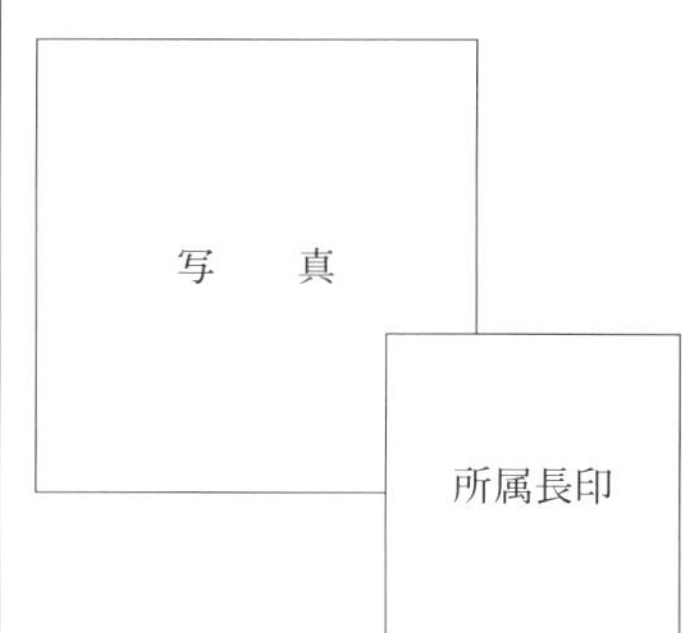

年　　月　　日交付
（1年有効）

○消費生活協同組合法（昭和23年法律第200号）（抄）

（共済契約）
第12条の2（第1項及び第2項略）
3　保険業法（中略）同法第305条第1項（中略）の規定は共済代理店について、（中略）同法第311条の規定はこの項において準用する同法第305条第1項の規定による立入り、質問又は検査をする職員について、それぞれ準用する。この場合において（中略）同法第305条第1項（中略）中「内閣総理大臣」とあるのは「行政庁」と（中略）読み替えるものとする（以下略）

（行政庁による検査）
第94条　組合員が、総組合員の10分の1以上の同意を得て、組合の業務又は会計が法令、法令に基づいてする行政庁の処分、定款又は規約に違反する疑いがあることを理由として、検査を請求したときは、行政庁は、その組合の業務又は会計の状況を検査しなければならない。
2　行政庁は、組合に法令、法令に基づいてする行政庁の処分、定款若しくは規約を守らせるために必要があると認めるとき、又は組合の会計経理が著しく適正でないと認めるときは、いつでも、その組合の業務又は会計の状況を検査することができる。
3　行政庁は、共済事業を行う組合の業務の健全かつ適切な運営を確保し、共済契約者等の保護を図るため必要があると認めるときは、いつでも、当該組合の業務又は会計の状況を検査することができる。

※用紙の大きさは、日本産業規格B列7番とすること。

（裏面）

4　行政庁は、責任共済等の事業を行う組合の業務又は会計の状況につき、毎年1回を常例として検査をしなければならない。 5　行政庁は、前各項の規定により共済事業を行う組合の業務又は会計の状況を検査する場合において特に必要があると認めるときは、その必要の限度において、当該組合の子会社等又は当該組合から業務の委託を受けた者の業務又は会計の状況を検査することができる。 6　前条第3項の規定は、前項の規定による子会社等又は当該組合から業務の委託を受けた者の検査について準用する。 7　第1項から第5項までの規定による検査をする職員は、その身分を示す証明書を携帯し、関係人の請求があつたときは、これを提示しなければならない。 8　第1項から第5項までの規定による検査の権限は、犯罪捜査のために認められたものと解してはならない。	○保険業法（平成7年法律第105号）（抄） （立入検査等） 第305条　内閣総理大臣は、この法律の施行に必要な限度において、特定保険募集人又は保険仲立人に対し、その業務若しくは財産に関し参考となるべき報告若しくは資料の提出を命じ、又は当該職員に、当該特定保険募集人若しくは保険仲立人の事務所に立ち入らせ、その業務若しくは財産の状況若しくは帳簿書類その他の物件を検査させ、若しくは関係者に質問させることができる。 2・3　（略） （検査職員の証票の携帯及び提示等） 第311条　（略）第305条の規定による立入り、質問又は検査をする職員は、その身分を示す証票を携帯し、関係人の請求があったときは、これを提示しなければならない。 2　前項に規定する各規定による立入り、質問又は検査の権限は、犯罪捜査のために認められたものと解してはならない。

消費生活協同組合法施行規程

（平成二十年三月二十八日）（厚生労働省告示第百三十九号）

消費生活協同組合法（昭和二十三年法律第二百号）及び消費生活協同組合法施行規則（昭和二十三年大蔵省令、法務庁令、厚生省令、農林省令第一号）の規定に基づき、消費生活協同組合法施行規程を次のように定める。

（保険会社に準ずる者）

第一条　消費生活協同組合法（昭和二十三年法律第二百号。以下「法」という。）第十条第二項に規定する厚生労働大臣が指定するこれに準ずる者は、外国保険会社等（保険業法（平成七年法律第百五号）第二条第七項に規定する外国保険会社等をいう。）とする。

（労働金庫共済募集制限先に該当しないもの）

第二条　消費生活協同組合法施行規則（以下「規則」という。）第十四条第三項第一号イに規定する厚生労働大臣が定めるものは、次に掲げるものとする。

一　国

二　地方公共団体

三　法律の定めるところにより、予算について国会の議決を経、又は承認を受けなければならない法人

四　特別の法律により設立された法人（前号に該当する法人を除く。）で国、同号に掲げる法人及び地方公共団体以外の者の出資のないもののうち、当該特別の法律により債券を発行することができる法人

五　日本銀行

六　労働金庫法施行令（昭和五十七年政令第四十六号）第五条第十二項第四号に掲げるもの

七　国若しくは都道府県の利子補給若しくは財政支援のある農業資金又は貸付けに関して地方公共団体若しくはこれに準ずる機関の関与のある農業資金を借り入れているもの（他に事業に必要な資金を借り入れている法人を除く。）

（特例労働金庫が講ずべき措置）

第三条　規則第十四条第三項第三号に規定する厚生労働大臣が定める措置は、次に掲げるもののいずれかとする。

一　労働金庫（消費生活協同組合法施行令（平成十九年政令第三百七十三号）第二条に規定する労働金庫をいう。次号において同じ。）の使用人のうち事業に必要な資金の貸付けに関して顧客と応接する業務を行う者が、当該業務において応接する事業者（当該労働金庫が事業に必要な資金の貸付けを行っている者に限る。次号において同じ。）の関係者（当該事業者が常時使用する従業員及び当該事業者が法人である場合の当該事業者の役員をいう。次号において同じ。）を共済契約者又は被共済者とする共済契約（規則第十四条第一項第一号から第三号まで及び第五号から第八号までに掲げるものを除く。次号において同じ。）の締結の代理又は媒介の業務を行わないことを確保するための措置

二　労働金庫の使用人のうち事業に必要な資金の貸付けに関して顧客と応接する業務を行う者が、当該業務において応接する事業者の関係者を共済契約者又は被共済者とする共済契約の締結の代理又は媒介の

業務を行った場合について、当該共済契約の締結の代理又は媒介の業務が規則第十四条第二項第三号に規定する共済契約の募集に係る法令等に適合するものであったことを個別に確認する業務を行う者（事業に必要な資金の貸付け又は共済契約の募集に関して顧客と応接する業務を行わない者に限る。）を本店又は主たる事務所及び主要な営業所又は事務所に配置する措置

（特例労働金庫が募集を行うことのできる共済契約及び金額）

第四条　規則第十四条第四項第二号に規定する厚生労働大臣が定める共済契約は、次の表の中欄に掲げるとおりとし、同号に規定する厚生労働大臣が定める金額は、同表の中欄に掲げる共済契約の区分に応じ、同表の下欄に掲げる金額とする。

項	共済契約	金額
一	医師により人が疾病にかかったと診断されたこと（以下この項及び四の項において「疾病診断」という。）又は人が共済事業規約（法第二十六条の三第一項の共済事業規約をいう。以下同じ。）所定の介護を要する状態になったこと（以下この項及び四の項において「要介護」という。）を共済事故とする共済契約（次の項から四の項までに掲げるものその他疾病診断又は要介護以外の事実を共済事故とするもの及び当該共済契約に係る共済金その他の給付金（以下この項において「診断等給付金」という。）の支払により当該人の死亡を共済事故とする共済契約に係る共済金その他の給付金（以下この項において「死亡給付金」という。）の額の全額が	当該共済事故のうちの一の共済事故の発生につき百万円（診断等給付金であってその支払により死亡給付金の全額が減額されることとされているものがあるときは、百万円に当該死亡給付金の額を加算した額）

	減額されることとされているもの（死亡給付金の額が診断等給付金の額を下回らないものに限る。）を除く。）	
二	人が入院したことを共済事故とする共済契約	次のイ又はロに掲げる共済契約の区分に応じ、共済事故に係る入院一日につき当該イ又はロに定める金額（一日を超える一定期間の入院を共済事故として支払われる共済金その他の給付金にあっては、一日当たりの額に換算するものとする。）。ただし、共済契約者を同一とする共済契約が当該イ及びロに掲げる共済契約のいずれにも該当するときは、当該イに掲げる共済契約について支払うことを約した金額と当該ロに掲げる共済契約について支払うことを約した金額との合計額は、一万円を超えることができない。 イ　共済事故に係る入院が特定の疾病の治療のための入院に限られる共済契約　一万円 ロ　イ以外の共済契約　五千円
三	人が手術その他の治療（健康保険法（大正十一年法律第七十号）第六十三条第二項第三号に規定する評価療養に該当するものを除く。）を受けたことを共済事故とする共済契約	次のイ又はロに掲げる共済契約の区分に応じ、一の共済事故の発生につき当該イ又はロに定める金額。ただし、共済契約者を同一とする共済契約が当該イ及びロに掲げる共済契約のいずれにも該当するときは、当該イに掲げる共済契約について支払うことを約した金額と当該ロに掲げる共済契約について支払うことを約

		した金額との合計額は、四十万円を超えることができない。 イ　共済事故に係る手術その他の治療の目的が特定の疾病の治療に限られる共済契約　四十万円 ロ　イ以外の共済契約　二十万円
四	疾病診断又は要介護を共済事故とし、かつ、当該共済事故が発生した後の共済事業規約所定の時期における被共済者の生存を共済事故とする共済契約	当該共済契約に係る共済金その他の給付金の支払の期間一月につき合計五万円（一月を超える期間ごとに支払われる共済金その他の給付金にあっては、一月当たりの額に換算するものとする。）

備考

この表において「特定の疾病」とは、悪性新生物、心臓疾患及び脳血管疾患のうち少なくとも一の疾病を含む十を超えない範囲内の数の疾病であって、共済事業（法第十条第二項に規定する共済事業をいう。）を行う消費生活協同組合又は消費生活協同組合連合会が共済事業規約に定めているものとする。

（共済金等の支払能力の充実の状況が適当であるかどうかの基準）

第四条の二　法第五十条の五の規定により行政庁が定める共済金等の支払能力の充実の状況が適当であるかどうかの基準は、厚生労働大臣が所管する特定共済組合（規則第百二十四条第四項に規定する特定共済組合をいう。以下同じ。）については、次の算式により得られる比率が二百パーセント以上であることとする。

法第五十条の五第一号に掲げる額／（法第五十条の五第二号に掲げる額）×1/2

（出資金、準備金等の計算）

第四条の三　規則第百六十六条の二に規定する繰延税金資産（規則第八十一条第三項第四号へに規定する繰延税金資産をいう。以下同じ。）の不算入額（以下「不算入額」という。）は、責任準備金（法第五十条の七に規定する責任準備金をいう。以下同じ。）、支払備金（法第五十条の八に規定する支払備金をいう。以下同じ。）、価格変動準備金（法第五十条の九に規定する価格変動準備金をいう。以下同じ。）、契約者割戻準備金（規則第百八十九条に規定する契約者割戻準備金をいう。以下同じ。）及び評価・換算差額等（規則第八十四条第一項第一号ロに規定する評価・換算差額等をいう。）に係る繰延税金資産以外の繰延税金資産の額から、次の各号に掲げる額の合計額（以下「繰延税金資産算入基準額」という。）の百分の二十に相当する額を控除した額（当該控除した額が零未満となる場合は、零）とする。ただし、事業年度開始後十事業年度を経過していない特定共済組合については、零とする。

一　規則第百六十六条の二第一項第一号から第三号までに掲げる額

二　その他有価証券評価差損（財務諸表等の用語、様式及び作成方法に関する規則（昭和三十八年大蔵省令第五十九号。以下「財務諸表等規則」という。）第六十七条第一項第一号に規定するその他有価証券評価差額金のうち、負の値であるものをいう。以下同じ。）

三　第四項第一号イに掲げる額から同号ロに掲げる額を控除した額

四　第四項第二号に掲げる額

2　規則第百六十六条の二第一項第五号の厚生労働大臣が定める率は、百分の九十（特定共済組合が有するその他有価証券（財務諸表等規則第八条第二十二項に規定するその他有価証券をいう。以下同じ。）の貸借対照表計上額の合計額が帳簿価額の合計額を下回る場合には、百分の百）とする。

3　規則第百六十六条の二第一項第六号の厚生労働大臣が定める率は、百分の八十五（特定共済組合が有する土地の時価が帳簿価額を下回る場合には、百分の百）とする。

4　規則第百六十六条の二第一項第七号の厚生労働大臣が定めるものは次の各号に掲げるものとし、当該定めるものの額はそれぞれ当該各号に定める額とする。

一　共済掛金積立金等余剰部分　イに掲げる額からロ及びハに掲げる額の合計額を控除した額

イ　共済掛金積立金（規則第百七十九条第一項第一号及び同条第三項の規定により積み立てる共済掛金積立金をいう。以下この号において同じ。）及び未経過共済掛金（規則第百七十九条第一項第二号の未経過共済掛金をいう。以下同じ。）の合計額

ロ　共済契約の締結時の費用を共済掛金払込期間にわたり償却する方法その他これに類似する方法により計算した共済掛金積立金の額に未経過共済掛金を加えた額又は保有する共済契約が共済事故未発生のまま消滅したとして計算した支払相当額のうちいずれか大きい額

ハ　支払余力比率（規則第百二十四条第四項に規定する支払余力比率をいう。以下同じ。）の算出を行う日（以下「算出日」という。）において、規則第百七十九条第三項の規定に基づき積み立てた

共済掛金積立金の額を積み立てていないものとして、法第五十条の十二第一項に基づき共済計理人が行う確認その他の検証により、積み立てておくことが必要である共済掛金積立金の額

二　契約者割戻準備金未割当部分　契約者割戻準備金のうち、共済契約者に対し契約者割戻しとして割り当てた額を超える額

三　税効果相当額　任意積立金の取崩しを行うこと等によりリスク対応財源として期待できるものの額として、次の算式により得られる額（繰延税金資産の額が零である特定共済組合（繰延税金資産の算定に当たり繰延税金資産から控除された額があるものに限る。）の場合には零）

A×(t/(1−t))

備考　この算式中次に掲げる記号の意義は、それぞれ次に定めるとおりとする。

A　貸借対照表の純資産の部の剰余金の額から、法定準備金、剰余金の処分として支出する額及び法定準備金に積み立てる額並びにこれらに準ずるものの額の合計額を控除した額（当該控除した額が零未満となる場合には、零）

t　繰延税金資産及び繰延税金負債（規則第八十二条第二項第二号ニに規定する繰延税金負債をいう。以下同じ。）の計算に用いた法定実効税率（財務諸表等規則第八条の十二第一項第二号に規定する法定実効税率をいう。）

四　負債性資本調達手段等　次に掲げるものの額の合計額

イ　負債性資本調達手段で、次に掲げる性質の全てを有するもの

(1)　無担保で、かつ、他の債務に劣後する払込済のものであること。

(2)　第九項に規定する場合を除き、償還されないものであること。

(3)　損失の補塡に充当されるものであること。

(4)　利払の義務の延期が認められるものであること。

ロ　期限付劣後債務（契約時において償還期間が五年を超えるものに限る。）

5　前項第一号及び第四号に定める額（特定負債性資本調達手段を除く。）の合計額が、中核的支払余力（繰延税金資産算入基準額から不算入額を控除した額から第一項第三号に掲げる額を控除した額をいう。以下同じ。）を超過する場合には、前項の規定にかかわらず、規則第百六十六条の二第一項第七号の厚生労働大臣が定めるものの額は、前項各号に定める額の合計額から当該超過する額を控除した額とする。

6　前項の「特定負債性資本調達手段」とは、第四項第

四号イに掲げる負債性資本調達手段のうち、利払の義務が非累積型（延期された利払を行う必要がないものをいう。）又は累積型（延期された利払が累積し、翌事業年度以降において当該利払を行う必要のあるものをいう。）のものであって利払の義務の延期に制限がないものをいう。

7　第四項第三号に定める額については、同項の規定にかかわらず、繰延税金資産算入基準額から不算入額を控除した額を限度として算入することができるものとする。

8　第四項第四号ロに掲げる期限付劣後債務（償還期間の残存期間が五年以内になったものにあっては、毎年、残存期間が五年になった時点における帳簿価額の百分の二十に相当する額を累積的に減価するものとする。）の額については、中核的支払余力の百分の五十に相当する額を限度として算入することができるものとする。

9　第四項第四号イ及びロに掲げるものについては、同号イに掲げるものの償還又は同号ロに掲げるものの期限前償還（以下「償還等」という。）の特約が付されている場合には、当該償還等が債務者である特定共済組合の任意によるものであり、かつ、次のいずれかのときに限り償還等を行うことができるものに限り、同号イ及びロに掲げるものに該当するものとする。

一　当該償還等を行った後において当該特定共済組合が十分な支払余力比率を維持することができると見込まれるとき。

二　当該償還等の額以上の額の出資金等の調達を行うとき。

10　第四項第四号イ及びロに掲げるものについて、あらかじめ定めた期間が経過した後に一定の金利（以下この項において「ステップ・アップ金利」という。）を上乗せする特約を付す場合において、当該ステップ・アップ金利が過大なものであるために、債務者である特定共済組合が償還等を行う蓋然性が高いと認められるときは、最初に償還等が可能となる日を償還期日とみなす。

（リスクの合計額）

第四条の四　規則第百六十六条の三に規定する同条各号に掲げる額を基礎として計算した額は、次の算式により計算した額とする。

$$\left[(R_1+R_6)^2+(R_3+R_4)^2\right]^{1/2}+R_2+R_5$$

備考　この算式中次に掲げる記号の意義は、それぞれ次に定めるとおりとする。

R_1　一般共済リスク相当額（次条第一項第一号に掲げる額をいう。）

R_2　巨大災害リスク相当額（次条第一項第二号に掲げる額をいう。）

R_3　予定利率リスク相当額（規則第百六十六条の三第二号に掲げる額をいう。）

R_4　資産運用リスク相当額（規則第百六十六条の三第三号に掲げる額をいう。）

R_5　経営管理リスク相当額（規則第百六十六条の三第四号に掲げる額をいう。）

R_6　第三分野共済の共済契約に係る共済リスク相当額（規則第百六十六条の三第一号の二に掲げる額をいう。）

（各リスクの計算）

第四条の五　規則第百六十六条の三第一号に掲げる額は、次に掲げる額を合計して計算するものとする。

一　一般共済リスク相当額として、別表第一の上欄に掲げるリスクの種類ごとの同表中欄に定めるリスク対象金額に、それぞれ同表の下欄に定めるリスク係数を乗じて得られる額に基づき、次の算式により計算した額

$$\{[(A^2+B^2)^{1/2}+E+F]^2+C^2+D^2+G^2\}^{1/2}$$

備考　この算式中次に掲げる記号の意義は、それぞれ次に定めるとおりとする。

A　普通死亡リスク相当額

B　生存保障リスク相当額

C　火災リスク相当額

D　自動車リスク相当額

E　傷害リスク相当額

F　その他のリスク（生命）相当額

G　その他のリスク（損害）相当額

二　巨大災害リスク（前号A、B及びFに掲げるリスクに係るものを除く。）相当額として、別表第二に掲げる地震災害リスク相当額と風水害リスク相当額のうちいずれか大きい額

2　規則第百六十六条の三第一号の二に掲げる額は、別表第一の二の上欄に掲げるリスクの種類ごとの同表中欄に定めるリスク対象金額に、それぞれ同表の下欄に定めるリスク係数を乗じて得られる額に基づき、次の算式により計算するものとする。

$$A+B+C+D+E$$

備考　この算式中次に掲げる記号の意義は、それぞれ次に定めるとおりとする。

A　ストレステスト（別表第十八のストレステストをいう。以下同じ。）の対象とするリスク相当額

B　災害死亡リスク相当額

C　災害入院リスク相当額

D　疾病入院リスク相当額

E　その他のリスク相当額

3　規則第百六十六条の三第二号に掲げる額は、責任準備金の予定利率ごとに当該予定利率を別表第三の上欄

に掲げる予定利率の区分により区分し、それぞれ同表の下欄に定めるリスク係数を乗じて得られた数値を合計し、その得られた合計値を、当該予定利率の責任準備金残高に乗じて得た額を合計して計算するものとする。

4　規則第百六十六条の三第三号イに掲げる額は、リスク対象資産を別表第四の上欄に掲げるリスク対象資産の区分により区分し、当該リスク対象資産の額（貸借対照表に計上されたリスク対象資産の額をいう。以下同じ。）からそれぞれ別表第五備考第二号に規定するリスクヘッジの効果の額を控除して得られた額（デリバティブ取引によるリスクヘッジ効果を得るために同表の上欄に掲げるリスク対象資産に対応する同表の中欄に掲げるデリバティブ取引を行っている場合には、当該リスク対象資産の貸借対照表計上額を限度として、同号に規定するリスクヘッジの効果の額を控除した額）にそれぞれ別表第四の下欄に定めるリスク係数を乗じた額の合計額から、分散投資効果（分散投資によるリスク減殺効果をいう。以下同じ。）として別表第六に規定する分散投資効果の額を控除して計算するものとする。

5　規則第百六十六条の三第三号ロに掲げる額は、リスク対象資産を別表第七の上欄に掲げるリスク対象資産の区分により区分し、当該リスク対象資産の額にそれぞれ当該リスク対象資産に係る別表第八の上欄に掲げるランクの区分に応じた別表第七の下欄に定めるリスク係数を乗じた額を合計して計算するものとする。

6　規則第百六十六条の三第三号ハに掲げる額は、リスク対象資産を別表第九の上欄に掲げる法人の業務形態ごとに同表の中欄に掲げるリスク対象資産の区分により区分し、当該リスク対象資産の額にそれぞれ同表の下欄に定めるリスク係数を乗じた額を合計して計算するものとする。

7　規則第百六十六条の三第三号ニに掲げる額（以下「デリバティブ取引リスク相当額」という。）は、次に掲げる額を合計して計算するものとする。

一　先物取引に係るリスク相当額として別表第十の上欄に掲げる取引の種類に応じ、同表の下欄に定める対象取引残高の算定方法により算定した対象取引残高（支払余力比率の向上のため、意図的に取引を行っていると認められる場合には、当該意図的に行っていると認められる取引に係る対象取引残高に相当する額を控除した額）に別表第十一の上欄に掲げる取引の種類に応じ、同表の中欄又は下欄に定めるリスク係数を乗じた額の合計額

二　オプション取引に係るリスク相当額として別表第十の上欄に掲げる取引の種類に応じ、同表の下欄に定める対象取引残高の算定方法により算定した対象

取引残高（支払余力比率の向上のため、意図的に取引を行っていると認められる場合には、当該意図的に行っていると認められる取引に係る対象取引残高に相当する額を控除した額）に別表第十一の上欄に掲げる取引の種類に応じ、同表の中欄又は下欄に定めるリスク係数を乗じた額の合計額

三　スワップ取引等に係るリスク相当額として次のいずれかの方式により計算した額の合計額に一パーセントを乗じた額

イ　オリジナル・エクスポージャー方式（別表第十二の上欄に掲げる取引の種類に応じ、同表の中欄に定める原契約期間の区分により区分し、当該取引の想定元本額に同表の下欄に定める掛目を乗じて計算する方式をいう。）

ロ　カレント・エクスポージャー方式（次に掲げる金額を合計する方式をいう。）

(1)　スワップ取引等をデリバティブ取引リスク相当額算出時点における市場の実勢条件による評価により算出した再構築コストの金額（零未満となる場合には、零）

(2)　(1)のスワップ取引等が、法的に有効な相対ネッティング契約下にある場合には、ネット再構築コストの金額（零未満となる場合には、零）又は(1)に掲げる金額

(3)　別表第十三の上欄に掲げる取引の種類に応じ、同表の中欄に定める残存期間の区分により区分し、当該取引の想定元本額に同表の下欄に定める掛目を乗じて得た金額（以下「グロスのアドオン」という。）

(4)　(3)の別表第十三の上欄に掲げる取引が、法的に有効な相対ネッティング契約下にある場合には、次の算式により計算した金額（以下「ネットのアドオン」という。）又はグロスのアドオン

ネットのアドオン＝0.4×グロスのアドオン＋0.6×ネットの再構築コスト／グロスの再構築コスト×グロスのアドオン

8　規則第百六十六条の三第三号ホに掲げる額は、別表第十四の第一欄に掲げる取引の区分に応じた同表の第二欄に掲げるリスク対象資産の額を同表の第三欄に掲げるリスク対象資産の所在地により区分し、それぞれ同表の第四欄に定めるリスク係数を乗じて得た額を合計して計算するものとする。

9　規則第百六十六条の三第三号へに掲げる額は、次に掲げる額を合計して計算するものとする。

一　再共済又は再保険リスク相当額として別表第十五の上欄に掲げるリスク対象金額に同表の下欄に定めるリスク係数を乗じた額

二　再共済又は再保険回収リスク相当額として別表第

十六の上欄に掲げるリスク対象金額に同表の下欄に定めるリスク係数を乗じた額

10　規則第百六十六条の三第四号に掲げる額は、同条第一号から第三号までに規定するリスク相当額の合計額に、別表第十七の上欄に掲げる対象組合の区分に応じ、同表の下欄に定めるリスク係数を乗じて計算するものとする。

（共済代理店の業務）

第五条　規則第百六十七条第五号ハに規定する厚生労働大臣が定めるところにより行われるものは、責任共済（法第十二条第三項第一号に規定する責任共済をいう。以下この条において同じ。）の契約及び規則第十三条に規定する共済契約の締結の代理又は媒介の業務を共済代理店において行う場合にあっては、組合員の利便に照らし必要な業務として次に掲げる者により行われるものとする。

一　消費生活協同組合及び消費生活協同組合連合会（以下「組合」と総称する。）

二　労働金庫（責任共済の契約及び規則第十三条に規定する共済契約の締結の代理又は媒介の業務を委託する組合が会員となっているものに限る。）

三　自動車分解整備事業者（道路運送車両法（昭和二十六年法律第百八十五号）第七十八条第四項に規定する自動車分解整備事業者をいう。）

（異常危険準備金の積立基準）

第六条　規則第百七十九条第四項第一号に掲げる異常危険準備金（以下「異常危険準備金Ⅰ」という。）は、共済事業規約に基づく共済の種類ごとに、次の各号に掲げるリスクの区分に応じ当該各号に定める額の合計額以上を積み立てるものとする。

一　普通死亡リスク　当該事業年度末の普通死亡（死亡の原因を問わないすべての死亡をいう。以下同じ。）に係る危険共済金額（共済金の共済契約上の額面金額から共済掛金積立金（規則第百七十九条第一項第一号の共済掛金積立金をいう。以下同じ。）を差し引いた金額をいう。以下同じ。）に千分の〇・〇六を乗じて得た額

二　生存保障リスク　当該事業年度末の年金（確定年金（支払開始の日以後一定期間（有期であるものに限る。）支払う年金をいう。以下同じ。）を約した共済契約（確定年金以外の共済契約に契約内容を変更できるものを除く。）その他の生存保障リスクが発生していない共済契約を除く。第七条第一項第二号において同じ。）に係る共済掛金積立金の金額に千分の一を乗じて得た額

三　火災リスク、自動車リスク、傷害リスク、地震災害リスク及び風水災害リスク　当該事業年度におけるそれぞれのリスクに係る正味収入危険共済掛金

（正味収入共済掛金（イに掲げる金額からロに掲げる金額を控除した金額をいう。）のうち危険掛金部分に相当する金額をいう。以下同じ。）に千分の五十を乗じて得た額（租税特別措置法（昭和三十二年法律第二十六号）第五十七条の五第一項に規定する異常危険準備金として事業年度の所得の計算上損金の額に算入することができる限度額（以下「算入限度額」という。）を下回る場合にあっては、算入限度額）

イ　当該事業年度において収入した、又は収入すべきことの確定した共済掛金（当該共済掛金のうちに払い戻した、又は払い戻すべきものがある場合には、その金額を控除した金額）及び再共済返戻金又は再保険返戻金の合計額

ロ　当該事業年度に支払った、又は支払うべきことの確定した再共済掛金又は再保険料及び解約返戻金の合計額

四　その他のリスク（生命）　共済事業規約に定める額（共済事業規約に記載のないものについては、第三分野共済の共済契約以外の共済契約について、当該事業年度の正味収入危険共済掛金（第一号及び第二号に掲げるリスクに係る共済掛金を除く。）に千分の三十四を乗じて得た額）

五　その他のリスク（損害）　共済事業規約に定める額（共済事業規約に記載のないものについては、第三分野共済の共済契約（規則第十四条第一項第七号に規定する傷害共済契約のうち同項第十号に掲げる事由に関するものに係る共済契約その他これに準ずる給付を行う共済契約を除く。次項第五号、第七条第一項第五号及び第二項第五号並びに別表第一備考第八号及び別表第一の二備考第二号において同じ。）以外の共済契約について、当該事業年度の正味収入危険共済掛金（第三号に掲げるリスクに係る共済掛金を除く。）に千分の五十を乗じて得た額）

2　規則第百七十九条第四項第二号に掲げる異常危険準備金（以下「異常危険準備金Ⅲ」という。）は、次の各号に掲げるリスクの区分に応じ、当該各号に定める額の合計額以上を積み立てるものとする。

一　ストレステストの対象とするリスク　次条第二項第一号において得られた額から前事業年度末の当該リスクの積立残高の額を控除して得た額（負値となる場合は零とする。）

二　災害死亡リスク　当該事業年度末の災害死亡（不慮の事故による死亡をいう。以下同じ。）に係る危険共済金額に千分の〇・〇〇六を乗じて得た額

三　災害入院リスク　当該事業年度末の災害入院共済金日額（災害により入院した場合の一日当たりに支払われる給付金の共済契約上の額面金額を合計した

金額をいう。以下同じ。）に予定平均給付日数を乗じ、これに千分の〇・三を乗じて得た額

四　疾病入院リスク　当該事業年度末の疾病入院共済金日額（疾病により入院した場合の一日当たりに支払われる給付金の共済契約上の額面金額を合計した金額をいう。以下同じ。）に予定平均給付日数を乗じ、これに千分の〇・七五を乗じて得た額

五　その他のリスク　共済事業規約に定める額（共済事業規約に記載のないものについては、第三分野共済の共済契約について、当該事業年度の正味収入危険共済掛金（第二号から第四号まで及び前項第一号から第三号までに掲げるリスクに係る共済掛金を除く。）に千分の三十四を乗じて得た額）

3　規則第百七十九条第四項第三号に掲げる異常危険準備金（以下「異常危険準備金Ⅱ」という。）は、第一号に掲げる額に千分の百を乗じて得た額及び第二号に掲げる額に千分の一を乗じて得た額の合計額以上を積み立てるものとする。

一　責任準備金の予定利率ごとに当該予定利率を別表第三の上欄に掲げる予定利率の区分により区分し、それぞれ同表の下欄に定めるリスク係数を乗じて得られた数値を合計し、その得られた合計値を、当該予定利率の責任準備金残高に乗じて得た額を合計して計算した金額

二　責任準備金（規則第百七十九条第四項第三号に掲げる予定利率リスクを有するものに限る。）の金額

4　異常危険準備金Ⅰ、異常危険準備金Ⅱ又は異常危険準備金Ⅲのうち、次条の積立限度額を超えることにより積み立てない額がある場合には、これを他の異常危険準備金に積み立てることができるものとする。

（異常危険準備金の積立限度）

第七条　異常危険準備金Ⅰの積立ては、共済契約の特性に応じて設定した区分ごとに、次の各号に掲げるリスクの区分に応じ、当該各号に定める額の合計額を限度とする。ただし、自然災害を担保する共済契約その他積立限度を設けることが適当でない共済契約については、積立限度を設けないものとする。

一　普通死亡リスク　当該事業年度末の普通死亡に係る危険共済金額に千分の〇・六を乗じて得た額

二　生存保障リスク　当該事業年度末の年金に係る共済掛金積立金の金額に千分の十を乗じて得た額

三　火災リスク、自動車リスク及び傷害リスク　当該事業年度（当該事業年度の期間が一年に満たない又は一年を超える場合にあっては、当該事業年度の末日前一年の期間。以下この項において同じ。）の正味収入危険共済掛金に二を乗じて得た額

四　その他のリスク（生命）　共済事業規約に定める額（共済事業規約に記載のないものについては、第

三分野共済の共済契約以外の共済契約について、当該事業年度の正味収入危険共済掛金（第一号及び第二号に掲げるリスクに係るものを除く。）に千分の三百四十を乗じて得た額）

五　その他のリスク（損害）　共済事業規約に定める額（共済事業規約に記載のないものについては、第三分野共済の共済契約以外の共済契約について、当該事業年度の正味収入危険共済掛金（第三号に掲げるリスクに係るものを除く。）に二を乗じて得た額）

2　異常危険準備金Ⅲの積立ては、共済契約の特性に応じて設定した区分ごとに、次の各号に掲げるリスクの区分に応じ、当該各号に掲げる額の合計額を限度とする。

一　ストレステストの対象とするリスク　原則として基礎率が同じ契約区分ごとに別表第十八の表に掲げる区分に基づき算出した額

二　災害死亡リスク　当該事業年度末の災害死亡に係る危険共済金額に千分の〇・〇六を乗じて得た額

三　災害入院リスク　当該事業年度末の災害入院共済金日額に予定平均給付日数を乗じ、これに千分の三を乗じて得た額

四　疾病入院リスク　当該事業年度末の疾病入院共済金日額に予定平均給付日数を乗じ、これに千分の七・五を乗じて得た額

五　その他のリスク　共済事業規約に定める額（共済事業規約に記載のないものについては、第三分野共済の共済契約について、当該事業年度の正味収入危険共済掛金（第二号から第四号まで及び前項第一号から第三号までに掲げるリスクに係る共済掛金を除く。）に千分の三百四十を乗じて得た額）

3　異常危険準備金Ⅱの積立ては、第六条第三項第一号に掲げる額及び同項第二号に掲げる額に百分の三を乗じて得た額の合計額を限度とする。

（異常危険準備金の取崩基準）

第八条　異常危険準備金Ⅰ及び異常危険準備金Ⅲは、次に掲げる場合を除き、取り崩してはならない。

一　危険差損（実際の危険率が予定危険率より高くなった場合に生ずる損失をいう。以下この号において同じ。）がある場合において、当該危険差損のてん補に充てるとき。

二　租税特別措置法第五十七条の五第七項の規定に基づき異常危険準備金の金額の一部が益金の額に算入されたことにより税負担が生じた場合において、当該税負担に充てるとき。

2　異常危険準備金Ⅱは、利差損（資産運用による実際の利回りが予定利率より低くなった場合に生ずる損失をいう。以下この項において同じ。）がある場合において、当該利差損のてん補に充てるときを除き、取り

崩してはならない。

3　前二項の規定にかかわらず、異常危険準備金Ⅰ、異常危険準備金Ⅱ及び異常危険準備金Ⅲについて、前事業年度末の積立残高の額が当該事業年度末の積立限度額を超える場合は、当該超える額を取り崩さなければならない。

（既発生未報告支払備金）

第九条　規則第百八十四条第一項第二号に規定する厚生労働大臣が定める金額は、共済事業規約に基づく共済の種類ごとに、次に掲げる金額を平均した金額とする。ただし、当該平均した金額が零を下回った場合には、零とする。

一　支払備金の計算の対象となる事業年度（以下「対象事業年度」という。）の前事業年度末の既発生未報告支払備金積立所要額に、対象事業年度の共済金等の支払額を対象事業年度の前事業年度の共済金等の支払額で除して得られた率を乗じて得られた金額

二　対象事業年度の二事業年度前の事業年度末の既発生未報告支払備金積立所要額に、対象事業年度の共済金等の支払額を対象事業年度の二事業年度前の事業年度の共済金等の支払額で除して得られた率を乗じて得られた金額

三　対象事業年度の三事業年度前の事業年度末の既発生未報告支払備金積立所要額に、対象事業年度の共済金等の支払額を対象事業年度の三事業年度前の事業年度の共済金等の支払額で除して得られた率を乗じて得られた金額

2　前項の規定にかかわらず、共済計理人を選任している組合は、共済契約に基づいて支払義務が発生した共済金等の支払が長期間に及ぶと認められる共済の種類については、その引受けの区分別の単位ごとに、支払共済金及び普通支払備金（規則第百八十四条第一項第一号に規定する金額をいう。以下同じ。）等を基礎として、統計的な見積り方法により合理的に計算した金額とすることができる。ただし、合理的かつ妥当な理由がある場合には、一般に公正妥当と認められる会計基準及び適正な共済の数理に基づく他の方法により計算した金額とすることができる。

3　第一項の既発生未報告支払備金積立所要額は、当該各事業年度の末日以前に発生した共済事故に関し、当該各事業年度の翌事業年度に支払った共済金の額と当該各事業年度の翌事業年度の普通支払備金の額の合計額から当該各事業年度の普通支払備金の額を控除した額とする。

（第九条第一項各号に掲げる共済金等の支払額）

第十条　第九条第一項各号の共済金等の支払額は、当該各事業年度の末日以前に発生した共済事故に関し、当該各事業年度（当該各事業年度の期間が一年に満たな

い又は一年を超える場合にあっては、当該各事業年度の末日前一年の期間）に支払った共済金の額と当該各事業年度の普通支払備金の額の合計額とする。

（自動車共済契約の支払備金の算出）

第十一条　規則第十三条に規定する共済契約の支払備金積立所要額は、共済掛金率の算出基礎を同じくする共済の目的の区分ごとに、第九条の規定により算出することができる。

（国内の法人の発行する株式）

第十二条　規則第百八十五条第一項第一号に規定する厚生労働大臣が定める資産は、次に掲げる資産とする。

一　国内の法人の発行する株式及び新株引受権証書又は新株予約権証券

二　国内の法人に対する出資、優先出資及び預託を表示する証券又は証書

三　国内の法人の発行する株式その他に係る投資信託の受益証券若しくは投資証券又は金銭の信託の受益権を表示する証券若しくは証書及び貸付有価証券

四　その他前三号に掲げるものに準ずる資産

（外国の法人の発行する株式）

第十三条　規則第百八十五条第一項第二号に規定する厚生労働大臣が定める資産は、次に掲げる資産とする。

一　外国の法人の発行する株式及び新株引受権証書又は新株予約権証券

二　外国の法人に対する出資、優先出資及び預託を表示する証券又は証書

三　外国の法人の発行する株式その他に係る投資信託の受益証券若しくは投資証券又は金銭の信託の受益権を表示する証券若しくは証書及び貸付有価証券

四　その他前三号に掲げるものに準ずる資産

（邦貨建の債券）

第十四条　規則第百八十五条第一項第三号に規定する厚生労働大臣が定める資産は、日本政府（地方公共団体を含む。以下同じ。）及び日本政府と同等以上の信用力を有する外国の中央政府並びに国際機関が発行する又は元利金を保証する次に掲げる資産とする。

一　償還元本が邦貨建（先物為替予約が付されていること等により満期時又は償還時における元本の邦貨額が確定している外貨建のものを含む。以下同じ。）の債券（新株予約権付社債を含む。以下同じ。）

二　前号に掲げる債券に係る投資信託の受益証券若しくは投資証券又は金銭の信託の受益権を表示する証券若しくは証書及び貸付有価証券

三　その他前二号に掲げるものに準ずる資産

2　規則第百八十五条第一項第四号に規定する厚生労働大臣が定める資産は、日本政府及び日本政府と同等以上の信用力を有する外国の中央政府並びに国際機関以外の者が発行する又は元利金を保証する次に掲げる資

産とする。
一　償還元本が邦貨建の債券
二　前号に掲げる債券に係る投資信託の受益証券若しくは投資証券又は金銭の信託の受益権を表示する証券若しくは証書及び貸付有価証券
三　その他前二号に掲げるものに準ずる資産

（外貨建の債券）

第十五条　規則第百八十五条第一項第五号に規定する厚生労働大臣が定める資産は、日本政府及び日本政府と同等以上の信用力を有する外国の中央政府並びに国際機関が発行する又は元利金を保証する次に掲げる資産とする。
一　償還元本が外貨建（先物為替予約が付されていること等により満期時又は償還時における元本の邦貨額が確定しているものを除く。以下同じ。）の債券
二　前号に掲げる債券に係る投資信託の受益証券若しくは投資証券又は金銭の信託の受益権を表示する証券若しくは証書及び貸付有価証券
三　その他前二号に掲げるものに準ずる資産

2　規則第百八十五条第一項第六号に規定する厚生労働大臣が定める資産は、日本政府及び日本政府と同等以上の信用力を有する外国の中央政府並びに国際機関以外の者が発行する又は元利金を保証する次に掲げる資産とする。
一　償還元本が外貨建の債券
二　前号に掲げる債券に係る投資信託の受益証券若しくは投資証券又は金銭の信託の受益権を表示する証券若しくは証書及び貸付有価証券
三　その他前二号に掲げるものに準ずる資産

（外貨建の預金及び貸付金等）

第十六条　規則第百八十五条第一項第七号に規定する厚生労働大臣が定める資産は、次に掲げる資産とする。
一　償還元本が外貨建の預金
二　償還元本が外貨建の貸付金
三　償還元本が外貨建の貸付債権信託の受益証券
四　その他前三号に掲げるものに準ずる資産

（リース業務の範囲等）

第十七条　規則第二百二十二条第二項第七号及び第二百二十七条第二項第十五号に規定する厚生労働大臣が定める基準は、各事業年度において、同号に掲げるリース物品等を使用させる業務（以下「リース業務」という。）による収入の額の合計額に占める同号イからハまでに掲げる要件のいずれも満たす契約に基づいて行われる業務による収入の額の割合が百分の五十を下回らないこととする。

2　リース業務を営む会社が他のリース業務を営む会社を子会社として有する場合には、前項の収入の額には、当該子会社の収入の額を含むものとする。

（会社が主として共済事業兼業組合の従属業務を営んでいるかどうかの基準）

第十八条　法第五十三条の十六第一項の場合において、共済事業兼業組合の行う事業のために従属業務（法第五十三条の十六第一項第一号に規定する共済兼業従属業務をいう。以下この条において同じ。）を営む子会社が、主として当該共済事業兼業組合の行う事業のために従属業務を営んでいるかどうかの厚生労働大臣が定める基準は、次に掲げる要件のいずれにも該当することとする。

一　各事業年度において、規則第二百二十二条第一項第一号から第二十一号までに掲げるそれぞれの業務（以下この条において「それぞれの業務」という。）につき、当該共済事業兼業組合（同項第二号に掲げる業務については、当該共済事業兼業組合の役職員を含む。）及びその子会社からの収入の額の総収入の額に占める割合が百分の五十を下回らないこと。

二　各事業年度において、それぞれの業務につき、当該共済事業兼業組合からの収入があること。

（共済事業兼業組合若しくは共済事業専業組合又はそれらの子会社が基準議決権数を超えて有する議決権の処分に関する基準）

第十九条　共済事業兼業組合若しくは共済事業専業組合又はそれらの子会社（以下この条において「共済事業兼業組合等」という。）が、法第五十三条の十七第四項各号（法第五十三条の十九第二項において準用する場合を含む。以下この条において同じ。）に掲げる場合に該当して国内の会社（共済事業専業組合にあっては法第五十三条の十九第二項に規定する国内の会社をいう。以下同じ。）の議決権を当該各号に定める日（以下この項において「当初保有日」という。）における基準議決権数を超えて有することとなるとき（次項に該当するときを除く。）は、当該共済事業兼業組合等は、当初保有日から二年六月を経過する日（以下この項において「中間処分基準日」という。）までにその有する議決権のうち当該基準議決権数を超える部分の議決権の数を二で除して得た数以上の議決権を処分し、当初保有日から五年を経過する日（以下この項において「処分基準日」という。）までに当該超える部分の議決権の全部を処分しなければならない。ただし、当初保有日から中間処分基準日又は処分基準日までの間にその基準議決権数が増加し、これらの処分を行えば共済事業兼業組合等が有する当該国内の会社の議決権の数が当該中間処分基準日又は当該処分基準日における基準議決権数を下回ることとなるときは、その有する議決権のうち当該中間処分基準日又は当該処分基準日における基準議決権数を超える部分の議決権を処分すれば足りる。

2　共済事業兼業組合等が基準議決権数を超えて国内の会社の議決権を有している場合において、当該共済事業兼業組合等が法第五十三条の十七第四項各号に掲げる場合に該当して当該国内の会社の議決権の新たな保有（以下この項において「新規保有」という。）をすることとなったときは、当該共済事業兼業組合等は、当該各号に定める日（以下この項において「新規保有日」という。）から二年六月を経過する日（以下この項において「中間処分基準日」という。）までに当該新規保有に係る議決権の数を二で除して得た数以上の議決権を処分し、新規保有日から五年を経過する日（以下この項において「処分基準日」という。）までに当該新規保有に係る議決権の全部を処分しなければならない。ただし、新規保有日から中間処分基準日又は処分基準日までの間にその基準議決権数が増加し、これらの処分を行えば当該共済事業兼業組合等が有する当該国内の会社の議決権の数が当該中間処分基準日又は当該処分基準日における基準議決権数を下回ることとなるときは、その有する議決権のうち当該基準議決権数を超える部分の議決権を処分すれば足りる。

（主として共済事業専業組合又はその子会社の営む業務のために営む業務に関する基準）

第二十条　規則第二百二十七条第三項ただし書に規定する厚生労働大臣が定める基準は、各事業年度において、規則第二百二十七条第一項第一号から第十九号までに掲げるそれぞれの業務につき、共済事業専業組合（規則第二百二十七条第一項第二号に掲げる業務については、当該共済事業専業組合の役職員を含む。）、その子会社及び当該共済事業専業組合の会員である消費生活協同組合からの収入の額の合計額の総収入の額に占める割合が百分の五十を下回らないこととする。

（会社が主として共済事業専業組合の行う事業のために従属業務を営んでいるかどうかの基準）

第二十一条　法第五十三条の十八第一項第一号の場合において、共済事業専業組合の行う事業のために共済専業従属業務（同号イに規定するものをいう。以下この条において同じ。）を営む子会社が、主として当該共済事業専業組合の行う事業のために共済専業従属業務を営んでいるかどうかの厚生労働大臣が定める基準は、次に掲げる要件のいずれにも該当することとする。

一　各事業年度において、規則第二百二十七条第一項第一号から第十九号までに掲げるそれぞれの業務（以下この条において「それぞれの業務」という。）につき、当該共済事業専業組合（同項第二号に掲げる業務については、当該共済事業専業組合の役職員を含む。）、その子会社及び当該共済事業専業組合の会員である消費生活協同組合からの収入の額の合計額の総収入の額に占める割合が百分の五十を下回らないこと。

二　各事業年度において、それぞれの業務につき、当該共済事業専業組合又はその子会社のいずれかからの収入があること。

（貸借対照表の負債の部に計上されるべき金額の合計額を基礎として計算した金額）

第二十二条　規則第二百四十八条の三第二項及び第三項の厚生労働大臣が定めるところにより計算した金額は、貸借対照表の負債の部に計上されるべき金額の合計額から次に掲げる額の合計額を控除した金額とする。

一　価格変動準備金の額

二　規則第百七十九条第一項第三号の異常危険準備金の額

三　第四条の三第四項第一号の共済掛金積立金等余剰部分の額

四　第四条の三第四項第二号の契約者割戻準備金未割当部分の額

五　その他有価証券に属する資産の貸借対照表計上額と帳簿価額の差額に係る繰延税金負債に相当する額

（劣後特約付金銭消費貸借）

第二十三条　規則第二百五十四条第一項第二十二号の厚生労働大臣が定める金銭の消費貸借は、元利金の支払について劣後的内容を有する特約が付された金銭の消費貸借であって、次に掲げる性質の全てを有するものとする。

一　担保が付されていないこと。

二　その弁済が行われない期間が契約時から五年を超えるものであること。

附　則（略）

別表第一（第四条の五第一項第一号関係）

リスクの種類	リスク対象金額	リスク係数
普通死亡リスク	危険共済金額	〇・〇六％
生存保障リスク	年金共済期末責任準備金額	一％
火災リスク	正味経過危険共済掛金と平均正味発生共済金額のうちいずれか大きい額	三十三％
自動車リスク		二十二％
傷害リスク		三十三％
その他のリスク（生命）		三十四％

その他のリスク（損害）		四十一％

備考

一　「リスク対象金額」は、出再額を控除し、受再額を加算した額とする。

二　「年金共済期末責任準備金額」には、確定年金を約した共済契約（確定年金以外の共済契約に契約内容を変更できるものを除く。）その他の生存保障リスクが発生していない共済契約に係る責任準備金を含まない。

三　「正味経過危険共済掛金」は、正味収入共済掛金と前事業年度末における未経過共済掛金の合計額から当該事業年度末における未経過共済掛金を控除した額のうち、危険掛金部分に相当する金額をいう。

四　「平均正味発生共済金額」は、大規模災害に係る額を除き、直近三事業年度の正味発生共済金額（正味支払共済金額と当該事業年度末に積み立てた普通支払備金の合計額から前事業年度末に積み立てた普通支払備金を控除した額をいう。以下この備考において同じ。）の平均額をいう。

五　前号の「正味支払共済金額」とは、各事業年度において支払った、又は支払うべきことの確定した共済金等の総額（当該事業年度において収入した、又は収入すべきことの確定した再共済金又は再保険金がある場合には、その金額を控除した金額をいう。）をいう。

六　第四号の「大規模災害」とは、火災リスクにおける一回の災害に対する正味発生共済金額が正味経過危険共済掛金の三十三％を上回る災害をいう。

七　「その他のリスク（生命）」の対象金額は、第三分野共済の共済契約以外の共済契約を対象とし、普通死亡リスク及び生存保障リスクに係る額を除いた額とする。

八　「その他のリスク（損害）」の対象金額は、第三分野共済の共済契約以外の共済契約を対象とし、火災リスク、自動車リスク及び傷害リスクに係る額を除いた額とする。

九　「その他のリスク（生命）」及び「その他のリスク（損害）」について、共済事業規約に当該リスクに係る算出方法が記載されている場合には、当該書類に定める方法により計算した額とする。

十　「正味経過危険共済掛金」及び「正味発生共済金額」について、算定の対象となる事業年度の期間が一年に満たない又は一年を超える場合にあっては、当該事業年度の末日前一年の期間の額とする。

別表第一の二（第四条の五第二項関係）

リスクの種類	リスク対象金額	リスク係数
ストレステストの対象とするリスク	異常危険準備金積立限度額	十%
災害死亡リスク	危険共済金額	〇・〇〇六%
災害入院リスク	災害入院共済金日額×予定平均給付日数	〇・三%
疾病入院リスク	疾病入院共済金日額×予定平均給付日数	〇・七五%
その他のリスク	正味経過危険共済掛金と平均正味発生共済金額のうちいずれか大きい額	三十四%

備考

一　「リスク対象金額」は、出再額を控除し、受再額を加算した額とする。

二　「その他のリスク」の対象金額は、第三分野共済の共済契約を対象とし、普通死亡リスク、生存保障リスク、火災リスク、自動車リスク、傷害リスク、災害死亡リスク、災害入院リスク及び疾病入院リスクに係る額を除いた額とする。

三　「正味経過危険共済掛金」は、正味収入共済掛金と前事業年度末における未経過共済掛金の合計額から当該事業年度末における未経過共済掛金を控除した額のうち、危険掛金部分に相当する金額をいう。

四　「平均正味発生共済金額」は、直近三事業年度の正味発生共済金額（正味支払共済金額と当該事業年度末に積み立てた普通支払備金の合計額から前事業年度末に積み立てた普通支払備金を控除した額をいう。以下この備考において同じ。）の平均額をいう。

五　前号の「正味支払共済金額」とは、各事業年度において支払った、又は支払うべきことの確定した共済金等の総額（当該事業年度において収入した、又は収入すべきことの確定した再共済金又は再保険金がある場合には、その金額を控除した金額をいう。）をいう。

六　「その他のリスク」について、共済事業規約に当該リスクに係る算出方法が記載されている場合には、当該書類に定める方法により計算した額とする。

七　「正味経過危険共済掛金」及び「正味発生共済金額」について、算定の対象となる事業年度の期間が一年に満たない又は一年を超える場合にあっては、当該事業年度の末日前一年の期間の額とする。

別表第二（第四条の五第一項第二号関係）

地震災害リスク相当額		風水害リスク相当額	
	推定正味支払共済金の算出方法		推定正味支払共済金の算出方法
関東大震災に相当する規模の地震が発生したときの推定正味支払共済金	リスクカーブにおける再現期間二百年に対応する地震が発生した場合の推定支払共済金等に基づいて算出する。ただし、リスクカーブを設定できない種類の共済については、地震災害リスクを担保する共済契約の正味共済金額及び被災率等に基づいて算出する。	昭和三十四年の台風第十五号（伊勢湾台風）に相当する規模の台風が発生したときの推定正味支払共済金	リスクカーブにおける再現期間七十年に対応する台風が発生した場合の推定支払共済金等に基づいて算出する。ただし、リスクカーブを設定できない種類の共済については、風水害リスクを担保する共済契約の正味共済金額及び被災率等に基づいて算出する。

備考

一　リスクカーブとは、推定支払共済金と当該事業年度において当該推定支払共済金を超過する災害が発生する確率との関係を表す曲線をいう。

二　推定支払共済金の計算は、次に掲げる要件を満たす工学的事故発生モデルにより、共済の目的の属性別及び共済金支払条件別に、合理的に推計し得る数のデータを用いて推計する。

イ　想定される全ての共済事故について、発生場所、強度等が工学的な理論に基づいて確率論的に評価されていること。

ロ　共済事故により発生する現象が、工学的な理論に基づいて評価されていること。

ハ　共済事故により発生する現象と、共済の目的について構造、用途等の属性を考慮した上で評価されたぜい弱性との関係が工学的な理論に基づいて評価されていること。

ニ　共済金の支払条件が考慮されていること。

三　前号に規定する工学的事故発生モデルがない場合における推定支払共済金の計算は、次に掲げる要件を満たす理論分布的事故発生モデルにより、共済の目的の属性別及び共済金支払条件別に、合理的に推計し得る数のデータを用いて推計する。

イ　過去の実績として同一の条件で長期間にわたり観測されたデータが使用されていること。

ロ　過去の実績として使用するデータは、物価水準、担保内容、リスクの集積状況等について適切な補正を加え現在時点に修正されたものであること。

ハ　共済事故により発生する現象と、共済の目的について構造、用途等の属性を考慮した上で評価されたぜい弱性との関係が考慮されていること。

ニ　共済金の支払条件が考慮されていること。

ホ　未発生の巨大リスクについて、工学的な手法その他適切な方法で評価されていること。

別表第三（第四条の五第三項及び第六条第三項関係）

予定利率の区分	リスク係数
○・○％を超え一・五％以下の部分	○・○一
一・五％を超え二・○％以下の部分	○・二
二・○％を超え二・五％以下の部分	○・八
二・五％を超える部分	一・○

別表第四（第四条の五第四項関係）

リスク対象資産の区分	リスク係数
国内株式	二十％
外国株式	十％
邦貨建債券	二％
外貨建債券、外貨建貸付金等	一％

不動産（国内土地）	十%
為替リスクを含むもの	十%

備考

一　「リスク対象資産」には、子会社等（法第五十三条の二第二項に規定する子会社等をいう。以下同じ。）に対する出資・貸付金を含まない。

二　「邦貨建債券」には、満期保有目的の債券（財務諸表等規則第八条第二十一項に規定するものをいう。以下同じ。）を含まない。

三　国内株式又は外国株式のリスク対象資産の額については、買建ての信用取引がある場合には当該額を加え、売建ての信用取引がある場合には当該額を控除する。

四　責任準備金対応債券（満期保有目的の債券以外の債券であって、責任準備金との間で利回りの変動に対する時価の変動の程度を概ね一致させることを目的として保有し、時価評価をしないものをいう。）については、リスク係数を一%とする。

別表第五（第四条の五第四項関係）

リスク対象資産の区分	デリバティブ取引	対象取引残高の算定方法
国内株式	株式に係る先物取引（売建）	時価×取引単位×契約数量
	株式に係るオプション取引（プット買）	行使価格×取引単位×契約数量
外国株式	株式に係る先物取引（売建）	時価×取引単位×契約数量
	株式に係るオプション取引（プット買）	行使価格×取引単位×契約数量
邦貨建債券	債券に係る先物取引（売建）	時価×取引単位×契約数量
	債券に係るオプション取引（プット買）	行使価格×取引単位×契約数量

外貨建債券、外貨建貸付金等	債券に係る先物取引（売建）	時価×取引単位×契約数量
	債券に係るオプション取引（プット買）	行使価格×取引単位×契約数量
為替リスクを含むもの	外国通貨に係る先物取引（為替予約を含む。）（売建）	時価×取引単位×契約数量
	外国通貨に係るオプション取引（プット買）	行使価格×取引単位×契約数量

備考

一　デリバティブ取引によりリスクヘッジを行っている場合において、当該デリバティブ取引に関して、次のイからニまでの全ての要件を満たすときその他これに準ずる基準によりヘッジの有効性が確認できるときには、当該デリバティブ取引によるリスクヘッジの効果を認める。

イ　資産又は負債（子会社等への出資及び貸付金を除く。）の価格変動等に関し、リスクヘッジを目的として行われたデリバティブ取引（以下「ヘッジ取引」という。）であること。

ロ　ヘッジ取引が理事会の定めるリスク管理方針に従うものであること。

ハ　ヘッジ対象とヘッジ手段の対応関係があらかじめ明確化されていること。

ニ　ヘッジの有効性の確認において、ヘッジ開始時及びヘッジ開始後（少なくとも毎事業年度末）において、ヘッジ対象となる資産又は負債とデリバティブ取引の原資産とのβ値（直近の資産構成割合に基づく過去六十月の月次データ）が〇・五から二までの範囲内であること（デリバティブ取引の原資産を使用してβ値を測定することが適当でない場合には、原資産に代えて株式指数等を使用することができるものとする。）。ただし、次に掲げる場合には、ヘッジの有効性の確認を省略できる。

(1)　国内株式及び外国株式について、リスク対象資産と同一の個別銘柄を原資産とするデリバティブ取引でヘッジを行っている場合

(2)　邦貨建債券及び外貨建債券、外貨建貸付金等について、リスク対象資産（債券及び貸付金）と同一の通貨の金利に対する先物取引及びオプション取引でヘッジを行っている場合

(3)　為替リスクを含むリスク対象資産について、資産及び負債の種類にかかわらず、ヘッ

ジ対象と同一通貨の先物為替予約及び通貨オプションでヘッジを行っている場合

二　前号の場合において、認められるデリバティブ取引によるリスクヘッジの効果の額は、表の上欄に掲げるリスク対象資産の区分に応じて同表の下欄に定める対象取引残高の算定方法により計算した対象取引残高の額とする。

別表第六（第四条の五第四項関係）

分散投資効果の額は、別表第四の上欄に掲げるリスク対象資産の貸借対照表計上額（デリバティブ取引によるリスクヘッジの効果が認められる場合として前表に掲げる場合に該当するときは、当該リスク対象資産の貸借対照表計上額を限度として同表備考第二号のリスクヘッジの効果の額を控除した額。以下「リスク対象資産相当額」という。）にそれぞれ別表第四の下欄に定めるリスク係数を乗じた額の合計額に、次に掲げる算式により計算した分散投資効果係数を乗じた額とする。

$$分散投資効果係数 = 1 - \frac{\sqrt{\sum_{i=1}^{\delta}\sum_{j=1}^{\delta} X_i X_j \delta_i \delta_j \rho_{ij}}}{\sum_{i=1}^{\delta} X_i \delta_i}$$

X　リスク対象資産の構成割合（当該リスク対象資産相当額が、全てのリスク対象資産相当額を合計した額に占める割合をいう。）

δ　別表第四に掲げるリスク係数

ρij　リスク対象資産iとリスク対象資産jとのリスクの相関係数として次に定めるもの

相関係数

ρij		リスク対象資産i 1 国内株式	リスク対象資産i 2 外国株式
リスク対象資産j	1 国内株式	一・〇〇	〇・五〇
	2 外国株式	〇・五〇	一・〇〇
	3 邦貨建債券	〇・〇〇	〇・〇〇
	4 外貨建債券、外貨建貸付金等	〇・〇〇	〇・〇〇
	5 不動産	〇・〇〇	〇・〇〇
	6 為替リスクを含むもの	〇・〇〇	〇・〇〇

3 邦貨建債券	○・○○	○・○○	一・○○	○・五○	○・二五	○・○○
4 外貨建債券、外貨建貸付金等	○・○○	○・○○	○・五○	一・○○	○・二五	○・○○
5 不動産	○・○○	○・○○	○・二五	○・二五	一・○○	○・○○
6 為替リスクを含むもの	○・○○	○・○○	○・○○	○・○○	○・○○	一・○○

別表第七（第四条の五第五項関係）

リスク対象資産の区分	リスク係数			
	ランク1	ランク2	ランク3	ランク4
貸付金、債券及び預貯金	○%	一%	四%	三十%
証券化商品	○%	一%	十四%	三十%
再証券化商品	○%	二%	二十八%	三十%
短資取引	○・一%			三十%

備考

一　リスク対象資産からは、子会社等に対する貸付金及びクレジットデフォルトスワップ取引（金融商品取引法第二条第二十一項第五号に掲げる取引（同号イに係るものに限る。）若しくは同条第二十二項第六号に掲げる取引（同号イに係るものに限る。）又はこれらに類似する取引をいう。以下同じ。）を除く。

二　貸付金、債券及び預貯金には、未収収益（未収利息）を含む。

三　貸付金、債券及び預貯金のうち、証券化商品及び再証券化商品については、貸付金、債券及び預貯金から区分して、それぞれのリスク対象資産の区分のリスク係数を使用する。

四　証券化商品とは、主に金融資産を原資産とし、その原資産に係る信用リスクを優先劣後構造にある二以上のエクスポージャーに階層化し、その一部又は全部を第三者に移転する性質を有する取引をいう。ただし、次のイからハまでに掲げるものを除くこととし、当該資産については、貸付金、債券及び預貯金の欄に掲げるリスク係数を適用する。

イ　我が国の政府関係機関、地方公共団体及び公企業が発行し、又は保証する債券

ロ　最上位格付を有する国の中央政府、政府関係機関及び地方公共団体等が発行し、又は保証する債券

ハ　その他公共性が高く安定したキャッシュフローが見込まれる事業の資金調達のために発行される債券

五　再証券化商品とは、証券化商品のうち、原資産に証券化商品を含むものをいう。

六　証券化商品及び再証券化商品について、その商品内容の把握が十分でない場合（次のイからハまでに掲げる要件のいずれかを満たさない場合をいう。）には、そのリスク係数を一とする。

イ　個々の証券化商品及び再証券化商品のリスク特性と、原資産のリスク特性について、包括的な把握を継続して行っていること。

ロ　原資産の業績情報を適時に取得できること。

ハ　保有する証券化商品及び再証券化商品の収益に重大な影響を与える証券化取引の構造の特性を組合が自ら適切に把握していること。

七　証券化商品及び再証券化商品に保証が付されている場合には、当該保証を行う者のランクに応じた貸付金、債券及び預貯金の区分のリスク係数と、当該証券化商品又は再証券化商品のランクに応じた区分のリスク係数のうちいずれか小さい方を当該取引のリスク係数とする。

別表第八（第四条の五第五項関係）

ランクの区分	リスク対象資産の区分	
	貸付金、債券及び預貯金並びに短資取引	証券化商品及び再証券化商品
ランク1	一　最上級格付を有する国の中央政府及び中央銀行並び	中欄の各号のいずれか

	に最上級格付を有する国際機関 二　ＯＥＣＤ諸国の中央政府及び中央銀行 三　我が国の政府関係機関、地方公共団体及び公企業 四　前三号のいずれかに掲げる者の保証するもの 五　規則第二百一条第一項第十二号又は規則第二百二条第一項第十三号に掲げる貸付け	に該当するもの
ランク2	一　ランク1の貸付金、債券及び預貯金並びに短資取引の欄第一号及び第二号に該当しない国の中央政府及び中央銀行並びに同欄第一号に該当しない国際機関 二　外国の政府関係機関、地方公共団体及び公企業 三　我が国及び外国の金融機関 四　ＢＢＢ格相当以上の格付を有する者 五　前各号のいずれかに掲げ	ランク1に該当せず、ＢＢＢ格相当以上の格付を有するもの

	る者の保証するもの 六　規則第二百一条第一項第十一号又は規則第二百二条第一項第十二号に掲げる貸付け（第一号から第四号までに掲げる者と同等の信用力を有する組合に対して行う貸付けに限る。） 七　抵当権付住宅ローン 八　有価証券、不動産等を担保とする与信 九　信用保証協会の保証する与信	
ランク3	ランク1又はランク2に該当せず、ランク4に掲げる債権に係る事由が発生していない先への与信等	ランク1又はランク2に該当せず、ＢＢ格相当以上の格付を有するもの
ランク4	破綻先債権 延滞債権	ランク1からランク3

三カ月以上延滞債権 貸付条件緩和債権	までのいずれにも該当しないもの

備考

一　リスク対象資産のランクの判定に用いる情報については、算出日以前の最新時点のものを用いることとする。

二　リスク対象資産が複数のランクに相当する場合には、原則として上位ランクに該当するものとして取り扱うこととする。

三　保証及び担保が部分的に付されているリスク対象資産は、当該保証又は担保が付されている部分と付されていない部分に分割して、ランクを判定する。

四　格付は適格格付業者によるものとする。

五　リスク対象資産が複数の適格格付業者から格付を受けている場合であって、それらの格付により判定したランクに応じてリスク係数が異なるときは、最も小さいリスク係数から数えて二番目に小さいリスク係数を用いるものとする。ただし、最も小さいリスク係数が複数の適格格付業者の格付に対応するものであるときは、当該最も小さいリスク係数を用いるものとする。

六　優先部分を保有している無格付の証券化商品及び再証券化商品については、当該証券化商品又は再証券化商品の原資産の実態に応じてランクを判定できるものとする。

別表第九（第四条の五第六項関係）

法人の業務形態		リスク対象資産の区分	リスク係数
国内会社	金融業務	株式	三十％
		貸付金	一・五％
	非金融業務	株式	二十％
		貸付金	一・〇％
海外法人	金融業務	株式	二十五％
		貸付金	九・五％
	非金融業務	株式	十五％
		貸付金	九・〇％

国内会社及び海外法人にかかわらず前表のランク4に該当する子会社等	株式	百%
	貸付金	三十%

備考

一　金融業務とは、規則第二百二十二条第二項第七号から第十一号までに掲げる業務（これに準ずる同項第十三号に掲げる業務を含む。）並びに規則第二百二十七条第一項第二十一号に掲げる業務（これに準ずる同項第二十三号に掲げる業務を含む。）及び同条第二項第十四号から第二十六号までに掲げる業務（これに準ずる同項第二十七号に掲げる業務を含む。）とする。

二　非金融業務とは、金融業務以外の業務とする。

三　子会社等に対する貸付金には、未収収益及び子会社等に貸し付けた有価証券を含む。

四　海外法人に対する邦貨建の貸付金は国内会社に対する貸付金として、国内会社に対する外貨建の貸付金は海外法人に対する貸付金として、それぞれ取り扱うこととする。

別表第十（第四条の五第七項第一号及び第二号関係）

取引の種類		対象取引残高の算定方法
外国通貨に係る先物取引(為替予約を含む。)	売建	時価×取引単位×契約数量
	買建	時価×取引単位×契約数量
株式に係る先物取引	売建	時価×取引単位×契約数量
	買建	時価×取引単位×契約数量
債券に係る先物取引	売建	時価×取引単位×契約数量
	買建	時価×取引単位×契約数量
外国通貨に係るオプション取引	プット買	行使価格×取引単位×契約数量
	プット売	行使価格×取引単位×契約数量
株式に係るオプション取引	プット買	行使価格×取引単位×契約数量

	プット売	行使価格×取引単位×契約数量
債券に係るオプション取引	プット買	行使価格×取引単位×契約数量
	プット売	行使価格×取引単位×契約数量

備考

一　第四条の五第四項の規定による規則第百六十六条の三第三号イに掲げる額の計算において、デリバティブ取引によるリスクヘッジの効果が認められるとして別表第五備考第二号に規定するリスクヘッジの効果の額を控除した場合には、表の下欄に定める対象取引残高の算定方法により計算した額から当該リスクヘッジの効果の額を控除する。

二　先物の買建取引又はプットオプションの売建取引に関して先物の売建取引又はプットオプションの買建取引によるリスクヘッジを行っている場合において、別表第五備考第一号に規定するリスクヘッジの有効性の確認ができるときは、当該先物の買建取引又はプットオプションの売建取引に係る対象取引残高の額から当該先物の売建取引又はプットオプションの買建取引に係る対象取引残高の額を控除する。

三　前号の規定により対象取引残高の額を控除する先物の売建取引がある場合には、その額を表の先物の売建取引に係る対象取引残高の額の計算においても控除する。

四　前三号の規定により計算された取引の種類に応じた対象取引残高の額が零未満となる場合には、その対象取引残高の額は零とする。

別表第十一（第四条の五第七項第一号及び第二号関係）

取引の種類	リスク係数(a)	リスク係数(b)
外国通貨に係るデリバティブ取引	十％	十％
株式に係るデリバティブ取引	二十％	二十五％
債券に係るデリバティブ取引	二％	八％

備考

一　リスク係数(a)の対象は、先物の買建取引及びプットオプションの売建取引とする。

二　リスク係数(b)の対象は、先物の売建取引とする。

別表第十二（第四条の五第七項第三号イ関係）

取引の種類	原契約期間の区分	掛目
外国為替関連取引	一年以内	二・〇%
	一年超	三・〇%に原契約期間の年数を乗じたものから、一・〇%を差し引いて計算した掛目
金利関連取引	一年以内	〇・五%
	一年超	一・〇%に原契約期間の年数を乗じたものから、一・〇%を差し引いて計算した掛目
法的に有効なネッティング契約下にある外国為替関連取引	一年以内	一・五%
	一年超	二・二五%に原契約期間の年数を乗じたものから、〇・七五%を差し引いて計算した掛目
法的に有効なネッティング契約下にある金利関連取引	一年以内	〇・三五%
	一年超	〇・七五%に原契約期間の年数を乗じたものから、〇・七五%を差し引いて計算した掛目

備考

一　「外国為替関連取引」とは、異種通貨間での金利スワップ、為替先渡取引、先物外国為替取引、通貨先物取引及び通貨オプション（オプション権の取得に限る。）等をいう。

二　「金利関連取引」とは、同一通貨での金利スワップ、金利先渡取引、金利先物取引、金利オプション（オプション権の取得に限る。）及び債券関連のデリバティブ取引等をいう。

三　日々の値洗いによる証拠金を必要としている取引所取引及び原契約期間が十四日以内の外国為替関連取引については、デリバティブ取引リスク相当額の算出対象から除くことができる。
四　原契約期間に一年未満の端数があるときは、これを一年として原契約期間を計算する。

別表第十三（第四条の五第七項第三号ロ(3)及び(4)関係）

取引の種類	残存期間の区分	掛目
外国為替関連取引	一年以内	一・〇%
	一年超五年以内	五・〇%
	五年超	七・五%
金利関連取引	一年以内	〇%
	一年超五年以内	〇・五%
	五年超	一・五%
株式関連取引	一年以内	六・〇%
	一年超五年以内	八・〇%
	五年超	十・〇%

備考
一　元本を複数回交換する取引については、第四条の五第七項第三号ロ(3)及び(4)に掲げる金額を計算するに当たり、各掛目に残存交換回数を乗じるものとする。
二　特定の支払期日においてその時点でのエクスポージャーを清算する構造で、かつ、当該特定の期日において市場価格が零になるように契約条件が再設定される契約については、残存期間を次の設定期日までの期間とみなすことができる。この基準を満たす残存期間が一年超の金利関連取引については、掛目は〇・五%を下限とする。
三　同一通貨間かつ変動金利相互間の金利スワップについては、第四条の五第七項第三号ロ(3)及び(4)に掲げる金額を合計することは要しない。
四　「外国為替関連取引」とは、異種通貨間での金利スワップ、為替先渡取引、先物外国為替取引、通貨先物取引及び通貨オプション（オプション権の取得に限る。）等をいう。
五　「金利関連取引」とは、同一通貨での金利スワップ、金利先渡取引、金利先物取引、金利オプション（オプション権の取得に限る。）及び債券関連のデリバティブ取引等をいう。
六　「株式関連取引」とは、個別の株式や株価指数に基づく先渡、スワップ及びオプション（オプション権の取得に限る。）等をいう。

七　日々の値洗いによる証拠金を必要としている取引所取引及び原契約期間が十四日以内の外国為替関連取引については、デリバティブ取引リスク相当額の算出対象から除くことができる。

別表第十四（第四条の五第八項関係）

取引の区分	リスク対象資産の額	リスク対象資産の所在地	リスク係数
クレジットデフォルトスワップ取引によるプロテクションの売却	プロテクションに係る参照債務の想定元本額	日本	五・六％
		米国	二・九％
		欧州	二・五％
		その他	五・六％

備考

一　プロテクションに係る参照債務の想定元本額には、当該プロテクションに係るクレジットデフォルトスワップ取引に関連して計上される資産（未収入金として計上された未収プレミアムを含む。）の額を加算し、当該取引に関連して計上される負債の額を控除する。

二　売却したプロテクションと参照債務の債務者が同一であり、かつ、当該プロテクションの満期日以後の日を満期日とするプロテクションを購入している場合には、当該売却したプロテクションに係る参照債務の想定元本額から購入したプロテクションに係る参照債務の想定元本額を控除した額（零未満となる場合には、零）を当該売却したプロテクションの売却に係るリスク対象資産の額とする。

三　リスク対象資産の所在地は、プロテクションに係る参照債務の実態に応じたものとする。

四　プロテクションの購入については、当該取引に係るリスク対象資産の額は零とする。

別表第十五（第四条の五第九項第一号関係）

リスク対象金額	リスク係数
規則第百八十条の規定に基づいて積み立てないこととした責任準備金及び規則第百八十四条第三項において準用する規則第百八十条の規定に基づいて積み立てないこととした支払備金	一％

備考

一　自動車損害賠償責任共済に係る額を除く。

二　共済の種類ごとに出再割合が五十％を超える場合においては、当該超過部分に相当するリスク対象金額についてリスク係数を二％とする。

別表第十六（第四条の五第九項第二号関係）

リスク対象金額	リスク係数
未収再共済・再保険勘定（自動車損害賠償責任共済に係る額を除く。）	一％

別表第十七（第四条の五第十項関係）

対象組合の区分	リスク係数
当期未処理損失を計上している共済事業実施組合	三％
当期未処理損失を計上している共済事業実施組合以外の組合	二％

別表第十八（第四条の五第二項及び第七条第二項第一号関係）

Ⅰ．定義

この表において、次に掲げる用語の意義は、それぞれに定めるところによる。

1．リスク　共済事故の発生率が悪化する不確実性をいう。

2．危険発生率Ａ　テスト実施期間の各事業年度において設定される通常の予測を超える範囲でリスクをカバーする共済事故の発生率をいう。

3．危険発生率Ｂ　テスト実施期間の各事業年度において設定される通常の予測の範囲でリスクをカバーする共済事故の発生率をいう。

4．ストレステスト　危険発生率Ａ及び危険発生率Ｂを使用して、第七条第二項第一号の規定に基づくストレステストの対象とするリスクに係る異常危険準備金Ⅲの積立限度の算出を行うことをいう。

5．基準日　ストレステストを行う事業年度末をいう。

6．将来給付額　共済金の将来の支出額の累計額をいう。

7．算出方法書　規則第五十五条第一項第三号に規定する事項を記載した書類のことをいう。

8. 予定発生率　算出方法書に記載された共済事故の発生率のことをいう。
9. P　予定発生率を基に算出した将来給付額をいう。
10. A　危険発生率Aを基に算出した将来給付額をいう。
11. B　危険発生率Bを基に算出した将来給付額をいう。

Ⅱ. 危険発生率の算出

危険発生率A及び危険発生率Bの算出に当たっては、次に掲げる基準を満たさなければならない。

1. 危険発生率は、共済事故の発生率が変動することによる共済金の増加を一定の確率でカバーする共済事故の発生率とし、テスト実施期間（少なくとも十年間行うものとし、共済期間の残存期間が一年間を超え十年間未満の場合は当該残存期間）の各事業年度において、過去の共済事故の実績の推移等から適切な共済の数理の方法を用いて設定すること。この場合において、以下に留意することとする。

① 前事業年度までの共済事故の発生の実績値を基礎として、共済契約を締結した事業年度別かつ共済契約の経過年数別に共済事故が発生した事業年度に対応する危険発生率を算出すること。

② 原則として基礎率が同じ契約区分ごとにストレステストを実施することとするが、給付事由、リスク特性等が同等である契約区分であれば、まとめてストレステストを実施してよいこととする。なお、被共済者数が少なく統計的な見積りが困難な場合は、予定発生率の算出に用いたデータ等を活用するなど、共済の数理上適切な手法を用いて算出することができる。

③ テスト実施期間の各事業年度の危険発生率は、前事業年度よりも小さい危険発生率としてはならない。

2. 危険発生率Aは、1の一定の確率を九十九％として設定すること。
3. 危険発生率Bは、1の一定の確率を九十七・七％として設定すること。

Ⅲ. 算出要領

第七条第二項第一号の規定に基づくストレステストの対象とするリスクに係る異常危険準備金Ⅲの積立限度は、次に掲げる基準及び表により算出するものとする。

1. ストレステストを実施するに当たっては、2から4までに掲げる基準のほか、組合の理事会において定めたリスク管理方針に従った明確な管理規定に基づいて実施するものとする。なお、ストレステストを行う方法について変更を行う合理的な理由がない場合は、継続して同じ方法を使用するものとする。

2. P、A及びBの算出に当たっては、以下に留意することとする。

① 危険発生率以外の計算基礎については、算出方法書に記載された責任準備金の計算基礎を使用する。

② 将来給付額は、基礎率が同じ契約区分単位で算出する。

③ 将来給付額は、予定発生率又は基準日までに観測されるデータを基に設定される危険発生率に、基準日における保有契約高を基に算出方法書に記載された計算基礎を用いて算出されるテスト実施期間の各事業年度の保有契約高を乗じて算出する。

④ ③の算出の際、基準日前六箇月を超えない期間において仮基準日を設け、当該仮基準日までに観測されるデータを基に設定される危険発生率と当該仮基準日における保有契約高を利用して③の算出を行ってよいものとする。この際、当該仮基準日から基準日までの間の保有契約高、保有契約高の構成等が変化している場合には、必要に応じて補正を行うものとする。

区分	第七条第二項第一号の規定に基づくストレステストの対象とするリスクに係る異常危険準備金Ⅲの積立限度
P≧A	0
A>P≧B	A−P
B>P	A−B

3. ストレステストに使用した重要な要素は、全て完全かつ適切に文書化されていること。

4. 次に掲げる共済契約等は、ストレステストの対象外とする。

① 共済期間が一年以下の共済契約（当該共済契約の更新時において共済掛金その他の契約内容の変更をしないことを約した共済契約を除く。）

② 規則第十四条第一項第十号に掲げる事由に関するものに係る傷害共済契約その他これに準ずる給付を行う共済契約

③ 共済事故の発生率が十分小さく、特約又は主

たる給付に付随する給付であって、債務の履行に支障を来たすおそれが極めて低い共済給付

消費生活協同組合模範定款例

目次

第一章　総　　則

（目的）

第一条　この消費生活協同組合（以下「組合」という。）は、協同互助の精神に基づき、組合員の生活の文化的経済的改善向上を図ることを目的とする。

（名称）

第二条　この組合は、○○（消費）(注)生活協同組合という。

（注）　組合の名称として「消費生活」という文字を使用する組合にあっては「消費生活協同組合」と、「消費生活」という文字でなく「生活」という文字を使用する組合にあっては「生活協同組合」と規定するものである。

（事業）

第三条　この組合は、第一条の目的を達成するため、次の事業を行う。(注)1

一　組合員の生活に必要な物資を購入し（、これに加工し又は生産し）て組合員に供給する事業

二　組合員の生活に有用な協同施設（第五号及び第六号に掲げるものを除く。）を設置し、組合員に利用させる事業

三　組合員の生活の改善及び文化の向上を図る事業

四　組合員の生活の共済を図る事業(注)2

五　組合員に対する医療に関する事業(注)3

六　高齢者、障害者等の福祉に関する事業であって組合員に利用させるもの(注)3

七　組合員及び組合従業員の組合事業に関する知識の向上を図る事業(注)4

八　前各号の事業に附帯する事業(注)3 (注)5

（注）1　本条中第一号から第六号までは、現に組合が行っているもの及び行おうとしている事業を規定するものである。

（注）2　共済事業の受託事業のみを行う組合においても本号を規定し、第六十二条に「第三条第四号に規定する組合員の生活の共済を図る事業は、○○生活協同組合連合会が行う○○共済事業の受託共済事業とする。」というように規定するものである。また、本号の事業のうち、共済事業（法第十条第二項に規定するものをいう。以下同じ。）又は受託共済事業（法第十条第二項に規定するものをいう。以下同じ。）を行う組合で保険代理に関する事業を行う場合には別号として「保険代理に関する事業」と規定する必要がある。

（注）3　本号に規定する事業のうち、事業の実施に当たり行政庁の指定、委託又は許可を受ける

必要がある等行政庁の関与する側面が強い事業については、行政庁関係部局と十分打ち合わせを行うことが必要とされるものである。

（注）4　本事業は、法第五十一条の四第四項に規定するように、毎事業年度における剰余金の一部を翌事業年度のこのための費用として支出するために繰り越さなければならないものとされていることから、組合として必ず行わなければならない事業であるので、必ず規定する必要がある。

（注）5　本事業は、組合の事業執行の円滑化のため、できる限り規定すべきものである。

（区域）

第四条　この組合の区域は、〇〇の地（職）(注)域とする。

（注）　地域により組合の区域を規定する場合は、「この組合の区域は、東京都千代田区の地域とする。」又は「この組合の区域は、神奈川県小田原市及び足柄下郡箱根町の地域とする。」というように規定し、職域により組合の区域を規定する場合は、「この組合の区域は、日本産業株式会社、日本産業労働組合、日本産業健康保険組合及び日本産業生活協同組合の職域とする。」又は「日生工業株式会社、日生サービス株式会社及び日生商事株式会社の職域とする。」というように規定するものである。

（事務所の所在地）

第五条　この組合は、事務所を〇〇都（道府県）〇〇市（区町村）に置く。

> **（事務所の所在地）**
>
> **第五条**　この組合は、主たる事務所を〇〇都（道府県）〇〇市（区町村）に、従たる事務所を〇〇都（道府県）〇〇市（区町村）に置く。(注)

（注）　従たる事務所を設ける組合にあっては、括弧書の例により本条を規定するものである。

第二章　組合員及び出資金

（組合員の資格）

第六条　この組合の区域内に住所を有する（区域内に勤務する）(注)1者は、この組合の組合員となることができる。

2　この組合の区域内に勤務地を有する（区域の付近に住所を有する者又は当該区域内に勤務していた）(注)1者でこの組合の事業（施設）(注)2を利用することを適当とするものは、この組合の承認を受けて、この組合の組合員となることができる。

（注）1　地域組合にあっては、本条第一項を「住所を有する者」、第二項を「区域内に勤務地を

有する者」と、職域組合にあっては、本条第一項を「区域内に勤務する者」、第二項を「区域の付近に住所を有する者又は当該区域内に勤務していた者」と規定するものである。なお、職域組合のうち、法令で定める学校を職域とするもので当該学校の学生を組合員とする場合には、第一項を「区域内に勤務又は通学する者」と規定するものである。

（注）2　ここに規定する「施設」は、利用事業における協同施設という意味でなく、組合の事業全般を含めた意味であるが、「施設」という文字が適当でないと認められる場合は、「事業」と規定するものである。

（加入の申込み）

第七条　前条第一項に規定する者は、組合員となろうとするときは、この組合の定める加入申込書に引き受けようとする出資口数に相当する出資金額（出資第一回の払込み金額）（注）1 を添え、これをこの組合に提出しなければならない。（注）2

2　この組合は、前項の申込みを拒んではならない。ただし、前項の申込みを拒むことにつき、理事会において正当な理由があると議決した場合は、この限りでない。

3　この組合は、前条第一項に規定する者の加入について、現在の組合員が加入の際に付されたよりも困難な条件を付さないものとする。

4　第一項の申込みをした者は、第二項ただし書の規定により、その申込みを拒まれた場合を除き、この組合が第一項の申込みを受理したときに組合員となる。

5　この組合は、組合員となった者について組合員証を作成し、その組合員に交付するものとする。

（注）1　組合加入者の組合に対する出資を第十六条の規定により、全額一時払込みとしている組合にあっては、「出資金額」とし、分割払込みとしている組合にあっては、「出資第一回の払込み金額」と規定するものである。

（注）2　出資金の払込みを職域の給与控除によることとしている職域組合にあっては、本条第一項を「前条第一項に規定する者は、組合員になろうとするときは、引き受けようとする出資口数を明らかにして、この組合の定める加入申込書をこの組合に提出し、当該出資口数に相当する出資金額を給与控除の方法により速やかに払込まなければならない。」と規定するものである。

（加入承認の申請）

第八条　第六条第二項に規定する者は、組合員となろうとするときは、引き受けようとする出資口数を明らかにして、この組合の定める加入承認申請書をこの組合に提出しなければならない。

2　この組合は、理事会において前項の申請を承認(注)1したときは、その旨を同項の申請をした者に通知するものとする。

3　前項の通知を受けた者は、速やかに出資金（出資第一回の払込み金）(注)2の払込みをしなければならない。

4　第一項の申請をした者は、前項の規定により出資金（出資第一回の払込み金）(注)2の払込みをしたときに組合員となる。

5　この組合は、組合員となった者について組合員証を作成し、その組合員に交付するものとする。

（注）1　理事会で個別に承認するという方法ではなく、あらかじめ理事会等で組合加入の承認に関する基準を作成し、その基準に適合する者については、承認されたものとして取り扱い、理事会に事後報告する等の適切と認められる方法を採っても差し支えない。

（注）2　第七条（注）を参照のこと。

（届出の義務）

第九条　組合員は、組合員たる資格を喪失したとき、又はその氏名若しくは住所を変更したときは、速やかにその旨をこの組合に届け出なければならない。

（自由脱退）

第十条　組合員は、事業年度の末日の九十日(注)前までにこの組合に予告し、当該事業年度の終わりにおいて脱退することができる。

（注）　法第十九条第二項の規定により、九十日以上一年以内の日数ならば任意に定めて差し支えないが、あまり長期間にわたることは脱退の自由の原則からみて望ましくなく、一般的には九十日位が適当であろう。

（法定脱退）

第十一条　組合員は、次の事由によって脱退する。

一　組合員たる資格の喪失

二　死亡

三　除名

（除名）

第十二条　この組合は、組合員が次の各号のいずれかに該当するときは、総（代）(注)1会の議決によって、除名することができる。

一　一年間(注)2この組合の事業（施設）を利用しないとき。

二　出資の払込み（過怠金の納付、供給物資の代金又は利用料の支払）を怠り(注)3、催告を受けてもその義務を履行しないとき。

三　この組合の事業を妨げ、又は信用を失わせる行為をしたとき。

2　前項の場合において、この組合は、総（代）[注1]会の会日の五日前までに、除名しようとする組合員にその旨を通知し、かつ、総（代）[注1]会において弁明する機会を与えなければならない。

3　この組合は、除名の議決があったときは、除名された組合員に除名の理由を明らかにして、その旨を通知するものとする。

（注）1　総代を置いている組合にあっては「総代会」と、総代を置いていない組合にあっては「総会」と規定するものである。

（注）2　「一年間」は、組合の実情に応じて適当な年数を規定すればよいが、物資の供給事業を主とする組合ではおおむね一年とするのが適当であろう。なお、医療事業、共済事業又は住宅事業等を行う組合についても、組合の事業を長期間利用しないいわゆる睡眠組合員を無期限に放置しておくことは組合の事務処理上からも望ましくないので、このような場合を予想し、この規定は置くべきである。

（注）3　「出資の払込み（過怠金の納付、供給物資の代金又は利用料の支払）を怠り」は、組合員としての組合に対する義務の懈怠を掲げたものであって、それぞれの組合が組合員に負わせている具体的な義務の懈怠を、組合の実情によって規定すればよい。例えば、出資金を全額一時払込みにしている組合については、出資金を払い込まなければ、第七条又は第八条の規定により組合員になれないことから、「出資の払込み、過怠金の納付を怠り」は必要でなく、出資金を分割払込みとしている組合であっても第二回以降の出資金の払込みの過怠について過怠金を課す規定を定款上設けていない組合については、「過怠金の納付を怠り」は必要なく、また、生活物資の供給事業を行っていない組合については「供給物資の代金の支払いを怠り」は必要でない等である。

（脱退組合員の払戻し請求権）

第十三条　脱退した組合員は、次の各号に定める[注]ところにより、その払込済出資額の払戻しをこの組合に請求することができる。

一　第十条の規定による脱退又は第十一条第一号若しくは第二号の事由による脱退の場合は、その払込済出資額に相当する額

二　第十一条第三号の事由による脱退の場合は、その払込済出資額の二分の一に相当する額

2　この組合は、脱退した組合員がこの組合に対する債務を完済するまでは、前項の規定による払戻しを停止

することができる。

3　この組合は、事業年度の終わりに当たり、この組合の財産をもってその債務を完済するに足らないときは、第一項の払戻しを行わない。

（注）払戻請求権の範囲及び払戻請求方法等は、組合の実情により、払込済出資額に相当する額の範囲内において適宜定めて差し支えない。

（脱退組合員の払込み義務）（注）

第十四条　この組合は、前条第三項の場合において、他の組合員に対するのと同一の条件をもって、その年度内に脱退した組合員にその未払込出資額の全部又は一部の払込みを請求することができる。

（注）出資の払込みを全額一時払込みとしている組合にあっては、本条は必要ない条文である。

（出資）

第十五条　組合員は、出資一口以上を有しなければならない。

2　一組合員の有することのできる出資口数の限度は、組合員の総出資口数の四分の一（注）1とする。（注）2

3　組合員は、出資金額の払込みについて、相殺をもってこの組合に対抗することができない。

4　組合員の責任は、その出資金額を限度とする。

（注）1　「四分の一」は、法第十六条第三項の規定による最高限度であることから、さらにこれを組合の実情により、例えば、「五分の一」あるいは「六分の一」というように制限することは差し支えない。また、組合の実情に合わせて、一組合員の有することのできる出資口数を具体的に○○口と規定しても差し支えない。

（注）2　連合会の会員にあっては、出資口数の限度の制限はないが、実情に応じて定めるものである。また、貸付事業実施組合については、四分の一からさらに制限することが望ましい。

（出資一口の金額及びその払込み方法）

第十六条　出資一口の金額は、○○円（注）1とし、全額一時払込みとする。

（出資一口の金額及びその払込み方法）

第十六条　出資一口の金額は、○○円（注）1とし、○回分割払込みとする。ただし、全額を一時に払い込むことを妨げない。

2　出資第一回の払込み金額は、一口につき○○円（注）3とする。

3　出資第二回以降の払込みは、出資第一回の払込みの日の属する月から○箇月経過する月（注）4の末日までに、一口につき○○円（注）5を払い込むものとする。（注）2

（注）1　出資一口の金額は、組合の経営的基礎の確

立及び組合員の負担可能程度を勘案し、適切な額を定めるべきである。なお、組合に対する出資は、通常の場合は金銭に限られているが、法第二十六条第一項第十九号に規定するように、現物出資することも認めている。この場合には、法第二十六条第一項第十九号の規定により、定款において現物出資者の氏名、その目的たる財産及びその価格並びにこれに対して与える出資口数を記載しておくことが必要である。この現物出資は、組合の事業の基礎ともなるので、出資第一回の払込期日に出資の目的たる財産の全部を組合に給付しなければならない（法第六十条第三項）。

（注）2　出資金について分割払込制度を採っている組合にあっては、この括弧書の例により規定するものである。

（注）3　分割払込みの場合の出資第一回の払込金額は、組合が事業を行うに必要な経営的基礎をできるだけ早く確立するという点からみて、第二回以降の払込金額より多くすべきである。なお、その額は、定額としてもよいし、余裕のある組合員からはできれば定額以上に払い込んでもらうということで「○○円以上」としてもよい。

（注）4　何箇月毎に第二回以降の出資金を払い込ませるかは、組合の実情により、適宜定めればよいが、あまり長期にわたることは望ましくない。

（注）5　第二回以降の払込金額の最低限度額は、出資一口の金額から出資第一回払込みの最低限度額を控除した残額を第二回以降何回で払い込ませるかによって均等に分割した額とすべきであろう。なお、（注）3なお書を参照のこと。

（過怠金）（注）1

第十七条　この組合は、組合員が出資の払込みを怠ったときは、その組合員に対して、払込みを怠った出資金額の千分の一（注）2に相当する額に、払込み期日の翌日から払込みの完了する日の前日までの日数を乗じて得た額に相当する額の過怠金を課することができる。

2　この組合は、組合員が出資の払込みを怠ったことにつき、理事会においてやむを得ない事情があると認めるときは、その組合員に対する過怠金の全部又は一部を免除することができる。

（注）1　本条は、出資の払込みを怠った組合員に対して過怠金を課することとしている組合にあっては必ず設けなければならない規定で、定款の規定なくして組合員に過怠金を課する

ことは許されない（法第二十六条第一項第十一号）。なお、出資金を全額一時払込みとしている組合については、出資の払込みがなければ組合員資格そのものを与えないとしている（第七条及び第八条参照）ことから、定款上本条を設ける必要はない。

（注）2　過怠金の額は、払込みを怠った出資金額を基準として定めればよく、おおむね例示した程度が適当であろう。

（出資口数の増加）

第十八条　組合員は、この組合の定める方法により、その出資口数を増加することができる。

（出資口数の減少）

第十九条　組合員は、やむを得ない理由があるときは、事業年度の末日の九十日[(注)1]前までに減少しようとする出資口数をこの組合に予告し、当該事業年度の終わりにおいて出資口数を減少することができる。

2　組合員は、その出資口数が第十五条第二項に規定する限度[(注)2]を超えたときは、その限度[(注)2]以下に達するまでその出資口数を減少しなければならない。

3　出資口数を減少した組合員は、減少した出資口数に応ずる払込済出資額の払戻しをこの組合に請求することができる。

4　第十三条第三項及び第十四条[(注)3]の規定は、出資口数を減少する場合について準用する。

（注）1　第十条（注）を参照のこと。なお、本条に規定する日数は、第十条に規定する日数と同じ日数とすべきである。

（注）2　第十五条（注）1を参照のこと。

（注）3　第十四条を規定しない組合にあっては、削除するものである。

第三章　役　職　員

（役員）

第二十条　この組合に次の役員を置く。

一　理事　○[(注)2]人以上　○人以内[(注)3]

二　監事　○[(注)2]人以上　○人以内[(注)3]

［**（役員）**

第二十条　この組合に、役員として理事○[(注)2]人、及び監事○[(注)2]人を置く。[(注)1]］

（注）1　役員の定数を定款上確定数とする組合にあっては、括弧書の例により規定するものである。

（注）2　法第二十七条第二項の規定により、理事の定数は五人以上、監事の定数は二人以上でなければならないが、組合の具体的な定数は法定数以上の範囲において、組合の規模及び事

業内容とあわせて、役員の少数化による権力集中の弊害、逆に役員の多数化による組合運営上の支障等を充分見極めた上で定めるべきである。

(注)3　役員の定数に幅を持たせて規定する場合、その幅はできるだけ狭くすべきであって、せいぜい五人程度の幅にとどめるべきである。

(役員の選挙)(注)1

第二十一条　役員は、役員選挙規約の定めるところにより、総(代)(注)2会において選挙する。

2　理事は、組合員でなければならない。ただし、特別の理由があるときは、理事の定数の三分の一以内(注)3の者を、組合員以外の者のうちから選挙することができる。

3　監事のうち一人以上は、次に掲げる要件の全てに該当する者でなければならない。また、監事の互選をもって常勤の監事を定めるものとする。(注)4

一　当該組合の組合員又は当該組合の会員たる法人の役員若しくは使用人以外の者であること。

二　その就任の前5年間当該組合の理事若しくは使用人又はその子会社の取締役、会計参与（会計参与が法人であるときは、その職務を行うべき社員）若しくは執行役若しくは使用人でなかったこと。

三　当該組合の理事又は重要な使用人の配偶者又は二親等内の親族以外の者であること。

4　役員の選挙は、無記名投票によって行い、投票は、一人につき一票とする。

(注)1　役員となる要件については、規約をもって定め、総(代)会の議決を経るものである。

(注)2　第十二条(注)1を参照のこと。

(注)3　組合員以外のいわゆる員外理事をどの程度認めるかは、組合員自らによる経営の要求と、適任者による経営の要求とを比較考慮し、各組合の実情により定めるべきであり、「三分の一以内」というのは法第二十八条第三項に規定する最高限度であるから、さらにこれを例えば「六分の一以内」又は「八分の一以内」というように厳しく限定することは差し支えない。また、員外理事を設置しない組合については、本規定を設けなくてもよい。

(注)4　負債総額二百億円超の組合については、本規定を設けなければならない。また、負債総額二百億円以下の組合においては、本規定を設けなくてもよい。

(注)5　連合会以外の組合は、「組合員又は組合の使用人以外の者」とし、連合会にあっては、「会員たる法人の役員又は使用人以外の者」とする。

（役員の選任）（注）1

第〇〇条　役員は、役員選任規約の定めるところにより、総（代）（注）2会において選任する。

2　理事は、組合員でなければならない。ただし、特別の理由があるときは、理事の定数の三分の一以内（注）3の者を、組合員以外の者のうちから選任することができる。

3　監事のうち一人以上は、次に掲げる要件の全てに該当する者でなければならない。また、監事の互選をもって常勤の監事を定めるものとする。（注）4

一　当該組合の組合員又は当該組合の会員たる法人の役員若しくは使用人以外の者であること。

二　その就任の前5年間当該組合の理事若しくは使用人又はその子会社の取締役、会計参与（会計参与が法人であるときは、その職務を行うべき社員）若しくは執行役若しくは使用人でなかったこと。

三　当該組合の理事又は重要な使用人の配偶者又は二親等内の親族以外の者であること。

4　理事は、監事の選任に関する議案を総（代）（注）2会に提出するには、監事の過半数の同意を得なければならない。

（注）1　役員の選出については、選挙によることが原則であるが、選任の方法をとる場合は本規定を設けるものである。

（注）2　第十二条（注）1を参照のこと。

（注）3　第二十一条（注）3を参照のこと。

（注）4　第二十一条（注）4を参照のこと。

（注）5　第二十一条（注）5を参照のこと。

（役員の補充）

第二十二条　理事又は監事のうち、その定数の五分の一を超える者（注）1が欠けたときは、役員選挙（選任）（注）2規約の定めるところにより、三箇月以内（注）3に補充しなければならない。

（注）1　「五分の一を超える者」というのは、法第二十九条の規定による最高限度であるから、さらにこれを例えば「六分の一を超える者」、「十分の一を超える者」というように少数にすることは差し支えない。

（注）2　役員の選出について、選任の方法をとる場合は、「役員選任規約」と規定するものである。

（注）3　「三箇月以内」というのは、法第二十九条の規定による最高期限であるから、さらにこれを例えば「一箇月以内」、「二十日以内」というように短期間にすることは差し支えない。

（役員の任期）

第二十三条　理事の任期は、〇（注）1年、監事の任期は、

○(注)1年とし、前任者の任期満了のときから起算する。ただし、再選を妨げない。

2　補欠役員の任期は、前項の規定にかかわらず、前任者の残任期間(注)2とする。

3　役員の任期は、その満了のときがそのときの属する事業年度の通常総(代)(注)3会の終了のときと異なるときは、第一項の規定にかかわらず、その総(代)(注)3会の終了のときまでとする。

4　役員が任期の満了又は辞任によって退任した場合において、役員の数がその定数を欠くに至ったときは、その役員は、後任者が就任するまでの間は、なお役員としての権利義務を有するものとする。

(注)1　法第三十条第一項及び二項において理事の任期は、「二年以内において定款で定める期間」、監事の任期は、「四年以内において定款で定める期間」と規定されているのであるから、その範囲内においては適宜役員の任期を定めて差し支えない。

(注)2　組合の実情に応じて「補充した総(代)会の日において現に在任する役員の任期が終了するときまで」と規定することもできるものである。

(注)3　第十二条(注)1を参照のこと。

(役員の兼職禁止)

第二十四条　監事は、次の者と兼ねてはならない。

一　組合の理事又は使用人

二　組合の子会社等（子会社、子法人等及び関連法人等）の取締役又は使用人

(役員の責任)

第二十五条　役員は、法令、法令に基づいてする行政庁の処分、定款及び規約並びに総(代)(注)会の決議を遵守し、この組合のため忠実にその職務を遂行しなければならない。

2　役員は、その任務を怠ったときは、組合に対し、これによって生じた損害を賠償する責任を負う。

3　前項の任務を怠ってされた行為が理事会の決議に基づき行われたときは、その決議に賛成した理事は、その行為をしたものとみなす。

4　第二項の責任は、総組合員の同意がなければ、免除することができない。

5　前項の規定にかかわらず、第二項の責任は、当該役員が職務を行うにつき善意でかつ重大な過失がないときは、法令で定める額を限度として、総(代)会の決議によって免除することができる。

6　前項の場合には、理事は、同項の総(代)(注)会において次に掲げる事項を開示しなければならない。

一　責任の原因となった事実及び賠償の責任を負う額

二　前項の規定により免除することができる額の限度

及びその算定の根拠

三　責任を免除すべき理由及び免除額

7　理事は、第二項の責任の免除（理事の責任の免除に限る。）に関する議案を総（代）[注]会に提出するには、各監事の同意を得なければならない。

8　第五項の決議があった場合において、組合が当該決議後に同項の役員に対し退職慰労金等を与えるときは、総（代）[注]会の承認を受けなければならない。

9　役員がその職務を行うについて悪意又は重大な過失があったときは、当該役員は、これによって第三者に生じた損害を賠償する責任を負う。

10　次の各号に掲げる者が、当該各号に定める行為をしたときも、前項と同様の取扱いとする。ただし、その者が当該行為をすることについて注意を怠らなかったことを証明したときは、この限りでない。

一　理事　次に掲げる行為

イ　法第三十一条の九第一項及び第二項の規定により作成すべきものに記載し、又は記録すべき重要な事項についての虚偽の記載又は記録

ロ　虚偽の登記

ハ　虚偽の公告

二　監事　監査報告に記載し、又は記録すべき重要な事項についての虚偽の記載又は記録

11　役員が組合又は第三者に生じた損害を賠償する責任を負う場合において、他の役員も当該損害を賠償する責任を負うときは、これらの者は、連帯債務者とする。

（注）　第十二条（注）1を参照のこと。

（理事の自己契約等）

第二十六条　理事は、次に掲げる場合には、理事会において、当該取引につき重要な事実を開示し、その承認[注1]を受けなければならない。

一　理事が自己又は第三者のためにこの組合と取引をしようとするとき。

二　この組合が理事の債務を保証することその他理事以外の者との間において組合と当該理事との利益が相反する取引をしようとするとき。

三　理事が自己又は第三者のために組合の事業の部類に属する取引をしようとするとき。

2　第一項各号の取引を行った理事は、当該取引後、遅滞なく当該取引についての重要な事実を理事会に報告しなければならない。[注2]

（注）1　理事会の承認に当たっては、当該理事は第三十四条第二項の特別の利害関係を有する理事として議決権行使を排除されるものである。

（注）2　当該報告は、理事会が、実際になされた取引が承認された範囲に属するのかどうかやそ

の理事に忠実義務違反がないかどうかを判断し、組合に損害が生じる可能性があるときは、それに対する措置を講じる機会を与えるために行われるものである。

（役員の解任）

第二十七条 組合員（総代）(注)1は、総組合員（総代）(注)1の五分の一(注)2以上の連署をもって、役員の解任を請求することができるものとし、その請求につき総（代）(注)1会において出席者の過半数の同意があったときは、その請求に係る役員は、その職を失う。

2 前項の規定による請求は、解任の理由を記載した書面をこの組合に提出してしなければならない。

3 理事長(注)3は、前項の規定による書面の提出があったときは、その請求を総（代）(注)1会の議に付し、かつ、総（代）(注)1会の会日の十日前までにその役員にその書面を送付し、かつ、総（代）(注)1会において弁明する機会を与えなければならない。

4 第一項の請求があった場合は、理事会は、その請求があった日から二十日以内に臨時総（代）(注)1会を招集すべきことを決しなければならない。なお、理事の職務を行う者がないとき又理事が正当な理由がないのに総（代）(注)1会招集の手続をしないときは、監事は、総（代）(注)1会を招集しなければならない。

（注）1 総代を置いている組合にあっては「総代」及び「総代会」と、総代を置いていない組合にあっては「組合員」及び「総会」と規定するものである。

（注）2 五分の一を下回る割合を定めることができる。

（注）3 組合の実情に応じて、「理事長」以外の理事の中から定めても差し支えない。

（役員の報酬）(注)1

第二十八条 理事及び監事に対する報酬は、総（代）(注)2会の議決をもって定める。この場合において、総（代）(注)2会に提出する議案は、理事に対する報酬と監事に対する報酬を区分して表示しなければならない。

2 監事は、総（代）(注)2会において、監事の報酬について意見を述べることができる。

3 第一項の報酬の算定方法については、規則をもって定める。

（注）1 役員の報酬の額の決定は、必ずしも個々の役員ごとに総（代）会の議決を経る必要はなく、理事会の議決を経た規則に基づく算出方法により、理事全員分及び監事全員の報酬の最高限度額又は総額を、区分して算出し、総（代）会の議決を経るものである。

（注）2　第十二条（注）1を参照のこと。

（代表理事）

第二十九条　理事会は、理事の中からこの組合を代表する理事（以下「代表理事」という。）を選定しなければならない。

2　代表理事は、組合の業務に関する一切の裁判上又は裁判外の行為をする権限を有する。

（理事長及び専務理事）（注）1

第三十条　理事は、理事長一人及び専務理事一人を理事会において互選する。（注）2

〔**第三十条**　理事は、理事長一人、専務理事一人及び常務理事〇人以上〇人以内を理事会において互選する。（注）3〕

2　理事長は、理事会の決定に従ってこの組合の業務を統括する。

3　専務理事は、理事長を補佐してこの組合の業務を執行し、理事長に事故があるときは、その職務を代行する。

4　理事は、理事長及び専務理事に事故があるときは、あらかじめ理事会において定めた順序に従ってその職務を代行する。

（注）1　業務執行機関の組織の内容及び呼称については、各組合の規模及び事業内容等の実情によって定めるべきである。

（注）2　理事の決裁権限については、決裁規程を定め、責任体制を明確にするとともに、理事会の議決を経ておくべきものである。

（注）3　「常務理事」を置く組合にあっては、常務理事の人数を組合の規模、事業等に応じて具体的に定めた上で、括弧書のように規定し、職務については、「常務理事は、理事長を補佐してこの組合の業務の執行を分担し、理事長及び専務理事に事故があるときは、あらかじめ理事長の定めた順序に従ってその職務を代行する。」というように規定するものである。

（理事会）

第三十一条　理事会は、理事をもって組織する。

2　理事会は、組合の業務執行を決し、理事の職務の執行を監督する。

3　理事会は、理事長（注）1が招集する。

4　理事長（注）1以外の理事は、理事長（注）1に対し、理事会の目的である事項を示して、理事会の招集を請求することができる。

5　前項の請求があった日から五日以内に、その請求があった日から二週間以内の日を理事会の日とする理事会の招集の通知が発せられない場合には、その請求をした理事は、理事会を招集することができる。

6　理事(注)2は三月に一回(注)3以上業務の執行の状況を理事会に報告しなければならない。
7　その他理事会の運営に関し必要な事項は、規則で定める。

（注）1　組合の実情に応じて、「理事長」以外の理事の中から定めても差し支えない。
（注）2　当該報告は、組合の実情に応じて、理事長又はその指名した理事がまとめて行ってもよいし、各担当理事が行うことも可能である。
（注）3　「三月に一回以上」とは、少なくとも四半期に一度を目安に、各組合の実情に応じて定めるものである。

（理事会招集手続）
第三十二条　理事会の招集は、その理事会の日の一週間前までに、各理事及び監事に対してその通知(注)を発してしなければならない。ただし、緊急の必要がある場合には、この期間を短縮することができる。
2　理事会は、理事及び監事の全員の同意があるときは、招集の手続を経ないで開くことができる。

（注）通知は、理事及び監事の全員に対して発することを要し、従って第三十四条第二項の特別の利害関係を有するため議決権を行使することができない理事に対しても通知を必要とするものである。招集通知のもれがあったため、その理事が出席しなかったときは、その理事会の議決は特段の事情がない限り無効とすべきものである。

（理事会の議決事項）
第三十三条　この定款に特別の定めがあるもののほか、次の事項は、理事会の議決を経なければならない。
一　この組合の財産及び業務の執行に関する重要な事項
二　総会（及び総代会）(注)の招集及び（並びに）(注)総会（及び総代会）(注)に付議すべき事項
三　この組合の財産及び業務の執行のための手続その他この組合の財産及び業務の執行について必要な事項を定める規則の設定、変更及び廃止
四　取引金融機関の決定
五　前各号のほか、理事会において必要と認めた事項

（注）総代を置いている組合にあっては、括弧書に従って規定するものである。

（理事会の議決方法）
第三十四条　理事会の決議は、議決に加わることができる理事の過半数(注)1が出席し、その過半数(注)1をもって行う。
2　前項の決議について特別の利害関係を有する理事は、議決に加わることができない。
3　理事が理事会の決議の目的である事項について提案

した場合において、当該提案につき理事（当該事項について議決に加わることができるものに限る。）の全員が書面又は電磁的記録により同意の意思表示をしたとき（監事が当該提案について異議を述べたときは除く。）は、当該提案を可決する旨の理事会の決議があったものとみなす。

4　理事又は監事が理事及び監事の全員に対して理事会に報告すべき事項を通知したときは、当該事項を理事会へ報告することを要しない。(注)2

(注)1　理事会の定足数及び決議要件について、過半数を上回る割合を定めることができる。

(注)2　本項の規定により理事会への報告を要しないものとされた事項については、法令の定める事項を記載した記録を作成し、これに作成した理事が署名し、又は記名押印するものである。

（理事会の議事録）

第三十五条　理事会の議事については、法令に定める事項を記載した議事録を作成し、出席した理事及び監事は、これに署名し、又は記名押印しなければならない。

2　前項の議事録を電磁的記録をもって作成した場合には、出席した理事及び監事は、これに電子署名をしなければならない。

（定款等の備置）

第三十六条　この組合は、法令に基づき、以下に掲げる書類を各（主たる）事務所(注)1に備え置かなければならない。

一　定款
二　規約
三　理事会の議事録
四　総(代)(注)2会の議事録
五　貸借対照表、損益計算書、剰余金処分案又は損失処理案（以下「決算関係書類」という。）及び事業報告書並びにこれらの附属明細書（監査報告を含む。）

2　この組合は、法令に定める事項を記載した組合員名簿を作成し、主たる事務所に備え置かなければならない。

3　この組合は、組合員又は組合の債権者（理事会の議事録については、裁判所の許可を得た組合の債権者）から、法令に基づき、業務取扱時間内において当該書面の閲覧又は謄写の請求等があったときは、正当な理由(注)3がないのにこれを拒んではならない。

(注)1　第一項の書類が電磁的記録をもって作成されている場合であって従たる事務所における閲覧又は謄写の請求に応ずることを可能とするための措置として法令で定めるものをとっ

ている組合については、主たる事務所とする。

(注)2　第十二条(注)1を参照のこと。

(注)3　組合員名簿については、個人のプライバシーを侵害するおそれがある場合等閲覧を拒否する場合の基準をあらかじめ組合で定めておくことが必要である。

(監事の職務及び権限)

第三十七条　監事は、理事の職務の執行を監査する。この場合において、法令で定めるところにより、監査報告を作成しなければならない。

2　監事は、いつでも、理事及び使用人に対して事業に関する報告を求め、又はこの組合の業務及び財産の状況を調査することができる。

3　監事は、その職務を行うため必要があるときは、この組合の子会社(注)1に対して事業の報告を求め、又はその子会社(注)1の業務及び財産の状況の調査をすることができる。

4　前項の子会社(注)1は、正当な理由があるときは、同項の報告又は調査を拒むことができる。

5　監事は、理事会に出席し、必要があると認めるときは、意見を述べなければならない。

6　監事は、理事が不正の行為をし、若しくは当該行為をするおそれがあると認めるとき、又は法令若しくは定款に違反する事実若しくは著しく不当な事実があると認めるときは、遅滞なく、その旨を理事会に報告しなければならない。

7　監事は、前項の場合において、必要があると認めるときは、理事に対し、理事会の招集を請求することができる。

8　第三十一条第五項の規定は、前項の請求をした監事についてこれを準用する。

9　監事は、総(代)(注)2会において、監事の解任又は辞任(選任若しくは解任又は辞任)について意見を述べることができる。

10　監事を辞任した者は、辞任後最初に招集される総(代)(注)2会に出席して、辞任した旨及びその理由を述べることができる。

11　理事長(注)3は、前項の者に対し、同項の総(代)(注)2会を招集する旨並びに総(代)(注)2会の日時及び場所を通知しなければならない。

12　監査についての規則の設定、変更及び廃止は監事が行い、総(代)(注)2会の承認を受けるものとする。

(注)1　共済事業を実施している組合にあっては、「子会社等」と規定するものである。

(注)2　第十二条(注)1を参照のこと。

(注)3　組合の実情に応じて、「理事長」以外の理事の中から定めても差し支えない。

(理事の報告義務)

第三十八条　理事は、組合に著しい損害を及ぼすおそれがある事実を発見したときは、直ちに監事に報告しなければならない。

（監事による理事の行為の差止め）

第三十九条　監事は、理事がこの組合の目的の範囲外の行為その他法令若しくは定款に違反する行為をし、又はこれらの行為をするおそれがある場合において、当該行為によってこの組合に著しい損害が生ずるおそれがあるときは、当該理事に対し、当該行為をやめることを請求することができる。

2　前項の場合において、裁判所が仮処分をもって同項の理事に対し、その行為をやめることを命ずるときは、担保を立てさせないものとする。

（監事の代表権）

第四十条　第二十九条第二項の規定にかかわらず、次の場合には、監事がこの組合を代表する。

一　この組合が、理事又は理事であった者（以下、この条において理事等という。）に対し、また、理事等が組合に対して訴えを提起する場合

二　この組合が、六箇月前（注）から引き続き加入する組合員から、理事等の責任を追及する訴えの提起の請求を受ける場合

三　この組合が、六箇月前（注）から引き続き加入する組合員から、理事等の責任を追及する訴えに係る訴訟告知を受ける場合

四　この組合が、裁判所から、六箇月前（注）から引き続き加入する組合員による理事等の責任を追及する訴えについて、和解の内容の通知及び異議の催告を受ける場合

（注）　これを下回る期間を定めることは差し支えない。

（組合員による理事の不正行為等の差止め）

第四十一条　六箇月前（注）から引き続き加入する組合員は、理事が組合の目的の範囲外の行為その他法令若しくは定款に違反する行為をし、又はこれらの行為をするおそれがある場合において、当該行為によって組合に回復することができない損害が生ずるおそれがあるときは、当該理事に対し、当該行為をやめることを請求することができる。

（注）　前条（注）を参照のこと。

（組合員の調査請求）

第四十二条　組合員は、総組合員の百分の三（注）以上の同意を得て、監事に対し、組合の業務及び財産の状況の調査を請求することができる。

2　監事は、前項の請求があったときは、必要な調査を行わなければならない。

（注）　「百分の三以上」については、百分の三から十分の一（法第九十四条第一項の行政庁へ

の検査請求の割合）までの間において、組合の実情を勘案して定めるものである。組合員数二千人未満の小規模な組合においては十分の一と、十万人を超えるような大規模な組合は百分の三と定めるなど、権利の濫用にならないよう充分留意した上で、実現可能な割合において定めるものである。

（顧問）（注）

第四十三条　この組合に、顧問を置くことができる。

2　顧問は、学識経験のある者のうちから、理事会において選任する。

3　顧問は、この組合の業務の執行に関し、理事長の諮問に応ずるものとする。

（注）　顧問の設定は、組合の実情により定めるものであるから、本条は、顧問を置いている組合についてのみ規定すればよいものである。なお、顧問の資格、選任方法も、組合の実情により、任意に定めて差し支えない。また、顧問以外について設置する場合にも組合の実情に応じて、同様の規定を設けること。

（職員）

第四十四条　この組合の職員は、理事長が任免する。

2　職員の服務、給与その他職員に関し必要な事項は、規則で定める。

第四章（注）　（総代会及び）総会

（注）　本章は、総代を置いている組合にあっては「総代会及び総会」の章とし、総代を置いていない組合にあっては「総会」の章とするものである。

また、本章中「総（代）会」、「組合員（総代）」、「組合員又は組合員と同一の世帯に属する者（組合員）」及び「総会（及び総代会）」とあるのは、総代を置いている組合にあっては「総代会」、「総代」、「組合員」及び「総会及び総代会」と、総代を置いていない組合にあっては「総会」、「組合員」、「組合員又は組合員と同一の世帯に属する者」及び「総会」とそれぞれ規定するものである。

（総代会の設置）

第〇〇条　この組合に、総会に代るべき総代会を設ける。

（総代の定数）

第〇〇条　総代の定数は、〇〇（注）2人とする。

〔**（総代の定数）**

第〇〇条　総代の定数は、〇〇（注）2人以上〇〇人以内において総代選挙規約で定める。（注）1〕

（注）1　総代の定数を、定款上幅を持たせ、規約で定めた方が適当な組合にあっては、括弧書の例に従って規定するものである。

（注）2　総代の定数は、その選挙の時における組合員の総数の十分の一（組合員の総数が千人を超える組合にあっては、百人）以上でなければならず（法第四十七条第三項）、具体的な定数は、これ以上の範囲において組合の区域及び組合員数に応じて適宜定めるものである。

（総代の選挙）

第○○条　総代は、総代選挙規約の定めるところにより、組合員のうちから選挙する。

（総代の補充）

第○○条　総代が欠けた場合におけるその補充については、総代選挙規約の定めるところによる。

（総代の職務執行）

第○○条　総代は、組合員の代表として、組合員の意思を踏まえ、誠実にその職務を行わなければならない。

（総代の任期）

第○○条　総代の任期は○年（注）1とする。ただし、再選を妨げない。

2　補欠総代の任期は、前項の規定にかかわらず、前任者の残任期間とする。

3　総代は、任期満了後であっても後任者の就任するまでの間（注）2は、その職務を行うものとする。

（注）1　総代の任期については、定款で定める期間とされており、三年以内において（法第四十七条第五項）、その範囲内で組合の実情に応じて定めるものである。

（注）2　「後任者の就任するまでの間」とは、次期の総代の選挙により当選人が確定するまでの間を意味するものである。

（総代名簿）

第○○条　理事は、総代の氏名及びその選挙区を記載した総代名簿を作成し、組合員に周知しなければならない。

（通常総（代）会の招集）

第四十五条　通常総（代）会は、毎事業年度終了の日から○箇月以内（注）に招集しなければならない。

（注）　通常総（代）会の開催の時期については、とくに法律上の規制はないが、法第九十二条の二により事業年度終了後三月以内に決算関係書類及び事業報告書並びにこれらの附属明細書を行政庁に提出しなければならないことから、事業年度終了の日から三箇月以内に通常総（代）会を行う必要がある。その範囲内で適宜定めるものである。

（臨時総（代）会の招集）

第四十六条 臨時総（代）会は、必要があるときは、いつでも理事会の議決を経て、招集できる。ただし、組合員（総代）がその五分の一以上（注）1の同意を得て、会議の目的とする事項及び招集の理由を記載した書面を提出して総（代）会の招集を請求したときは、理事会は、その請求のあった日から二十日以内（注）2に臨時総（代）会を招集すべきことを決しなければならない。

（注）1　「五分の一以上」の同意による請求があった場合には、理事は法第三十五条第二項の規定により必ず総（代）会を招集しなければならない義務を有しているが、組合の実情により、さらにこれを例えば「六分の一以上」、「十分の一以上」というようにして理事の招集義務を加重することは差し支えない。しかし、通常の組合にあっては「五分の一以上」程度が望ましい。

（注）2　「二十日以内」というのは、法第三十五条第二項に規定する最高期限であるから、さらにこれを例えば「十五日以内」、「二週間以内」というように短期日にすることは差し支えない。

（総（代）会の招集者）

第四十七条 総（代）会は、理事会の議決を経て、理事長（注）が招集する。

2　理事長及びその職務を代行する理事がいないとき、又は前条の請求があった場合において、理事が正当な理由がないのに総（代）会招集の手続をしないときは、監事は、総（代）会を招集しなければならない。

（注）　組合の実情に応じて、「理事長」以外の理事の中から定めても差し支えない。

（総（代）会の招集手続）

第四十八条 総（代）会の招集者が総（代）会を招集する場合には、総（代）会の日時及び場所その他の法令で定める事項を定めなければならない。

2　前項の事項の決定は、次項の定める場合を除き、理事会の決議によらなければならない。

3　前条第二項の規定により監事が総（代）会を招集する場合には、第一項の事項の決定は、監事の全員の合議によらなければならない。

4　総（代）会を招集するには、総（代）会の招集者は、その総（代）会の会日の十日前までに、組合員（総代）に対して第一項の事項を記載した書面をもってその通知を発しなければならない。

5　通常総（代）会の招集の通知に際しては、法令で定めるところにより、組合員（総代）に対し、理事会の承認を受けた決算関係書類及び事業報告書（監査報告を含む。）を提供しなければならない。

（総（代）会提出議案・書類の調査）

第四十九条　監事は、理事が総（代）会に提出しようとする議案、書類その他法令で定めるものを調査しなければならない。この場合において、法令若しくは定款に違反し、又は著しく不当な事項があると認めるときは、その調査の結果を総（代）会に報告しなければならない。

（総（代）会の会日の延期又は続行の決議）

第五十条　総（代）会の会日は、総（代）会の議決により、延期し、又は続行することができる。この場合においては、第四十八条の規定は適用しない。

（総（代）会の議決事項）

第五十一条　この定款に特別の定めがあるもののほか、次の事項は総（代）会の議決を経なければならない。

一　定款の変更
二　規約の設定、変更及び廃止
三　解散及び合併
四　毎事業年度の予算及び事業計画の設定及び変更
五　出資一口の金額の減少
六　事業報告書及び決算関係書類
七　連合会及び他の団体への加入(注)1又は脱退

2　この組合は、第三条各号に掲げる事業を行うため、必要と認められる他の団体への加入又は脱退であって、多額の出資若しくは加入金又は会費を要しないものについては、前項の規定にかかわらず、総（代）会の議決によりその範囲を定め、理事会の議決事項とすることができる。

3　総（代）会においては、第四十八条第四項の規定により、あらかじめ通知した事項についてのみ議決をするものとする。ただし、この定款により総（代）会の議決事項とされているものを除く事項であって軽微かつ緊急を要するものについては、この限りでない。

4　規約の変更のうち、以下の事項については、第一項の規定にかかわらず、総（代）会の議決を経ることを要しないものとすることができる。この場合においては、総（代）会の議決を経ることを要しない事項の変更の内容の組合員に対する通知、公告その他の周知の方法は第七十八条及び第七十九条による。

一　関係法令の改正（条項の移動等当該法令に規定する内容の実質的な変更を伴わないものに限る。）に伴う規定の整理(注)2
二　〇〇に関する事項(注)2

(注)1　「他の団体への加入」には、会社等への出資等も含むものである。

(注)2　組合の実情に応じて施行規則第百五十七条に規定する事項の中から定めるものである。

（総（代）会の成立要件）

第五十二条　総（代）会は、組合員（総代）の半数(注)が出席しなければ、議事を開き、議決をすることができない。

2　前項に規定する数の組合員（総代）の出席がないときは、理事会は、その総(代)会の会日から二十日以内にさらに総(代)会を招集することを決しなければならない。この場合には、前項の規定は適用しない。

(注)　総(代)会の成立要件を「半数」とするかどうかは、組合員等の実情により定めるものであり、組合員数の多い組合の総会にあっては「三分の一」としても差し支えないものであるが、総代を置いている組合にあっては、総代自身が何人かの組合員を代表しているものであるから、よほど特別の理由のない限りは「半数」と規定すべきである。

(役員の説明義務)

第五十三条　役員は、総(代)会において、組合員（総代）から特定の事項について説明を求められた場合には、当該事項について必要な説明をしなければならない。ただし、次に掲げる場合は、この限りでない。

一　組合員（総代）が説明を求めた事項が総(代)会の目的である事項に関しないものである場合

二　その説明をすることにより組合員の共同の利益を著しく害する場合

三　組合員（総代）が説明を求めた事項について説明をするために調査をすることが必要である場合。ただし、当該組合員（総代）が総(代)会の日より相当の期間前に当該事項を組合に対して通知した場合又は当該事項について説明をするために必要な調査が著しく容易である場合はこの限りでない。

四　組合員（総代）が説明を求めた事項について説明をすることにより組合その他の者（当該組合員を除く。）の権利を侵害することとなる場合

五　組合員（総代）が当該総(代)会において実質的に同一の事項について繰り返して説明を求める場合

六　前各号に掲げる場合のほか、組合員（総代）が説明を求めた事項について説明をしないことにつき正当な理由がある場合

(議決権及び選挙権)

第五十四条　組合員（総代）は、その出資口数の多少にかかわらず、各一個の議決権及び選挙権を有する。

(総(代)会の議決方法)

第五十五条　総(代)会の議事は、出席した組合員（総代）の過半数で決し、可否同数のときは、議長の決するところによる。

2　総(代)会の議長は、総(代)会において、出席した組合員（総代）のうちから、その都度選任する。

3　議長は、組合員（総代）として総(代)会の議決に加わる権利を有しない。

4　総(代)会において議決をする場合には、議長は、その議決に関して出席した組合員（総代）の数に算入しない。

(総(代)会の特別議決方法)

第五十六条　次の事項は、組合員（総代）の（半数以上が出席し、その）(注)1三分の二以上(注)2の多数で決しなければならない。

一　定款の変更

二　解散及び合併

三　組合員の除名

四　事業の全部の譲渡、共済事業の全部の譲渡及び共済契約の全部の移転

五　第二十五条第五項の規定による役員の責任の免除

(注)1　第五十二条第一項の規定による総(代)会の定足数を「半数以上」としている組合にあっては、この括弧書は規定する必要はないが、定足数を半数未満、例えば「三分の一」としているような組合にあっては、この括弧書を規定しなければならない。なお、この「半数」は、さらにこれを例えば、「三分の二以上」というように加重することは差し支えない。

(注)2　「三分の二以上」の議決要件は、さらにこれを例えば「四分の三以上」というように加重することは差し支えない。

(議決権及び選挙権の書面又は代理人による行使)

第五十七条　組合員（総代）(注)1は、第四十八条第四項の規定によりあらかじめ通知のあった事項について、書面又は代理人をもって議決権又は選挙権を行うことができる。ただし、組合員又は組合員と同一の世帯に属する者（組合員）(注)1でなければ代理人となることができない。

2　前項の規定により、議決権又は選挙権を行う者は、出席者とみなす。

3　第一項の規定により書面をもって議決権又は選挙権を行う者は、第四十八条第四項の規定によりあらかじめ通知のあった事項について、その賛否又は選挙しようとする役員の氏名を書面に明示して、第六十条及び第二十一条第一項の規定による規約の定めるところにより、この組合に提出しなければならない。

4　代理人は、十（二）(注)1人(注)2以上の組合員（総代）(注)1を代理することができない。

5　代理人は、代理権を証する書面をこの組合に提出しなければならない。

6　組合員（総代）は、第一項の規定による書面をもってする議決権又は選挙権の行使に代えて、議決権又は選挙権を電磁的方法により行うことができる。(注)3

7　前項の電磁的方法は、〇〇(注)4の方法により行うこととする。

（注）1　総代を置いている組合にあっては「総代」、「組合員」、「三人」、「総代」と、総代を置いていない組合にあっては「組合員」、「組合員又は組合員と同一の世帯に属する者」、「十人」、「組合員」と規定するものである。

（注）2　「十（三）人」は、法第十七条第五項の規定により定められた最高限度の数で、さらにこれを例えば「八（二）人」というように、少人数にすることは差し支えない。

（注）3　電磁的方法によってできるとする場合には、本項のとおり規定するものである。

（注）4　施行規則第五十三条に規定する方法のうち、組合が行う方法を規定するものである。また、具体的な手続き等については、規則で定めるものである。

（家族（組合員）（注）の発言権）

第五十八条　組合員と同一の世帯に属する者（組合員）（注）は、総（代）会に出席し、議長の許可を得て発言することができる。ただし、組合員（総代）（注）の代理人として総（代）会に出席する場合を除き、議決権及び選挙権を有しない。

（注）　総代を置いていない組合にあっては「家族」、「組合員と同一の世帯に属する者」、「組合員」と、総代を置いている組合にあっては「組合員」、「組合員」、「総代」と規定するものである。

（総（代）会の議事録）

第五十九条　総（代）会の議事については、法令で定める事項を記載した議事録を作成し、作成した理事及び議長（注）がこれに署名又は記名押印するものとする。

（注）　議事録の署名又は記名押印については、「議長及び総（代）会において選任した組合員（総代）二人」と規定することも差し支えない。

（解散又は合併の議決）

第〇〇条　総代会において組合の解散又は合併の議決があったときは、理事は、当該議決の日から十日以内に、組合員に当該議決の内容を通知しなければならない。

2　前項の議決があった場合において、組合員が総組合員の五分の一以上（注）の同意を得て、会議の目的である事項及び招集の理由を記載した書面を理事会に提出して、総会の招集を請求したときは、理事会は、その請求のあった日から三週間以内に総会を招集すべきことを決しなければならない。この場合において、書面の提出は、前項の通知に係る事項についての総代会の議決の日から一月以内にしなければならない。

3　前項の請求の日から二週間以内に理事が正当な理由がないのに総会招集の手続をしないときは、監事は、総会を招集しなければならない。

4　前二項の総会において第一項の通知に係る事項を承認しなかった場合には、当該事項についての総代会の議決は、その効力を失う。

（注）　これを下回る割合を定めた場合にあっては、その割合を規定するものである。

（総会の議決事項及び総代会の規定の準用）

第○○条　○○（注）1 については、総会の議決を経なければならない。

2　第○○条、第○○条及び第○○条（注）2 の規定は、総会において準用する。

（注）1　総代を置いている組合において、例えば「役員の解任」等の重要な事項を総会議決事項とする場合には、本条に規定するものである。

（注）2　第一項に規定した事項について、総会で議決を行うための招集手続き等準用が必要な条番号を列挙するものである。

（総会（及び総代会）（注）運営規約）

第六十条　この定款に定めるもののほか、総会（及び総代会）（注）の運営に関し必要な事項は、総会（及び総代会）（注）運営規約で定める。

（注）　総代を置いている組合にあっては「総会及び総代会」と、総代を置いていない組合にあっては「総会」と規定するものである。

第五章　事業の執行

（事業の利用）

第六十一条　組合員と同一の世帯に属する者は、この組合の事業の利用については、組合員とみなす。ただし、第三条第○号に掲げる事業の利用については、この限りでない。（注）

（注）　本条は、組合員と同一の世帯に属する者の組合事業の利用を認めた規定であるが、組合事業の性格上その利用者の範囲を組合員のみに限るような事業については、ただし書のような規定を必ず置かなければならないものである。

（事業の品目等）（注）1

第六十二条　第三条第一号に規定する生活に必要な物資の品目は、食料品、衣料品、酒、煙草、医薬品、○○その他の組合員の日常生活に必要な物資とする。（注）2

2　第三条第二号に規定する生活に有用な協同施設の種類は、理容施設、美容施設及び○○施設とする。（注）3

3　第三条第四号に規定する生活の共済を図る事業は、次に掲げるものとする。（注）4

一　共済契約者から共済掛金の支払を受け、共済契約

者の火災事故の発生に関し、共済金を支払うことを約する火災共済事業

二　共済契約者から共済掛金の支払を受け、共済契約者又はその親族の死亡事故の発生に関し、共済金を支払うことを約する生命共済事業

三　〇〇生活協同組合連合会が行う〇〇共済事業の業務の一部を受託する受託共済事業(注)5

四　組合員に対し生活に必要な資金を貸し付ける事業(以下「貸付事業」という。)

4　第三条第五号に規定する医療に関する事業は、次に掲げるものとする。(第三条第六号に係るものを除く。)(注)6

一　医療事業

二　訪問看護事業

5　第三条第六号に規定する福祉に関する事業は、次に掲げるものとする。

一　保育所を経営する事業

二　児童福祉法、身体障害者福祉法、精神保健及び精神障害者福祉に関する法律、知的障害者福祉法、老人福祉法、高齢者の医療の確保に関する法律、介護保険法及び障害者の日常生活及び社会生活を総合的に支援するための法律のいずれかに基づく保健福祉に関する事業並びにその関連の事業(注)7

三　組合員の福祉の増進を図る事業(前号までに規定する事業を除く。)(注)8

(注)1　本条は、第三条に規定する事業種目に従って規定するもので、第三条に掲げていない事業種目については規定する必要はない。

(注)2　本項は、現に供給し及び供給しようとしている主要な品目について、例示的に規定するものである。しかしながら、酒税法による酒類の小売業を行う場合は、税務署長の免許を必要とし、たばこ事業法による小売販売業を行う場合は、財務(支)局に許可を申請しなければならず、医薬品の販売を行う場合は、薬品又は医薬品の販売業として都道府県知事の許可を受けなければならず、このような免許又は許可の申請に当たっては、定款の提出を求められることもあり得るので、本条において、その品目を明記しておくことが必要である。

(注)3　本項は、現に設置し及び設置しようとしている施設の種類を具体的に規定するものである。

ただし、医療事業、訪問看護事業、保育所を経営する事業、児童福祉法、身体障害者福祉法、精神保健及び精神障害者福祉に関する法律、知的障害者福祉法、老人福祉法、高齢

者の医療の確保に関する法律及び介護保険法に基づく保健福祉に関する事業等は本項から分離し、本条第四項又は第五項に規定するものである。

(注)4　本項は、現に行い及び行おうとしている共済を図る事業の種類を具体的に規定するものである。また、共済事業又は受託共済事業を行う組合で保険代理に関する事業を行う場合には、別項で内容を具体的に規定するものである。なお、一の被共済者当たりの共済金額が十万円以下の共済契約を行う事業を行う場合には、例えば死亡見舞金事業など共済事業と別の名称を規定するなどにより、共済事業と区分して規定するものである。

(注)5　第三条(注)2を参照のこと。

(注)6　本項は、第三条第五号に規定する事業のうち、現に行い及び行おうとしている医療事業の種類を規定するものである。

(注)7　本号の事業のうち新たな事業を追加していく場合にも、本号の改正を要しないものである。

(注)8　本号に規定する事業は、福祉に関する役務提供事業のうち、現に行い及び行おうとしているものの主要な事業について、例示的に規定するものである。

(共済掛金及び共済金)(注)1

第○○条　共済事業に係る共済契約一口当たりの共済掛金及び共済金の額は、次のとおりとする。

共済事業の種類	共済掛金額	共済金額
火災共済事業	年　○○円	○○万円
生命共済事業	年　○○円	○○万円

(注)2

共済事業の種類	共済掛金額の最高限度	共済金額の最高限度
火災共済事業	○口○○円	○○万円
生命共済事業	○口○○円	○○万円

(注)3

(注)1　本条は、共済事業を行う組合のみが規定するものである。なお、一の被共済者当たりの共済金額が十万円以下の共済契約を行う事業を行っている場合についても本条と同様の内

容を規定しても差し支えない。

（注）2　例えば、火災共済事業について、共済の目的の共済事故発生の危険の程度にしたがって、共済契約一口当たりの共済掛金の額に段階を設ける組合にあっては、各段階ごとの共済掛金の額を示すことが必要である。

（注）3　（注）2にあるように、一口当たりの共済掛金の額が段階別に分れている組合にあっては、各段階のうち、最も高い共済掛金の額を基準として、共済掛金の額の最高限度を定めるものである。

（共済事業規約）（注）

第〇〇条　この組合は、共済事業について、その種類ごとに、その実施方法、共済契約、共済掛金及び責任準備金の額の算出方法に関して法令で定める事項を、共済事業規約で定めるものとする。

（注）　本条は、共済事業を行う組合のみが規定するものである。

（貸付事業規約）（注）

第〇〇条　この組合は、貸付事業について、その実施方法及び貸付けの契約に関して法令で定める事項を、貸付事業規約で定めるものとする。

（注）　本条は、貸付事業を行う組合のみが規定するものである。

第六章　会　計

（事業年度）

第六十三条　この組合の事業年度は、毎年〇月〇日から翌年〇月〇日までとする。

（財務処理）

第六十四条　この組合は、法令及びこの組合の経理に関する規則の定めるところにより、この組合の財務の処理を行い、決算関係書類及びその附属明細書を作成するものとする。

（収支の明示）

第六十五条　この組合は、この組合が行う事業の種類ごとに収支を明らかにするものとする。（注）

（注）　第三条に規定する事業の種類ごとに収支を明らかにすることにより、各事業の経営内容の評価、効率化に寄与するものである。

（共済事業の区分経理）（注）

第〇〇条　この組合は、共済事業と共済事業以外の事業とを区分して経理し、かつ、共済事業については、その事業の種類ごとに収支を明らかにするものとする。

（注）　本条は、共済事業を行う組合のみが規定するものである。

（医療福祉等事業の区分経理）

第〇〇条　この組合は、次に掲げる事業（以下「医療福祉等事業」という。）に係る経理とその他の経理を区分するものとする。

一　法第五十条の三第三項の規定に基づき区分経理しなければならない事業（注）1

イ　病院を営む事業

ロ　診療所を営む事業

ハ　介護保険法第四十一条第一項に規定する指定居宅サービス事業者の指定を受けて実施する事業

ニ　〇〇事業

二　区分経理に含める事業（第一号を除く。）（注）2

イ　医療関係者の人材育成施設を営む事業

ロ　病院内の売店における供給事業

ハ　〇〇事業

（注）1　法第五十条の三第三項の規定に基づき、必ず区分経理を行わなければならない事業のうち、組合において、行っている事業を規定するものである。

（注）2　法第五十条の三第三項の規定に基づき、本条第一号の事業から生じた利益をその財源に充てることが適当な事業のうち、組合において、行っている事業を規定するものである。

（他の経理への資金運用の禁止）（注）

第〇〇条　この組合は、厚生労働大臣の承認を受けた場合を除き、共済事業に係る経理から共済事業以外の事業に係る経理へ資金を運用し、又は共済事業に係る経理に属する資産を担保に供して共済事業以外の事業に係る経理に属する資金を調達しないものとする。

（注）　本条は、共済事業を行う組合のみが規定するものである。

（法定準備金）

第六十六条　この組合は、出資総額の二分の一（出資総額）に相当する額（注）1に達するまで、毎事業年度の剰余金の十分の一（五分の一）（注）2に相当する額以上の金額を法定準備金として積み立てるものとする。ただし、この場合において繰越欠損金があるときには、積み立てるべき準備金の額の計算は、当該事業年度の剰余金からその欠損金のてん補に充てるべき金額を控除した額について行うものとする。

2　前項の規定による法定準備金は、欠損金のてん補に充てる場合を除き、取り崩すことができない。

（注）1　法定準備金の額を「出資総額の二分の一に相当する額」とすることは、法第五十一条の四第二項の規定による最低限度の額とすることであるから、さらにこれを「出資総額に相当する額」というように増額することは差し支えない。なお、共済事業を行う組合にあっては、「出資総額に相当する額」とすること

は、法第五十一条の四第二項の規定による最低限度の額とすることであるから、さらにこれを「出資総額の二倍に相当する額」というように増額することは差し支えない。

（注）2　共済事業を行う組合にあっては、五分の一と規定するものである。

（教育事業等繰越金）

第六十七条　この組合は、毎事業年度の剰余金の二十分の一に相当する額（注）以上の金額を教育事業等繰越金として翌事業年度に繰り越し、繰り越された事業年度の第三条第七号に定める事業の費用に充てるために支出するものとする。なお、全部又は一部を組合員の相互の協力の下に地域において行う福祉の向上に資する活動を助成する事業に充てることができる。

2　前条第一項ただし書の規定は、前項の規定による繰越金の額の計算について準用する。

（注）教育事業等繰越金の額を「毎事業年度の剰余金の二十分の一に相当する額」とすることは、法第五十一条の四第四項の規定による最低限度の額とすることであるから、さらにこれを例えば「十分の一に相当する額」というように増額することは差し支えない。

（医療福祉等事業の積立金）（注）

第〇〇条　この組合は、医療福祉等事業に関し、残余がある場合については、医療福祉等事業積立金として積み立てるものとする。

2　前項の規定による医療福祉等事業積立金は、医療福祉等事業の費用に充てる場合を除いては、取り崩してはならない。

（注）医療福祉等事業のみを行う組合については、第六十八条から第七十二条までを規定しないものである。

（剰余金の割戻し）

第六十八条　この組合は、剰余金について、組合員の組合事業の利用分量又は払込んだ出資額に応じて組合員に割り戻すことができる。

2　この組合は、期日の到来した出資の払込みを終了しない組合員について、その出資の払込みを終わるまでその組合員に割り戻すべき剰余金をその払込みに充てることができる。（注）

（注）出資の払込みを全額一時払込みとしている組合にあっては、本項を規定する必要はない。

（利用分量に応ずる割戻し）

第六十九条　組合事業の利用分量に応ずる剰余金の割戻し（以下「利用分量割戻し」という。）は、毎事業年度の剰余金について繰越欠損金をてん補し、第六十六条第一項の規定による法定準備金として積み立てる金額及び第六十七条第一項の規定による教育事業等繰越金として繰り越す金額（以下「法定準備金等の金額」という。）を控除した後に、なお残余があるときに行うことができる。

2　利用分量割戻しは、各事業年度における組合員の組合事業の（種類別ごとの）（注）1利用分量に応じて行う。

3　この組合は、組合事業を利用する組合員に対し、組合事業の利用の都度（毎月ごとに）（注）2利用した事業の（種類別及び）（注）1分量を証する領収書（利用高券・レシート等）（注）3を交付するものとする。

4　この組合は、組合員が利用した組合事業の（種類別ごとの）（注）1利用分量の総額がこの組合の（その）（注）4事業総額の五割以上であると確認した場合でなければ、（その事業についての）（注）4利用分量割戻しを行わない。

5　この組合は、利用分量割戻しを行うこと及び利用分量割戻金の額について総（代）（注）5会の議決があったときは、速やかに（利用分量割戻しを行う事業の種類、）（注）1利用分量割戻金の利用分量に対する割合及び利用分量割戻金の請求方法を組合員に公告するものとする。

6　この組合は、利用分量割戻しを行うときは、その割り戻すべき金額に相当する額を利用分量割戻金として積み立てるものとする。

7　組合員は、第五項の公告に基づき利用分量割戻金をこの組合に請求しようとするときは、利用分量割戻しを行うことについての議決が行われた総（代）（注）5会の終了の日から六箇月を経過する日（注）6までに、第三項の規定により交付を受けた領収書（利用高券・レシート等）（注）3を提出してこれをしなければならない。

8　この組合は、前項の請求があったときは、第六項の規定による利用分量割戻金の積立てを行った事業年度の翌々事業年度の末日（注）7までに、その利用分量割戻金を取り崩して、組合員ごとに前項の規定により提出された領収書（利用高券・レシート等）（注）3によって確認した事業の利用分量に応じ、利用分量割戻金を支払うものとする。

9　この組合は、各組合員ごとの利用分量があらかじめ明らかである場合には、第七項の規定にかかわらず、組合員からの利用分量割戻金の請求があったものとみなして、前項の支払を行うことができる。

10　この組合が、前二項の規定により利用分量割戻しを行おうとする場合において、この組合の責めに帰すべき事由以外の事由により第八項に定める期間内に支払を行うことができなかったときは、当該組合員は、当該期間の末日をもって利用分量割戻金の請求権を放棄したものとみなす。

11　この組合は、各事業年度の利用分量割戻金のうち、第八項に定める期間内に割戻しを行うことができなかった額は、当該事業年度の翌々事業年度(注)8における事業の剰余金に算入するものとする。

(注)1　利用分量の割戻しは、組合事業全体の利用分量に応じても、また組合の事業の種類別ごとにも行うことができるものであり、事業全体について利用分量割戻しを行おうとする組合にあっては「組合事業の利用分量に応じて」とし、事業の種類別ごとに利用分量割戻しを行おうとする組合にあっては「組合事業の種類別ごとの利用分量に応じて」とすればよい。以下事業の種類別ごとに利用分量割戻しを行おうとする組合にあっては(注)1の箇所を括弧書の例により規定するものである。なお、医療福祉等事業については、利用分量の割戻しの対象から除くものである。

(注)2　組合が利用分量の割戻しを行おうとするときは、施行規則第二百七条第一項の規定により、組合事業を利用する組合員に対し領収書等を交付しなければならないこととされている。しかし、この領収書等の交付については、例えば、食料品及び日用品の供給事業のように、その都度行うことが事務的に非常に繁雑で、組合の事務処理に混乱を招くような場合も考えられるので、このような場合にあっては、領収書等の交付を一箇月分の利用分量をまとめて行うものとしても差し支えないものである。

(注)3　利用分量割戻しを行おうとする組合は、施行規則第二百七条第一項の規定により、「領収書その他の当該利用分量を確認することができる証拠書類」を組合事業を利用する組合員に交付しなければならないものであって、その名称は、「領収書」にとらわれる必要はなく、利用分量を確認することができる証拠書類であればよいものであるから、例えば、共済事業については、「共済掛金預り金受領書」というようにすればよいものである。

(注)4　利用分量の割戻しは、施行規則第二百七条第七項の規定により、「領収書等によって確認することができる利用分量の総額が、当該組合の事業総額の五割以上となったとき」でなければ行ってはならないものとされているので、事業全体について利用分量割戻しを行おうとする組合にあっては、「この組合の事業総額の五割以上であると確認した場合でなければ、利用分量割戻しを行わない。」と規定するものであるが、当該施行規則に「事業

別に利用分量割戻しを行おうとする場合にあっては、利用分量割戻しを行おうとする事業ごとに、同項の規定により交付された領収書等によって確認することができる利用分量の総額が、当該事業の事業総額の五割以上となったとき」は利用分量割戻しを行うことができる旨規定されているので、事業の種類別ごとに利用分量割戻しを行おうとする組合にあっては、「この組合のその事業総額の五割以上であると確認した場合でなければ、その事業についての利用分量割戻しを行わない。」と規定するものである。

(注)5　第十二条(注)1を参照のこと。

(注)6　組合員の組合に対する利用分量割戻金の請求期間は、組合の実情により適宜定めて差し支えないが、おおむね六箇月程度が適当であろう。

(注)7　施行規則第二百七条第九項の規定により、利用分量割戻しは、利用分量割戻金の積立てを行った事業年度の翌事業年度開始の日から起算して二年を超えない期間内に、すなわち、翌々事業年度の末日までに行われなければならないこととされているものであるから、この範囲内において、例えば、「翌事業年度の末日まで」として、割戻事務の迅速化を図ることは差し支えない。

(注)8　割戻しを行うことができなかった額を、どの年度の剰余金に算入するかは、もっぱら割戻金の支払期間との関連において定まってくるものであるから、割戻金の支払を「翌々事業年度の末日まで」とした場合は、剰余金に算入する年度も「翌々事業年度」と規定し、割戻金の支払を「翌事業年度の末日まで」とした場合は、剰余金に算入する年度も「翌事業年度」と規定するものである。

(出資額に応ずる割戻し)

第七十条　払い込んだ出資額に応ずる剰余金の割戻し(以下「出資配当」という。)は、毎事業年度の剰余金から法定準備金等の金額を控除した額又は当該事業年度の欠損金に、繰越剰余金又は繰越欠損金を加減し、さらに任意積立金取崩額を加算した額について行うことができる。

2　出資配当は、各事業年度の終わりにおける組合員の払込済出資額に応じて行う。

3　出資配当金の額は、払込済出資額につき年一割(注)1以内の額とする。

4　この組合は、出資配当を行うこと及び出資配当金の額について総(代)(注)2会の議決があったときは、速やかに出資配当金の払込済出資額に対する割合及び出資配当金の請求方法を組合員に公告するものとする。

5　組合員は、前項の公告に基づき出資配当金をこの組合に請求しようとするときは、出資配当を行うことについての議決が行われた総（代）[(注)2]会の終了の日から六箇月を経過する日[(注)3]までにこれをしなければならない。

6　この組合は、前項の請求があったときは、遅滞なく出資配当金を支払うものとする。

7　この組合は、あらかじめ支払方法を明確に定めている場合には、第五項の規定にかかわらず、組合員からの出資配当金の請求があったものとみなして、前項の支払を行うことができる。

8　この組合が、前二項の規定により出資配当金の支払を行おうとする場合において、この組合の責めに帰すべき事由以外の事由により支払を行えなかったときは、第四項に定める総（代）[(注)2]会の終了の日から二年を経過する日までの間に請求を行った場合を除き、当該組合員は、出資配当金の請求権を放棄したものとみなす。

（注）1　法第五十二条第四項の規定により、組合における出資額に応ずる割戻しは、年一割を超えてはならないとされているもので、この範囲内においては、組合の実情により、さらにこれを例えば「五分」というように、制限することは差し支えない。

（注）2　第十二条（注）1を参照のこと。

（注）3　前条（注）6を参照のこと。

（端数処理）

第七十一条　前二条の規定による割戻金の額を計算する場合において、組合員ごとの割戻金の額に〇円未満[(注)]の端数が生じたときは、これを切り捨てるものとする。

（注）　この端数切捨ては、通貨価値のない端数を整理して事務処理の繁雑化を防止するとともに、計算上の便宜のためのものであるから、組合の実情により、一円未満、五円未満、十円未満というように適宜定めればよい。

（その他の剰余金処分）

第七十二条　この組合は、剰余金について、第六十八条の規定により組合員への割戻しを行った後になお残余があるときは、その残余を任意に積み立て又は翌事業年度に繰り越すものとする。

（欠損金のてん補）

第七十三条　この組合は、欠損金が生じたときは、繰越剰余金、前条の規定により積み立てた積立金、法定準備金の順に取り崩してそのてん補に充てるものとする。

（資産運用の基準）（注）1

第〇〇条　この組合は、共済事業に属する資産を資産運用に関する規程に基づき、次に掲げる方法（注）2で運用するものとする。

一　銀行、長期信用銀行、信用金庫、農林中央金庫、株式会社商工組合中央金庫、労働金庫又は農業協同組合、中小企業等協同組合若しくは水産業協同組合又はこれらの連合会で業として預金又は貯金の受入れをすることができるものへの預金又は貯金

二　国債、地方債、特別の法律により法人の発行する債券若しくは金融債又は日本銀行出資証券の取得

三　貸付信託の受益証券の取得

四　〇〇の取得

2　次の各号に掲げる資産の合計額は、この組合の共済事業に属する資産の総額に対し、第一号に掲げる資産にあっては同号に定める割合（注）3を乗じて得た額以上、第二号から第〇号までに掲げる資産にあっては当該各号に定める割合（注）3を乗じて得た額以下であることとする。

一　前項第一号から第〇号（元本が保証されているものに限る。）までに掲げる方法（注）3　百分の七十

二　前項第〇号に掲げる方法（注）3　百分の〇〇

3　この組合は、金銭の信託又は有価証券の信託を行う場合においても前項の規定に従わなければならないものとする。（注）4

4　この組合は、共済事業に属する資産を第三者のために担保に供しないものとする。

（注）1　本条は、共済事業組合を行う組合のみが規定するものであり、施行規則第二百一条及び第二百二条の規定に基づき適宜規定するものである。

（注）2　組合の共済事業に属する資産の運用については、現に行い及び行おうとしている方法のみを規定するものである。

（注）3　本項各号は、第一項に規定した方法について、各組合の事業の目的、資産の性質等に照らして、その範囲内において適宜定めて差し支えない。ただし、法第五十条の十四第一項の承認を受けた組合にあっては、当該承認に係る割合を規定するものである。

（注）4　本項については、第一項の規定に応じて適宜規定すればよい。

（投機取引等の禁止）

第七十四条　この組合は、いかなる名義をもってするを問わず、この組合の資産について投機的運用及び投機取引を行ってはならない。

（組合員に対する情報開示）

第七十五条　この組合は、この組合が定める規則（注）に

より、組合員に対して事業及び財務の状況に関する情報を開示するものとする。

（注）組合の事業及び財務の状況についてはできる限り組合員に開示されるべきであり、開示する範囲、開示の方法等については、組合ごとの実情に応じて適宜基準を定めるものである。また、共済事業を行っている組合にあっては、法第五十三条の二の規定に基づき公衆の縦覧に供しなければならないものであるので本条に加え、別に公衆縦覧の条を規定する必要がある。なお、第三十六条（注）３についても参照のこと。

第七章　解　散

（解散）

第七十六条　この組合は、総（代）（注）1会の議決による場合のほか、次の事由によって解散する。

一　目的たる事業の成功の不能

二　合併

三　破産手続開始の決定

四　行政庁の解散命令

2　この組合は前項の事由によるほか、組合員（第六条第二項の規定による組合員（注）2を除く。）が二十人未満（注）3になったときは、解散する。

3　理事は、この組合が解散（破産による場合を除く。）したときは、遅滞なく組合員に対してその旨を通知し、かつ、公告しなければならない。

（注）1　第十二条（注）1を参照のこと。

（注）2　第六条第一項において、「通学する者」と規定した場合は、「及び第六条第一項の規定による通学する者」を追加するものである。

（注）3　「二十人未満」は、法第六十四条第一項の規定に基づく最低限度の人数であるので、組合の規模及び実情により、さらにこれを例えば「五十人未満」、「百人未満」というように多人数にすることは差し支えない。

（残余財産の処分）

第七十七条　この組合が解散（合併又は破産による場合を除く。）した場合の残余財産（解散のときにおけるこの組合の財産から、その債務を完済した後における残余の財産をいう。）は、払込済出資額に応じて組合員に配分する。ただし、残余財産の処分につき、総（代）（注）会において別段の議決をしたときは、その議決によるものとする。

（注）第十二条（注）1を参照のこと。

第八章　雑　則

（公告の方法）
第七十八条　この組合の公告は、以下の方法で行う。（注）1
一　事務所の店頭に掲示する方法
二　官報に掲載する方法
三　日刊新聞紙に掲載する方法
四　電子公告による方法
2　法令により官報に掲載する方法により公告しなければならないものとされている事項に係る公告については、官報に掲載するほか、前項第一号、第三号及び第四号に規定する方法（注）2により行うものとする。

（注）1　各号のうち組合の実情により、現に行うものを記載するものである。
（注）2　第一項第二号を除き、組合の実情により、現に行うものを記載するものである。

（組合の組合員に対する通知及び催告）
第七十九条　この組合が、組合員に対してする通知及び催告は、組合員名簿に記載し、又は記録したその者の住所に、その者が別に通知又は催告を受ける場所又は連絡先をこの組合に通知したときは、その場所又は連絡先にあてて行う。
2　この組合は、前項の規定により通知及び催告を行った場合において、通常組合員に到達すべきときに組合員に到達したものとみなす。

（実施規則）
第八十条　この定款及び規約に定めるもののほか、この組合の財産及び業務の執行のための手続、その他この組合の財産及び業務の執行について必要な事項は、規則で定める。

附　則

（施行期日）
1　この定款は、この組合成立の日（注）から施行する。

（注）現実に施行しようとする年月日を規定するもので、例えば、平成二十年四月一日からこの定款を施行しようという場合には、「平成二十年四月一日」からと規定するものである。

（成立当初の役員の任期）
2　この組合の成立当初における役員の任期は、第二十三条第一項の規定にかかわらず、創立総会において議決された期間とする。ただし、その期間は一年を超えてはならない。

○（成立後第一期の総代）（注）
この組合の成立後第一期の総代の定数、選挙区、選挙の方法その他総代の選挙に関し必要な事項は、第〇〇条及び第〇〇条の規定にかかわらず理事会において定める。

（注）本項は、総代をおいている組合で、かつ、組合成立後最初の総代選挙に関し必要な事項を理事会で定めることとしている組合のみが規定するものである。

（成立当初の事業年度）

3　この組合の成立の日の属する事業年度は、第六十三条の規定にかかわらず、この組合の成立の日から（翌年）〇月〇日(注)までとする。

（注）組合成立の年月日が、組合の事業年度の中途である場合には、次年度からの事業年度を正常化するため、本条を規定し、当初の年度の終了日を調整する必要がある。

『生協関係法令集』補足

（二〇二一年四月一日時点で既改正・未施行の法令）

新	旧
第八十一条から第八十三条まで　削除	（従たる事務所の所在地における登記） **第八十一条**　次の各号に掲げる場合（当該各号に規定する従たる事務所が主たる事務所の所在地を管轄する登記所の管轄区域内にある場合を除く。）には、当該各号に定める期間内に、当該従たる事務所の所在地において、従たる事務所の所在地における登記をしなければならない。 一　組合の設立に際して従たる事務所を設けた場合（次号に掲げる場合を除く。）　主たる事務所の所在地における設立の登記をした日から二週間以内 二　新設合併設立組合が合併に際して従たる事務所を設けた場合　第七十八条の二に規定する日から三週間以内 三　組合の成立後に従たる事務所を設けた場合　従たる事務所を設けた日から三週間以内 2　従たる事務所の所在地における登記においては、次に掲げる事項を登記しなければならない。ただし、従たる事務所の所在地を管轄する登記所の管轄区域内に新たに従たる事務所を設けたときは、第三号に掲げる事項を登記すれば足りる。 一　名称

二　主たる事務所の所在場所
三　従たる事務所（その所在地を管轄する登記所の管轄区域内にあるものに限る。）の所在場所
3　前項各号に掲げる事項に変更が生じたときは、三週間以内に、当該従たる事務所の所在地において、変更の登記をしなければならない。

（他の登記所の管轄区域内への従たる事務所の移転の登記）

第八十二条　組合がその従たる事務所を他の登記所の管轄区域内に移転したときは、旧所在地（主たる事務所の所在地を管轄する登記所の管轄区域内にある場合を除く。）においては三週間以内に移転の登記をし、新所在地（主たる事務所の所在地を管轄する登記所の管轄区域内にある場合を除く。以下この条において同じ。）においては四週間以内に前条第二項各号に掲げる事項を登記しなければならない。ただし、従たる事務所の所在地を管轄する登記所の管轄区域内に新たに従たる事務所を移転したときは、新所在地においては、同項第三号に掲げる事項を登記すれば足りる。

（従たる事務所における変更の登記等）

第八十三条　第七十八条、第七十八条の二及び第八十条に規定する場合には、これらの規定に規定する日から三週間以内に、従たる事務所の所在地においても、こ

（登記の嘱託）

第九十条　組合の総会又は創立総会の決議の不存在若しくは無効の確認又は取消しの訴えに係る請求を認容する判決が確定した場合については、会社法第九百三十七条第一項（第一号トに係る部分に限る。）の規定を準用する。この場合において、必要な技術的読替えは、政令で定める。

2　組合の出資一口の金額の減少の無効の訴えに係る請求を認容する判決が確定した場合については、会社法第九百三十七条第一項（第一号ニに係る部分に限る。）の規定を準用する。この場合において、必要な技術的読替えは、政令で定める。

3　組合の設立の無効の訴えに係る請求を認容する判決が確定した場合については、会社法第九百三十七条第一項（第一号イに係る部分に限る。）の規定を準用する。この場合において、必要な技術的読替えは、政令で定める。

4　組合の合併の無効の訴えに係る請求を認容する判決が確定した場合については、会社法第九百三十七条第三項（第二号及び第三号に係る部分に限る。）の規定

れらの規定に規定する登記をしなければならない。ただし、吸収合併存続組合についての変更の登記は、第八十一条第二項各号に掲げる事項に変更が生じた場合に限り、するものとする。

（登記の嘱託）

第九十条　組合の総会又は創立総会の決議の不存在若しくは無効の確認又は取消しの訴えに係る請求を認容する判決が確定した場合については、会社法第九百三十七条第一項（第一号トに係る部分に限る。）の規定を準用する。この場合において、必要な技術的読替えは、政令で定める。

2　組合の出資一口の金額の減少の無効の訴えに係る請求を認容する判決が確定した場合については、会社法第九百三十七条第一項（第一号ニに係る部分に限る。）の規定を準用する。この場合において、必要な技術的読替えは、政令で定める。

3　組合の設立の無効の訴えに係る請求を認容する判決が確定した場合については、会社法第九百三十七条第一項（第一号イに係る部分に限る。）の規定を準用する。この場合において、必要な技術的読替えは、政令で定める。

4　組合の合併の無効の訴えに係る請求を認容する判決が確定した場合については、会社法第九百三十七条第三項（第二号及び第三号に係る部分に限る。）及び第

を準用する。この場合において、必要な技術的読替えは、政令で定める。

（商業登記法の準用）

第九十二条　組合の登記については、商業登記法（昭和三十八年法律第百二十五号）第一条の三から第五条まで、第七条から第十五条まで、第十七条から第十九条の三まで、第二十一条から第二十三条の二まで、第二十四条（第十四号及び第十五号を除く。）、第二十五条から第二十七条まで、第五十一条から第五十三条まで、第七十一条第一項及び第三項、第七十九条、第八十二条、第八十三条、第百三十二条から第百三十七条まで並びに第百三十九条から第百四十八条までの規定を準用する。この場合において、同法第二十五条中「訴え」とあるのは「訴え又は行政庁に対する請求」と、同条第三項中「その本店の所在地を管轄する地方裁判所」とあるのは「訴えについてはその主たる事務所の所在地を管轄する地方裁判所に、行政庁に対する請求については当該行政庁」と、同法第七十一条第三項ただし書中「会社法第四百七十八条第一項第一号の規定により清算株式会社の清算人となつたもの（同法第四百八十三条第四項に規定する場合にあつては、同項の規定により清算株式会社の代表清算人となつたもの）」とあるのは「消費生活協同組合法第七十二条本文の規定による清算人」と、同法第百四十六条の二中「商業登

四項の規定を準用する。この場合において、必要な技術的読替えは、政令で定める。

（商業登記法の準用）

第九十二条　組合の登記については、商業登記法（昭和三十八年法律第百二十五号）第一条の三から第五条まで、第七条から第十五条まで、第十七条から第十九条の三まで、第二十一条から第二十三条の二まで、第二十四条（第十四号及び第十五号を除く。）、第二十五条から第二十七条まで、第四十八条から第五十三条まで、第七十一条第一項及び第三項、第七十九条、第八十二条、第八十三条並びに第百三十二条から第百四十八条までの規定を準用する。この場合において、同法第二十五条中「訴え」とあるのは「訴え又は行政庁に対する請求」と、同条第三項中「その本店の所在地を管轄する地方裁判所」とあるのは「訴えについてはその主たる事務所の所在地を管轄する地方裁判所に、行政庁に対する請求については当該行政庁」と、同法第四十八条第二項中「会社法第九百三十条第二項各号」とあるのは「消費生活協同組合法第八十一条第二項各号」と、同法第七十一条第三項ただし書中「会社法第四百七十八条第一項第一号の規定により清算株式会社の清算人となつたもの（同法第四百八十三条第四項に規定する場合にあつては、同項の規定により清算株式会社の代表清算人となつたもの）」とあるのは「消費生活

新	旧
記法（」とあるのは「消費生活協同組合法（昭和二十三年法律第二百号）第九十二条において準用する商業登記法（」と、「商業登記法第百四十五条」とあるのは「消費生活協同組合法第九十二条において準用する商業登記法第百四十五条」と読み替えるものとする。	協同組合法第七十二条本文の規定による清算人」と、同法第百四十六条の二中「商業登記法（」とあるのは「消費生活協同組合法（昭和二十三年法律第二百号）第九十二条において準用する商業登記法（」と、「商業登記法第百四十五条」とあるのは「消費生活協同組合法第九十二条において準用する商業登記法第百四十五条」と読み替えるものとする。

〈準用保険業法：二〇二二年一二月一一日までの施行分（二〇二〇年六月改正）〉

新	旧
（保険契約の申込みの撤回等） **第三百九条**　保険会社等若しくは外国保険会社等に対し保険契約の申込みをした者又は保険契約者（以下この条において「申込者等」という。）は、次に掲げる場合を除き、書面によりその保険契約の申込みの撤回又は解除（以下この条において「申込みの撤回等」という。）を行うことができる。 一～五　（略） 六　申込者等が保険会社等、外国保険会社等、特定保険募集人若しくは保険仲立人又は金融サービス仲介業者（保険媒介業務を行う者に限る。）の営業所、	**（保険契約の申込みの撤回等）** **第三百九条**　保険会社等若しくは外国保険会社等に対し保険契約の申込みをした者又は保険契約者（以下この条において「申込者等」という。）は、次に掲げる場合を除き、書面によりその保険契約の申込みの撤回又は解除（以下この条において「申込みの撤回等」という。）を行うことができる。 一～五　（略） 六　申込者等が保険会社等、外国保険会社等、特定保険募集人又は保険仲立人の営業所、事務所その他の場所において保険契約の申込みをした場合その他の

新	旧
事務所その他の場所において保険契約の申込みをした場合その他の場合で、申込者等の保護に欠けるおそれがないと認められるものとして政令で定める場合 2　（以下、略）	場合で、申込者等の保護に欠けるおそれがないと認められるものとして政令で定める場合 2　（以下、略）

〈準用会社法：二〇二二年一一月までの施行分（二〇二〇年五月改正）〉

新	旧
（費用等の請求） **第八百五十二条**　責任追及等の訴えを提起した株主等が勝訴（一部勝訴を含む。）した場合において、当該責任追及等の訴えに係る訴訟に関し、必要な費用（訴訟費用を除く。）を支出したとき又は弁護士、弁護士法人若しくは弁護士・外国法事務弁護士共同法人に報酬を支払うべきときは、当該株式会社等に対し、その費用の額の範囲内又はその報酬額の範囲内で相当と認められる額の支払を請求することができる。 2・3　（略）	**（費用等の請求）** **第八百五十二条**　責任追及等の訴えを提起した株主等が勝訴（一部勝訴を含む。）した場合において、当該責任追及等の訴えに係る訴訟に関し、必要な費用（訴訟費用を除く。）を支出したとき又は弁護士若しくは弁護士法人に報酬を支払うべきときは、当該株式会社等に対し、その費用の額の範囲内又はその報酬額の範囲内で相当と認められる額の支払を請求することができる。 2・3　（略）

新	旧
（裁判による登記の嘱託） **第九百三十七条** 次に掲げる場合には、裁判所書記官は、職権で、遅滞なく、会社の本店の所在地を管轄する登記所にその登記を嘱託しなければならない。 一 次に掲げる訴えに係る請求を認容する判決が確定したとき。 イ 会社の設立の無効の訴え ロ・ハ （略） ニ 株式会社における資本金の額の減少の無効の訴え ホ・ヘ （略） ト 株主総会等の決議した事項についての登記があった場合における次に掲げる訴え (1) 株主総会等の決議が存在しないこと又は株主総会等の決議の内容が法令に違反することを理由として当該決議が無効であることの確認の訴え (2) 株主総会等の決議の取消しの訴え チ～ヲ （略） 二・三 （略） 2 （略）	（裁判による登記の嘱託） **第九百三十七条** 次に掲げる場合には、裁判所書記官は、職権で、遅滞なく、会社の本店（第一号トに規定する場合であって当該決議によって消費生活協同組合法第八十一条第二項各号に掲げる事項についての登記がされているときにあっては、本店及び当該登記に係る支店）の所在地を管轄する登記所にその登記を嘱託しなければならない。 一 次に掲げる訴えに係る請求を認容する判決が確定したとき。 イ 会社の設立の無効の訴え ロ・ハ （略） ニ 株式会社における資本金の額の減少の無効の訴え ホ・ヘ （略） ト 株主総会等の決議した事項についての登記があった場合における次に掲げる訴え (1) 株主総会等の決議が存在しないこと又は株主総会等の決議の内容が法令に違反することを理由として当該決議が無効であることの確認の訴え (2) 株主総会等の決議の取消しの訴え

3　次の各号に掲げる訴えに係る請求を認容する判決が確定した場合には、裁判所書記官は、職権で、遅滞なく、各会社の本店の所在地を管轄する登記所に当該各号に定める登記を嘱託しなければならない。
一　（略）
二　会社の吸収合併の無効の訴え　吸収合併後存続する会社についての変更の登記及び吸収合併により消滅する会社についての回復の登記
三　会社の新設合併の無効の訴え　新設合併により設立する会社についての解散の登記及び新設合併により消滅する会社についての回復の登記
四～八　（略）
［削除］

チ～ヲ　（略）
二・三　（略）
2　（略）
3　次の各号に掲げる訴えに係る請求を認容する判決が確定した場合には、裁判所書記官は、職権で、遅滞なく、各会社の本店の所在地を管轄する登記所に当該各号に定める登記を嘱託しなければならない。
一　（略）
二　会社の吸収合併の無効の訴え　吸収合併後存続する会社についての変更の登記及び吸収合併により消滅する会社についての回復の登記
三　会社の新設合併の無効の訴え　新設合併により設立する会社についての解散の登記及び新設合併により消滅する会社についての回復の登記
四～八　（略）
4　前項に規定する場合において、同項第二号及び第三号に掲げる訴えに係る請求の目的に係る合併により消費生活協同組合法第八十一条第二項各号に掲げる事項についての登記がされているときは、各会社の支店の所在地を管轄する登記所にも前項第二号及び第三号に定める登記を嘱託しなければならない。

新	旧
（登記簿等の持出禁止） 第七条の二　登記簿及びその附属書類（第十七条第三項に規定する電磁的記録（電子的方式、磁気的方式その他人の知覚によつては認識することができない方式で作られる記録であつて、電子計算機による情報処理の用に供されるものをいう。以下同じ。）及び第十九条の二に規定する登記の申請書に添付すべき電磁的記録（以下「第十九条の二に規定する電磁的記録」という。）を含む。以下この条、第九条、第十一条の二、第百四十条及び第百四十一条において同じ。）は、事変を避けるためにする場合を除き、登記所外に持ち出してはならない。ただし、登記簿の附属書類については、裁判所の命令又は嘱託があつたときは、この限りでない。	（登記簿等の持出禁止） 第七条の二　登記簿及びその附属書類（第十七条第四項に規定する電磁的記録（電子的方式、磁気的方式その他人の知覚によつては認識することができない方式で作られる記録であつて、電子計算機による情報処理の用に供されるものをいう。以下同じ。）及び第十九条の二に規定する登記の申請書に添付すべき電磁的記録（以下「第十九条の二に規定する電磁的記録」という。）を含む。以下この条、第九条、第十一条の二、第百四十条及び第百四十一条において同じ。）は、事変を避けるためにする場合を除き、登記所外に持ち出してはならない。ただし、登記簿の附属書類については、裁判所の命令又は嘱託があつたときは、この限りでない。
（附属書類の閲覧） 第十一条の二　登記簿の附属書類の閲覧について利害関係を有する者は、手数料を納付して、その閲覧を請求することができる。この場合において、第十七条第三項に規定する電磁的記録又は第十九条の二に規定する電磁的記録に記録された情報の閲覧は、その情報の内容を法務省令で定める方法により表示したものを閲覧	（附属書類の閲覧） 第十一条の二　登記簿の附属書類の閲覧について利害関係を有する者は、手数料を納付して、その閲覧を請求することができる。この場合において、第十七条第四項に規定する電磁的記録又は第十九条の二に規定する電磁的記録に記録された情報の閲覧は、その情報の内容を法務省令で定める方法により表示したものを閲覧

する方法により行う。

（嘱託による登記）

第十五条　第五条、第十七条から第十九条の二まで、第二十一条、第二十二条、第二十三条の二、第二十四条、第五十一条第一項及び第二項、第五十二条、第七十八条第一項及び第三項、第八十二条第二項及び第三項、第八十三条、第八十七条第一項及び第二項、第八十八条、第九十一条第一項及び第二項、第九十二条、第百三十二条並びに第百三十四条の規定は、官庁の嘱託による登記の手続について準用する。

（登記申請の方式）

第十七条　登記の申請は、書面でしなければならない。

2　申請書には、次の事項を記載し、申請人又はその代表者（当該代表者が法人である場合にあつては、その職務を行うべき者）若しくは代理人が記名押印しなければならない。

一　申請人の氏名及び住所、申請人が会社であるときは、その商号及び本店並びに代表者の氏名又は名称及び住所（当該代表者が法人である場合にあつては、その職務を行うべき者の氏名及び住所を含む。）

二　代理人によつて申請するときは、その氏名及び住

する方法により行う。

（嘱託による登記）

第十五条　第五条、第十七条から第十九条の二まで、第二十一条、第二十二条、第二十三条の二、第二十四条、第四十八条から第五十条まで（第九十五条、第百十一条及び第百十八条において準用する場合を含む。）、第五十一条第一項及び第二項、第五十二条、第七十八条第一項及び第三項、第八十二条第二項及び第三項、第八十三条、第八十七条第一項及び第二項、第八十八条、第九十一条第一項及び第二項、第九十二条、第百三十二条並びに第百三十四条の規定は、官庁の嘱託による登記の手続について準用する。

（登記申請の方式）

第十七条　登記の申請は、書面でしなければならない。

2　申請書には、次の事項を記載し、申請人又はその代表者（当該代表者が法人である場合にあつては、その職務を行うべき者）若しくは代理人が記名押印しなければならない。

一　申請人の氏名及び住所、申請人が会社であるときは、その商号及び本店並びに代表者の氏名又は名称及び住所（当該代表者が法人である場合にあつては、その職務を行うべき者の氏名及び住所を含む。）

二　代理人によつて申請するときは、その氏名及び住

改正後	改正前
所 三　登記の事由 四　登記すべき事項 五　登記すべき事項につき官庁の許可を要するときは、許可書の到達した年月日 六　登録免許税の額及びこれにつき課税標準の金額があるときは、その金額 七　年月日 八　登記所の表示 [削除] 3　前項第四号に掲げる事項を記録した電磁的記録が法務省令で定める方法により提供されたときは、同項の規定にかかわらず、申請書には、当該電磁的記録に記録された事項を記載することを要しない。	所 三　登記の事由 四　登記すべき事項 五　登記すべき事項につき官庁の許可を要するときは、許可書の到達した年月日 六　登録免許税の額及びこれにつき課税標準の金額があるときは、その金額 七　年月日 八　登記所の表示 3　会社の支店の所在地においてする登記の申請書には、その支店をも記載しなければならない。 4　第二項第四号に掲げる事項又は前項の規定により申請書に記載すべき事項を記録した電磁的記録が法務省令で定める方法により提供されたときは、前二項の規定にかかわらず、申請書には、当該電磁的記録に記録された事項を記載することを要しない。
(申請書の添付書面) **第十八条**　代理人によつて登記を申請するには、申請書(前条第三項に規定する電磁的記録を含む。以下同じ。)にその権限を証する書面を添付しなければならない。	**(申請書の添付書面)** **第十八条**　代理人によつて登記を申請するには、申請書(前条第四項に規定する電磁的記録を含む。以下同じ。)にその権限を証する書面を添付しなければならない。
第四十八条から第五十条まで　削除	**(支店所在地における登記)** **第四十八条**　本店及び支店の所在地において登記すべき事項について支店の所在地においてする登記の申請書

には、本店の所在地においてした登記を証する書面を添付しなければならない。この場合においては、他の書面の添付を要しない。

2　支店の所在地において消費生活協同組合法第八十一条第二項各号に掲げる事項を登記する場合には、会社成立の年月日並びに支店を設置し又は移転した旨及びその年月日をも登記しなければならない。

第四十九条　法務大臣の指定する登記所の管轄区域内に本店を有する会社が本店及び支店の所在地において登記すべき事項について支店の所在地においてする登記の申請は、その支店が法務大臣の指定する他の登記所の管轄区域内にあるときは、本店の所在地を管轄する登記所を経由してすることができる。

2　前項の指定は、告示してしなければならない。

3　第一項の規定による登記の申請と本店の所在地における登記の申請とは、同時にしなければならない。

4　申請書の添付書面に関する規定は、第一項の規定による登記の申請については、適用しない。

5　第一項の規定により登記を申請する者は、手数料を納付しなければならない。

6　前項の手数料の額は、物価の状況、次条第二項及び第三項の規定による通知に要する実費その他一切の事情を考慮して、政令で定める。

7　第十三条第二項の規定は、第五項の規定による手数

第八十二条　合併による解散の登記の申請については、吸収合併後存続する会社（以下「吸収合併存続会社」という。）又は新設合併により設立する会社（以下「新

料の納付に準用する。

第五十条　本店の所在地を管轄する登記所においては、前条第一項の登記の申請について第二十四条各号のいずれかに掲げる事由があるときは、その申請を却下しなければならない。前条第五項の手数料を納付しないときも、同様とする。

2　本店の所在地を管轄する登記所においては、前条第一項の場合において、本店の所在地において登記すべき事項を登記したときは、遅滞なく、同項の登記の申請があつた旨を支店の所在地を管轄する登記所に通知しなければならない。ただし、前項の規定によりその申請を却下したときは、この限りでない。

3　前項本文の場合において、前条第一項の登記の申請が設立の登記の申請であるときは、本店の所在地を管轄する登記所においては、会社成立の年月日をも通知しなければならない。

4　前二項の規定による通知があつたときは、当該支店の所在地を管轄する登記所の登記官が前条第一項の登記の申請書を受け取つたものとみなして、第二十一条の規定を適用する。

第八十二条　合併による解散の登記の申請については、吸収合併後存続する会社（以下「吸収合併存続会社」という。）又は新設合併により設立する会社（以下「新

設合併設立会社」という。）を代表すべき者が吸収合併消滅会社又は新設合併消滅会社を代表する。 2　前項の登記の申請は、当該登記所の管轄区域内に吸収合併存続会社又は新設合併設立会社の本店がないときは、その本店の所在地を管轄する登記所を経由してしなければならない。 3　第一項の登記の申請と第八十条又は前条の登記の申請とは、同時にしなければならない。 4　申請書の添付書面に関する規定は、第一項の登記の申請については、適用しない。	第百三十八条　削除
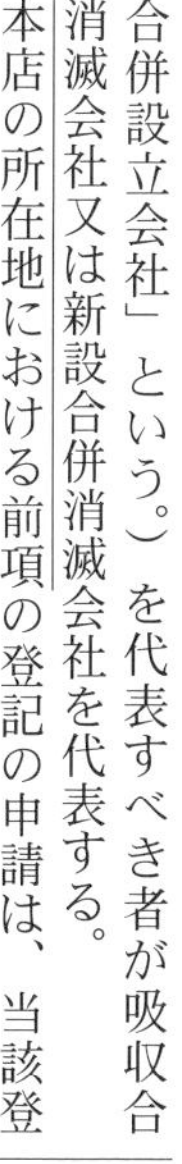 設合併設立会社」という。）を代表すべき者が吸収合併消滅会社又は新設合併消滅会社を代表する。 2　本店の所在地における前項の登記の申請は、当該登記所の管轄区域内に吸収合併存続会社又は新設合併設立会社の本店がないときは、その本店の所在地を管轄する登記所を経由してしなければならない。 3　本店の所在地における第一項の登記の申請と第八十条又は前条の登記の申請とは、同時にしなければならない。 4　申請書の添付書面に関する規定は、本店の所在地における第一項の登記の申請については、適用しない。	**第百三十八条**　前三条の規定は、本店及び支店の所在地において登記すべき事項の登記については、本店の所在地においてした登記にのみ適用する。ただし、支店の所在地における登記のみにつき抹消の事由があるときは、この限りでない。 2　前項本文の場合において、登記を抹消したときは、登記官は、遅滞なく、その旨を支店の所在地の登記所に通知しなければならない。 3　前項の通知を受けたときは、登記官は、遅滞なく、登記を抹消しなければならない。

13訂版 生協関係法令集［2021年5月改訂］

［発行日］2021年5月31日　初版1刷

［検印廃止］

［発行者］二村睦子

［発行元］日本生活協同組合連合会
〒150-8913　東京都渋谷区渋谷3-29-8　コーププラザ
TEL. 03-5778-8183

［印刷・製本］日経印刷

Printed in Japan

ISBN 978-4-87332-341-1